U0075477

Knowledge House & Walnut Tree Publishing

Knowledge House & Walnut Tree Publishing

從貧弱到富強——

中國復興之路

卷二：建設

盧潔　總主編
毛勝　編　著

卷首語

「商周秦漢，商周秦漢，
隋唐宋，隋唐宋。
元明清 Republic（中華民國），元明清 Republic，
毛澤東，毛澤東。」

這是美國哈佛大學包弼德（PeterK Bol）和柯偉林（William C. Kirby）兩位教授在講授《中國課》時，根據人們耳熟能詳的《兩隻老虎》曲調，改編出來的《中國朝代歌》。儘管歌詞不失簡略，但它抓住了中國歷史的大脈絡。以毛澤東結尾，更是凸顯出以毛澤東為代表的中國共產黨人，領導全國各族人民，經過二十八年艱苦卓絕的鬥爭，推翻了帝國主義、封建主義和官僚資本主義的統治，建立了新中國，開闢了中國歷史的新紀元。

「歷盡天華成此景，人間萬事出艱辛。」一八四〇年鴉片戰爭後，在帝國主義列強的鐵蹄踐踏下，中國逐步淪為半殖民地半封建社會。國家山河破碎、戰亂不已，人民飢寒交迫、備受奴役。爭取民族獨立、人民解放，並在此基礎上實現國家富強、人民富裕，成為中國人民必須完成的歷史使命，成為中華民族偉大復興的核心內容。中華人民共和國成立，標誌著中國人民完成了人民解放、民族獨立的歷史任務，開始了為國家富強、人民富裕而奮鬥的新征程。中華民族獲得了新生！這是中國有史以來最偉大的事件，也是二十世紀世界最偉大的事件之一。

打江山不容易，守江山更難。新中國成立後，面對錯綜複雜的國內外形勢，中國共產黨經過艱辛的工作，整頓了混亂不堪的經濟秩序，肅清了國民黨軍隊殘餘和其他反革命力量，蕩滌了舊社會的污泥濁水，在鞏固新生人民政權的「趕考」中，交出了一份合格的答卷。恰如周恩來在一九五〇年九月三十日所總結的那樣：「在中國，歷史上只有一個政府，曾經在一年內做了這麼多有利於人民的工作；只有一個政府，曾經在一年內驅逐了那麼多的強盜式的『軍隊』和『政府』，而代之以紀律嚴明和藹可親的人民軍隊和廉潔而講道理的人民政府；只有一個政府，曾經在一年內剝奪了帝國主義國家的特權，消滅了可恨的特務機關，停止了無限期的通貨膨脹，而給予人民一種欣欣向榮的氣象；這個政府，就是中央人民政府。」

新中國堅持在遵守平等、互利及互相尊重領土主權等項原則的基礎上，與其他國家建立正常的外交關係。在正確的外交方針下，新中國首先同蘇聯及保加利亞、羅馬尼亞等「社會主義陣營」的國家建立了外交關係。進而，又同印度、印度尼西亞等亞洲民族獨立國家，以及瑞典、丹麥等歐洲資本主義國家建立了外交關係。然而，以美國為首的帝國主義勢力對新中國堅持敵視和封鎖的態度。一九五〇年六月二十五日，朝鮮戰爭爆發。次日，美國調動其駐日本的空軍和海軍部隊侵入朝鮮半島，支援韓國軍隊作戰。與此同時，美國派遣其駐菲律賓的海軍第七艦隊侵入台灣海峽。這一切都預示著，新中國的國家安全已經處於嚴重的威脅之中，一場戰爭在所難免。經過兩年零九個月的較量，中國人民取得了抗美援朝戰爭的偉大勝利。一九五三年七月二十七日，朝鮮停戰協定在板門店簽字，新中國成為一個不再被人輕視的世界大國。

「我們不但善於破壞一個舊世界，我們還將善於建設一個新世界。」這是毛澤東向世人的宣告，也是中國共產黨對人民的承諾。經過三年的努力，新中國成立前遭到嚴重破壞的國民經濟獲得全面的恢復，並有了較大發展。在此基礎上，中共中央制定了過渡時期的總路線，明確的提出向社會主義過渡的任務，不僅展開了大規模工業化建設，順利完成了對農業、手工業、資本主義工商業的改造，建立起社會主義經濟制度，而且制定了中華人民共和國第一部憲法，建立了人民代表大會制度，並在思想領域確立馬克思列寧主義、毛澤東思想的指導地位，有步驟地對教育文化事業進行改造和建設。進入社會主義社會，是中國歷史上最偉大最深刻的社會變革。

在中國這樣一個貧窮落後、人口眾多的國家建設社會主義，是一個非常困難和複雜的問題。不能憑主觀去想像，也不能照抄照搬蘇聯的模式，只能在探索的實踐中去解決。為了開闢一條適合中國情況的社會主義建設道路，中國共產黨付出了艱辛的努力。毛澤東發表的《論十大關係》講話，初步總結了中國社會主義建設的經驗，提出了探索適合中國國情的社會主義建設道路的任務。中共八大對中國社會的主要矛盾和根本任務作了正確揭示和規定，為社會主義事業的發展指明了方向。毛澤東《關於正確處理人民內部矛盾的問題》提出必須正確區分和處理社會主義社會兩類不同性質的社會矛盾，把正確處理人民內部矛盾作為國家政治生活的主題。以這些重要成果為標誌，中國共產黨在探索自己的道路上有了一個良好開端。

中共八大召開後的十年，是全面建設社會主義的十年，是正確與錯誤、成就與挫折錯綜交織的十年，是既犯了嚴重錯誤、又取得偉大成就的十年。儘管遭受了嚴重挫折，但中國賴以進行現代化建設的物質技術基礎，很大一部分是在此期間建設起來的；中國經濟文化建設等方面的骨幹力量和他們的工作經驗，大部分是在此期間培養和積累起來的。這是十年工作的主導方面。一九六四年底到一九六五年初召開的三屆全國人大一次會議宣佈：要努力把中國逐步建設成為一個具有現代農業、現代工業、現代國防和現代科學技術的社會主義強國。

一九六六年，正當國民經濟的調整基本完成，國家開始執行第三個五年計劃的時候，意識形態領域的批判運動逐漸發展成矛頭指向黨的領導層的政治運動。一場長達十年、給黨和人民造成嚴重災難的「文化大革命」爆發了。在中共黨史上，「文化大革命」是「左」傾錯誤指導思想在中共中央佔主導地位持續時間最長的時期，它不是任何意義上的革命或者社會進步，而是一場由領導者錯誤發動，被反革命集團利用，有億萬群眾投身其中的極為錯誤的政治運動。它給黨、國家和各族人民帶來嚴重災難的內亂，使中國的發展遭受巨大挫折，留下了極其慘痛的教訓。

在這場十年浩劫中，毛澤東對極左思潮的一定限制，中國共產黨和人民對「文化大革命」和林彪、江青兩個反革命集團的抵制和抗爭，使「文化大革命」的破壞受到了一定程度的限制。在十分困難的條件下，中國基本完成了「三五」、「四五」兩個五年計劃，國民經濟仍然在一些方面取得了進展，特別是在國防科技和外交工作方面取得了新的突破性進展。因此，我們不能把「文化大革命」的錯誤同這十年的整個歷史完全等同起來。

粉碎「四人幫」後，在中國面臨向何處去的重大歷史關頭，一九七八年底召開的中共十一屆三中全會，從根本上糾正了指導思想上的「左」傾錯誤，確定了解放思想、開動腦筋、實事求是、團結一致向前看的指導方針，果斷停止使用「以階級鬥爭為綱」的口號，作出了把黨和國家工作中心轉移到經濟建設上來、實行改革開放的歷史性決策，實現了新中國成立以來黨和國家歷史上具有深遠意義的偉大轉折，開啟了中國改革開放歷史新時期。

在十一屆三中全會春風吹拂下，神州大地萬物復甦、生機勃發，撥亂反正全面展開，解決歷史遺留問題有步驟進行，社會主義民主法制建設走上正軌，黨和國家領導制度和領導體制得到健全，國家各項事業蓬勃發展。中國迎來了思想的解放、經濟的發展、政治的昌明、教育的勃興、文藝的繁榮、科學的春天。

歷史、現實、未來是相通的。只有深入思考歷史，才能更好走向未來。我們今天學習黨史國史，必須正確認識改革開放前後兩個歷史時期的關係。正如習近平二〇一三年一月五日在新進中央委員會的委員、候補委員學習貫徹中共十八大精神研討班開班式上所強調：「我們黨領導人民進行社會主義建設，有改革開放前和改革開放後兩個歷史時期，這是兩個相互聯繫又有重大區別的時期，但本質上都是我們黨領導人民進行社會主義建設的實踐探索。中國特色社會主義是在改革開放歷史新時期開創的，但也是在新中國已經建立起社會主義基本制度並進行了二十多年建設的基礎上開創的。雖然這兩個歷史時期在進行社會主義建設的思想指導、方針政策、實際工作上有很大差別，但兩者決不是彼此割裂的，更不是根本對立的。不能用改革開放後的歷史時期否定改革開放前的歷史時期，也不能用改革開放前的歷史時期否定改革開放後的歷史時期。要堅持實事求是的思想路線，分清主流和支流，堅持真理，修正錯誤，發揚經驗，吸取教訓，在這個基礎上把黨和人民事業繼續推向前進。」

目錄

Contents

Contents

Contents

Contents

Contents

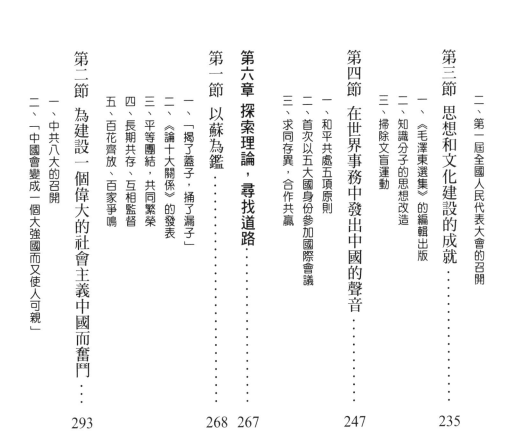

Contents

Contents

第一章
中國新生，人民當家

二〇一三年九月九日，在烏茲別克訪問的習近平主席被博物館裡的一幅地圖吸引住了。他指著圖中右邊的一處地方說：「那裡是西安，絲綢之路的起點，也是我的故鄉。」

兩千一百多年前，中國漢代的張騫兩次出使中亞，不僅開闢出一條橫貫東西、連接歐亞的絲綢之路，更開啟了將中華文化推向世界的大門。這條看似遍佈戈壁和沙漠的路途，卻交匯了各具特色的不同文明，展現了古代中國的豐饒繁盛。數千年時空流轉，曾經的駝隊早已湮沒在歷史的塵埃中，但古老而輝煌的中華文明，早沿著這條史詩般的路線，傳播到四面八方。讓我們一邊遙想著悠遠的駝鈴聲聲，一邊來探尋這屬於中華民族的五千年燦爛。

第一節　中國人從此站立起來了

一九四九年十月一日，星期六，農曆乙丑年八月初十。永載史冊的一天。

這一天，中華人民共和國建政，中華民族告別百餘年的戰亂屈辱，獲得了新生。這是中國有史以來最偉大的事件，也是二十世紀世界最偉大的事件之一，正如美國學者費正清在其名著《美國與中國》中所言：「一九四九年以來的中國革命，從其牽涉到的人數或從其變革的廣度和速度來說，是歷史上最大的一次。對世界外部地區來說，這也是現代一次最少為外人所知的事件。」

一、開國大典

為了迎接新中國成立這個莊嚴時刻的到來，五十六歲的毛澤東一直在中南海內的菊香書屋緊張地工作著。作為中國共產黨和各族人民的領袖，他需要思考和決策的問題千頭萬緒。當然，毛澤東和他的戰友們一樣，此時的心情格外激動。他為人民而激動，為革命勝利而激動。這從他的兩篇重要文獻中，可以窺見一斑。

一九四九年六月三十日，毛澤東在他為紀念中國共產黨成立二十八週年而寫的《論人民民主專政》中不無感慨地說：「黨的二十八年是一個長時期，我們僅僅做了一件事，這就是取得了革命戰爭的基本勝利。這是值得慶祝的，因為這是人民的勝利，因為這是在中國這樣一個大國的勝利。」

九月二十一日，毛澤東在中國人民政治協商會議第一屆全體會議上發表的開幕詞中，有一段令人難忘的豪邁之言：「諸位代表先生們，我們有一個共同的感覺，這就是我們的工作將寫在人類的歷史上，它將表明：佔人類總數四分之一的中國人從此站立起來了。」

九月三十日，新中國成立的前一天，中國人民政治協商會議勝利閉幕。這次會議選舉產生了毛澤東為主席的中央人民政府委員會。五百七十六位有選舉權的代表，將五百七十五票投給了毛澤東。這是四萬萬七千五百萬人民的心聲。當晚，毛澤東和政協全體代表一起來到天安門廣場，為人民英雄紀念碑舉行隆重的奠基典禮，緬懷和紀念在長期鬥爭中為民族獨立和人民解放而英勇獻身的革命先烈。在這個莊嚴肅穆的場合，毛澤東滿懷激情地朗聲宣讀了由他撰寫的碑文：

人民英雄永垂不朽！

三年以來，在人民解放戰爭和人民革命中犧牲的人民英雄們永垂不朽！三十年以來，在人民解放戰爭和人民革命中犧牲的人民英雄們永垂不朽！由此上溯到一千八百四十年，從那時起，為了反對內外敵人，爭取民族獨立和人民自由幸福，在歷次鬥爭中犧牲的人民英雄們永垂不朽！

十月一日，迎著東方黎明的曙光，雄偉的北京天安門城樓上，八個大紅燈籠喜氣洋洋，八面巨大的紅旗迎風飄揚。城樓的重簷下，「中華人民共和國中央人民政府成立典禮」的會標，宣示著一個神聖的時刻即將到來。

這天清晨，北京火車站，時任蘇聯駐華最高長官的謝爾蓋・齊赫文斯基意外地見到了周恩來。

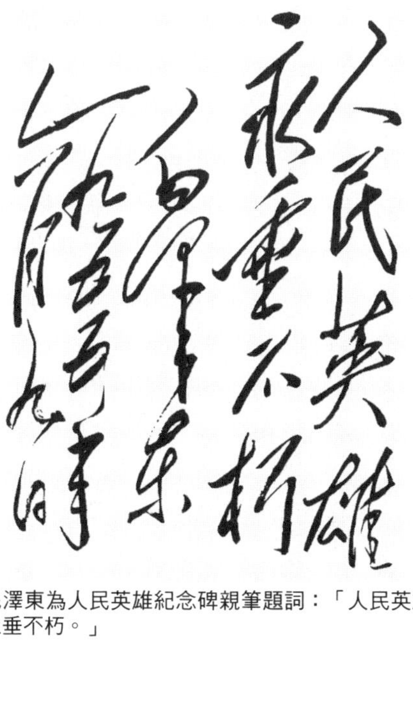

毛澤東為人民英雄紀念碑親筆題詞：「人民英雄永垂不朽。」

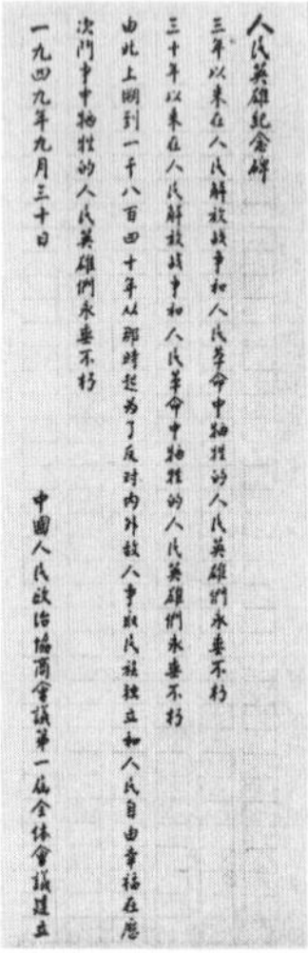
人民英雄纪念碑
三年以来在人民解放战争和人民革命中牺牲的人民英雄们永垂不朽
三十年以来在人民解放战争和人民革命中牺牲的人民英雄们永垂不朽
由此上溯到一千八百四十年从那时起为了反对内外敌人争取民族独立和人民自由幸福在历次斗争中牺牲的人民英雄们永垂不朽
一九四九年九月三十日
中国人民政治协商会议第一届全体会议建立

由毛澤東起草、周恩來手書的人民英雄紀念碑碑文

他回憶說：「周恩來站在那裡，臉色蒼白，雙目緊閉，身邊兩個警衛攙扶著他。周恩來的秘書趕忙走過來，請我不要打攪總理，他四天四夜沒合眼，一直忙於政治協商會議的工作。當火車出現在站台，周恩來被喚醒，和我們打過招呼後就去迎接蘇聯代表團。」為了迎來這一天，中國共產黨人殫精竭慮，傾注了全部的心血。

下午二時，毛澤東主持召開中央人民政府委員會第一次會議，並率全體委員宣佈就職。這次會議一致決議，宣佈中華人民共和國中央人民政府成立，決定接受中國人民政治協商會議通過的《共同綱領》為中央人民政府的施政綱領，並選舉毛澤東為中央人民政府人民革命軍事委員會主席。會議同時決議，向各國政府宣佈中華人民共和國中央人民政府為中國唯一合法政府，願與遵守平等、互利及互相尊重領土主權原則的任何外國政府建立外交關係。

一九四九年十月一日下午三時，開國大典在天安門廣場隆重舉行。毛澤東莊嚴宣告：「中華人民共和國中央人民政府今天成立了！」

下午三時，在金秋時節的燦爛陽光下，北京三十萬群眾雲集天安門廣場，舉行隆重的開國大典。在人民群眾的熱烈歡呼聲中，毛澤東用濃重的湘音和激昂的語調，向全世界莊嚴宣告：「中華人民共和國中央人民政府今天成立了！」頓時，廣場上沸騰了，人們歡聲雷動，喜悅之情瀰漫整個天空。

接著，在《義勇軍進行曲》的雄壯旋律中，毛澤東按動電鈕，親手升起了新中國的第一面國旗——五星紅旗。天安門廣場上，五十四門禮炮齊鳴二十八響，象徵著中國共產黨領導各族人民艱苦奮鬥的二十八年歷程，每一響都彷彿訴說著崢嶸歲月。

轟鳴的禮炮聲稍稍平息，毛澤東開始宣讀《中華人民共和國中央人民政府公告》：

自蔣介石國民黨反動政府背叛祖國，勾結帝國主義，發動反革命戰爭以來，全國人民處於水深火熱的情況之中。幸賴我人民解放軍在全國人民援助之下，為保衛祖國的領土主權，為保衛人民的生命財產，為解除人民的痛苦和爭取人民的權利，奮不顧身，英勇作戰，得以消滅反動軍隊，推翻國民政府的反動統治。現在人民解放戰爭業已取得基本的勝利，全國大多數人民業已獲得解放。在此基礎之上，由全國各民主黨派、各人民團體、人民解放軍、各地區、各民族、國外華僑及其他愛國民主分子的代表們所組成的中國人民政治協商會議第一屆全體會議業已集會……

毛澤東鏗鏘有力的話語，隨著麥克風響徹整個天安門廣場，引起熱烈歡呼。當時正在開國大典新聞處擔任聯絡秘書工作的電影演員張瑞芳，多年後回憶起這個場景，不禁讚歎：「哎呀，毛主席念這個文件的斷句、停頓、語調，真是太好了！太棒了！」

下午四時，盛大的閱兵式開始舉行。朱德在閱兵總指揮聶榮臻的陪同下，乘敞篷汽車檢閱受閱部隊。隨後，在雄壯的《中國人民解放軍進行曲》中，中國人民解放軍

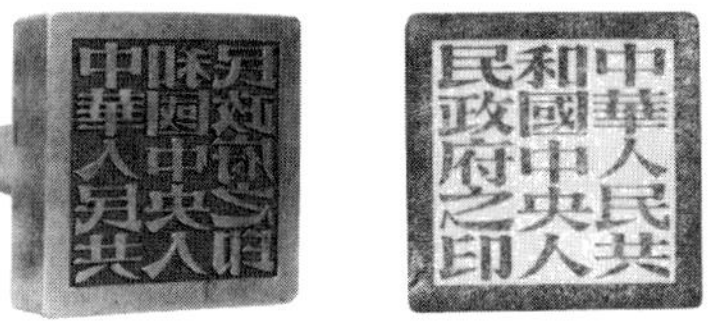

中華人民共和國中央人民政府之印

的步兵、騎兵，坦克、大炮、汽車等，以連為單位，列成方陣，威武雄壯地通過天安門前。與此同時，由新中國第一代飛行員駕駛的戰鬥機、轟炸機，凌空掠過，格外引人注目。

天安門城樓上，劉伯承、賀龍、陳毅、羅榮桓……曾經讓敵人聞名喪膽的將帥，帶著微笑與自豪，檢閱人民的子弟兵。一身戎裝的鄧小平和他們並肩站在一起，精神抖擻，笑容滿面。這是四十五歲的鄧小平第一次來北京。看到全國解放在即，他的心情十分輕鬆，閒暇之餘還陪伴家人去了頤和園，在秋水瀲灩的昆明湖上泛舟暢遊。

最後，群眾遊行的隊伍高舉紅旗，縱情歡呼人民當家作主的共和國的誕生。「中國共產黨萬歲」、「中華人民共和國萬歲」、「毛主席萬歲」的口號聲響徹雲霄。天安門城樓上的擴音器裡，也不斷地傳出毛澤東洪亮的聲音：「同志們萬歲！」這是一個載入中國共產黨和新中國史冊的光輝時刻，值得領袖和人民如此歡呼。

天色漸漸暗了下來，但人們的熱情絲毫未減。廣場上，數萬人手拿火把、燈籠，向天安門走來。遠遠望去，就像一條游動的火龍。五彩繽紛的禮花衝向天安門

開國大典上的步兵分列式

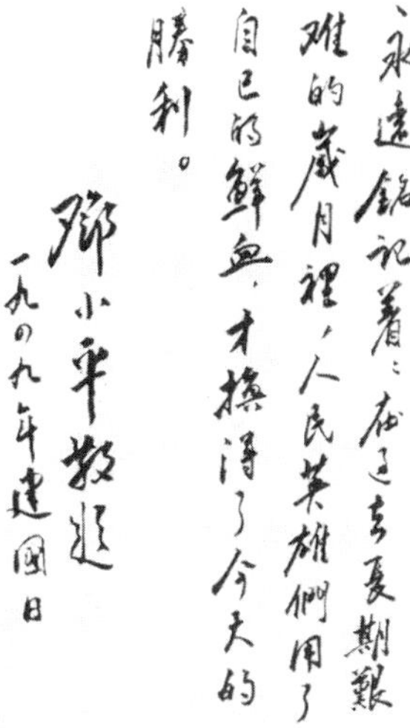
永遠銘記着：在過去長期艱難的歲月裡，人民英雄們用了自己的鮮血，才換得了今天的勝利。
鄧小平敬題
一九四九年建國日
鄧小平在開國大典當天的題字

的夜空，照亮了廣場。直到十月二日清晨，毛澤東仍然毫無睡意。此時，新中國的第一縷晨曦已經出現在地平線上。

這一天的《人民日報》，發表了署名林韋的文章〈記中央人民政府成立盛典〉，寫道：「經歷過無數次深重災難的中華民族與中國人民將永遠記得這個珍貴的時刻：它宣佈了舊中國完全死亡，宣佈了人民的新中國的誕生。中國、中國人，將不再是屈辱的殖民地與殖民地奴隸的代名詞，而要永遠地受到全世界愛好和平民主的人民的尊敬了。中國人民從此有了屹立於世界和平民主陣營的祖國，有了真能保護自己，代表自己的政府。」喜悅的心情，洋溢在字裡行間。

新中國成立後，領導這場人民革命取得勝利的中國共產黨，成為執政黨，擔負起領導全國各族人民建設新政權的重任，中國共產黨的各級組織和人民軍隊，在建立新國家的工作中表現出全心全意為人民服務的精神、艱苦奮鬥的作風和嚴明的紀律，令人耳目一新。

中國人民政府有效地開展工作，將全國人民迅速地組織在政治、經濟、文化、軍事及其他各種組織裡。全國各族人民革命熱情高漲，廣大工農勞動群眾以翻身做主人的嶄新面貌，在戰爭廢墟上重建家園，恢復生產。青年學生和知識分子歡欣鼓舞，踴躍參加革命工作。哲學家任繼愈曾經這樣抒發自己的情感：「只有歷盡災難、飽受列強欺凌的中國人，才有刻骨銘心的『翻身感』。經過百年奮鬥，幾代人努力，中國人終於站起來了。這種感受是後來新中國成長起來的青年們無法體會到的，他們認為中國本來就是這樣的。」肺腑之言，令人深思，催人奮進。

二、共同建設新中國

在一九四五年召開的中共七大上，毛澤東就明確提出：「廢止國民黨一黨專政，建立民主的聯合政府。」他還為實現民主聯合政府設計了兩個步驟：一是「經過各黨各派和無黨無派代表人物的協議，成立臨時的聯合政府」；二是「經過自由的無拘束的選舉，召開國民大會，成立正式的聯合政府」。三年後的一九四八年四月三十日，中共中央發表「五一口號」，鄭重地號召全國各民主黨派、團體、各界人士，迅速召開政治協商會議，討論並實現召集人民代表大會，成立民主聯合政府。

五月五日，在香港的李濟深、何香凝、沈鈞儒、章伯鈞等聯名致電毛澤東並轉解放區人民，認為中國共產黨的「五一口號」適合人民、時勢之要求，表示要通電國內外各界及海外僑胞，共同完成大業。

這標誌著各民主黨派和無黨派人士公開、自覺地接受了中國共產黨的領導，標誌著各民主黨派和無黨派人士堅定地走上了新民主主義、社會主義的道路。八月一日，毛澤東覆電民主人士，對他們擁護「五一口號」表示欽佩，希望

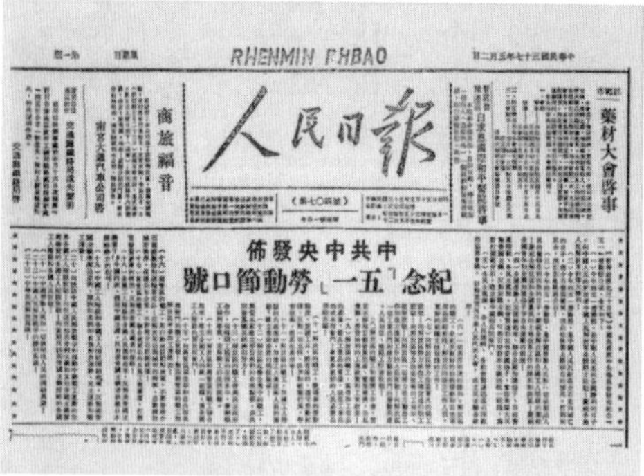
RHENMIN FHBAO
人民日報
中共中央發佈
紀念「五一」勞動節口號

一九四八年五月二日《人民日報》刊登的「五一口號」

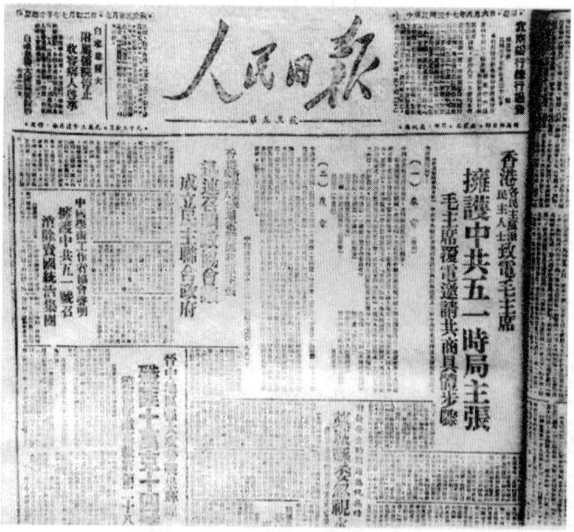
人民日報
香港各民主黨派民主人士致電毛主席
擁護中共五一時局主張
毛主席覆電邀請共商具體步驟

中共中央召開政治協商會議的號召，得到了各民主黨派、無黨派人士的熱烈響應和支持。圖為香港各民主黨派、民主人士致電毛主席擁護中共五一時局主張

以後能團結合作，共商國家大計。

在中國共產黨的感召下，全國民主人士分兩大部分，陸續進入解放區。一九四九年一月二十二日，到達解放區的李濟深、沈鈞儒、馬敘倫、郭沫若、譚平山等五十五人，聯合發表題為〈我們對於時局的意見〉的聲明，旗幟鮮明地指出，「人民民主陣線之內，絕無反動派立足之餘地，亦絕對不容許有所謂中間路線之存在」。他們宣告，「願在中共領導下，獻其綿薄，貫徹始終，以冀中國人民民主革命之迅速成功，獨立、自由、和平、幸福的新中國之早日實現」。

中國共產黨建立民主聯合政府的誠意和決心，給民主人士留下了深刻的印象。時為民盟中央華北總支部委員的社會學家費孝通，後來回憶說：

> 當時一個很大的選擇就是中國究竟向哪兒走，成立一個什麼樣的國家。那時意見都不相同。都是愛國的，沒有問題，可是，成立一個什麼樣的國家，這是一個具體問題。當時毛主席就是要解決這個問題。記得我們到西柏坡去，毛主席晚上做工作的，吃了晚飯，大家去談天了，可以談到半夜，他不睡覺的。毛主席同我們說，我們要成立一個多黨合作的共產黨領導的一個政權，一個聯合的聯合性質的政府。那麼，後來我們同意這一條，就是共產黨領導的、多黨合作的、一個聯合政府，關鍵就是這麼三句話，可是這個決定了中國後來這五十年來的一條路子。

北平和平解放後，各民主黨派和愛國民主人士在古都實現了大匯合。一九四九年二月二十五日，在中國共產黨的精心安排下，李濟深、沈鈞儒、馬敘倫、郭沫若、譚平山、章伯鈞等三十五位民主黨派領導人和民主人士，順利地從東北抵達北平，中共中央代表林伯渠前往迎接。第二天，中共北平方面負責

一九四九年二月二十六日，中國人民解放軍平津前線司令部、北平市軍事管制委員會、北平市人民政府、中共北平市委在中南海懷仁堂舉行盛大歡迎會，熱烈歡迎由東北、天津、河北來北平及留北平的民主人士、各團體代表。圖為歡迎大會現場

人舉行各界歡迎民主黨派人士的盛大集會，京城一時風雲湧動。這些與共產黨共商建國大計的民主人士，都是當時的民主菁英。他們冒著危險北上，說明了共產黨強大的感召力和吸引力，也說明這是順應歷史發展潮流、符合人民意願的。

宋慶齡是孫中山先生的夫人，是民主人士的代表人物。一九四九年一月十九日，在北平解放前夕，毛澤東和周恩來就致函在上海的宋慶齡，誠懇地說：「新的政治協商會議將在華北召開，中國人民革命歷經艱辛，中山先生遺志迄今始告實現，至祈先生命駕北來，參加此一人民歷史偉大的事業，並對於如何建設新中國予以指導。」宋慶齡接到信後，因當時身體有病，不宜旅行，暫時未能動身。

五月二十七日，上海解放。那天早晨，包括宋慶齡在內的很多上海人都看到了這樣的情景：露宿街頭的解放軍，整整齊齊，秋毫無犯。這讓宋慶齡感慨萬分。而為了能夠讓她參加籌建新中國的工作，中共中央決定派鄧穎超和曾長期在宋慶齡身邊工作的廖夢醒，

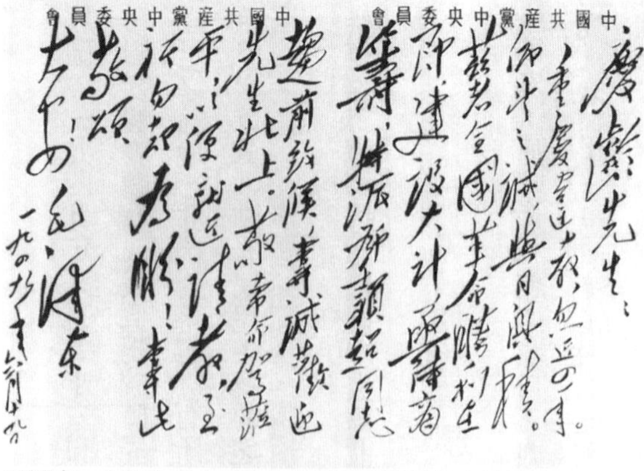

中國共產黨中央委員會

慶齡先生：

重慶違教，忽已四年。仰望之誠，與日俱積。茲者全國革命勝利在即，建設大計，亟待商籌，特派鄧穎超同志趨前致候，

中國共產黨中央委員會

專誠歡迎先生北上。敬希命駕蒞平，以便就近請教，至祈勿却為盼！專此，敬頌

大安！

毛澤東

一九四九年六月十九日

毛澤東一九四九年六月十九日邀請宋慶齡北上的親筆信

一起前去迎接她北上參加政協會議。六月十九日，毛澤東再次致信宋慶齡，寫道：「重慶違教，忽近四年。仰望之誠，與日俱積。茲者全國革命勝利在即，建設大計，亟待商籌，特派鄧穎超同志趨前致候，專誠歡迎先生北上。敬希命駕蒞平，以便就近請教。至祈勿卻為盼！」

經過幾次交談，宋慶齡被鄧穎超說服了，同意以特別邀請代表的名義北上參加新政協。八月二十八日，宋慶齡抵達北平。毛澤東、朱德、周恩來、劉少奇等中共中央領導人早已在前門車站站台上迎候她。當晚，毛澤東設宴為宋慶齡洗塵，熱烈歡迎她前來共商國家大事。

六月十五日，新政治協商會議籌備會第一次全體會議在北平開幕。毛澤東在講話中深情地說：「中國人民將會看見，中國的命運一經操在人民自己的手裡，中國就將如太陽升起在東方那樣，以自己的輝煌的光焰普照大地，迅速地蕩滌反動政府留下來的污泥濁水，治好戰爭的創傷，建設起一個嶄新的強盛的名副其實的人民共和國。」

這次會議成立了由二十一人組成的籌備會常務委員會，推選毛澤東為常務委員會主任，周恩來、李濟深、沈鈞儒、郭沫若、陳叔通為副主任。常務委員會負責起草《共同綱領》，擬定政府方案，全面展開籌建新中國政權的工作。在隨後的三個月時間裡，毛澤東與各民主黨派領導人和其他愛國民主人士進行了深入的交談。毛澤東對這些民主人士很尊敬，十分親切有禮，認真聽取他們的意見和建議。據他的衛士長李銀橋回憶，毛澤東「一聽說哪位老先生到了，馬上出門到汽車跟前迎接，親自攙扶下車、上台階」。

九月十五日，劉少奇向準備出席政協會議的共產黨員講話，告誡共產黨人不要因為自己勞苦功高，就不滿意有的民主黨派人士得到比較優厚的待遇。他說：「我們共產黨員是最先進的分子，為人民服務是無條件的，不講求代價的。」我們要研究歷代皇帝、袁世凱和蔣介石等為什麼坐不穩天下的教訓，我們要用什麼方法才能坐得穩。就是要用統一戰線的形式團結民主人士。共產黨員在政協會議上的行動要研究和學習，要謹慎、要商量，有組織、有指揮地活動；有什麼提議、行動，要詳細討論、考慮，遇到同中央不一致的意見更要多用腦子。

九月二十一日，在鏗鏘的《中國人民解放軍進行曲》中，中國人民政治協商會議第一屆全體會議在中南海懷仁堂隆重開幕，這是宣告中華人民共和國誕生的歷史性盛會。出席開幕式的包括各黨派代表、區域代表、人民解放軍代表、團體代表共四十五個單位以及特別邀請人士，共有正式代表、候補代表及特邀代表六百六十二名。會議代表名單是經過各個方面的反覆斟酌和協商所確定的，它包括中國共產黨、各民主黨派、無黨派人士、各區域和人民解放軍的代表，包括工人、農民、婦女、青年、學生、文化教育、文學藝術、自然科學與社會科學各社會團體，以及工商界、宗教界、少數民族和國外華僑等各個方面的代表。當時承擔會務工作的方榮欣後來回憶道：

參加新政協一屆會議代表的簽名冊

二十一日下午七點，毛澤東領先，六百六十二位政協代表走向懷仁堂。每個代表都拿著一個貼著近照的證件，交警衛查驗之後入場，毛澤東主席也不例外。會場門口的桌上，擺著一本《中國人民政治協商會議第一屆全體會議簽名冊》。原木製作大尺寸封面，棕色底版，淺綠色字樣，由林伯渠題詞。打開來，是折疊的宣紙，每頁上端水印政協會徽。毛主席走到簽名冊前，提起毛筆寫下：「中國共產黨毛澤東。」隨後，朱德、劉少奇、周恩來、任弼時、宋慶齡、李濟深、張瀾等都簽下自己的名字。一本簽名冊，聚集了六百多位中國現代名人。

毛澤東宣佈會議開幕時，全體代表起立，熱烈鼓掌達五分鐘之久。在開幕詞中，毛澤東強調：「現在的中國人民政治協商會議是在完全新的基礎之上召開的，它具有代表全國人民的性質，它獲得全國人民的信任和擁護。」

在第一天的全體會議上，中國共產黨代表劉少奇說，中國共產黨以一個政黨的資格參加人民政治協商會議，和其他各民主黨派、各人民團體、各少數民族、國外華僑及其他愛國民主分子一起，在新民主主義的共同綱領的基礎上忠誠合作，來決定中國一切重要的問題。

民革代表李濟深說，新民主主義國家為了真正反映民意和有效地為廣大人民服務，為了鞏固人民民主專政和展開新民主主義政治的、經濟的、國防的、文化教育的大規模建設的需要，基於民主集中制原則的政治制度是我們所當採取的優良制度。

民盟代表張瀾說，革命難，建設亦不易。在一個經過長期戰爭的國家從事建設，更是難上加難。我們要把握住千載一時的建國機會，精誠團結，共相勉勵，以完成建設新中國新社會的歷史使命。

民建代表黃炎培說，我們要在這個中國人民

由於身體原因，任弼時沒有參加開國大典。他在玉泉山休養所全程收聽天安門城樓傳來的實況廣播。圖為任弼時與前來看望他的朱德一起前往玉泉山附近的農村參觀

政治協商會議中間，在東半個地球大陸上邊，建造起一所新的大廈。這一所新的大廈已題名了，是中華人民共和國。這所新的大廈，有五個大門，每個門上有兩個大字，讓我讀起來：獨立、民主、和平、統一、富強。

……

經過充分討論和民主協商，政協會議於九月二十九日通過了《中國人民政治協商會議共同綱領》，明確規定了中華人民共和國的國家性質以及國家各個領域的基本方針和政策，展示了新中國的宏偉建設藍圖，是新中國的建國綱領。據當時擔任中共中央統戰部秘書處處長的周子健回憶，「總理關在勤政殿，大約五六天時間，什麼事也不做了，就是集中寫《共同綱領》，所以是總理在那裡親自組織的，帶了一個秘書，給他準備材料。起草完以後，然後又討論」。經過代表們的一遍遍討論和修改，《共同綱領》草案前後改了十幾稿才完成，總計六十條七千多字。在全國人民代表大會制定憲法前，它具有臨時憲法作用，成為全國各族人民共同遵守的大憲章。

在還不具備召開全國人民代表大會條件的情況下，中國人民政治協商會議肩負起執行全國人民代表大會職權的重任，完成了建立新中國的歷史使命，揭開了新中國歷史的第一頁。當時是中國致公黨代表的黃鼎臣，在新政協籌備會上參加了《共同綱領》的起草工作。他回憶當時的情景說：

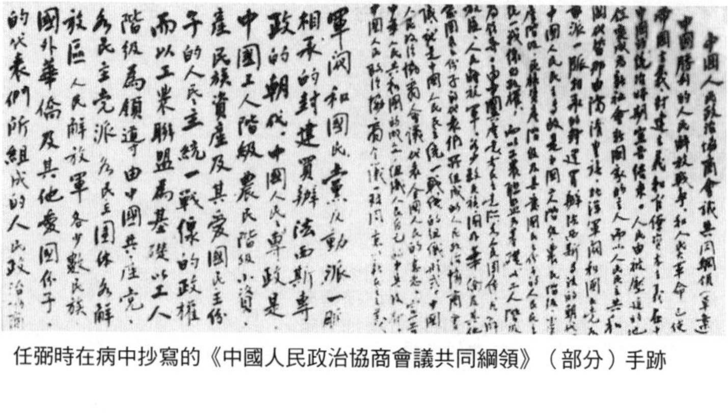

任弼時在病中抄寫的《中國人民政治協商會議共同綱領》（部分）手跡

有的同志曾認為，政協不過是一個臨時性組織，等到人民代表大會召開之後，就不再需要這個組織了，黨派的存在也不會很久了。這種想法代表了一部分民主人士的思想。周恩來針對這個思想，在會下和大家談心，會上又專門講了這個問題。他說：普選的全國人民代表大會的召開，固然還需要一個相當長的時間，就是在普選的全國人民代表大會召開以後，政協會議還將對中央政府的工作起協商、參謀和推動的作用。

討論政協組織法時，周恩來又說：在新民主主義時期需要統一戰線，即使在社會主義時期，仍然要與黨外人士合作。要統一戰線，就要有統一戰線的組織，這個組織就是中國人民政治協商會議，它要長期存在。周恩來的話，使一些同志消釋了疑團，也使我們大家倍感鼓舞。

九月三十日，全體會議一致通過《中國人民政治協商會議第一屆全體會議宣言》，向全世界莊嚴宣佈：「中華人民共和國現已宣告成立，中國人民業已有了自己的中央政府。」「中國的歷史，從此開闢了一個新的時代。」在致閉幕詞時，朱德滿懷信心地指出：「我們既然能夠團結一致開創了中華人民共和國，我們就一定能夠團結一致把我們的國家建設好，把我們的國家引導到繁榮昌盛的境地。」

這次新政協會議選出的中央人民政府委員會，六位副主席中，民主黨派和無黨派民主人士有三人，他們是宋慶齡、李濟深、張瀾；五十六位委員中，民主黨派和無黨派民主人士有二十七人。隨後，中央人民政府委員會第三次會議通過中央人民政府各機構負責人的任命。在政務院四位副總理中，民主黨派和無黨派民主人士有兩人，他們是郭沫若、黃炎培。在十五位政務委員中，民主黨派和無黨派民主人士有九人。在政務院所轄的三十四個部委中，擔任正職的民主黨派和無黨派民主人士有十四人。

據當年參與報導開國大典的新華社記者李普回憶，毛澤東宣讀《中華人民共和國中央人民政府成立公告》後，我走上去拿稿子。稿子上貼著一個字條，寫著中央人民政府委員會全體委員的名字。他指著那張字條一再叮囑我：「你小心這張字條，千萬不要弄丟了。照此發表，不要漏掉了。」文件上還有他用鉛筆寫的批示：「照此發表。毛澤東。」這個名單，是根據張治中的建議補上去的。原來的公告稿上沒有全體委員的名單，只說「陳毅等五十六人為委員」。這個細節充分體現了毛澤東對黨外人士的尊重。中國共產黨的誠意，也讓民主人士十分滿意，很多人稱讚說，中國共產黨真是「煞費苦心，十分周到」。

值得一提的是，有幾個民主人士最初不願擔任政府職務，是被說服出來工作的。作為工商界的代表人物，黃炎培多次拒絕過舊政府的高官厚祿。當周恩來請他出任公職時，他也以年老為由推辭。周恩來懇切地說：「這不同於舊社會做官，現在是人民的政府，不是做官，是做事，是為人民服務。」黃炎培感動之下，就答應了。領導過淞滬抗戰的蔣光鼐「也曾認為，自己的歷史使命已經完成，當個政協委員有地方支薪水就行了。所以，開始周恩來總理找他談話，希望他出任中央紡織工業部部長，他沒有同意。後來，總理找李濟深幫助做工作，他才接受了這一重任」。

在開國大典上，宋慶齡站在毛澤東身後，親眼目睹了天安門廣場上湧動的人潮和巍然矗立在那裡的孫中山畫像。八天後，她這樣向世人講述在天安門城樓的那一刻：「回憶像潮水般在我心裡湧起來，我想起許多同志們犧牲自己的生命換得了今日的光榮。連年的偉大奮鬥和艱苦的事跡，又在我眼前出現。但是另一個念頭抓住我的心，我知道，這一次不會再回頭了，不會再倒退了。這一次，孫中山的努力終於結了果實，而且這果實顯得這樣美麗……」

三、知識分子的人生選擇

在民主人士紛紛北上，與共產黨共同籌建新中國的時候，許多知識分子也完成了人生的一個重大選擇。物理學家王大珩回憶說：「我那時候是才從國外回來，那時候有兩條路子，一條路子是國外，我原來服務的那個公司，打電報，要我回去，我手裡拿著那個電報。還有一條路，是到解放區來。我沒走那條路，我到解放區來了。為什麼？這是我的祖國，我要為祖國、為我們民族做些事情。」

著名學者、詩人錢昌照也回憶道：「三〇年代初期，在宋子文家裡，我首次見到葉帥，三人共進晚餐。一個久經鍛煉的、和藹沉著而又雄姿英發的革命家形象，深刻地感動著我。『但願一識韓荊州』的敬慕之情，油然而生。一九四九年六月，我從歐洲回國，進入解放區抵達北平以後，葉帥正在主持北平軍管會。他對我表達了熱烈的歡迎之情，並對我說，戰爭不久就將結束，繁重的經濟建設任務擺在面前，讓我們共同努力吧！其真摯的態度，爽朗的言語，經常迴旋在我的腦際。」

實際上，在敗退台灣之前，蔣介石特意在南京舉行過一個宴會，邀請大部分剛剛由國民政府中央研究院評選出來的院士參加。蔣介石深知，他們比搶運到台北的黃金更加珍貴。但是，人心可不像黃金那樣容易被搬走。最後，八十一位院士中，只有九位去了台灣，留在大陸的則有六十人。數學家蘇步青回憶說：「對國民黨有什麼好感沒有呢，也沒什麼好感，儘管我當時是國民黨中央研究院的院士，也窮得沒辦法。當了院士以後，才借了七十五塊錢，做了一套西裝，連穿的衣服都沒有。雖然對共產黨沒什麼認識，對國民黨是看透了的，再加上我有幾個學生是地下黨員，在他們的幫助下，我當然不會到台灣去。」

新中國成立的消息傳到大洋彼岸的美國，數學家華羅庚感到無比興奮，立即決定放棄普林斯頓大學高等研究員及伊利諾大學終身教授的優厚待遇，回到中國！一九五〇年初，華羅庚帶著家人乘船離開美國，並順利於二月到達香港。在香港，他發表了一封字裡行間充滿激情的〈致中國全體留美學生的公開信〉，號召他們為國家民族早日歸來：

朋友們，我們都在有為之年，如果我們遲早要回去，何不早回去，把我們的精力都用之於有用之所呢？

為了抉擇真理，我們應當回去；為了國家民族，我們應當回去；為了為人民服務，我們也應當回去；就是為了個人出路，也應當早日回去，建立我們工作的基礎，為我們偉大祖國的建設和發展而奮鬥！

一九五〇年三月十一日，這封信經新華社向全世界播發，在海外遊子中產生了熱烈反響。回國後，華羅庚先後擔任中國科學院數學研究所所長、科學院數理化學部委員、中國科技大學副校長等職，是中國解析數論、典型群、矩陣幾何學、自守函數論以及複變函數等方面研究的創始人和開拓者。他還把數學方法運用在生產實踐上，創造了「優選法」和「統籌法」並作出了重大貢獻。

華羅庚回國不久，「娃娃博士」鄧稼先也迫不及待地回來了，帶著最新的科學知識，還有一顆赤子之心。一九五〇年八月，年僅二十六歲的鄧稼先，以優異成績獲得美國普渡大學博士學位九天後，謝絕了恩師和同校好友的挽留，毅然決定回國，把自己的一生都獻給了中國原子彈和氫彈的研製事業。為了完成這項神聖的使命，鄧稼先

一九五〇年，數學家華羅庚從美國歸國。圖為華羅庚（右一）回國前與物理學家張文裕（左一）等的合影

隱名埋姓二十八年，在大漠戈壁中忘我工作，連妻子也不知道他去了哪兒，在做什麼。鄧稼先的同窗好友、諾貝爾獎獲得者楊振寧後來回憶說：

一九七一年我第一次訪問中華人民共和國。在北京見到闊別了二十二年的稼先。在那以前，於一九六四年中國原子彈試爆以後，美國報章上就已經再三提到稼先是此事業的重要領導人。與此同時還有一些謠言說一九四八年三月去了中國的寒春（中文名字，原名 Joan Hinton）曾參與中國原子彈工程。

一九七一年八月在北京我看到稼先時避免問他的工作地點。他自己說「在外地工作」。我就沒有再問。但我曾問他，是不是寒春曾參加中國原子彈工作，像美國謠言所說的那樣。他說他覺得沒有，他會再去證實一下，然後告訴我。

一九七一年八月十六日，在我離開上海經巴黎回美國的前夕，上海市領導人在上海大廈請我吃飯。席中有人送了一封信給我，是稼先寫的，說他已證實了，中國原子武器工程中除了最早於一九五九年底以前曾得到蘇聯的極少「援助」以外，沒有任何外國人參加。

此封短短的信給了我極大的感情震盪。一時熱淚滿眶，不得不起身去洗手間整容。事後我追想為什麼會有那

一九七四年，黃昆、鄧稼先、黃宛、周光召、楊振寧（從左至右）遊覽北京頤和園時合影

樣大的感情震盪，為了民族的自豪？為了稼先而感到驕傲？——我始終想不清楚。

一九八五年七月，鄧稼先被檢查出患了直腸癌。手術後，他在國慶節提出的唯一要求是去看看天安門。住院期間，國防科工委的同志探視他時，問他：「我們國防科工委的同志們都很敬重你，想聽聽你的人生箴言。」鄧稼先稍加思索，說道：「選擇了核武器，就意味著選擇了犧牲和付出。可是，我對自己的選擇，終生無悔。」「假如生命終結之後能夠再生，那麼，我仍選擇中國，選擇核事業……」

新中國的新氣象，也使歸來的知識分子更加堅定自己的選擇和信念。一九五〇年十一月，徐悲鴻致信好友陳西瀅，表述他對新中國的看法，勸說在國外的陳西瀅能夠早日歸來。這封信充滿感情，很有代表性：「解放以來，不通音問已及一年。弟因曾無違反人民之跡，得留職至今。去年曾被派參加保衛世界和平大會，原想得晤足下及在歐友好，未能進入巴黎，在捷京會後即歸，不及兩月。」「兄等須早計，留外終非久法。弟素不喜政治，唯覺此時之政治，事事為人民著想，與以前及各民主國不同。一切問題盡量協商，至人人同意為止。故開會時絕無爭執，營私舞弊之事絕跡。弟想今後五年必能使中國改觀，入強康樂之途。兄等倘不早計，爾時必惆悵無已。」

錢學森一家歸國途中在「克利夫蘭總統號」上合影

當然，回家的路常常被帝國主義者設置障礙。美國加州理工學院終身教授錢學森的歸國之旅就非常坎坷。一九三九年，年僅二十八歲的錢學森與導師馮‧卡門合作，完成了高速空氣動力學問題研究課題，建立了著名的「卡門－錢近似」公式，一躍成為世界知名的空氣動力學家。他還參與設計了美國第一枚軍用長程火箭，被馮・卡門稱讚為「美國火箭技術領域最偉大的天才、最出色的火箭專家」。

一九五〇年六月，獲知錢學森要離美回國時，美國國防部海軍副部長金貝爾說：「無論如何都不能讓錢學森回國。他太有價值了，抵得上三到五個師的兵力！」此後五年的時間裡，錢學森被監視居住，失去了人身自由。美國聯邦調查局還千方百計逼他承認自己是「共產黨員」，非法入境。

一九五五年八月一日，中美在日內瓦開始大使級會談。在周恩來的指示下，中方代表王炳南就美國阻撓錢學森回國問題，與美方進行交涉。八月四日，錢學森終於接到了美國移民局允許他回國的通知。九月十七日，錢學森偕妻子蔣英和一雙幼小的兒女登上了「克利夫蘭總統號」，踏上了回國的旅途。臨行前，錢學森對記者說：「我很高興能回到自己的國家，我不打算再回美國，我已經被美國政府刻意地延誤了我回祖國的時間，箇中原因，建議你們去問美國當局。今後我將竭盡努力，和中國人民一道建設自己的國家，使我的同胞能過上有尊嚴的幸福生活。」

回國後，錢學森很快就向中央提交《建立我國國防航空工業的意見書》，開始了「中國航天之父」的生涯。對此，周恩來曾意味深長地說：「中美大使級會談雖然沒有取得實質性成果，但我們畢竟就兩國僑民問題進行了具體的建設性的接觸，我們要回了一個錢學森。單就這件事來說，會談也是值得的，有價值的。」張勁夫也指出：「錢學森從美國回來後，懂得搞導彈關鍵靠推進器，於是科學院下決心搞新的推進器，靠兩條腿走路，很快就搞出來了。沒有兩條腿，蘇聯毀約停援，我們就抓瞎了。」

據統計，從新中國成立前夕的一九四九年八月到一九五〇年底，有近四百名中國留美學生、兩百多名中國留英學生，放棄優越條件，回到祖國參加建設。到五〇年代末，旅居海外的專家、學者和優秀留學人員，回國人數達到兩千五百名。他們為新中國科教事業、經濟建設和國防建設的發展，作出了永載史冊的重大貢獻。

四、「萬方樂奏有于闐」

中國自古以來就是一個統一的多民族的國家，各民族共同創造了燦爛的中華文明，形成了相互依存、不可分離的關係。但在舊中國，少數民族長期遭受民族壓迫和民族歧視，經濟和文化都很落後。新中國成立後，中國共產黨非常重視民族工作，強調各族人民都是新中國的主人，要在實現民族平等的基礎上，實現民族團結和各民族共同發展進步。

俄國十月革命後，成立了蘇維埃社會主義共和國聯盟。受此影響，中國共產黨也提過「建立中華聯邦共和國」的口號。在起草《共同綱領》時，毛澤東全面考慮國內外情況，提出要考慮到底是搞聯邦，還是搞統一共和國、少數民族區域自治，並向中國共產黨黨內徵詢意見。時任中央統戰部部長的李維漢經過研究提出，中國與蘇聯國情不同：（一）蘇聯少數民族人口約佔全國總人口的百分之四十七，中國少數民族只佔全國總人口的百分之六，並且呈現出大分散、小聚居的狀態，漢族和少數民族之間、幾個少數民族之間往往互相雜居或交錯聚居。（二）馬克思列寧主義的民族理論，根本上主張在統一的（單一制的）國家內實行地方自治和民族區域自治，只在例外的情況下允許聯邦制。俄國經過二月革命和十月革命，許多非俄羅斯民族實際上已經分離為不同國家，因此不得不採取聯邦制把按照蘇維埃形式組成的各個國家聯合起來，作為走向完全統一的過渡形式。中國的情況則不同，國內各民族在中國共產黨領導下，由平等聯合進行革命，到平等聯合建立統一的人民共和國，並沒有經過民族分離，始終都是一個統一的國家。因此，中國不宜實行聯邦制。

最後，中國共產黨決定實行民族區域自治制度，作為解決中國民族問題的基本政策和國家的一項重要政治制度。一九四九年九月七日，周恩來在向參加一屆中國人民政治協商會議全國委員會（簡稱全國政協）的代表作《關於人民政協的幾個問題》的報告時，專門解釋說：「關於國家制度方面，還有一個問題就是我們的國家是不是多民族聯邦制。」「今天帝國主義者又想分裂我們的西藏、台灣甚至新疆，在這種情況下，我們希望各民族不要聽帝國主義者的挑撥。為了這一點，我們國家的名稱，叫中華人民共和國，而不叫聯邦。」「希望大家能同意這個意見。我們雖然不是聯邦，但卻主張民族區域自治。」

對此，參加新政協會議的內蒙古自治區代表劉春，有這樣一段回憶：「周恩來在關於草擬人民政協共同綱領的經過及其特點的報告中，講到了新民主主義的民族政策。他指出：其基本精神是使中華人民共和國成為各民族友愛合作的大家庭，必須反對各民族內部的公敵和外部的帝國主義。而在各民族的大家庭中，又必須經常反對大漢族主義和狹隘民族主義的傾向。各少數民族的區域自治、武裝權利及其宗教信仰之被尊重，均在條文中加以明確的規定。」

經中國人民政治協商會議討論達成一致，《共同綱領》中明確規定：「中華人民共和國境內各民族一律平等」；「各少數民族聚居的地區，應實行民族的區域自治，按照民族聚居人口多少和區域大小，分別建立各種民族自治機關。」自此，確立了在新中國實行民族區域自治這一基本政治制度。

一九五〇年春，根據毛澤東的建議，中國中央人民政府決定向全國各民族地區派遣訪問團，進一步宣傳和貫徹《中國人民政治協商會議共同綱領》中的民族政策，傳達中共中央和人民政府對各族人民的關懷和慰問，並徵求他們對於中央各種政策實施的意見。

七月二日，由劉格平擔任團長，費孝通、夏康農擔任副團長的西南訪問團離京前往西康、四川、雲南、貴州等少數民族地區，拉開了這項重要活動的帷幕。臨行前，毛澤東接見了訪問團全體同志，並親

一九五〇年十二月，在青海省各族各界歡迎中央訪問團的大會上，各族各界代表接受中央訪問團贈送的禮物

筆題寫條幅「中華人民共和國各民族團結起來」，作為禮物送給各兄弟民族。當天的《人民日報》發表題為〈送西南訪問團〉的社論，指出：「這個訪問團是代表中央人民政府，向西南地區各兄弟民族進行慰問，以加強與各兄弟民族人民的聯繫、加強國內各民族人民的團結為使命的」，「西南訪問團的出發，正是我國各民族真正友愛合作的一個象徵。」

在七個月的時間裡，西南訪問團分組深入西康、四川、雲南、貴州等少數民族地區慰問，極大地增強了各民族之間的凝聚力和向心力，鞏固了祖國大家庭的團結。時任訪問團雲南分團副團長的王連芳，後來回憶說：「一九五一年四月上旬，我們一個小組徒步從普洱前往車裡。途經普籐壩時，附近的兄弟民族同胞聞訊，背起乾糧紛紛從四面八方趕來，到普籐壩三里路外的地方來迎接訪問團。婦女和孩子們爭著把一束束鮮花遞到我們手裡，就連擺夷族的佛爺也敲起楉鑼、打起了象腳鼓，十分熱鬧。」

時至二〇〇四年八月二十一日，已經九十四歲高齡的費孝通在《人民日報》發表〈難忘兩件事〉一文，深情回憶當年與鄧小平討論民族工作的場景：

我一生經歷的事情可謂不少，大多已經淡忘，但是有的不僅沒有忘卻，在腦子裡反而越來越清晰了。比如我還能清晰地記得一九五〇年七月，我隨中央民族訪問團到貴州的一些少數民族地區宣傳黨的民族政策的時候，時任中共中央西南局第一書記的鄧小平同志，召我去同他討論當時民族工作中應該抓住什麼問題的那一幕。小平同志謙虛地對我說，他在少數民族問題上還是個「小學生」，需要向做過民族工作的同志學習，他要我「多參謀參謀」。在小平同志虛懷若谷、實事求是的態度的鼓舞下，我在這位赫赫有名的劉鄧大軍的統帥面前，毫無保留地講了自己對少數民族工作的一些看法和建議。

繼西南訪問團之後，西北訪問團、中南訪問團、東北內蒙古訪問團也相繼組建、出發、工作。四路民族訪問團，總行程達八萬公里，充分體現了中國共產黨和政府對少數民族的關心和重視。這項活動不僅在中國幾千年歷史上從未有過，標誌著民族關係和民族工作跨入了一個新時代，在世界各國歷史上也未曾有過。

從一九五〇年開始，中央人民政府有計劃組織邊疆少數民族代表，分批到北京參加國慶觀禮，或是到內地參觀。這一年十月三日晚，毛澤東在中南海懷仁堂觀看由西南各民族文工團、新疆文工團、吉林省延邊文工團、內蒙古文工團聯合演出的歌舞晚會。毛澤東請一起觀看演出的柳亞子填詞一首，以述各民族大團結之盛況。柳即席寫了一首〈浣溪沙〉：

火樹銀花不夜天，弟兄姊妹舞蹁躚，歌聲唱徹月兒圓。
不是一人能領導，那容百族共駢闐？良宵盛會喜空前！

毛澤東看後，寫了他在新中國成立後的第一首詞和之：

長夜難明赤縣天，百年魔怪舞翩躚，人民五億不團圓。
一唱雄雞天下白，萬方樂奏有于闐，詩人興會更無前。

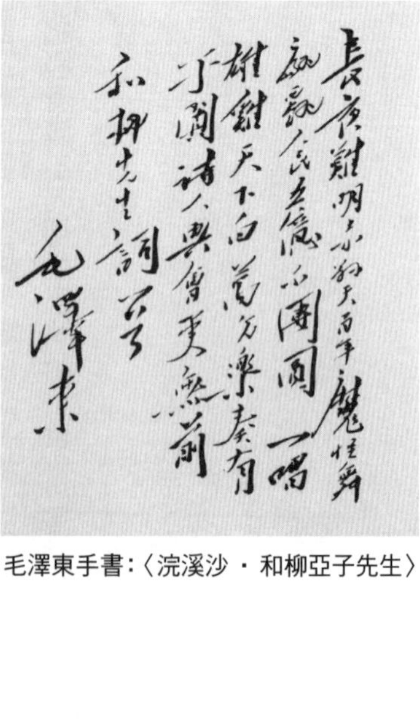

毛澤東手書：〈浣溪沙・和柳亞子先生〉

一九五一年十二月十二日，西北各族人民抗美援朝代表會議在西安隆重開幕。漢、回、蒙古、維吾爾、哈薩克、烏孜別克等十四個民族的代表四百五十一人出席了會議。毛澤東得知後，在當天的覆電中興奮地說：

> 帝國主義過去敢於欺負中國的原因之一，是中國各民族不團結，但是這個時代已經永遠過去了，從中華人民共和國成立的那一天起，中國各民族就開始團結成為友愛合作的大家庭，足以戰勝任何帝國主義的侵略，並且把我們的祖國建設成為繁榮強盛的國家。

第二節　新中國的標誌

對於一個國家來說，確定自己的國都、國旗、國歌、國徽，是一件莊嚴而神聖的大事，有著非同尋常的重要意義。一九四九年九月二十七日，中南海懷仁堂，中國人民政治協商會議第一屆全體會議一致通過了關於國旗、國歌、國都的決議案。一年後的一九五〇年九月二十日，毛澤東發佈命令，公佈了

「遲到」的國徽圖案。從此，首都北京、五星紅旗、《義勇軍進行曲》，以及由穀穗、齒輪、五星、天安門構成的國徽，成為新中國的象徵和標誌，成為全國各族人民在復興之路上奮勇前進的精神動力。

一、把人民的政權定都北京

中國的版圖像一隻雄雞，昂首挺立在世界的東方。在雄雞的胸部，有一顆閃閃的紅星，這就是我們偉大祖國的首都——北京。

位於北緯三十九・九度、東經一百一十六・三度的北京，處在華北大平原的北端。其東、北、西三面群山環繞，東南為低緩的北京平原，山川富麗，地形雄偉。古人形容它「北倚山險」，「南控江淮」，「右擁太行」，「左環滄海」。

北京屬中緯度暖溫帶，具有典型溫帶大陸性季風氣候特點，一年四季分明。北京春季乾燥多風，夏季炎熱多雨。秋季天高氣爽，是一年中最好的季節。冬季寒冷少雪但天氣晴朗。

北京的優越位置與氣候條件，使它自古就成為國都的理想地址。三千年前的周朝，諸侯國燕就定都北京，稱之為「薊」。後來，遼、金、元、明、清均定其為國都。這座歷史文化名城，與西安、洛陽、開封、南京、杭州並列為中國六大古都，聞名於世。

北京是古老的都城，也是年輕的革命發祥地。一九一九年，這裡孕育了偉大的五四

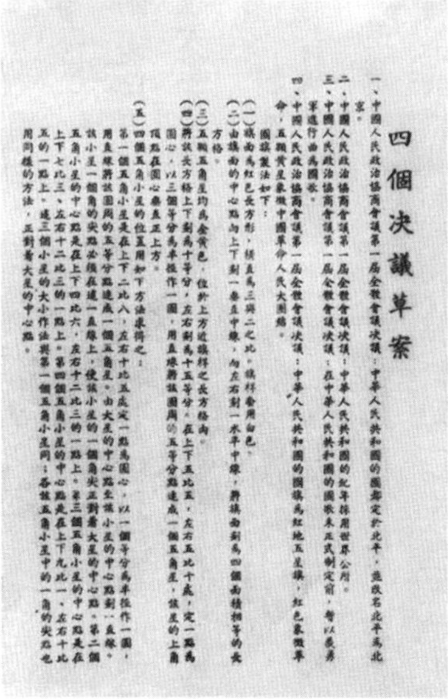
四個決議草案

一、中國人民政治協商會議第一屆全體會議決議：中華人民共和國的國都定於北平，並改名北平為北京。
二、中國人民政治協商會議第一屆全體會議決議：中華人民共和國的紀年採用世界公元。
三、中國人民政治協商會議第一屆全體會議決議：在中華人民共和國的國歌未正式制定前，暫以義勇軍進行曲為國歌。
四、中國人民政治協商會議第一屆全體會議決議：中華人民共和國的國旗為紅地五星旗，紅色象徵革命，五顆黃星象徵中國革命人民大團結。
國旗製法如下：
(一)旗面為紅色長方形，橫直為三與二之比。旗桿套用白色。
(二)由旗面的中心點向上下劃一垂直中線，向左右劃一水平中線，將旗面劃為四個面積相等的長方格。
(三)五顆五角星均為金黃色，位於上方近旗桿之長方格內。
(四)將該長方格上下劃為十等分，左右劃為十五等分。在上下五比五，左右五比十處，定一點為圓心，以三個等分為半徑作一圓，用直線將該圓周的五等分點連成一個五角星，該星的上角須點在圓心垂直正上方。
(五)四個五角小星的位置用如下方法來標定之：
第一個五角小星是在上下二比八，左右十比五處定一點為圓心，以一個等分為半徑作一圓，用直線將該圓周的五等分點連成一個五角星。由大星的中心點至該小星的中心點劃一直線。該小星一個角的尖點必須在這一直線上，使該小星的一個角尖正對著大星的中心點。第二個五角小星的中心點是在上下四比六，左右十二比三的一點上。第三個五角小星的中心點是在上下七比三，左右十二比三的一點上。第四個五角小星的中心點是在上下九比一，左右十比五的一點上。這三個小星的大小作法與第一個五角小星同；各該五角小星中的一角的尖點也用同樣的方法，正對著大星的中心點。

一九四九年九月二十七日，政協第一屆全體會議通過了關於國都、紀年、國歌、國旗的決議。圖為提交會議討論的決議草案

運動，掀開了中國新民主主義革命歷史的第一頁。以李大釗、陳獨秀為代表的早期馬克思主義者，在這裡播撒了革命的火種，創造了中國共產黨的思想土壤。

也就是在五四運動的前夕，毛澤東因法國勤工儉學之事，第一次來到北京。當時，他借住在地安門內豆腐池胡同的楊昌濟老師家，並被介紹到北京大學圖書館工作。這半年多的工作和生活，北京悠遠久長的歷史文化底蘊，給毛澤東留下了深刻的記憶。

不過，中共中央最早設想的新中國首都，是有著「東方莫斯科」之稱的哈爾濱。一九四五年八月十五日，哈爾濱結束了日本帝國主義長達十四年的侵佔，成為全國解放最早的大城市。在當時的歷史條件下，毛澤東考慮到哈爾濱臨近蘇聯，可以方便地取得蘇聯的支援和幫助，所以批准哈爾濱為「特別市」，為在這裡建立新中國做準備。但戰局的變化，讓這個計劃沒有付諸實施。

當歷史的腳步走到一九四八年五月，中國人民解放軍在各個戰場完全掌握了主動權。晉察冀和晉冀魯豫兩大解放區已經連成一片，並建立了統一領導的華北局、華北軍區和華北人民政府。在這個轉折關頭，毛澤東、周恩來、任弼時率領中共中央機關東渡黃河，到達河北省平山縣西柏坡。九月八日至十三日，中共中央在西柏坡召開政治局擴大會議，勾畫出了一幅如何建立新中國的藍圖，史稱「九月會議」。會議期間，毛澤東就提出「最好北平不要打」，表達了和平解放北平與定都北平的心願。他還說：

> 我們要建立的，是無產階級領導的以工農聯盟為基礎的人民民主專政。這個政權不僅僅是工農，還包括小資產階級，包括民主黨派，包括從蔣介石那裡分裂出來的資產階級分子。政權制度採用民主集中制，即人民代表會議制，而不採用資產階級的議會制，各級政府都要加上「人民」二字，各種政權也要

加上「人民」二字，如法院叫人民法院，解放軍叫人民解放軍，以示與蔣介石政權的根本對立。

平津戰役期間，中共中央對北平作了和平解放與武力解放的兩手準備。為了避免這座千年文化古都遭到戰火破壞，毛澤東在一個月內連續三次電示前方部隊，務必注意保護學校和文化古蹟。

一九四八年十二月十五日，毛澤東以中共軍委名義急電林彪、羅榮桓、劉亞樓和第十三兵團司令員程子華、參謀長黃志勇：「請你們通知部隊注意保護清華、燕京等學校及名勝古蹟等。」

一九四九年一月三十一日，北平和平解放。圖為中國人民解放軍舉行入城式，受到各界群眾的熱烈歡迎

一九四八年十二月十七日，毛澤東在給林彪、羅榮桓、劉亞樓並告程子華、黃志勇的電報中，再次指示：「沙河、清河、海澱、西山係重要文化古蹟區，對一切原來管理人員亦是原封不動，我軍只派兵保護，派人聯繫，尤其注意與清華、燕京等大學教職員、學生聯繫，和他們共同商量如何在作戰時減少損失。」

一九四九年一月十六日，毛澤東又電告林彪、羅榮桓、聶榮臻：「積極準備攻城。此次攻城，必須做出精密計劃，力求避免破壞故宮、大學及其他著名有重大價值的文化古蹟……你們對於城區各部分要有精密的調查，要使每一部隊的首長完全明瞭，哪些地方可以攻擊，哪些地方不能攻擊，繪圖立說，人手一份，當作一項紀律去執行。」

毛澤東對保護北平的高度關注，除了要防止文化古蹟毀於戰火、人民的生命財產受到損失，還有一個原因就是他已經確定選擇北平為新中國的首都。一九四九年一月，時任東北局城市工作部部長的王稼祥來到西柏坡，準備參加即將召開的中共七屆二中全會。在看望毛澤東時，兩人就定都問題進行了深入交談。王稼祥對南京、西安、開封、洛陽等古都進行了一一分析，明確表示最理想的地點應選在北平。他指出：

北平位於沿海地區，屬於經濟發達圈內，而且扼守連結東北與關內的咽喉地帶，戰略地位十分重要，可謂今日中國的命脈之所在。同時，它又鄰近蘇聯和蒙古，無戰爭之憂，雖然離海較近，但渤海是中國內海，有遼寧、山東兩個半島拱衛，從戰略上看也比較安全，一旦國際上有事，不至立即使京師震動。此外，北平是明清兩代的帝都，從人民群眾的心理上也樂於接受。考慮到這些有利條件，我認為首都應定在北平。

對王稼祥的分析，毛澤東深以為然，並說：「我們的首都就定在北平。蔣介石的國都在南京，他的基礎是江浙資本家。我們要把國都建在北平，我們也要在北平找到我們的基礎，這就是工人階級和廣大的勞動群眾。」

一九四九年一月二十日，傅作義宣佈接受和平改編。一月三十一日，中國人民解放軍開進北平，北平和平解放，古老的北平城得以完整保存。為了做好北平的接管工作，中共中央選任彭真為北平市委書記，葉劍英為北平軍管會主任兼北平市市長。毛澤東語重心長地對他們說：「這次接管北平，影響到中外。你們務必要像接管瀋陽、濟南那樣，取得更好的成績，不要落在瀋陽和濟南之後。另外，還要特別防止出現過去某些『左』的做法。」

從二月初開始，在葉劍英和彭真的領導下，北平接管工作全面展開。經過兩個月的艱苦工作，北平接管基本完成。接著，葉劍英開始領導北平的新建設，維護社會穩定，恢復發展生產，關心市民生活，為新中國定都北平和未來首都建設奠定了良好基礎。當時，國民黨統治區的《新聞天地》刊文報導說，北平接管是審慎、周到、仔細、嚴密的，幾乎做到盡善盡美的程度，「葉劍英領導的中共幹部打穩中共未來首都的基礎」。

三月五日，中共七屆二中全會在河北平山西柏坡召開。在這次會議上，毛澤東提出，中國共產黨的工作重心必須從鄉村移到城市，並進行廣泛的城市經濟建設。他還明確地說，「我們希望四月或五月佔領南京，然後在北平召集政治協商會議，成立聯合政府，並定都北平」。在毛澤東看來，蔣介石政權定都南京，是因為他的統治基礎是江浙資本家。共產黨把國都建在北平，它的基礎是工人階級和廣大的勞動群眾。

三月二十三日上午，毛澤東、周恩來等人率領中共中央機關，乘汽車離開西柏坡前往北平。出發時，毛澤東對周恩來說，今天是進京的日子，進京趕考去。周恩來回答，我們應當都能考試及格，不要退回來。毛澤東說，退回來就失敗了。我們絕不當李自成，我們都希望考個好成績。三月二十五日，毛澤東一行抵達北平清華園車站，然後改乘汽車至頤和園。下午五時，毛澤東、劉少奇、朱德、周恩來、任弼時等在西苑機場，同前來歡迎的各界代表及民主人士一千多人見面，並乘車檢閱部隊，隨後進駐香山雙清別墅。

毛澤東剛進北平，時任北平市市長的葉劍英就趕到他的住處彙報北平和平解放的情形。他特意告訴毛澤東，北平和平解放後，不少民主人士來信來電，表示他們堅決擁護中國共產黨的領導，並希望在北平成立全國性政府。定都北平，已經是大勢所趨了。

一九四九年六月十五日，新政治協商會議籌備會在解放不久的北平正式成立。第二天，籌備會常委會在中南海勤政殿召開第一次會議，決定專門成立第六小組，負責研究草擬國旗、國徽、國歌、紀年、國都等方案。馬敘倫任組長，葉劍英、沈雁冰任副組長，成員包括張瀾、郭沫若、田漢、鄭振鐸、歐陽予倩等十六人。隨後，第六小組就定都問題，廣泛徵求了專家的意見。大家普遍認為，北平戰略地位十分重要，城市建設雄偉壯麗，不僅擁有眾多的文物建築，而且是文化中心，是理想的國都地址。

九月二十一日，中國人民政治協商會議第一屆全體會議在北平中南海懷仁堂開幕。經過討論，第六小組和專家顧問一致同意北平更名北京，作為新中國的首都。北京由此開始了它輝煌而嶄新的歷史！

二、五星紅旗迎風飄揚

五星紅旗迎風飄揚，
勝利歌聲多麼響亮，
歌唱我們親愛的祖國，
從今走向繁榮富強……

作為一個中國人，每當我們仰望迎風飄揚的五星紅旗，心中都會湧起一種別樣的激動。

一九四九年四月二十三日深夜，中國人民解放軍百萬雄師渡過長江。四月二十四日晨，解放軍先遣部隊直奔南京國民政府的總統府，用鮮艷的「八一」軍旗取代了原立在總統府門樓上的「青天白日滿地紅」旗。這是旗幟的變化，也是時代的更迭。

隨著全國勝利的到來，特別是新中國成立日期的確立，人們開始在心底描繪新中國國旗的樣貌。當時，有人建議用「八一」軍旗來代替新中國的國旗。還有人認為，可以把「八一」兩字去掉，或在五角星中加上一個「鐮刀斧頭」圖案。但是，毛澤東和大多數人對此提出異議，認為旗幟是一種形象，國旗和軍旗、黨旗不應互相代替，也不應雷同。

七月十五日至八月十五日，新政治協商會議籌備會擬就的《徵求國旗、國徽圖案及國歌詞譜啟事（草案）》先後在《人民日報》、《北平解放報》、《大眾日報》、《解放日報》、《新華日報》等全國各大報紙上連續刊登，面向海內外公開徵稿，並聲明截止日期是八月二十日。

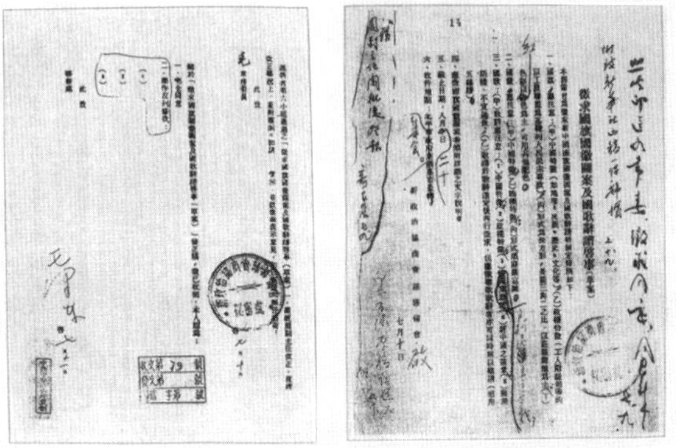

新政治協商會議籌備會關於《徵求國旗、國徽圖案及國歌詞譜啟事（草案）》及毛澤東的意見

關於國旗圖案的設計，當時提出了幾個要求：（一）要有中國特徵；（二）要含有中國的地理、歷史、民族、文化等因素；（三）要有政權特徵，體現出中國共產黨領導之下的統一戰線。同時，國旗還要莊嚴整潔，一目了然。

徵求國旗圖案的啟事，在海內外引起了強烈的反響。一位解放軍戰士這樣記述他和戰友們在硝煙裡討論國旗圖案的情形：「我們利用戰鬥空隙，就在陣地上、戰壕裡，在槍炮聲中討論了這三幅圖樣（應徵國旗圖樣），討論會開得非常熱烈，大家不光對國旗圖樣各抒己見，還談了不少激動人心的感想。」「有的戰士無比興奮地說，『徵求國旗圖樣的意見，說明新中國很快就要成立了，等新中國成立那天，我要握著槍戴上立功獎章，在國旗下莊嚴地照一張相』。不少老戰士還用豐富的想像力，描繪著新中國成立後的美好前景，憧憬著未來的共產主義幸福生活。」

短短一個月的時間，國旗審查小組就收到應徵國旗圖案兩千九百九十二幅。其中，從遙遠的美洲寄來了二十三幅圖案，還有從馬來西亞、印尼、朝鮮等地寄來的圖案。國旗圖案的設計者，有工人、農民、解放軍官兵，有教師、教授和作家，有機關職員和自由職業者，還有港澳同胞和海外華僑。就連剛剛學會繪畫、未脫稚氣的小學生，也送來了他們的應徵作品。

這一幅又一幅各具特色的圖案，以及設計者標上的詳細說明，充分表達了全國各族人民和海外僑胞對新中國的無限熱愛。朱德也派人送來了自己的方案。他精心設計的國旗，左上角為藍色長方形，嵌有紅五角星，象徵晴朗的天空。

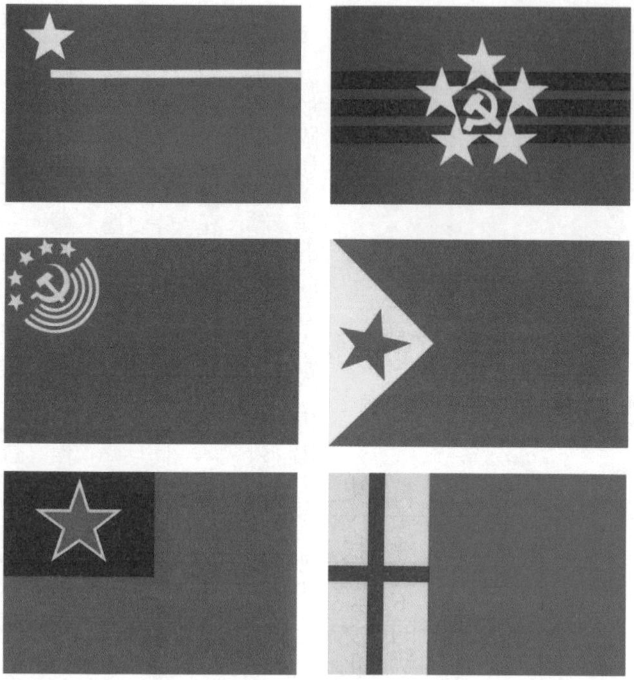

新政協籌備會徵集啟事發出後，僅一個多月時間，就收到國旗圖案兩千九百九十二幅，圖為應徵的部分國旗圖案

為了選好新中國的國旗圖案，政協籌委會特地在北京飯店四一三號會客室，設立國旗圖案臨時選閱室，集中陳列展覽候選的應徵設計圖案，請評選委員會成員和專家們選閱。九月二十二日，馬敘倫、沈雁冰代表國旗擬定小組，向政協會議主席團提出評選國旗方案設計徵稿的報告，認為最為合選的是「復字第一號」圖案。這幅圖案又被稱為「黃河圖案」，為紅色旗面，下方三分之一處加一道黃色水波狀條紋，旗面左上角綴有一顆大五角星。紅色象徵革命，大五角星象徵中國共產黨領導的人民民主政權，黃色條紋象徵中華文明

的發源地黃河。毛澤東和多數政協委員看到這幅圖案後，也青睞有加。

據當時擔任第六小組秘書的彭光涵回憶：「最初，有三分之一的人對這個方案表示贊同，但另外一部分反對者也意見堅決，覺得這幅設計暗含分裂的意思，結果最終被淘汰出局。還有一個爭議比較大的圖案和獲選的國旗圖案差不多，只不過在大五角星裡加上了鐮刀、斧頭，這一方案最初也得到很多人的贊同，但後來有人提出，如果加上鐮刀、斧頭就和蘇聯的國旗太像了，作為主權國家，我們的國旗圖案一定要獨立。」

一九四九年九月二十七日，中國人民政治協商會議第一屆全體會議確定中華人民共和國國旗為「五星紅旗」。一九四九年十月一日，中央人民政府主席毛澤東在天安門廣場升起第一面國旗

就在這時，一份以五顆五角星組成的國旗設計圖案應徵稿從上海寄到了北平。這正是上海普通職員曾聯松設計的「五星紅旗」。他曾這樣總結自己的構想：以簡勝繁，以一當十；物小蘊大，意趣無窮；顧盼呼應，協調和諧；靜中寓動，畫面活躍；團聚完整，飽滿舒展……

果然，曾聯松的國旗圖案，以其簡潔大方而又寓意深刻，使預選工作人員的眼睛為之一亮。當工作人員將「五星紅旗」圖樣送到周恩來手中，他高興地說，這紅旗象徵革命先烈用鮮血染紅的大地；一顆大的五角星象徵中國共產黨；四顆小五角星象徵人民群眾；小星環繞在大星周圍，象徵著各民族人民在共產黨領導下的大團結。

九月二十五日晚，毛澤東、周恩來在中南海豐澤園召開座談會，聽取關於國旗、國徽、國歌、紀年、國都問題的意見。毛澤東首先談了對國旗的意見，說：「過去，我們腦子老想在國旗上畫上中國特點，因此畫上一條以代表黃河。其實，許多國家的國旗也不一定有什麼該國家的特點。蘇聯的斧頭鐮刀也不一定代表蘇聯特徵，哪一國也有同樣的斧頭鐮刀。英美德國旗也沒有什麼該國特點。」他拿起畫有五星紅旗的國旗方案，用手指著對大家說：「這個圖案表現我們革命人民大團結。現在要大團結，將來也要大團結。現在也好，將來也好，又是團結又是革命。」毛澤東講完，與會者鼓掌一致通過。

九月二十六日，全國政協一屆全體會議國旗、國徽審查組，通過了第三二三號設計圖，即曾聯松設計的「五星紅旗」為國旗當選圖案。審查組還對這個圖案進行了部分修改，抽掉了大星中的鐮刀斧頭，使圖案更加簡化，同時避免給人以模仿蘇聯國旗的感覺。

製作第一批五星紅旗的任務，落到了三十六歲的北京美術供應社女工趙文瑞身上。這位舊社會靠給人縫補漿洗度日的普通女工，為了完成這項神聖使命，廢寢忘食，精心選料，反覆琢磨，一針一線地縫，夜以繼日地忙，把自己綿長的思緒和無比的感動，縫進這面偉大的旗幟。

十月一日下午三時，毛澤東在開國大典上親手按下電鈕，新中國第一面國旗在天安門廣場上冉冉升起。第二天，這面鮮紅的旗幟在大河上下、大江南北高高飄揚，映紅了祖國的山山水水。

開國大典的消息傳到尚未解放的重慶白公館和渣滓洞時，關押在牢房中的革命者懷著激動的心情，憑著自己的想像，做了一面五星紅旗：中央繡著大星，四角分列小星。白公館大屠殺倖存者郭德賢後來回憶說：

當時不知道，那個紅旗怎麼做法，羅廣斌同志，就把他的一床繡花被面拆了，拆了以後，就剪了五個五角星。當時，剪了不曉得怎麼擺法，因為不知道那個情況，他們就說，擺上吧。擺起來了，就制好了一面五星紅旗。當時，就傳到所有牢房裡頭，我在樓上，都傳上去了，就悄悄傳上去了。都說，重慶解放的時候，我們監獄裡的同志，我們扛著我們的紅旗，我們流著熱淚，去迎接我們的黨，去迎接解放。

十一月十四日，離重慶解放僅僅只有三天的時候，國民黨殘忍地殺害牢房中的革命者，共有兩百六十五人遇難。革命者用鮮血染紅的五星紅旗，是新中國誕生的重要標誌，寄託著億萬中華兒女的夢想和渴望。

三、代國歌《義勇軍進行曲》

起來！不願做奴隸的人們！
把我們的血肉，築成我們新的長城！
中華民族到了最危險的時候，每個人被迫著發出最後的吼聲……

這首田漢作詞、聶耳作曲的《義勇軍進行曲》，誕生於抗擊日本帝國主義的戰爭年代。當時，它傳遍中華大地，成為中國人民反抗外來侵略的高昂戰歌，對激勵各族人民的愛國主義精神起到了巨大作用。現在，它是中華人民共和國國歌。在任何時候，任何地點，這個壯懷激烈的旋律都會讓所有的中華兒女熱血沸騰，體現出中華民族勇往直前、不屈不撓的精神。

一九三一年的「九一八」事變，拉開了日本帝國主義侵華的序幕。面對侵略者的鐵蹄，「不作亡國奴」的吼聲，喚起了全國人民的愛國熱忱。一九三四年春，年輕的劇作家田漢，應上海電通影片公司的邀請，決定寫一個以抗日救亡為主題的電影劇本。很快，他就完成一個名為《鳳凰的再生》的故事梗概，並寫出主題歌的主要內容。一九三五年二月，中共江蘇省委和上海文委被破壞，田漢與陽翰笙等人被捕入獄。在徵得田漢的同意後，上海電通影片公司請夏衍和孫師毅對他的劇本進行了修改，最後定名為《風雲兒女》，主題歌起名為《義勇軍進行曲》。

田漢的被捕，在文藝界引起極大震驚和憤慨。正準備去日本的音樂家聶耳，從夏衍那裡獲知《義勇軍進行曲》尚未譜曲，當即主動要求承擔這項任務。聶耳被歌詞深深感染，雄壯、激昂的旋律從心中油然而生，很快就完成了曲譜初稿。在日本期間，他完成了曲譜的修改定稿，然後寄回了上海。一首表現中華民族的剛強性格，充滿同仇敵愾、團結禦敵豪邁氣概的革命戰歌就這樣誕生了。聶耳的曲譜寄回上海後，賀綠汀請當時在上海百代唱片公司擔任樂隊指揮的蘇聯作曲家阿龍・阿甫夏洛莫夫配器。不久，影片《風雲兒女》在全國上演。《義勇軍進行曲》作為主題歌，在影片首尾兩次出現，給觀眾留下極為深刻的印象，很快在大江南北、長城內外傳唱開來。

一九四九年七月四日，葉劍英主持召開新政治協商會議籌備會第六小組第一次會議，推選郭沫若、田漢、茅盾、錢三強、歐陽予倩五人組成國歌詞譜初選委員會，郭沫若為召集人。八月五日，第六小組第二次會議決定，聘請馬思聰、賀綠汀、呂驥、姚錦新四位音樂專業人士為國歌詞譜初選委員會顧問。短短一個多月時間內，國歌詞譜初選委員會就收到來自海內外的國歌歌譜六百三十二件、歌詞六百九十四首。這一首首歌詞歌曲，反映了全國各族人民、港澳同胞和海外僑胞期盼祖國獨立、統一和富強的真切心情。

關於國歌的選定，當時確定的一個基本原則，就是要選一首「人人會唱、人人愛唱」，又能體現愛國主義精神的歌曲作為國歌。這首歌既要有藝術魅力，又要有群眾性與通俗性。遺憾的是，這些稿件都不夠理想，未能打動評選委員會的成員和專家。

隨著開國大典日子的臨近，確定新中國國歌的工作已迫在眉睫。在應徵稿件不令人滿意的情況下，有人提議繼續使用「中華民國國歌」，也有人建議以《國際歌》作為國歌。曾留學法國、對《馬賽曲》有深刻印象的畫家徐悲鴻，第一個向毛澤東、周恩來提出可否以《義勇軍進行曲》代為國歌。梁啟超之子、建築家梁思成，也提出同樣的建議。他還回憶起自己在美國的時候，曾經走到街上，聽見後面有人用口哨吹《義勇軍進行曲》，回頭一看，是一個美國青年。

在討論中，葉劍英講了兩件事情。一件事情是，太平洋戰爭爆發後，馬來西亞華僑抗日游擊隊只將《義勇軍進行曲》一句歌詞改為「馬來亞民族到了最危險的時候」，遂成《馬來亞義勇軍進行曲》；反法西斯同盟國各廣播電台，尤其是民間廣播電台，都將《義勇軍進行曲》視為中國國歌，甚至不知道孫中山作詞的中國國民黨黨歌《三民主義吾黨所宗》已被國民政府定為中華民國國歌。

另一件事情是，一九四九年夏，中國代表團應邀到捷克

一九四九年九月二十七日，中國人民政治協商會議第一屆全體會議通過決議，在中華人民共和國國歌未正式制定前，以《義勇軍進行曲》為代國歌。一九八二年十二月四日，第五屆全國人民代表大會第五次會議正式確定《義勇軍進行曲》為中華人民共和國國歌。二〇〇四年三月十四日，第十屆全國人民代表大會第二次會議正式將《義勇軍進行曲》作為國歌寫入《中華人民共和國憲法》

在開國大典上，軍樂隊高奏代國歌《義勇軍進行曲》

的首都布拉格參加保衛世界和平大會，到達住地之後，才得知按照大會的有關規定，各國代表團進入會場時須唱本國國歌。在新中國尚未成立、國歌還未確定的情況下，有人建議唱《義勇軍進行曲》代替國歌。當有人認為新中國成立在望，不能再唱「中華民族到了最危險的時候，每個人被迫著發出最後的吼聲」時，郭沫若把歌詞修改了兩句，改成「中華民族到了大翻身的時候，每一個鄉村城市發出了解放的吼聲」。這樣，就成了兩方都能接受的歌詞。於是，《義勇軍進行曲》第一次在一個國際性大會上起到了國歌的作用。

九月二十五日晚，在中南海豐澤園召開的座談會上，馬敘倫、徐悲鴻等再次向毛澤東、周恩來提議用《義勇軍進行曲》暫代國歌，並得到大多數委員的贊成。也有人提出，歌曲是很好，但詞中有「中華民族到了最後關頭」不妥，最好修改一下。周恩來表示，就用原來的歌詞。「這樣才能鼓動情感。修改後，唱起來就不會有那種情感。」他還說：「我們採用這個代替我們現在的還沒有的國歌，就是要鼓舞我們把革命進行到底，鼓舞我們的全民族革命人民的前進。」

最後，毛澤東拍板，歌詞不改，在中華人民共和國的國歌未正式制定前，以《義勇軍進行曲》為代國歌。他還和與會者一起合唱《義勇軍進行曲》，座談會在這首激盪人心的歌曲中結束了。

時任第六小組秘書的彭光涵回憶起國歌評選工作，這樣寫道：「應徵稿中，國歌詞譜比較多。小組評選了一部分歌詞、歌譜印發給大家，有的還組織樂隊演奏過，但都感到不理想，認為在短時間內創作出理想的國歌詞譜是困難的。經過反覆討論，比較一致的意見採用《義勇軍進行曲》為國歌。」

時隔三十年後，葉劍英回憶道：

本人曾參與新中國制定國歌的具體工作，那是難忘的事情。《義勇軍進行曲》是幾十年來在中國廣大人民的革命鬥爭中最流行的歌曲，已經具有歷史意義。毛澤東當時曾說，採用《義勇軍進行曲》為中華人民共和國現時的國歌而不加修改，是為了喚起人民回想祖國創建過程中的艱難憂患，鼓舞人民發揚反抗帝國主義侵略的愛國熱情，把革命進行到底。這與蘇聯人民曾長期以《國際歌》為國歌，法國人民今天仍以《馬賽曲》為國歌的作用是一樣的。

十月一日，開國大典在天安門廣場隆重舉行。伴隨著毛澤東按動電鈕，五星紅旗冉冉上升，《義勇軍進行曲》作為國歌第一次在天安門廣場響起。

當時擔任開國大典樂隊指揮的羅浪回憶說：「十月一號的前一天告訴我以後，我當天晚上就作了一些簡單的配器，管樂器配器，因為雖然說這麼晚才告訴我，但是我們都會。而且很早很早我就會這個《義勇軍進行曲》，我在十五歲的時候，就會《義勇軍進行曲》，因為當時這個《義勇軍進行曲》是《風雲兒女》的插曲。」

我們萬眾一心，冒著敵人的炮火，前進，

冒著敵人的炮火，前進！前進！前進！進！

從天安門廣場到星羅棋佈的城鎮山鄉，從五大洲的友邦到聯合國總部大廈，這首被中國人民注入了靈魂和生命的歌曲，已經響徹了全中國乃至全世界。它激勵一代又一代中國人民，萬眾一心、自強不息、一往無前，不斷創造民族的輝煌。

四、「遲到」的國徽

與國旗、國歌的順利確定不同，國徽的誕生稍顯曲折。《新政治協商會議籌備會為徵求國旗、國徽圖案及國歌詞譜的啟事》對國徽提出的具體設計要求是：「（甲）中國特徵；（乙）政權特徵；（丙）形式須莊嚴富麗。」然而，收到的應徵國徽圖案稿件只有一百一十二件，各種圖九百餘幅。這個數量與近三千幅的國旗圖案相比，相差甚遠。而且，國徽圖案的應徵者，往往把國徽想像或設計為普通的證章或是紀念章，難以反映新中國對國徽的要求。

一九四九年八月二十四日，第六小組開始討論國徽應徵圖稿，但始終沒有找到令人滿意的國徽圖案。毛澤東看到徵集的國徽設計圖案後，也認為不夠理想。他指出，國旗上不一定要表明工農聯盟，但在國徽上應當表明。他說：「國旗已經決定了，國徽是否可以慢一點決定。原小組仍繼續設計，等將來交給中央人民政府去決定。」

會議代表們最後決定，國徽圖案先不提交政協大會討論，留待將來由中央人民政府決定。於是，開國大典當天的天安門城樓上，沒有出現國徽。在本應高掛國徽的地方，懸掛了一幅「中華人民共和國中央人民政府成立典禮」的橫標。

為了趕在一九五〇年國慶節掛上國徽，全國政協決定邀請清華大學營建系和中央美術學院分別組織人力對國徽方案進行設計競賽。收到政協的邀請後，兩家單位很快組成了由建築學家梁思成、林徽因領導的清華大學營建系設計組和以美術家張仃、鍾靈為首的中央美術學院設計組。

一九五〇年六月十日，兩家單位將自己的國徽圖案送交政協一屆五次常委會討論。其中，清華大學的圖案是以「瑗」（即大孔璧）形狀為主體，以國名、五星、齒輪、嘉禾為主要題材。中央美術學院的圖案以齒輪、嘉禾、五角紅星及天安門為主要內容。政協常委會對他們的方案均不滿意，但對中央美術學院的圖案中採用天安門表示肯定，因此決定以天安門為主要內容之一，繼續設計。

清華大學國徽設計小組的部分成員在梁思成住宅前留影

經過設計者們的努力，中華人民共和國國徽的設計，取得了圓滿而巨大的成功。最後的國徽定稿圖，以清華大學設計組的「氣魄大，有中國特色」的方案為主，但它集中了大家的聰明才智，博眾家之長，實現了政治性、藝術性、自然性和歷史性四個標準的有機統一。

國徽的整體構圖，主要由國旗、天安門、齒輪和穀穗構成。國旗上的五星，象徵中國共產黨領導下的各族人民大團結。天安門是五四運動的發源地，又是新中國成立時舉行開國大典的盛大場所，用天安門圖案作新的民族精神的象徵，是十分恰當的。齒輪、穀穗，象徵工人階級與農民階級。這幾個元素渾然一體，鮮明地表現了新中國的性質是工人階級領導的以工農聯盟為基礎的人民民主專政的社會主義國家。

一九五〇年六月二十三日，全國政協一屆二次會議通過中華人民共和國國徽圖案及對該圖案的說明。一九五〇年九月二十日，中央人民政府主席毛澤東頒佈命令，公佈中華人民共和國國徽

國徽在顏色上用正紅色和金黃色互為襯托對比，融合在一起。這體現了中華民族特有的吉壽喜慶的民族色彩和傳統，既莊嚴又富麗，體現了中華人民共和國的神聖和莊嚴。

一九五〇年六月二十日，全國政協國徽審查組最後一次討論，審定了國徽方案，由組長馬敘倫向政協全體大會提出了審查報告。六月二十三日，全國政協一屆二次會議通過了國徽審查組所擬定的國徽圖案，並提請中央人民政府委員會第八次會議核准公佈。

國徽圖案定下來後，經梁思成的大力舉薦，清華大學營建系雕塑教授高莊承擔了國徽立體浮雕模型的設計塑造任務。經過一個半月的辛勤勞動，高莊率領助手完成了模型的設計和塑造工作。相對於平面圖案，立體模型國徽在藝術上更加完善：禾穗並列向上，或剛或柔，象徵著全國各民族的團結共存和蒸蒸日上；紅綬帶有規律地穿梭，與天安門城牆呼應，給人以堅強、安定的印象。八月十八日，國徽審查小組審議通過了國徽浮雕模型。

九月二十日，毛澤東主席發佈命令，公佈關於中華人民共和國國徽圖案及對該圖案的說明、使用辦法等。十月一日，在新中國成立一週年之際，莊嚴、神聖、富麗的國徽掛上了天安門。

為了維護國徽的尊嚴，正確使用國徽，一九九一年三月二日，七屆全國人大常委會第十八次會議通過了《中華人民共和國國徽法》，強調國徽象徵中國人民自五四運動以來的新民主主義革命鬥爭和工人階級領導的以工農聯盟為基礎的人民民主專政的新中國的誕生，是中華人民共和國的象徵和標誌，一切組織和公民都應當尊重和愛護國徽。

第三節 蕩滌舊社會的污泥濁水

在舊社會，許多貧苦民眾被壓在社會最底層，受盡種種非人折磨。毛澤東強調「迅速地蕩滌反動政府留下來的污泥濁水」，就是要幫助他們從苦難中解脫出來。新中國成立後，中國共產黨和人民政府開展了廢除傳統的婚姻制度、取締娼妓、禁絕鴉片煙毒、安置城市乞丐等工作，全面掃除舊社會的各種弊病，使神州大地處處煥發出生命活力。廣大人民群眾和社會各界人士從新中國社會面貌的巨大變化中，切身感受到中國共產黨和人民政府的擔當、決心、膽識和魄力，更加努力地投入建設新國家、新社會、新生活的偉大鬥爭中

一、婚姻自由，男女平等

在一九四九年新政治協商會議上，佔全體代表百分之十・四的六十九名婦女出席了會議。她們與男代表一起共商建國大計。宋慶齡在這次會議上當選為中國中央人民政府副主席。李德全、史良等一批女性擔任了政府的領導職務。會議通過的《共同綱領》莊嚴宣佈，廢除束縛婦女的專制制度，婦女在政治、經濟、文化教育和社會生活各個方面均享有與男子平等的權利，從此開創了婦女解放的新時代。其中，一九五〇年《中華人民共和國婚姻法》的制定和實施，是一件具有標誌性意義的事情。

舊中國傳統桎梏的一個重要方面，是延襲著以夫權為中心、壓迫婦女並剝奪男女婚姻自由的封建主義婚姻制度。它束縛和摧殘人性、人權，釀成無數人間悲劇。同時，它還牽涉社會觀念、倫理道德、宗

法習俗等許多方面的問題，對整個社會的影響根深柢固。在民主革命時期，中國共產黨就非常重視婚姻家庭領域內的反封建鬥爭，著手進行了這方面的法制建設。一九三一年十二月，當時的中共中央蘇區頒行了《中華蘇維埃共和國婚姻條例》，又於一九三四年頒行了《中華蘇維埃共和國婚姻法》。抗日戰爭、國共內戰時期，中國共產黨領導的革命根據地頒行了《陝甘寧邊區婚姻條例》、《晉察冀地區婚姻條例》等地區性條例。

一九四八年十月，劉少奇在解放區婦女工作會議上提出，新中國即將成立，應組織力量起草新婚姻法，建立新民主主義的婚姻制度。會後，中央婦女工作委員會成立了婚姻法起草小組，進行了大量調查研究工作。

一九五〇年四月十三日，《中華人民共和國婚姻法》草案在中央人民政府委員會第七次會議上討論通過。時任中央人民政府法制委員會主任的王明，在會議上作了一篇題為《中華人民共和國婚姻法起草經過和起草理由的報告》。他指出：「有什麼樣的社會生活，就有什麼樣的婚姻制度。」「《紅樓夢》所反映的婚姻時代，確定是成為過去了。代之而起的無疑是《王寶林結婚》、《小二黑結婚》和《新兒女英雄傳》所描寫的牛大水和楊小梅結婚所反映的婚姻時代。」

《中華人民共和國婚姻法》共八章二十七條。它的基本精神就是反對封建婚姻，提倡新式婚姻。它的第一條，開宗明義地規定：「廢除包辦強迫、男尊女卑、漠視子女利益的封建主義婚姻制度。實行男

《婚姻法》的實施，引起全社會的關注。圖為北京市民收聽宣傳《婚姻法》的廣播

女婚姻自由、一夫一妻、男女權利平等、保護婦女和子女合法利益的新民主主義婚姻制度。」這既表明了《婚姻法》的立法宗旨，又確定了它的立法原則。

一九五〇年五月一日，新中國成立後制定的第一部具有基本法性質的法律——《中華人民共和國婚姻法》開始實施。它徹底廢除了封建主義婚姻制度，使無數受壓迫的婦女獲得了自由和新生，為調整和確定新型婚姻家庭關係提供了法律依據和保障。

依據這個宗旨和原則，《婚姻法》對婚姻關係和家庭關係都作了詳細的規定，包括：「禁止重婚、納妾。禁止童養媳。禁止干涉寡婦婚姻自由。禁止任何人借婚姻關係問題索取財物。」這為廣大婦女的解放提供了法律上的保障。

一位只有二十九歲卻守寡十三年的婦女，讀到《婚姻法》裡「禁止干涉寡婦婚姻自由」一句時，不禁反覆地念了十幾遍。她高興地說：「我得到自由了！」

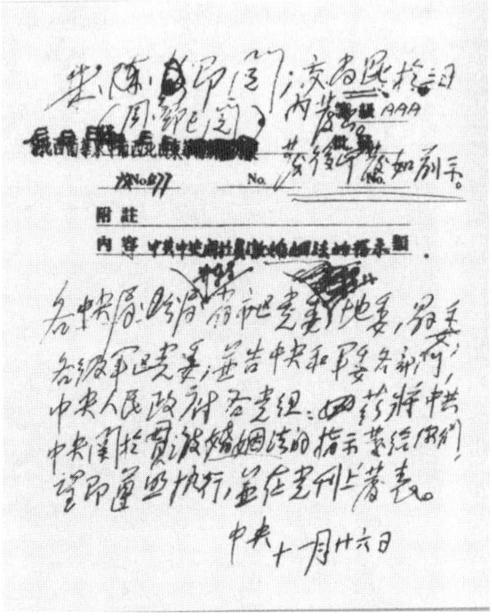
附註
內容 中共中央關於貫徹婚姻法的指示題
各中央局，分局，省委，區黨委，地委，縣委，各級軍區黨委，並告中央和軍委各部門，中央人民政府各黨組：茲將中共中央關於貫徹婚姻法的指示發給你們，望即遵照執行，並在黨刊上發表。
中央 十一月廿六日

一九五二年十一月二十六日，毛澤東在《中共中央關於貫徹婚姻法的指示》上的批語

湖北石首的《婚姻自由歌》唱道：如今婚姻自當家，不用你媒婆兩頭誇。姐看郎好姐就嫁，郎看姐好就娶她。相好的情人成了家，婦女們不再受欺壓。

為保障《婚姻法》的順利實施，中共中央專門下發《中國共產黨中央委員會關於保證執行婚姻法給全黨的通知》，要求各級黨委「把保證婚姻法正確執行的宣傳工作和組織工作，當作目前的和經常的重要工作任務之一」。全國婦聯、全國總工會、青年團中央、全國青聯、全國學聯等五大群眾團體聯合發佈

《關於擁護中華人民共和國婚姻法給各地人民團體的聯合通知》，要求所屬機構積極配合婚姻法的宣傳工作。

但是，《婚姻法》在具體貫徹執行過程中，也遇到了不小的阻力。主要是舊的思想觀念一時難以消除，各種陳規陋習依然在社會上流行。在一些地方，帶有傳統思想的人仍在繼續干涉男女婚姻自由、虐待婦女和虐待子女等非法行為，為婚姻自殺或受家庭虐待死亡人數有增無減。據不完全統計，僅廣東省一九五二年一月到三月遭虐殺或自殺的婦女就達三百零四人，令人觸目驚心。

一九五二年十一月和一九五三年二月，中共中央、政務院先後發出指示，要求各地在土地改革、鎮壓反革命等運動結束之後，開展一次貫徹《婚姻法》的活動。一九五三年三月，全國開展了宣傳貫徹《婚姻法》運動月的活動。各地都大張旗鼓，把貫徹實施《婚姻法》作為這一個月的中心工作，利用報紙、刊物、連環畫和報告、座談、廣播、戲劇等方式向人民群眾展開宣傳，使「毛主席的《婚姻法》」家喻戶曉，「男女平等」、「戀愛自由」的觀念深入人心。同時，對縣級以上的法院、民政部門和基層幹部貫徹執行《婚姻法》的情況進行檢查，處理了一大批涉及婚姻家庭的民事案件和刑事案件。據文件記載，全國大約百分之七十以上的地區開展了這次聲勢浩大、成果顯著的運動。

婚姻是一面時代的鏡子。「生死婚姻自己不能當家。」這是評劇《劉巧兒》中的一句唱詞，揭露了幾千年來婦女在婚姻家庭領域所受的束縛和摧殘。《婚姻法》的實施，映射著中國人所經歷的一場深刻的思想洗禮，也映射著對幾千年專制制度的一場革命。延續千年的陳規陋習，一去不復返了。當時，有國外評論說，這

評劇《劉巧兒》的故事為人民群眾喜聞樂見，迅速傳遍全國，推動了第一部《婚姻法》的宣傳普及。「劉巧兒」也成了新中國巾幗楷模、婦女解放的象徵。圖為著名演員新鳳霞主演的「劉巧兒」

部法律是繼法國資產階級革命、俄國十月革命後，婚姻家庭的第三次革命。

一九八〇年九月十日，五屆全國人大三次會議通過了新的《中華人民共和國婚姻法》，自一九八一年一月一日起施行。二〇〇一年四月二十八日，九屆全國人大常委會第二十一次會議通過了對《中華人民共和國婚姻法》的修訂，同日起施行。《婚姻法》的制定和不斷完善，對保護婦女權益，提高婦女地位，提高婚姻質量，促進經濟社會發展，都起到積極的作用。

二、「千年的冰河開了凍」

娼妓制度是傳統社會遺留下來的污垢，也是中國歷史上一個嚴重的社會問題。絕大部分婦女為生活所迫淪為妓女，有的自幼被拐騙、出賣，連自己的親生父母和家鄉都全然不知。

在明清時期，北平的妓院就形成了規模。前門外的八大胡同，即西珠市口大街以北鐵樹斜街以南的百順胡同、胭脂胡同、石頭胡同、朱家胡同、李紗帽胡同等地，更是集中分佈著近百家大小妓院。「八大胡同」也因此成為煙花柳巷的代名詞。

舊中國約有近萬家妓院，還有為數不少的暗娼，各地賣淫嫖娼活動猖獗。據二十世紀二〇年代初統計，世界各大城市每名妓女對應的居民數為：倫敦九百零六人，柏林五百八十二人，巴黎四百八十一人，芝加哥四百三十七人，東京兩百七十七人，北京兩百八十五人，上海一百三十七人。一九四七年的上海，以賣淫為生者不下十萬人。

一九四九年一月三十一日，北平和平解放後，這座文化古都從市容市貌到人們的精神狀態，都出現了新的變化，準備迎接新中國的到來。但是，八大胡同依然是藏污納垢的場所，與新時代格格不入，要求取締妓院的民眾呼聲越來越高。

毛澤東在對北京市的明察暗訪中，深感娼妓制度存在的危害。他曾急電公安部部長兼北京市公安局局長羅瑞卿：「新中國絕不允許娼妓遍地，黑道橫行，我們要把房子打掃乾淨！」羅瑞卿也明確地回答說：「主席，我馬上考慮把北京的妓院全部關掉！」一九四九年七月，時任中共北京市委書記的彭真，親自巡視了八大胡同的妓院，情況觸目驚心。他下決心，一定要解決這個嚴重的社會問題。

八月九日，北平市第一屆各界人民代表會議提出改造妓女、參加生產的決議。隨後，由市公安局、民政局、婦聯等單位組成「處理妓女委員會」，積極進行封閉妓院的準備工作。九月二十六日，《北平市處理妓女辦法（草案）》出台，規定：「先集中力量處理明娼，暗娼另行處理之……對妓女採取集中統一集訓，分別處理的方針。對妓院老闆和領家採取取締政策，除命令停業外，對於罪惡昭彰並傷害人命者，除依法懲處外，並對其敲詐剝削非法致富的財產予以沒收（酌留生活）。」

十一月七日，彭真核發北京市委《關於本市妓女情況及處置方針向中共中央、華北局的報告》，提出根據輿論要求，擬對妓院採用斷然禁絕的政策，具體實施辦法是：封閉妓院，徵收妓院財產；訓練妓女，醫治性病，組織學藝，自立謀生；對妓院老闆、領家加以管訓，清查其罪惡。

十一月二十一日，北京市第二屆各界人民代表會議一致通過了《關於封閉妓院的決議》，指出：「妓院乃舊統治者和剝削者摧殘婦女精神與肉體，侮辱婦女人格的獸性的野蠻制度和殘餘，傳染梅毒、淋病，危害國民健康極大。而妓院老闆、領家和高利貸者乃極端野蠻狠毒之封建餘孽。」並宣佈：「立即封閉一切妓院，沒收妓院財產，集中所有妓院老闆、領家、鴇兒等加以審訊和處理，並集中妓女加以訓練，改造其思想，醫治其性病，有家者送其回家，有結婚對像者助其結婚，無家可歸、無偶可配者組織學藝，從事生產。」這個決議受到人民群眾的熱烈擁護。彭真也專門向毛澤東報告了此項決議。毛澤東聽完，稱讚說：「這個決議很好，是辦了件大好事。」

當晚，冬日北京的街巷漸漸地沉寂下來，但八大胡同卻正是迎來送往的熱鬧時分。他們並不知道，一場封閉妓院的大行動就要開始了。八時許，在羅瑞卿的領導下，全市兩千四百餘名幹部和民警，分成二十七個行動小組，分赴外城五個區和東郊、西郊等地封閉妓院。民政局、婦聯、衛生局等有關部門，也出動人力，大力協助這次行動。

行動先是運用調虎離山的計策，以召開會議的形式，通知妓院老闆、領家到各公安分局開會。到局後，立即限制他們的活動，並向他們訓話，讓他們老實交代自己的問題。到二十二日凌晨五時，全市兩百二十四家妓院全部封閉，無一漏網，老闆、領家四百二十四人被集中，妓女一千兩百八十六人獲解放。當人員處理完畢，妓院的財產、物品清點登記後，各行動小組將每個房間都貼上了印有「北京市人民政府一九四九年十一月封」字樣的長封條，令司賬看守妓院，聽候處理。

摧殘妓女的巢穴，終於被徹底剷除了。

二十二日上午，羅瑞卿向正在繼續召開的第二屆各界人民代表會議報告了執行大會封閉妓院決議的結果，全體代表報以經久不息的掌聲。八十四歲高齡的代表、原清朝翰林潘齡皋在致閉幕詞時激動地說：

> 封閉妓院這件事，我過去在甘肅的任內是做過的，可是做不到，辦不好。現在經過我們代表會通過，北京市人民政府馬上就辦了，馬上就辦好了，這就是新民主的好處，這就是新民主比封建制度好過千萬倍的好處，也是人民政府真正替老百姓辦事，為老百姓忠實服務的好處。

頭一天會上剛剛通過的決議，第二天的會上已經在匯報執行結果了！新成立的北京市人民政府辦的

被改造的妓女在北京清河製呢廠學習生產技術

這件事，或許算不上大事，但它更像是一種象徵，象徵著新首都的新面貌，象徵著新政權的新氣象。

獲得解放的妓女，被集中收容在北京市婦女生產教養院。教養院下設八個分所，就集中在八大胡同的韓家潭和百順胡同。為了使妓女們脫胎換骨，真正成為新人，教養院進行了大量艱苦細緻的教育改造工作。

為了體現妓女們平等的人格，教養院工作人員稱她們為「姐妹」、「學員」，並向她們詳細解釋了新政府封閉妓院及對待妓女的政策，慢慢地消除了她們的懷疑和恐懼心理。教養院又從改變作息時間和從事簡單勞動著手，安排好妓女們的新生活，教育她們樹立只有參加社會勞動才能解放自己的觀點。

幫助妓女醫治性病，是改造工作的一項重要內容。在入院後的檢查中，妓女中患性病者高達一千兩百五十九名，佔總人數的百分之九十六・六。為了迅速醫治她們的疾病，北京市政府在財政非常困難的情況下，撥出了一億多元人民幣，請北大醫院、性病防治所等單位五十七位醫務人員，精心為她們檢查和治療。

一九五〇年七月，北京市的妓女改造工作基本結束。張秀蘭是第一批走出教養院的「學員」之一，教養院專門為她舉行了歡送會。人民政府根據「學員」們的具體情況，有家可歸的送其回家，有對象的准予結婚。一些年紀較小的，有的被送往孤兒院，有的被人領養。無家可歸或不能結婚的兩百多人，政府給她們買了織布機，辦起了新生棉織廠，幫助她們走上了勞動之路。後來在她們中間，還湧現出不少生產能手和勞動模範。

在北京消滅妓院之後，上海、天津、武漢、南京等各大中小城市也紛紛開展禁娼運動。到一九五一年底，全國各地取締娼妓的工作基本結束，共查封妓院八千四百餘所，懲治了一批作惡多端的妓院老闆，使一大批被迫為娼的婦女脫離苦海。這是消滅封建殘餘、解放婦女的重要成果，對維護國民健康，防止性病傳染，鞏固社會治安，淨化社會風氣，都有很大的歷史意義。

半個世紀後的二〇〇〇年，中國人權狀況白皮書《中國人權發展五十年》的第一章，高度肯定了這項成就：「一九四九年十一月北京市第二屆人民代表會議率先作出禁娼決定……在很短的時間內，就使這種在中國延續三千多年、嚴重摧殘婦女身心健康和尊嚴的罪惡淵藪絕跡。」

或許，用翻身得解放的妓女們自己的心聲，表達更為真切：

千年的冰河開了凍，萬年的枯樹發了青。
舊社會把人變成了鬼，新社會把鬼變成了人。

三、「害人的鴉片一掃光」

竹槍一桿，打得妻離子散，未聞槍聲震地；
銅燈半盞，燒盡田地房廊，不見煙火沖天！

這副廣為流傳的對聯，是舊中國煙毒危害的生動寫照。

一八四〇年，英帝國主義為了向中國傾銷鴉片，發動了對中

一九五一年十一月二十七日，上海市人民政府下令取締全市殘存妓院

國的侵略戰爭，即第一次鴉片戰爭。伴隨著中國的大門被堅船利炮轟開，鴉片煙毒逐步在中國古老的土地上氾濫成災。

一九三七年以後，日本帝國主義侵佔了中國大部分國土，更是有計劃地實行「毒化」中國的政策，強迫廣大農民將良田改為煙田，公開地製造和販賣毒品，到處開設土膏店和白面房，鴉片煙毒加劇氾濫。成千上萬吸食鴉片煙毒的人，在吞雲吐霧中無法自拔，精神萎靡不振，健康嚴重損害，有的甚至因此傾家蕩產，家破人亡，給中國社會造成了極其嚴重的災難。

新中國的成立，結束了帝國主義和國民黨反動派的黑暗統治，但是鴉片煙毒還在毒害人民，腐蝕新生政權的肌體。據統計，當時吸毒者約兩千萬人，佔全國總人口的百分之四．四。在煙毒危害嚴重的西南地區，吸毒者多達六百萬人，僅貴州省即有三百多萬人。城鄉煙館林立，昆明有一千一百多家，貴陽有一千多家，重慶有三千多家。製毒、販毒現象也相當嚴重，幾乎遍及大城小鎮。上海發現製毒場所三十三處，參與製毒販毒者有三萬人。重慶發現製毒場所有三百三十家，每天銷售煙土三千四百兩。衡陽鐵路局轄內販毒人員達兩千人以上，察哈爾、山西、綏遠、河北四省及京津兩市，販毒者多達萬人。

國民黨敗退台灣後，殘留或潛伏在大陸的反革命分子，利用社會尚不安定的局面，進行製毒、販毒活動，圖藉此拼湊經費，負隅頑抗，顛覆新生的人民政權。煙毒的蔓延，還毒化了中共黨政幹部隊伍，成為一些公務人員腐化變質的根源。開展禁毒鬥爭，已成為肅清舊中國遺留污毒、鞏固新中國人民政權的燃眉之急。

一九五〇年二月二十四日，中國中央人民政府政務院向全國發佈《關於禁止鴉片煙毒的通令》，規定：「各級人民政府應協同人民團體，作廣泛的禁煙禁毒宣傳，動員人民起來一致行動。」「在軍事已完全結束地區，從一九五〇年春起應禁絕種煙；在軍事尚未完全結束地區，軍事一經結束，立即禁絕種煙，尤應注意在播種之前認真執行。」「從本禁令頒佈之日起，全國各地不許再有販運製造及售賣煙土毒品情事，犯者不論何人，除沒收其煙土毒品外，還須從嚴治罪。」「吸食煙毒的人民限期登記（城市向公安局，鄉村向人民政府登記），並定期戒除。隱不登記者，逾期而猶未戒除者，查出後予以處罰。」

中國人民政府的這一英明決策，獲得了人民的衷心擁護和熱烈響應。各地積極貫徹落實通令中的各項要求，全面開展禁絕種植、禁絕製造、禁絕販運、禁絕吸食的工作。一九五〇年四月二十六日，北京市人民政府制定了《北京市查禁煙毒辦法》，明確規定：「凡在本市存有煙毒者，或從事煙毒之製造、販運、買賣及設具供客吸食注射者，應即於限期內，向所在地之公安分局報告登記，繳出煙毒及製造吸食注射用具，其逾期仍不登記者一經查出，嚴加懲處。」「凡本市吸煙毒嗜好之煙民，應於限期內，向所在地之公安分局報告登記，繳出煙毒及吸食注射用具，自登記之日起，依其年齡體質，及嗜毒程度，限期具結戒除，其逾期仍不登記或未戒除者，一經查出，定嚴加處罰。」

中共西南局、西南軍政委員會根據中央人民政府的通令，針對西南煙毒氾濫的情況，明確了幾條重要原則：堅決禁種，廣泛宣傳，不收煙捐，取締煙館，禁止販運等等。五月十四日，鄧小平為西南局及西南財委起草了批復中共西康區委《關於處置煙土辦法的指示》的電報，進一步對西南地區嚴禁鴉片煙毒的政策、措施作出具體規定：不收購、不抵繳糧款，政府明令封閉煙館，沒收房屋、煙具、存土，嚴

保護人民健康恢復與發展生產

政務院通令嚴禁鴉片毒品

【新華社北京二十四日電】中央人民政府政務院第二十一次政務會議通過向各大行政區人民政府（或軍政委員會）及中央直轄各省市人民政府發出嚴禁鴉片煙毒的通令，全文如下：

中央人民政府政務院嚴禁鴉片煙毒的通令

令各大行政區人民政府（或軍政委員會）中央直轄各省市人民政府

自帝國主義侵略我國，強迫輸入鴉片，爲害我國已百有餘年。由於封建買辦的官僚軍閥底反動統治，與其荒淫無恥的腐爛生活，對於煙毒，不但不禁止，反而強迫種植，尤其在日本帝國主義侵略下，曾有計劃的實行毒化中國，因此戕殺人民生命，損耗人民財產，不可勝數。現在全國人民已得解放，爲了保護人民健康，恢復與發展生產，特規定嚴禁鴉片煙毒及其他毒品的辦法如下：

一、各級人民政府應協同人民團體，作廣泛的禁煙禁毒宣傳，動員人民起來一致行動。在煙毒較盛地區，各級人民代表會議或人民代表大會，應把禁煙禁毒工作作爲專題討論，定出限期禁絕辦法。

二、各級人民政府爲使禁煙禁毒工作進行順利，得設禁煙禁毒委員會。該會由政府民政、公安部門及各人民團體派員組織，民政部門負組織之責。

三、在軍事已完全結束地區，從一九五〇年春起應禁絕種煙；在軍事尚未完全結束地區，軍事一經結束，立即禁絕種煙，尤應注意在播種之前認眞執行。在某些少數民族地區如有種煙者，應斟酌當地實際情況，採取愼重措施，有步驟的進行禁種。

四、從本禁令頒佈之日起，全國各地不許再有販運製造及售賣煙土毒品情事。犯者不論何人，除沒收其煙土毒品外，還須從嚴治罪。

一九五〇年二月二十五日，《人民日報》發表《政務院通令嚴禁鴉片毒品》

懲秘密煙館，嚴厲判處煙販，勸說戒絕吸食煙毒，深入宣傳政府禁絕煙毒政策，種煙地區召開人民代表會議作出決議嚴禁種植等等。

為保證禁煙禁毒運動的順利開展，各地黨政部門還利用標語、漫畫、有線廣播、戲劇等形式，向人民群眾進行廣泛、生動、形象的宣傳教育，使人民群眾認識到鴉片煙毒禍國殃民，開展禁煙禁毒運動是關心和愛護人民，是為振興中華而肅清舊中國的遺毒。

在禁煙禁毒運動過程中，中國共產黨和政府將它和其他社會運動密切結合，收到了相互推動之效。一九四九年底到一九五〇年初，人民政府毅然決定封閉全部妓院，對毒販是一次沉重打擊。在鎮壓反革命運動中，又有很多兼有反革命身份的毒犯被清除。這與內地禁絕種植罌粟一樣，起到了釜底抽薪的作用。

在一九五二年開展的「三反」、「五反」運動中，各地又先後破獲了一批與走私販毒有關的大案、要案。二月間，鐵道部黨組、天津鐵路管理局黨委相繼向中共中央報告了鐵路系統發現走私販毒的情況，引起中共中央的重視。四月十五日，中共中央發出《關於肅清毒品流行的指示》，指出：「在這次反對貪污、反對浪費、反對官僚主義的運動中，從鐵路、航運、郵政、公安、司法、稅務等部門，並從很多地區，暴露出為數甚多的國家機關內部人員包庇或勾結奸商、毒販、流氓，甚至反革命分子販運毒品、金銀、私貨的各種罪惡活動，在若干部隊工作人員中亦有發現。」強調「為了根除這種舊社會的惡劣遺毒，在全國有重點地大張旗鼓地發動一次群眾性的運動，來一次集中的徹底的掃除」，

人民政府收繳的煙具和賭具

集中解決製毒販毒問題。五月二十一日，政務院又發佈了《嚴禁鴉片煙毒的通令》，再次強調「各級人民政府應在三反、五反所造成的有利條件下，有重點地大張旗鼓地開展一個群眾性的反毒運動，粉碎製毒、販毒罪犯分子及反革命分子的陰謀，以根除這種舊社會的惡劣遺毒」。

隨後，在中共中央和政務院的領導下，一場氣勢磅礴的禁毒活動迅猛展開，並取得了巨大的勝利。中共中央轉發的公安部長羅瑞卿《關於全國禁毒運動的總結報告》稱，運動於一九五二年十一月底結束，共查出毒犯三十六萬九千零五名，逮捕八萬兩千零五十六名；處理五萬一千六百二十七名，其中判處各種徒刑（包括死刑、無期徒刑）三萬三千七百八十六名，勞改兩千一百三十八名，管制六千八百四十三名，釋放三千五百三十四名，已處決八百八十名；共繳獲毒品三百九十九萬六千零五十六兩，製毒機兩百三十五部又一萬五千七百一十六套，販運藏毒工具二十六萬三千四百五十九件，迫擊炮兩門、機槍五挺、長短槍八百七十七支、子彈八萬零兩百九十六粒、手榴彈一百六十七顆、炸彈十六個，發報機六部。

在全社會禁毒的強大壓力下，毒犯受到極大震懾，不少人主動前往公安機關坦白悔過。北京在禁毒運動開始後的十天內坦白登記的毒犯有一千多人，全國坦白登記的毒犯總數達三十六萬多人。

新中國的禁煙禁毒運動，只用三年的時間，就在取得了徹底的勝利。因吸食鴉片煙毒淪為強盜、流氓、小偷、妓女和乞丐的人沒有了，因吸食鴉片煙毒傾家蕩產、賣兒鬻女的現象也沒有了。這大大振奮了民族精神，改變了社會面貌，表明站起來的中國人民在共產黨的領導下，不僅能打破一個舊世界，而且還善於建設一個新世界。

很多人戒除煙癮後，獲得了新生，他們感激地說：「舊社會把我們推進了吸食鴉片煙毒的火坑，新社會把我們救出了火坑，給了我們第二次生命。」還有群眾有感於百年煙毒被徹底禁絕，編了個順口溜：「共產黨像太陽，照到哪兒哪兒亮，害人的鴉片一掃光，國富民強樂無疆。」

四、把乞丐改造成勞動者

由於長年的戰爭，歸屬人民手中的北平、天津等大小城市，百業凋敝，物資匱乏，大多數市民的生活極其困難。在街頭巷尾，三三兩兩的乞丐，隨處可見。這些乞丐成分複雜，有職業乞丐，有破產農民、流浪漢、小偷，還有舊軍隊的散兵游勇。民國時期，雖然政府對乞丐問題進行過多次處理，但其方式基本是「定期收容過期不管」的辦法，最終流於形式。

京、津解放後，因新政府政策寬鬆，「要飯不受干涉」，「行乞得錢容易」，致使乞丐隊伍大有增長的趨勢。時為北京市公安局外三分局派出所戶籍幹部的程績章回憶道：「乞丐那陣就是睡在街上，有時候就倒在那不能動了，就要點兒飯吃。就是那麼個狀態。」甚至有些乞丐自稱為無產階級，是「新社會的大老爺」，強乞惡討。

當時，商人們還不瞭解中國人民政府的政策，不敢對乞丐的行為加以干涉。為了減少生意上的麻煩，他們往往與乞丐們商定，每天派人將錢如數送到乞丐手裡，求得相安無事。在北京的東安市場，乞丐們將大大小小商號定出乞討官價，金店每家四十元，普通商店十元，輪流乞討。商人們反映，對乞丐開支每天最多四百元，最少也得百元以上。一般情況下，一個乞丐每日最多竟討到兩三百元，約合當時市價小米十五至二十斤，比一個勞動工人賺錢還多。

乞丐的高收入，在天津還引起了一些人競相轉業當乞丐的怪現象。有三輪車伕轉為乞丐的，有半日拾破爛半日行乞的，還有打算行乞數月，積累資本以便經營小生意的。

對於剛剛解放的北京和天津來說，越來越多的乞丐已經成為擾亂社會秩序、阻礙社會生產的嚴重社會問題。經過調查研究，人民政府確定了處理乞丐的新方針：「一方面收容，一方面組織勞動，對各種性質不同的乞丐，予以不同的處理辦法，以期使乞丐勞動生產，或學習技藝，使其達到改造教育、自謀生活為目的。」

一九四九年五月二十一日，華北人民政府正式頒佈了《華北區城市處理乞丐暫時辦法》，明令在城中嚴禁惡乞惡討及以乞丐行業授徒組織乞丐從中漁利行為，並確定了「一面收容、一面處理，逐步肅清」的方針。隨後，北京、天津相繼成立了「收容處理乞丐委員會」，開始對乞丐進行大規模的突擊性收容。在收容時，將一般乞丐送到救濟院，或直接送到各收容單位。至於抓到的小偷、扒手，則先送人民法院，經判決後再送救濟院和收容單位。

人民政府收容人員正在把街頭乞丐、遊民等送往教養院

收容工作剛開始時，在乞丐中造成了一定的恐慌。乞丐們害怕像民國時期一樣，被拘留後吃不飽、穿不暖，還要遭到警察的苦打惡罵。一些油滑的職業乞丐，裝瘋賣傻，伺機逃跑。但是，他們很快就發現負責收容的糾察員態度和藹，被收容後的待遇也不錯。這使許多人逐漸平靜下來，主動配合政府的收容工作。

隨著大批乞丐被收容，北京、天津各收容單位立即對乞丐們施行生活管理、教育改造。當時，乞丐收容入所時，「每十二人為一班，選擇表現較好的乞丐，暫任正副班長；每三班為一分隊，設分隊長一人；三分隊為一中隊，設正副中隊長各一人（正副中隊長由原收容的乞丐找其有經驗的暫時擔任）。如因疾病殘廢不能編班者，組織特殊班，以特殊方法管理之」。收容單位要求每一個乞丐都要理髮、洗澡，並借給他們衣服、鞋襪和棉被等生活用品。同時告訴他們，借給他們的物品，將來是要還的。為了克服乞丐自由散漫的習性，收容單位根據收容對象的不同，訂立了相應的作息時間表及生活規則。乞丐們必須按生活規則行事，並且按作息時間表起床、睡覺、吃飯、學習、鍛煉及娛樂。

收容所的幹部們，經常和乞丐談心、聊天，「不拘不束的有什麼說什麼，安慰乞丐，教育乞丐，替乞丐解決問題，幫助乞丐寫家信，並督促乞丐洗澡、理髮，衣服破了、鞋不能穿了，盡可能予以更換，乞丐們在外存放的東西，協助找回來」。

在教育改造中，重點是讓乞丐們樹立生產勞動、自食其力的觀念，讓他們認識到勞動是光榮、不勞動是恥辱。同時教他們讀書識字，提高文化素質。這樣做的目的，就是讓乞丐們能夠在短暫的收容生活中提高思想認識，轉變思想觀念，培養良好習慣，成為社會上自食其力的生產者和勞動者。

收容所的經歷，使乞丐們在思想上、感情上逐漸有了改變。他們中的絕大多數否定了原來的寄生思想，並願意從事生產勞動。一位年紀不大的乞丐，「初到收容所時情緒不安，總想逃走，自從學習了『勞動是光榮、不勞動是恥辱』後，決心參加勞動大隊，幹部們勸他年紀小不適合這種工作，但他拍著胸脯說：『我有力氣，一定參加勞動大隊，為人民服務。流浪街頭以討飯為生是恥辱的事情。』」

一九四九年五月二十五日，北京市第一個由一百二十四名乞丐組成的勞動生產大隊，南下到黃河管理委員會報到，成為修堤大軍的一部分。隨後，第二批一百三十八人赴察哈爾修堤及開荒。勞動大隊出發時，高舉勞動光榮的旗幟，邊走邊唱，沿途受到廣大市民的熱烈歡迎。有人感慨地說：「這些小伙子過去真厲害，不給錢下不來台，要多少給多少。小偷們更凶，偷罷東西有錢了不幹正經事，吃喝嫖賭一齊來。現在人民政府領導下，都變成好人了，參加勞動生產，以後這些小子，可不能再來了。共產黨真有辦法，使流氓小偷也能變成好人。」在勞動生產中，這些人幹多少活，掙多少錢，與舊社會抓勞工做苦力形成了鮮明對比，幹勁越來越大。

未成年的兒童乞丐，編入育幼所和初級小學，隨原有的求學兒童一起上課。老弱殘廢及重病的乞丐，則被送進了安老所。稍有勞動力的，平日參加一些力所能及的生產，在生活上幫助有需要的年老殘廢者。

在這次安置乞丐的行動中，北京、天津兩市共收容遊民乞丐近四千人。經過幾個月的治理，原先四處可見的乞丐基本肅清，社會秩序大為好轉，城市面貌煥然一新。把乞丐改造成勞動者的做法，得到了包括乞丐在內的廣大群眾的擁護，取得了良好的效果。這為全國其他城市提供了可供藉鑑的寶貴經驗。

第二章 治國安邦，鞏固政權

俗話說，打江山不易，守江山更難。

新中國成立之初，國內外不少人對中國共產黨存有懷疑：雖然奪取了政權，但能不能把政權鞏固下來並領導國家向前發展呢？一年後的一九五〇年九月三十日，周恩來用事實給出這個結論：「經過了這一年，中國已經比過去幾百年甚至幾千年經歷了更重要的變化；舊面貌的中國正在迅速地消失，新的人民的中國已經確定地生長起來了。」他還充滿自豪地說：

「在中國，歷史上只有一個政府，曾經在一年內做了這麼多有利於人民的工作；只有一個政府，曾經在一年內驅逐了那麼多的強盜式的『軍隊』和『政府』，而代之以紀律嚴明和藹可親的人民軍隊和廉潔而講道理的人民政府；只有一個政府，曾經在一年內剝奪了帝國主義國家的特權，消滅了可恨的特務機關，停止了無限期的通貨膨脹，而給予人民一種欣欣向榮的氣象；這個政府，就是中央人民政府。」

一九五七年五月十三日，美國學者霍華德 · 布爾曼在《新共和》雜誌發表《中國有了怎樣的變化？》一文，也感歎道：「經過一九四八至一九四九年的動盪年代以後，東亞大陸上出現了一個新的共產黨國家，紀律嚴明，生氣勃勃。」「中國共產黨現在有一個穩定的牢牢地建立了的政權。通過政治和軍事策略的巧妙配合，他們建立了一個統一的全國政府。」「在遠東出現了這個強大的共產黨中國是我們這個時代最可驚的事件之一。」

事非經過不知難。中國共產黨領導全國各族人民，經過艱辛工作，在鞏固新生人民政權的「趕考」中，交出了一份合格的答卷。

第一節 共產黨「在經濟上恐怕要得零分」

在國民黨統治下的舊中國，惡性的通貨膨脹長期存在。從一九三七年到一九四八年，上海市的物價上漲了四百九十二萬七千倍。如果用市場的實例來說，一百元法幣在一九三七年可以買兩頭黃牛的話，那麼到一九四七年只能買到一個煤球，到一九四九年五月，連一粒大米也買不到了。

新中國成立後僅半個月，從十月十五日開始，華北由糧食帶頭，上海由紗布帶頭，又掀起了物價大幅度上漲的風潮。物價的飛漲，使人民生活受到嚴重威脅，造成人心惶惶。有資本家聲稱，「共產黨打仗是一百分，搞政治八十分，管經濟只能得零分」。對於新生的新中國政權來說，能否收拾通貨膨脹這只「攔路虎」，直接關係到能否取得人民信任，站穩自己的腳跟。

一、「銀元之戰」和「糧棉之戰」

新中國成立後，面對嚴峻的經濟形勢，中共中央和毛澤東把平抑物價作為穩定經濟、穩定社會、穩定人心的中心環節，大刀闊斧地加以解決。經過深思熟慮，毛澤東把這一重任交給了素有理財之能的陳雲。

一九四九年七月，以陳雲為主任的中央財政經濟委員會一成立，便立即投入平抑物價和統一財經工作的戰鬥。在調查研究中，陳雲發現，每一次物價波動，都是由金融投機資本比較集中的上海等大城市領頭帶起來的。所以，平抑物價的關鍵，在於穩住上海和其他幾個大城市的物價，尤其以上海為主。

一九四九年五月二十七日，上海解放以後，舊上海的證券交易所本來已被命令停業，但實際上卻沒有停，成了半公開的銀元投機指揮所，每天聚集幾千人在那裡投機交易。時為上海華昌鋼筋廠經理的郭秀珍回憶說：「國民黨的那個幣制已經不頂用了，發工資就要發那個大頭、小頭」，「就是銀元，大頭就是袁世凱的頭，小頭就是孫中山的頭，所以要到街上去換那個銀元。」「我就做這個事情，我覺得是沒什麼大意思，但是也沒辦法。」

銀元投機商公開叫嚷：「解放軍進得了上海，人民幣進不了上海。」這使上海市場的本位幣實際上仍是銀元，人民幣反倒成了輔幣。物價暴漲時，還出現了商店拒收人民幣的情況。儘管人民政府再三警告，金融投機商仍置若罔聞。

一九四九年十月中國政務院財政經濟委員會成立時的合影

為了制止銀元投機，穩定金融市場，上海市財委嘗試了一次「以銀元制服銀元」的經濟手法，即集中大量銀元到黑市上拋售，借此把銀元價格打壓下來。然而，即便是在一九四九年六月五日一天內拋出十萬銀元，銀元價格卻一點也沒有回落。究其原因，在於銀元投機商的胃口太大，不夠「吃」。

銀元投機風潮嚴重衝擊金融市場，是引起物價波動的根源，必須採取果斷措施。六月九日，上海市公安局逮捕了最大的銀元投機分子並沒收其財產。商店也與人民政府合作，拒收銀元。六月十日，經毛澤東同意，上海市軍管會採取果斷措施，查封金融投機的大本營上海證券大樓，逮捕了正在進行非法交易的投機巨頭及銀販兩百三十八人。六月十一日，上海中國銀行受中國人民銀行華東區行委託開始收兌銀元。

由於政策正確，計劃周密，上海市的銀元黑市在短時間內迅即消失。此後，武漢、廣州等地也採取相應行動，對金銀、外幣投機活動，進行嚴厲的取締和打擊。

「銀元之戰」的勝利，沉重地打擊了破壞金融的非法投機活動，對於割斷金銀與市場的聯繫，控制金融市場，穩定物價，掌握市場的主動權起了關鍵作用。

經過「銀元之戰」，人民幣的地位在上海得到鞏固。但是，市場上物資緊缺的狀況沒有改變，通貨膨脹壓力仍然很大，投機資本還在蠢蠢欲動。他們很快轉向糧食、棉紗和煤炭市場，鑽營投機生意，引發了又一次全國性漲價狂潮。從七月底到十月中旬，不到三個月的時間裡，上海物價平均指數上漲了一・五倍，北京、天津等城市上漲一・八倍。投機者狂妄地說：「只要控制了兩白一黑，就能置上海於死地。」

上海兩萬餘人舉行大遊行，堅決支持人民政府制止投機活動

在這種情況下，毛澤東和中共中央作出果斷決定，以上海為主戰場，打一場平抑物價的「殲滅戰」。十一月中旬，上海物價已經漲了兩倍，漲勢漸趨穩定。陳雲認為時機已經到了，已有可能通過收縮銀根、調運糧棉、拋售物資來穩定物價。十一月十三日，陳雲為中財委起草對全國物價猛漲所採方針的指示，指出：「目前穩住物價已有可能，半月前希望把物價穩定在九月底的水準則是不可能的。因為十月初至今天止，共發行將近八千億元，我們手內絕無回籠或抵消此

巨大數量貨幣的物資。不估計到這一情況，想以少量物資穩住物價，必然消耗了實力，物價仍不能穩住。在目前物價已經漲了兩倍的情況下，穩住的可能已經存在，各地均應以全力穩住。」為此，向各地下達了十二條指令，具體部署調運糧棉、緊縮銀根的事項，並在第十二條明確提出：「對於投機商人，應在此次行動中給以適當教訓。為此：（甲）目前搶購風盛時，我應乘機將冷貨呆貨拋給投機商，但不要給其主要物資。（乙）等到收縮銀根、物價平穩，商人吐出主要物資時，我應乘機買進。」

就這樣，在投機資本繼續哄抬物價、囤積居奇的時候，按照中共中央的統一部署，大批糧食、棉紗、煤炭從全國各地緊急調往上海、北京、天津等大城市。十一月二十五日，在物價上漲最猛的那天，各大城市按照中央統一部署，一起動手，雙管齊下，一方面敞開拋售緊俏物資，使暴漲的物價迅速下跌；另一方面收緊銀根，徵收稅款，要求資本家按時發放工資而且不准關廠。這樣一來，投機商資金周轉失靈，囤積物資貶值，兩頭失踏，紛紛破產。後來，薛暮橋在回憶錄中寫道：

> 投機商人認定物價還將上漲，不惜高利拆借巨款，繼續吃進。但國營公司實力雄厚，敞開拋售後逐步降價，投機資本遭到沉重打擊。幾天之內，就將這次波及地區最廣、持續時間最長、物價漲幅最大的漲價風潮平息下去了。這一次，國家不僅能夠主動地對付物價波動，而且能夠有計劃有步驟地達到預定的要求。無論是物價總指數，還是主要商品的價格，都平息在預計的水平上，這是極大的成功。

經過十天的連續拋售，全國物價下降了百分之三十至四十。到十二月十日，「糧棉之戰」取得決定性勝利，各地市場趨向穩定，物價風潮告一段落。時任陳雲秘書的周太和，後來接受採訪時說：「陳雲同志他不緊張，他在西北、在東北都管過全面的財經工作，他有經驗，他到上海已經作了準備。他說我在西北是擺小攤子，做經濟工作，我在東北是開了個商店，到上海是開個大公司，這樣來安排工作的。」

經過「銀元之戰」和「糧棉之戰」兩次交鋒，民族資產階級對中國共產黨的治國理財能力有所認識。上海一位有影響的民族資本家說：「六月銀元風潮，中共是用政治力量壓下去的。這次僅用經濟力量就能壓住，是上海工商界所料想不到的。」

用不到一年的時間把形勢險惡的市場物價完全穩住，這不能不說是一個奇蹟。飽受通貨膨脹、經濟緊縮和社會動盪之苦的老百姓，已經有十多年沒有過上這樣安定的生活了，他們大大地鬆了一口氣，對中國共產黨領導的人民政府的信賴和支持度也大大地提高了。後來，梅行在〈我國過渡時期經濟戰線的三大戰役〉一文中指出：「如以一九五〇年三月的批發物價指數為一百，當年十二月下降為八十五，一九五一年十二月為九十二・四，一九五二年十二月為九十二・六。用不到一年的時間把形勢險惡的市場物價完全穩住，這不能不說是一個奇蹟。」

二、「統收統支」的財政經濟體制

「銀元之戰」和「糧棉之戰」的勝利，沉重打擊了投機資本家，使市場物價趨於穩定。但是，隨著各項建設的開展，軍政費用逐月增加，財政赤字不斷加大，物價波動的風險仍然存在。為了從根本上穩定物價，中共中央決定統一全國財經工作，有效保證國家財政收支平衡和市場物資供求平衡。

新中國成立時，全國尚未完全解放。中國人民解放軍以秋風掃落葉之勢，一路向南，將勝利戰局不斷推進。這五六百萬大軍的補給，過去由各解放區供給，現在全部轉由中央政府負擔。但是，原解放區財政工作的分散狀態還沒有改變，地方政府徵收的公糧和各種稅收等，主要用於地方的支出，沒有上繳的明確規定。時任中共中財委副主任的薄一波後來回憶說，收入的大頭是公糧，都掌握在地方手裡，其他稅收也有一大半由地方掌控，「近水樓台先得月，自己可以先用，中央拿不到」。

除去日常的行政開支，中國人民政府對國民政府留下的九百萬軍政人員採取包下來的政策，農村中重災區的七百萬災民、城市中四百萬失業人員需要救濟，被破壞的鐵路和工農業生產急需恢復，這些都需要大筆的資金。

雖然經過多方努力，一九四九年中國的國家財政收入達到一百五十一億五千公斤小米，但財政支出卻高達兩百八十八億公斤小米，收入只是支出的一半多一些。如果財政收入不集中統一於中央，繼續各地為政，中央靠發鈔票來維持，那麼穩定物價就會落空，全國經濟的恢復和發展也沒有穩定的基礎。

鑑於嚴峻的形勢，中共中央決定採取統一全國財經工作的重大步驟，改變戰爭年代分散管理、各自為政的財政體制，由中央人民政府統籌全國的財政收支、物資調度和現金管理，做到統一計劃，令行禁止。

一九四九年八月十五日，陳雲在上海財經會議閉幕報告中提出三條：第一，統一稅目、稅率，加強統一徵管；第二，建立統一的人民幣發行庫，進一步掌握貨幣發行權；第三，建立糧食公司、紗布公司等，統一購銷。他特別提到，各地區對原屬野戰軍的支援物資，一般的要由中央統一調度。不久，毛澤東在中央會議上聽取了陳雲對上海財經會議的情況匯報，表示同意會議的總方針。

一九五〇年二月十三日至二十五日，中共中央財政經濟委員會召開全國財政會議，進一步討論財政、貿易和現金管理等問題，認為要迅速克服財政經濟困難、穩定物價，必須平衡財政收支、平衡信貸進出、平衡物資供求。要達到這三大平衡，關鍵是統一財經管理，以實現國家財政收支平衡、物資供求平衡、現金出納平衡和金融物價的穩定。

三月三日，中國政務院第二十二次政務會議討論通過《關於統一國家財政經濟工作的決定》，規定了三個「統一」：統一全國財政收入，使國家收入的主要部分集中到中央，用於國家的必要開支；統一全國物資調度，使國家掌握的重要物資從分散狀態集中起來，合理使用，以調劑餘缺；統一全國現金管理，一切軍政機關和公營企業的現金，除留若干近期使用者外，一律存入國家銀行，資金的往來使用轉賬支票經人民銀行結算。這個決定建構了以集中統一為基礎的財經管理體制的雛形。

為爭取財政收支平衡，節約開支，政務院決定成立全國編制委員會，整編全國各級機構，緊縮軍政公教人員的編制和開支。此外，政務院還頒佈了《關於統一國家公糧收支、保管、調度的決定》、《關於統一全國國營貿易實施辦法的決定》等文件，規定了統一財政經濟工作的具體方法。按照中央的指示，各地人民政府立即整編機關部隊，緊縮財政開支，清倉查庫，加強稅收，減少盲目投資。

為了調劑各大城市物資的供求關係，一九五〇年春開始，中央貿易部在全國進行了糧食等主要物資的調運，主要是從東北、中南、西南調運糧食到受災的華北和華東地區以及北京、天津、上海等大城市，從上海、天津、青島調運紗布到內地，從華北調運煤到上海、廣州等城市。經過調運，各主要城市已準備了充足的物資，保證了市場的正常需要，做到物資供求平衡。

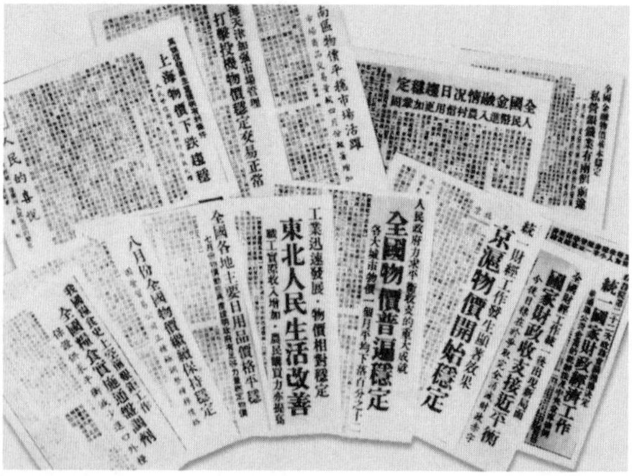

全國財經統一後，財政收支接近平衡，金融物價趨於穩定，中國國家財政經濟狀況初步好轉。圖為當時關於物價穩定的新聞報導

經過中共中央的重拳出擊，到一九五〇年四五月間，財政收支出現了接近平衡的局面，使國家財政經濟狀況初步好轉。國民黨政府長期一籌莫展的經濟難題，新生的人民政權僅用不到一年的時間就從根本上解決了。對此，薄一波在〈陳雲的業績與風範長存〉一文中寫道：

> 到一九五〇年四月，全國經濟狀況開始好轉，出現收支接近平衡、市場物價趨向穩定的可喜現象。記得有一次我向毛主席匯報工作時，說到陳雲同志主持中財委工作很得力，凡看準了的事情總是很有勇氣去幹的。毛主席聽後說，哦，過去我倒還沒有看出來。我又重複講了一遍。毛主席聽了，沒有說話，他順手拿起筆來，在一塊紙上寫了一個「能」字。我問道，你寫的這個「能」字，是否指諸葛亮在〈前出師表〉裡敘述劉備誇獎向寵的用語：「將軍向寵，性行淑均，曉暢軍事，試用於昔日，先帝稱之曰能。」毛主席點了點頭。後來，毛主席還說過，平抑物價、統一財經，其意義「不下於淮海戰役」。

物價穩定後，使人民群眾過上安定生活。圖為上海市民在中國銀行前排隊，將外幣兌換成人民幣

全國財政經濟工作的統一，是新中國在經濟戰線上的一個重大勝利。這不僅有效地鞏固了平抑物價的成果，控制住了通貨膨脹的勢頭，使中國人民過上安定的生活，大大提高了他們對中國共產黨領導的人民政府的信賴和支持，而且逐步確立了中央集中「統收統支」的財政經濟體制，對整頓舊中國混亂不堪的經濟秩序起了積極的作用。

第二節 向全國勝利進軍

在開國大典上，朱德在天安門城樓上宣讀了《中國人民解放軍總部命令》，命令中國人民解放軍全體指戰員，堅決執行中央人民政府和中央人民政府人民革命軍事委員會主席毛澤東的一切命令，迅速肅清國民黨反動軍隊的殘餘，解放一切尚未解放的國土，同時肅清土匪和其他一切反革命匪徒，鎮壓他們的一切反抗和搗亂行為。

一、實現中國大陸的統一

新中國成立初期，中國共產黨面臨著很多困難和嚴峻考驗。國民黨還有以白崇禧、胡宗南兩股武裝力量為主的上百萬軍隊，佔據以廣州為中心的華南地區、以重慶為中心的西南地區。肅清國民黨軍隊殘餘，解放一切尚未解放的國土，建立起自上而下統一的人民政府，是中國共產黨和人民政府鞏固新生人民政權面臨的緊迫任務。

為了迅速徹底地殲滅殘敵，避免將敵驅趕到不利於行軍作戰的雲貴高原、個別海島或逃往境外，毛澤東明確提出中國人民解放軍在消滅國民黨殘敵的作戰中，必須實行完全不理會敵人的防線而遠遠超過它，迂迴並佔領它的後方，迫使其不得不與解放軍作戰並一舉殲滅它的大迂迴、大穿插、大包圍作戰方針。聶榮臻在回憶錄中寫道：

毛澤東同志給我各野戰軍確定的作戰任務是，以第一野戰軍的一個軍和原華北野戰軍第十八兵團（此時已隸屬第一野戰軍）向秦嶺地區挺進，先實施佯攻，造成使蔣介石確信我軍要在北部入川的錯覺，拖住胡宗南主力，待南邊戰略包圍態勢完成後再向四川腹地進攻；以第二野戰軍和第四野戰軍交叉配合，向華南和雲、貴地區進攻，完成對全部敵人的戰略包圍，其中以第四兵團、第五兵團在突破敵人防線後分別直插昆明、貴陽，堵死四川之敵南逃國外的退路。這就是毛澤東同志對白崇禧和四川敵人採取大迂迴，直插敵後，先完成包圍，然後再殲滅敵人的戰略部署。

遵照中共中央軍委的統一部署，中國人民解放軍向國民黨殘餘部隊展開了最後的圍殲。在華中、華南戰場，第四野戰軍分東、中、西三路挺進廣東、湖南，於九月十三日發起衡寶戰役，消滅白崇禧集團近四個師的精銳部隊，迫其由湘西退入廣西。《長江日報》在十月十六日發表社論，稱衡寶戰役的勝利是「我軍渡江以來華中最大的一次戰果，前後方聞捷歡騰，實為開國伊始前線指戰員對於中央人民政府的隆重獻禮」。

十月二日，陳賡指揮三路大軍南下，發起廣東戰役，一舉殲滅余漢謀集團大部。十月十四日，華南最大的城市廣州解放。十一月六日，第四野戰軍發起廣西戰役，以大迂迴大穿插的果敢動作，截斷敵人西逃南撤之路，殲滅國民黨軍基

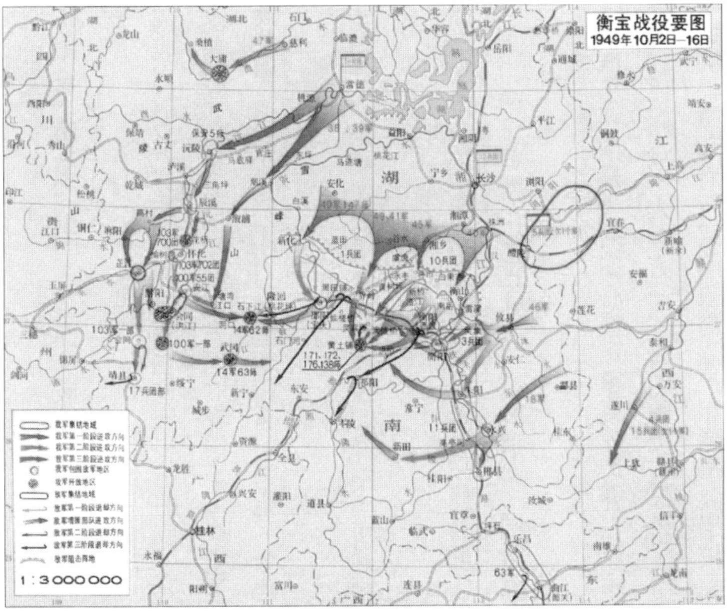

衡（衡陽）寶（寶慶）戰役，又稱中南戰役，是中國人民解放軍向中南地區進軍的決定性戰役，並為解放華南、西南地區創造了有利條件。圖為衡寶戰役要圖

幹部隊白崇禧集團，解放了廣西全境。

在華東戰場，第三野戰軍於九月十九日發起漳廈戰役，經激烈戰鬥，全面突破敵軍防線，解放了廈門全島及鼓浪嶼，漳州、泉州等閩南地區隨之全部解放。

在西北戰場，陝西、甘肅、寧夏、青海在新中國成立前夕已經解放，新疆也宣佈和平解放。為接管新疆防務和改編投誠部隊，中共第一野戰軍第一兵團在西北各族人民和蘇聯方面的支援下，以空運、車運和徒步行軍三種方式，穿越戈壁沙漠，行程一千多公里，於十月二十日進駐新疆首府迪化（今烏魯木齊），完成了挺進西北邊陲的艱巨任務。

一九四九年十一月三十日，重慶的解放，標誌著蔣介石集團喪失了在大陸最後的據點，使其割據西南、建都重慶的陰謀徹底破滅。

在西南戰場，中共第二野戰軍從十一月一日開始進軍大西南。在第四野戰軍和第一野戰軍各一部的南北協同下，二野部隊先從湘西進佔貴州，旋即直入川南，截斷川敵逃往康、滇的退路；同時進擊川東，向重慶合圍。

十一月三十日，中國人民解放軍渡過嘉陵江，解放了西南最大的中心城市重慶。蔣介石原本對這個抗日戰爭時期的陪都抱有幻想，期待國際局勢變化，以此為「大後方」，負隅頑抗。但是，中國人民解放軍勢如破竹，讓他的幻想很快就破滅了。時任國民黨政府行政院政務委員和陸軍大學校長的徐永昌，在十月十五日的日記中就無奈地寫道：「余以為如照常理，重慶可保一個月，最長亦不過兩個月。敵如先解決沿海以迄滇黔取包圍手段，渝地或能延長。總之，國際或敵人內部無變化，我大陸最多亦不過保持半年左右。」

在中國人民解放軍的軍事打擊和政治瓦解工作的推動下，十二月九日，國民黨雲南省政府主席盧漢，西康省政府主席劉文輝，西南軍政長官公署副長官鄧錫侯、潘文華分別在昆明、雅安等地起義。二野部隊和進入川北的一野部隊從四面八方向成都合圍，殲滅了國民黨軍在大陸的最後一支基幹部隊胡宗南集團。西南地區除西藏以外全部解放。進軍大西南的勝利，標誌著國民黨在大陸統治的終結。

中國大陸的戰役基本結束後，中共中央軍委立即部署了解放海南島和東南沿海諸島嶼的戰役。一九五〇年四月十六日晚，中國人民解放軍發起渡海戰役，迅速突破敵人防線，五月一日解放了海南島及附近島嶼。之後幾個月，浙江沿海的舟山群島、廣東珠江口外香港澳門之間的萬山群島等，也相繼解放。

截至一九五〇年六月，中國人民解放軍經過一年的艱苦作戰，共殲滅國民黨正規軍一百二十八萬餘人，收編改造了一百七十萬投誠的國民黨官兵。從一九四六年七月到一九五〇年六月，中國人民解放軍殲滅國民黨軍隊的總數達到八百零七萬餘人。

隨著國內外形勢的變化和發展，進軍西藏的時機日益成熟，一九四九年十二月至一九五〇年初，毛澤東就解放西藏作出具體部署，果斷提出「進軍西藏宜早不宜遲」，並指導確立了和平解放西藏方針。一九五〇年五月十七日，中共中央致電西南局，指出：「軍事進攻的同時，利用一切可能，進行政治爭取工作是十分必要的。這裡基本準備是西藏方面，必須驅逐英美帝國主義的侵略勢力，准許人民解放軍進入西藏。我們方面則可承認西藏的政治制度，連同達賴的地位在內，以及現有的武裝力量、風俗習慣概不變更，並一律加以保護。」

由於西藏地方政府中的部分武裝勢力不但拒絕和平談判，而且殺害人民解放軍派出的聯絡人員，並調集藏軍阻止解放軍從金沙江進入西藏。十月六日，進藏部隊分南北兩線渡過金沙江，發起昌都戰役。在強大攻勢下，西藏地方政府噶倫、昌都總管阿沛・阿旺晉美毅然命令所部放下武器，向人民解放軍

一九五一年五月二十三日，中央人民政府全權代表同西藏地方政府全權代表在北京簽訂《中央人民政府和西藏地方政府關於和平解放西藏辦法的協議》

投誠。昌都的解放，給西藏上層分裂勢力以沉重打擊，打開了進軍西藏的門戶，為和平解決西藏問題鋪平了道路。

一九五一年四月二十二日，以阿沛・阿旺晉美為首席代表的西藏地方政府代表團來到北京。中央人民政府當即指派李維漢為首席代表，與他們進行談判。經過反覆協商，中央人民政府和西藏地方政府於五月二十三日在北京正式簽署《中央人民政府和西藏地方政府關於和平解放西藏辦法的協議》，即「十七條協議」。

和平解放西藏的協議，受到西藏各民族人民的贊成和擁護。一九五一年九月，西藏地方政府召開全體僧俗官員、三大寺代表參加的大會，專門討論協議問題，通過了給達賴喇嘛的呈文：「簽訂的十七條協議，對於達賴之宏業，西藏之佛法、政治、經濟諸方面，大有裨益，無與倫比，理當遵照執行。」十月二十四日，達賴喇嘛致電毛澤東主席，表示「雙方代表在友好基礎上，已於一九五一年五月二十三日簽訂了關於和平解放西藏辦法的協議。西藏地方政府及藏族僧俗人民一致擁護，並在毛主席及中央人民政府的領導下，積極協助人民解放軍進藏部隊，鞏固國防，驅逐帝國主義勢力出西藏，保護祖國領土主權的統一」。班禪額爾德尼和堪布廳也發表聲明，指出協議

「完全符合中國各族人民，特別是西藏民族人民的利益」。

為落實「十七條協議」的內容，人民解放軍進藏部隊遵照毛澤東主席的命令，按照「多路向心進兵」的既定部署，克服了氣候嚴寒、空氣稀薄等重重困難，和平進駐西藏。十月二十六日，中國人民解放軍進駐拉薩。時任中共十八軍五十二師副政委的陰法唐回憶起當年情景，說道：

轟動全城，傾城出動，可以說，西藏地方政府的官員，從高級官員一直到下邊的各級官員，也都參加，舉行了一個隆重的歡迎儀式。軍區的文工團打著腰鼓，扭著秧歌，廣大的群眾一看到文工團，穿的衣服和表演的節目，就發出了稱讚的聲音，說什麼呢，說文成公主又回來了。

一九五一年十月二十六日，張國華、譚冠三率領中國人民解放軍入藏部隊進駐拉薩，受到了藏族人民的熱烈歡迎。藏族同胞稱頌解放軍是「毛主席派來的薩嘉巴（新漢人）」、「菩薩兵」、「藏族人民自己的軍隊」。

西藏的和平解放，掀開了西藏歷史新的一頁，鞏固了中國的西南邊防，沉重地打擊了帝國主義和西藏上層分裂勢力，捍衛了國家主權和領土完整，實現了中國的基本統一。西藏開始逐步從黑暗走向光明，從落後走向進步，從此進入了歷史新時期。

二、大規模的剿匪鬥爭

國民黨在其軍隊主力被殲滅後，不甘心在大陸的失敗，把大批特務和正規軍遣散為匪，潛留大陸，伺機東山再起。這些匪特竭力網羅反動分子，擴充武裝，組織反革命武裝暴動，無時無刻不在尋找一切可能的機會向人民政府進攻，企圖顛覆新生人民政權，一度成為危害很大的反動勢力。據統計，一九五〇年一月至十月，共發生妄圖顛覆新生政權的武裝暴動八百一十六起；匪患最為活躍的西南地區，曾被匪特攻打、攻陷的縣城有一百座以上，貴州省會貴陽曾被匪特進攻五次；在安徽大別山區的十四個縣及廣西部分地區，匪特還一度建立了偽政權；一九五〇年，全國有近四萬名幹部和群眾積極分子慘遭匪特殺害。

新解放區人民群眾強烈要求人民政府和人民解放軍堅決消滅土匪，保護人民生命財產的安全。一九五〇年二月十八日，時任中共西南局書記的鄧小平給中共中央的報告中提出：「剿匪工作已成為西南全面的中心任務，不剿滅土匪，一切無從著手。」有鑑於此，毛澤東指令中國人民解放軍：「必須限期剿滅股匪，加速進行土改，發展地方武裝和堅決鎮壓反革命活動，我黨我軍方能取得主動，否則有陷入被動的危險。」

為了保證剿匪作戰的順利進行，毛澤東提出軍事進剿、政治瓦解、發動群眾武裝自衛三者相結合的方針。在匪情嚴重的地區，要以軍事打擊為主，政治爭取為輔，軍事政治雙管齊下；在一般情況下，則以政治爭取為主，軍事打擊為輔；在實行軍事打擊或政治爭取的同時，均應與充分發動群眾、建立政權、加強地方武裝、進行民主改革等項工作結合進行，以求從根本上消除匪特生存活動的條件。對匪特實行的政策是鎮壓與寬大相結合，即首惡者必辦，脅從者不問，立功者受獎。通過上述方針政策的貫徹執行，達到爭取多數、打擊少數、利用矛盾、各個擊破、徹底消除之目的。

為徹底殲滅各路土匪，中共中央西南局、西南軍區專門下達了《關於組織一元化剿匪鬥爭的指示》，要求各軍區、軍分區至縣、區、鄉、保都應成立剿匪委員會，作為一元化剿匪領導的組織形式。剿匪委員會原則上以同級黨委書記為主任或副主任，將廣大人民群眾發動與組織起來，形成黨政軍民協同剿匪的局面。

一九五一年上半年，各地清剿的股匪已逾百萬人，大陸上的匪患基本上平息。以匪情嚴重的廣西為例，人民政府先後調集二十餘萬人，在大瑤山、六萬大山、十萬大山、靈山、永淳和欽州等地重點進剿，殲滅「粵桂邊反共救國軍」、「廣西游擊聯軍」等股匪三十三萬餘人，受到毛澤東的嘉獎。三十多年後，鄧小平同原中共二野的老同志座談時，十分興奮地回憶說：「進軍西南，同胡宗南那一仗打得很容易，同宋希濂也沒有打多少仗，真正打了一場的是剿匪戰鬥，這一仗打得很漂亮！」

湘西地區也是匪患的重災區。新中國成立初期，在這塊只有四萬多平方公里的地方，各類土匪武裝達到了十餘萬人。匪多、槍多、鴉片多的混亂局面，使當地百姓生活在搶劫、殺戮的恐怖之中。一九五〇年春，中國人民解放軍四十七軍大舉進剿湘西一帶的土匪，並將矛頭首先對準土匪中最頑固、最囂張的勢力。一月，人民解放軍依靠當地群眾，越過天險，攻克了八面山燕子洞，搗毀了盤踞於此地的陳子賢、師興周匪部。三月，剿匪部隊兵分三路，從瀘溪、鳳凰、麻陽向興隆場合圍徐漢章匪部，同時採取分進合擊戰術，圍攻張平的老巢李家洞，並在四月取得勝利。緊接著，我軍又開展了中心區、邊緣區的清剿殘匪的鬥爭，擊斃了張平、曹振亞、曹子西、楊樹臣、龍雲飛等多名匪首。

解放軍剿匪部隊向群眾宣傳黨的方針政策

在中共西北解放區，匪患主要是國民黨軍胡宗南、馬步芳、馬鴻逵的殘部。他們糾集散兵游勇、職業土匪及會道門反動分子，欺

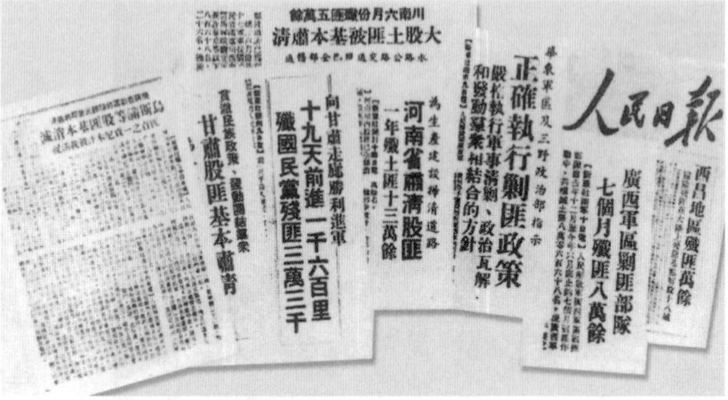

各地對剿匪戰績的新聞報導

騙群眾，組織暴亂，破壞民族團結。從一九四九年十一月開始，中共西北軍區先後投入二個兵團、十一個軍、三十八個師另一個旅三個團的兵力，在陝、甘、寧、青、新地區進行剿匪作戰，殲滅了陝西王凌雲、甘肅馬英貴、青海馬成賢、寧夏馬紹武、新疆烏斯滿等股匪，沉重的打擊匪徒。

按照中共中央「鎮壓與寬大相結合」的政策，對於悔過自新的一般土匪，給予寬大處理

根據中共中央「除惡務盡、不留後患」的方針，一些地方肅清殘散土匪的鬥爭持續進行到一九五三年。中國人民解放軍大規模的剿匪作戰，共殲滅土匪、武裝特務和爭取投降自新兩百六十餘萬人，使舊中國歷史上遺留下來而為廣大人民深惡痛絕的匪患得到根絕，有力地保護了人民安居樂業，穩定了社會秩序。

三、鎮壓反革命

面對中國人民政府各項工作的順利開展，反革命分子制定了「長期潛伏，等待時機，重點破壞與暗害活動」的策略，尤其是著重在財政經濟部門中進行搶劫物資、破壞機器、縱火、爆炸、盜竊、暗殺、竊取國家機密等破壞活動，以達到干擾和破壞人民政權之目的。據鐵道部不完全統計，一九五〇年前八個月，全國超負荷的鐵路網遭受了四百零一次破壞，造成大量的機車、火車車廂和橋樑被損毀，另有四百一十二次破壞被成功避免。

一九五〇年六月，朝鮮戰爭（韓戰）爆發後，美國把戰火燒到中國的大門口。反革命分子以為「第三次世界大戰」將要爆發，蔣介石將要「反攻大陸」，「變天」的日子將要到來，加緊進行破壞活動。然而，不少地方面對嚴峻的形勢，沒有採取有力的措施，發生了過分寬大的偏向，引起人民群眾的不滿。當時擔任政務院政法委員會副主任的彭真在向中國中央人民政府委員會所作的一次報告中說：

> 人民責備我們「寬大無邊」、「有天無法」，說：「天不怕，地不怕，就怕共產黨講寬大。」「人民政府什麼都好，就是對壞人這樣客氣，看著壞人殘害老百姓，不給老百姓作主，不好。」有的工人義憤填膺地質問幹部說：「看，我們競賽幾個月，特務放一把火就完蛋了，再不鎮壓，說什麼我們也不競賽了。」有的說「政府睡著了」，「連敵我都不分」。有的人說政府「姑息養奸，貽害人民」，「簡直不像個人民政府的樣子」。

為了鞏固新生的人民政權，保護人民生命財產安全，穩定社會生活秩序，中共中央和人民政府決定放手發動群眾，嚴厲打擊反革命分子。一九五〇年七月二十三日，政務院和最高人民法院公佈《關於鎮壓反革命活動的指

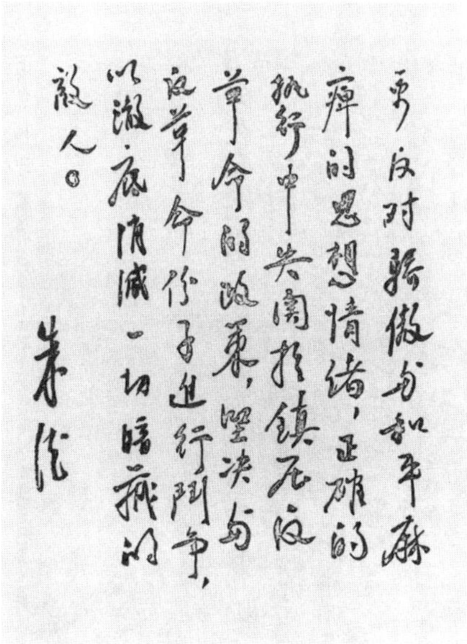

朱德為鎮壓反革命運動題詞：要反對驕傲與和平麻痺的思想情緒，正確的執行中共中央關於鎮壓反革命的政策，堅決與反革命分子進行鬥爭，以徹底消滅一切暗藏的敵人

示》，要求各級人民政府對一切反革命活動必須及時地採取嚴厲的鎮壓。

一九五〇年國慶節前夕，公安偵查人員截獲了一封寄往日本的可疑信件，裡面藏有一張畫有天安門的草圖。公安部門以這封信為突破口，破獲了一起境外反革命勢力派遣間諜，陰謀在國慶之時炮擊天安門的重大案件，震驚了全國。十月十日，中共中央作出《關於鎮壓反革命活動的指示》，要求各級黨委對已被逮捕和尚未逮捕的反革命分子，按照罪惡的輕重，分別地加以處理。對於罪大惡極怙惡不悛的反革命分子，應當堅決鎮壓。對於真正的脅從分子、自動坦白和立功分子，應分別予以寬大的待遇。

從一九五〇年十二月起，鎮壓反革命運動在全國開展起來。中共中央確定鎮反的工作路線是：黨委領導，全黨動員，群眾動員，吸收各民主黨派及各界人士參加；統一計劃，統一行動，嚴格地審查捕人和殺人的名單；注意各個時期的鬥爭策略，廣泛地進行宣傳教育工作，打破關門主義和神秘主義，堅決地反對草率從事的偏向；要把公安、司法等專門機關的工作和廣大人民群眾的積極性密切結合起來。

一九五一年八月，北京北郊第十四區召開鎮壓反革命分子大會

一九五一年二月二十一日，中國中央人民政府公佈《中華人民共和國懲治反革命條例》，使鎮壓反革命鬥爭有了法律武器和量刑標準。這方面的政策，被概括為五句話：「首惡必辦，脅從不問，抗拒從嚴，坦白從寬，立功者受獎。」

毛澤東親自領導了鎮壓反革命運動。他在一開始就提出「打得穩、打得準、打得狠」的方針。他說，「打得穩，就是要注意策略，不能草率從事；打得準，就是不可捕錯殺錯；打得狠，就是要堅決地殺掉一切應殺的反動分子」。他還強調，要採取放手發動群眾的方針，在城市和鄉村都大張旗鼓，廣泛宣傳，努力做到家喻戶曉。

至一九五一年春夏，鎮壓反革命形成了全國性的高潮，廣大人民群眾積極投入到這場鬥爭中，紛紛起來控訴和檢舉反革命分子的活動。許多潛伏特務、血債纍纍的惡霸分子無處可藏，落入法網。潛伏在武漢的原國民黨少將胡振南無奈自首，並說：「群眾都起來了，不登記也會被檢舉，還是自己坦白登記好。」

一九五一年一月十日，四川成都市公審殺害李公樸、聞一多的兇手王子民，當庭判處死刑；四月二十九日，殺害毛澤民、陳潭秋、林基路的兇手李奇英被處以死刑；六月二十四日，山西文水縣雲周西村，兩萬多人在劉胡蘭烈士遇難的地點，公審殺害劉胡蘭的兇手張全寶、侯雨寅，並押赴刑場；七月十六日，殺害二七大罷工領導人林祥謙的劊子手趙繼賢，在林祥謙遇害的地方被執行槍決……一個個反革命兇手被正法，是人們對革命先烈的告慰。

一九五一年五月，中央召開第三次全國公安會議，鑑於鎮壓反革命運動已經達到預期目標，決定實行「謹慎收縮」的方針，集中力量處理積案，並且採取兩項措施：一是嚴格規定捕人殺人的批准權限；二是對犯有死罪的罪犯絕大部分採取判處死刑緩期執行的政策。

舊中國遺留下來的反動會道門組織，極大地擾亂了社會秩序的安定。會道門是「會門」和「道門」的合稱。會門最初是以兵器種類命名的，偏重吞符、唸咒、練功習武。道門誦經拜神、製造和傳播迷信邪說，迷信色彩極為濃厚。由於各類會、道、教、社大肆氾濫，混合生長，多名、重名和改名屢見不鮮，新中國建立後將其統稱為會道門。如遍佈城鄉、道徒甚眾的「一貫道」，肆意編造「神言讖語」，詆毀政策，造謠惑眾，影響惡劣。

一九五〇年十二月十八日夜，北京開展統一行動，逮捕了一百三十多名一貫道首要分子。十二月十九日，北京市長聶榮臻、副市長張友漁、吳晗簽署《北京市人民政府佈告》，宣佈取締一貫道。十二月二十日，《人民日報》發表社論〈堅決取締一貫道〉，指出：「這是維護首都治安，保護生產，打擊反革命破壞活動和反革命謠言的必要措施。」

經過兩個月的鬥爭，北京市取締一貫道的工作取得決定性勝利。據統計，先後逮捕反動道首三百八十一人，槍斃反動道首四十二人，登記點傳師七百二十人、壇主四千七百七十五人、「三才」六百六十三人，聲明退道者十七萬八千零七十四人，封閉大小壇一千兩百八十三個。二月二十八日，中共中央將北京市委取締一貫道的報告批轉全國，取締一貫道的行動在全國各地展開。

程潛高度評價取締一貫道的行動，說自己「開始對共產黨奪取了天下能不能治理國家有懷疑。一是能不能解決反動會道門問題，二是能不能解決民族問題。這兩個問題歷代政府都沒有解決，包括蔣介石在內。現在你們把這兩個問題都解決了，我就完全信服了」。一位外國記者也感慨地說：「共產黨是一把鐵掃帚，一掃帚把妓院掃光了，又一掃帚把一貫道掃光了，真厲害！」

鎮壓反革命運動歷時三年，到一九五三年取得了全面的勝利。這場鬥爭基本肅清了舊社會遺留的殘餘反動勢力，鞏固了人民民主專政，安定了社會秩序，提高了廣大人民群眾的覺悟，密切了中國共產黨和人民政府同人民群眾的聯繫，保證了抗美援朝、土地改革、其他各項民主改革和恢復國民經濟工作的順利進行。在全國很多地方，出現了歷史上少有的「路不拾遺，夜不閉戶」的狀況。

第三節 「三反」、「五反」運動

新中國成立後，部隊、廠礦、農村、機關和學校等各條戰線上的共產黨員，絕大多數起到了模範帶頭作用。但大環境的變化，也使一些意志薄弱的黨員，滋長了驕傲自滿、官僚主義、貪圖享受的情緒和傾向。與此同時，不法資產階級分子為了牟取利益，大肆進行行賄、偷稅漏稅等違法犯罪活動，不僅嚴重腐蝕了幹部隊伍，而且威脅國家經濟社會發展的安全。

一、「絕不當李自成」

新中國成立初期，由於中國共產黨已經在執掌政權，擔負著多方面全新的任務，中國共產黨的隊伍也面臨新的考驗。在資產階級的腐蝕和影響下，政府機關裡貪污、浪費、官僚主義現象不斷滋長，有的幹部墮落變質。正如毛澤東在中共七屆二中全會上所預料的那樣：「敵人的武力是不能征服我們的，這點已經得到證明了。資產階級的捧場則可能征服我們隊伍中的意志薄弱者。可能有這樣一些共產黨人，他們是不曾被拿槍的敵人征服過的，他們在這些敵人面前不愧英雄的稱號；但是經不起人們用糖衣裹著的炮彈的攻擊，他們在糖彈面前要打敗仗。我們必須預防這種情況。」

為了防止腐敗問題，毛澤東反覆告誡，中國共產黨不能重蹈李自成的覆轍，犯勝利時驕傲的錯誤。據毛澤東的衛士李家驥回憶：

> 毛主席從西柏坡去北平那一天，就說我們要進京趕考。在從涿縣到北平的火車上，主席還講不要做李自成。到了香山，主席又說不要做李自成。一九五〇年二月二十七日，主席從蘇聯回來，到了哈爾

一九四九年三月二十三日，毛澤東率中共中央機關和人民解放軍總部離開西柏坡，向北平進發。出發前，他興奮地對周恩來說，這次進京「趕考」，我們希望考個好成績，絕不當李自成

濱。哈爾濱市設宴招待，把最好的東西做給他吃，有熊掌、飛龍等。第一頓飯，有胡志明在座，主席吃了。回到住地，主席對我說，這樣好的飯有沒有必要啊？沒有必要嘛！我們國家現在這麼窮，搞得這麼豐富幹什麼！你去交代一下，從明天開始，還按我們在家的標準去辦。第二天，他們改過來了，主席很高興，說這樣子蠻好的。又說，胡志明同志是客人，一定要照顧好。後來到了瀋陽，飯菜比哈爾濱安排得還好。主席很生氣，接見幹部時專門講了這個事。他說，我是不學李自成的，你們要學劉宗敏，我勸你們不要學。二中全會剛剛開完，就忘了。我們還要繼續貫徹二中全會的精神。我們不能這樣做。

和毛澤東一樣，劉少奇也特別重視中國共產黨的建設問題。他經常談到「創業」與「守成」的關係，曾這樣說：「我們打倒蔣介石、打倒舊政權後，要領導全國人民組織國家，如果搞得不好，別人也能推翻我們的。唐太宗曾與魏徵爭論過一個問題：創業難呢，還是守成難呢？歷史上從來有這個問題。得了天下，要能守住，不容易。很多人擔心，我們未得天下時艱苦奮鬥，得天下後可能同國民黨一樣腐化。他們這種擔心有點理由。在中國這個落後的農業國家，一個村長，一個縣委書記，可以稱王稱霸。勝利後，一定會有些人腐化、官僚化。如果我們黨注意到這一方面，加強思想教育，提高紀律性，就會好一些。」

據朱德的保健醫生顧英奇回憶，有一次朱德看到身邊的工作人員在清掃環境，非常欣慰地說：「每個人都要鍛鍊，要能吃苦，有樸素作風。人們都是『從儉入奢易，由奢入儉難』。有些人本來出身很苦，但進城以後就變了，不儉樸了。我們黨是真正馬克思主義的政黨，只有我們才能用這麼大的力量和時間來改造社會，不但要改造經濟，而且還要改造思想意識和道德風尚。舊習氣不可能一下子除掉，沾染舊習氣也很容易。如果不養成樸素、節約的習慣，生產無論怎樣發展，人們的慾望也是難於滿足的。」

一九五一年十月，中共中央召開政治局擴大會議，決定在全國各條戰線開展一個精兵簡政、增產節約運動。它的主要內容是：整編部隊，加強國防力量；精簡機構，提高工作效率；增產節約，準備國家大規模建設；平衡收支，繼續穩定物價。十月二十三日，毛澤東在全國政協一屆三次會議上提出，為了繼續堅持抗美援朝這個必要的正義的鬥爭，我們需要繼續加強抗美援朝的工作，需要增加生產，厲行節約，以支持中國人民志願軍，這是中國人民今天的中心任務。周恩來在這次會議上要求所有企業、部隊、機關、團體，「在編制上、工作上、人事上、作風上都要檢查，能精簡節約的都要精簡節約，不必要的財政開支一定要減少，一切物資器材要查清。這樣，才能把國家的人力、物力和財力用到最適當、最需要的地方」。

全國各地的增產節約運動蓬勃展開後，揭露出大量令人震驚的貪污和違法亂紀現象。十一月一日，中共東北局向中共中央報告開展增產節約運動的情況，列舉瀋陽市部分單位揭發出有貪污行為人員的事例，認為反貪污蛻化鬥爭是一個複雜尖銳的鬥爭。十一月二十日，毛澤東在代中共中央起草的批轉東北局《關於開展增產節約運動，進一步深入反貪污、反浪費、反官僚主義鬥爭的報告》的批語中，首次提出在「全國規模的增產節約運動中進行堅決的反貪污、反浪費、反官僚主義的鬥爭」。

十二月一日，毛澤東在修改審定中共中央《關於實行精兵簡政、增產節約、反對貪污、反對浪費和反對官僚主義的決定》時，再次強調指出：「自從我們佔領城市兩年至三年以來，嚴重的貪污案件不斷發生，證明一九四九年春季，中國共產黨的二中全會嚴重地指出資產階級對黨的侵蝕的必然性和為防止及克服此種巨大危險的必要性，是完全正確的，現在是全黨動員切實執行這項決議的緊要時機了。再不切實執行這項決議，我們就會犯大錯誤。」他提出警告：「一切從事國家工作、黨務工作和人民團體工作的黨員，利用職權實行貪污和實行浪費，都是嚴重的犯罪行為。」「一切貪污行為必須揭發，按其情節輕重，給以程度不等的處理，從警告、調職、撤職、開除黨籍、判處各種徒刑，直至槍決。」

從十二月四日到七日，毛澤東接連轉發北京市委和中央幾個部的「三反」報告後，覺得問題實在嚴重，「三反」鬥爭非全民動員、大張旗鼓地進行不可。十二月八日，他又為中共中央起草了《關於「三反」鬥爭必須大張旗鼓進行的指示》，指出：「應把反貪污、反浪費、反官僚主義的鬥爭看作如同鎮壓反革命的鬥爭一樣的重要，一樣的發動廣大群眾包括民主黨派及社會各界人士去進行，一樣的大張旗鼓去進行，一樣的首長負責，親自動手，號召坦白和檢舉，輕者批評教育，重者撤職、懲辦、判處徒刑（勞動改造），直到槍斃一大批最嚴重的貪污犯。」

一九五二年一月一日，毛澤東在中國中央人民政府舉行的團拜會上致祝詞，號召全國人民和一切工作人員一致行動起來，「大張旗鼓地，雷厲風行地，開展一個大規模的反對貪污、反對浪費、反對官僚主義的鬥爭，將這些舊社會遺留下來的污毒洗乾淨！」一月四日，中共中央下達限期發動「三反」運動的指示，推動「三反」運動在全國迅猛地進入高潮。

劉青山、張子善事件，是「三反」運動中暴露出來的第一大案。先後任過中共天津地委書記的劉青山、張子善是分別在一九三一年和一九三三年入黨的老幹部，對革命有功，但進城後墮落為大貪污犯。他們利用職權，盜用公款，盤剝民工，貪污挪用專區地方糧、寶坻縣救濟糧、幹部家屬補助糧，任意揮霍，犯下了嚴重罪行。據統計，兩人貪污盜竊的總數達到一百五十五億元舊幣。

時任天津地委社會部部長兼公安處處長的蘇玉振回憶說：「當時天津地委那兒的同志們聽了都驚訝，為什麼中華人民共和國開國大典，他們都參加了，以功臣身份參加的，不到兩年，就變了，成罪犯了，這裡頭有這樣的教訓，功臣思想。」確如他所言，劉青山就曾很不在意地說：「老子們拚命打了天下，享受些又怎麼樣？」

劉青山、張子善案發後，由河北省人民法院判決，經最高人民法院核准，判處死刑。經過慎重考慮，並徵求黨外人士的意見，中共中央決定同意河北省委的建議，由河北省人民法院經最高人民法院核准判決，對劉、張二人判處死刑立即執行。

對有人提出對劉、張二人寬大處理的意見，毛澤東堅決地說：「正因為他們兩人的地位高，功勞大，影響大，所以才要下決心處決他們。只有處決他們，才可能挽救二十個、二百個、二千個、二萬個犯有各種不同程度錯誤的幹部。」對此，薄一波在《若干重大決策與事件的回顧》一書中寫道：「由此可見毛澤東在處理這個問題時所下的決心和所做的深思熟慮，他當時的心思完全傾注在如何維護黨的事業上面，如何更好地挽救犯錯誤幹部的多數上面，如何更有效地防止幹部隊伍的腐化上面。嚴懲劉青山、張子善的決定的果斷做出，實際上是再一次用行動向全社會表明，我們黨絕不會做李自成！絕不會放任腐敗現象滋長下去！絕不會讓千千萬萬先烈用鮮血和生命換來的江山改變顏色！」

十一月三十日，毛澤東批轉了中共華北局關於劉、張貪污罪行報告。同一天，他還致電中共西南局第一書記鄧小平並告各中央局，指出：

反貪污、反浪費一事，實是全黨一件大事，我們已告訴你們嚴重地注意此事。我們認為需要來一次全黨的大清理，徹底揭露一切大、中、小貪污事件，而著重打擊大貪污犯，對中小貪污犯則取教育改造不使重犯的方針，才能停止很多黨員被資產階級所腐蝕的極大危險現象，才能克服二中全會所早已料到的這種情況，並實現二中全會防止腐蝕的方針，務請你們加以注意。

「鋤一害而眾苗成，刑一惡而萬民悅。」毛澤東直接督促劉青山、張子善案件的嚴肅處理，用實際行動向全社會表明，中國共產黨絕不會放任腐敗現象蔓延滋長，決不會做李自成第二。這是中國共產黨法紀嚴明、公正無私的鮮明體現，是對廣大幹部進行的一次廉潔奉公教育，在社會各界引起強烈反響。

據統計，整個「三反」運動期間，毛澤東夜以繼日地批閱各地報告，代中共中央起草決議、指示、批語、電報、信件等文件就達兩百三十三件之多。薄一波回憶說：「毛主席當年抓防腐蝕的鬥爭，真是雷厲風行，至今歷歷在目。他看準的事情，一旦下決心要抓，就抓得很緊很緊，一抓到底，從不虎頭蛇尾，從不走過場。他不僅提出方針，而且親自督辦；不僅提出任務，而且交代辦法。在『三反』運動緊張的日子裡，他幾乎每天晚上都要聽取我的匯報，甚至經常坐鎮中節委，參加辦公會

河北省人民法院組織的公審大貪污犯劉青山、張子善大會現場

議，親自指點。」

一九五二年四月，中央人民政府公佈實施《中華人民共和國懲治貪污條例》。這個條例對貪污問題的處理方針、辦法、步驟及批准權限等作出規定，使有關的處理工作進入法庭審判程序。毛澤東要求法庭審判、追贓定案工作，必須做到如實地解決問題，必須克服主觀主義的思想和怕麻煩的情緒，指出「這是共產黨人統治國家的一次很好的學習，對全黨和全國人民都具有很大的意義」。據范長江回憶，當中央國家機關準備在北京中山公園舉行審判大貪污犯的大會時，農業部有一個被定為大貪污犯的人證據不實，有人主張殺，周恩來用了一個通宵的時間來審查案情，把它糾正了。

一九五二年十月，「三反」運動勝利結束。據統計，全國縣以上黨政機關貪污千元以上者計十萬八千人，為參加「三反」運動總人數的百分之二・八。其中，以中小貪污人員為絕大多數，受行政處分的佔百分之二十・八，免受處分的佔百分之七十五・五六；貪污萬元以上受到刑事處理的大貪污分子佔百分之三・六四，其中，被判處有期徒刑的九千九百四十二人，無期徒刑的六十七人，死刑立即執行的四十二人，死刑緩期執行的九人。根據「三反」中發現的問題，中央總結和強調要加強制度建設，主要是建立和健全財政、基建等各種制度，以防止貪污、浪費和官僚主義現象的重新生長。

「三反」運動是中國共產黨執政後自覺抵制和克服資產階級對黨的腐蝕，保持共產黨人廉政為民本色的一次成功實踐。它的勝利，清除了幹部隊伍中的腐化分子，教育了幹部的大多數，挽救了犯錯誤的同志，純潔了國家機關，有力地抵制了舊社會遺留的惡習和資產階級的腐蝕，對防止貪污腐敗、剷除官僚主義作風發揮了重要作用。正是以這種高度的革命警覺，在中國共產黨的建設過程中未雨綢繆、防微杜漸，從而有效防止了幹部隊伍的腐化墮落。

二、打擊不法分子的破壞活動

中共「三反」運動的深入開展，暴露出很多黨政幹部的腐化行為，是在資產階級的「糖衣炮彈」面前吃了敗仗。一九五一年十二月二十日，中共華東局在報告中提出：「鑑於黨政內部的貪污往往是由非法商人從外部勾結而來的，因此，必須注意調查奸商並發動群眾檢舉控告不法商人的運動，對證據確鑿的不法商人，亦應嚴加懲處，以便內外配合，徹底肅清貪污分子。」

不法資產階級分子為了牟取利益，不僅拉攏和收買各級幹部，而且大肆進行行賄、偷稅漏稅、盜騙國家財產、偷工減料、盜竊國家經濟情報等「五毒」活動，嚴重影響到抗美援朝戰爭和國家經濟建設。一九五二年一月五日，周恩來在全國政協常委會上嚴肅地指出：不法資產階級分子的行為，「如果不加以打擊和剷除而任其發展下去」，「其前途將不堪設想」，「中國經濟的發展道路將不是新民主主義而是資本主義，將不是走向社會主義而是回復到帝國主義的附屬國或殖民地的經濟」。他號召「全國工商界人士參加這一鬥爭，進行檢舉和坦白運動。這不僅在鞏固人民民主政權和樹立新的社會風氣上將有所貢獻，即在工商界人士的自我改造上也將有所收穫，並利於與全國最大多數人民一道前進」。

為了嚴厲打擊不法資產階級分子的破壞活動，毛澤東一月二十六日為中共中央起草了《關於首先在大中城市開展「五反」鬥爭的指示》，指出：「在全國一切城市中，首先是大城市和中等城市，依靠工人階級、團結守法的資產階級及其他市民，向著違法的資產階級開展一個大規模的堅決的徹底的反對行賄、反對偷稅漏稅、反對盜騙國家財產、反對偷工減料和反對盜竊經濟情報的鬥爭，以配合黨政軍民內部的反對貪污、反對浪費、反對官僚主義的鬥爭，現在是極為必要和極為適時的。」他還強調：「在這個鬥爭中，各城市的黨組織對於階級和群眾的力量必須作精密的部署，必須注意利用矛盾、實行分化、團結多數、孤立少數的策略，在鬥爭中迅速形成『五反』的統一戰線。」

二月上旬，「五反」運動首先在中國各大城市開始，並迅速擴展到全國各中小城市，形成高潮。中國共產黨和人民政府抽調了大批有階級覺悟、有鬥爭經驗的骨幹分子，經短期培訓，組成「五反」工作隊，分期分批到私營工廠、商店檢查和指導「五反」運動。他們堅決依靠工人階級，以工人、商員為骨幹，緊密團結中小職員，爭取高級職員，大膽地、徹底地揭發控訴不法資本家的罪行。

一九五二年二月四日，上海市人民政府和市公安局根據群眾檢舉，逮捕了大奸商王康年。王康年是上海大康藥房經理，大康藥房在解放前因投機失敗而倒閉，解放後負債復業，並依靠國家機關採購，迅速發展起來。但王康年毫無知恩圖報之心，而是利慾熏心，走上違法犯罪的不歸路。二月十六日，《人民日報》登載〈奸商王康年騙取志願軍購藥巨款〉一文，詳細揭露王康年大量盜竊國家財產，騙取訂貨款十一億元，騙取志願軍購藥巨款做投機生意的醜惡行徑。他用各種卑鄙的手段勾引、腐蝕和他做生意的公職人員，先後向二十五個機關的六十五名幹部行賄一億多元，號稱「大康是幹部思想改造所，凡來大康做生意的幹部，都可以得到改造」。

「五反」運動中，北京、天津、瀋陽等地都揭露出一些奸商，像王康年一樣，為了賺取更多的錢財，用腐爛的棉花做成含有大量化膿菌、破傷風菌的「救急包」，還用自來水做注射液，用壞牛肉做罐頭，用發霉的麵粉做餅乾，用壞雞蛋做蛋粉，以高價賣給志願軍，導致大批志願軍傷病員傷病情惡化，有些人致殘，有些致死。這些累累罪行，引起了人民的極大憤怒。

懲治奸商，目的是清除「五毒」，使資產階級服從國家法令，經營有益於國計民生的工商業。當一些地方出現打擊面過寬的現象，影響到經濟生產和市民生活時，毛澤東立即要求予以糾正，強調要按照《共同綱領》辦事：民族資產階級在《共同綱領》範圍內的發展，是合法的；離開了這個範圍，就是不合法。一九五二年二月十五日，他以中共中央名義發出指示，要求「各城市市委市政府均應於開展『三反』和『五反』鬥爭的同時，注意維持經濟生活的正常進行，如果在一個短時間內出現了不正常狀態，亦應迅速恢復正常狀態」。

三月五日，中共中央提出處理違法工商業戶的五項原則：過去從寬，今後從嚴；多數從寬，少數從嚴；坦白從寬，抗拒從嚴；工業從寬，商業從嚴；普通商業從寬，投機商業從嚴。按有無違法行為和違法程度和性質，將私營工商戶劃分為守法戶、基本守法戶、半守法半違法戶、嚴重違法戶和完全違法戶等五種類型。五月三十日，周恩來在政務會議討論「五反」運動中的幾個問題時，再次指出：「對極少數罪大惡極的，如王康年，不嚴辦就不行。但對絕大多數的要從寬處理。他們有犯錯誤的一面，應該嚴肅指出；好的地方，也應該表揚。無論在政治上、經濟上，對他們都應有正確的估計。」

六月十三日，政務院發出《關於結束「五反」運動中幾個問題的指示》，規定：「在『五反』運動中，各地對工商業違法所得數目的計算，有些方面由於追算較遠、折價較高、計算範圍較廣、標準先後不同以及其他原因，以致計算偏高、偏廣。在這方面，必須重新核實定案，不應該計算的一定不要計算，可計算可不計算的也不要計算，而應該計算的則必須計算，使既合乎處理從寬的原則，又利於工商業的迅速恢復和發展。」

按照中共中央的指示和政務院的規定，私人工商戶的分類處理，採取三審定案：資本家自報公評，

上海召開店員「五反」運動代表會議，大會共收到檢舉信十萬餘件

工人店員集體審定，政府批准。經過定案處理，全國共涉及約九十九萬九千七百萬戶工商業者，定為守法戶、基本守法戶和半守法半違法戶的佔工商戶總數百分之九十七以上，有百分之三為嚴重違法戶或完全違法戶，受到刑事處分者有一千五百零九人，佔總戶數的百分之一・五。

在定案處理中，上海榮家備受人們關注。上海大資本家比較多，榮毅仁家又是上海最大的民族資本家。在「五反」中，榮家的企業也發現了一些問題。應該將之劃到哪一類？經過薄一波和陳毅反覆商量，定為基本守法戶。這個處理意見報告了周恩來，周恩來又報告了毛澤東。毛澤東說，何必那麼小氣！再大方一點，劃為完全守法戶。這個「標兵」一樹，在上海以至全國各大城市產生了很大影響。

同榮家一樣，其他表現好的民族工商業家也得到了合理照顧。時任上海市委宣傳部長的谷牧，後來在回憶錄中寫道：「劉靖基先生的安達、大豐兩個紡織廠，資方自評為半守法半違法戶，工人代表討論認為可定為基本守法戶，市裡批准為守法戶。郭棣活先生的永安棉紡公司，資方出於爭取過關的心理，在申報偷漏稅數目上持『寧多不少』的態度，市裡一一核實，將不屬於『五反』範圍的盡予剔除，並定為守法戶。劉鴻生先生，號稱『火柴、水泥、煤炭大王』，當時他因病休息未參加『五反』，由他的兒子劉念智等代表他交代問題，但他心裡七上八下，十分不安。市委給以關心，耐心向他講明政策。後來劉氏企業，全都定為守法戶，劉先生非常感動。一九五六年他去世時，給家人留下遺囑，定息只能拿少部分，其餘全部捐獻國家。」

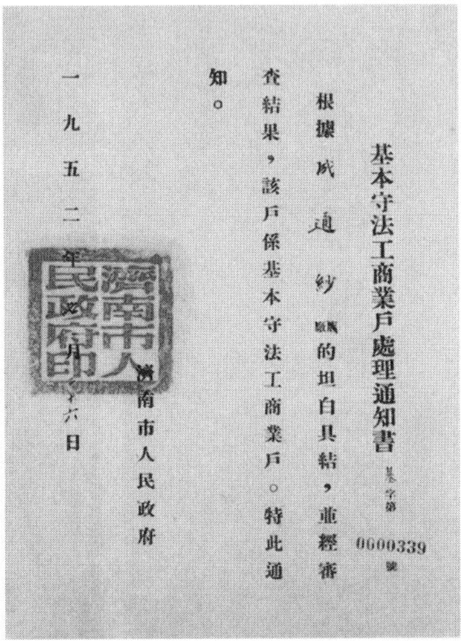
基本守法工商業戶處理通知書　基字第0600339號

根據成通紗廠的坦白具結，並經審查結果，該戶係基本守法工商業戶。特此通知。

濟南市人民政府
一九五二年　月　六日

濟南市人民政府印

「五反」運動對私營工商業戶劃分為守法戶、基本守法戶、半守法半違法戶、嚴重違法戶、完全違法戶五類，區別對待。圖為濟南市人民政府發給成通紗廠的基本守法工商業戶處理通知一九五二年十月二十五日，「五反」運動宣告結束。這場運動的勝利，既打擊了嚴重違法和完全違法分子，又團結了絕大多數私營工商業戶，在工商業者中進行了一場守法經營的教育，使資本主義工商業在《共同綱領》的框架下繼續發揮有利於國計民生的積極作用，為後來進行的社會主義改造打下了基礎。

第四節 爭取有利的國際環境

新中國成立後，與其他國家建立正常的外交關係，走向國際社會，是擺在中國共產黨面前的一個重大問題。「本政府為代表中華人民共和國全國人民的唯一合法政府。凡願遵守平等、互利及互相尊重領土主權等項原則的任何外國政府，本政府均願與之建立外交關係。」這是毛澤東在開國大典上宣讀的一段話，表達了新中國的願望和對所有國家的善意。然而，新中國面臨的是冷戰鑄成的國家間壁壘和以美國為首的西方勢力的敵視和封鎖。

一、新中國初期的三大外交方針

一九四七年十月十日，毛澤東在為中國人民解放軍總部起草的《中國人民解放軍政治宣言》中，提出了中國共產黨的八項基本政策。其中，關於外交政策的內容為：「否認蔣介石獨裁政府的一切賣國外交，廢除一切賣國條約，否認內戰期間蔣介石所借的一切外債。要求美國政府撤退其威脅中國獨立的駐華軍隊，反對任何外國幫助蔣介石打內戰和使日本侵略勢力復興。同外國訂立平等互惠通商友好條約。聯合世界上一切以平等待我之民族共同奮鬥。」這幾條原則性政策，為新中國外交方針的制定奠定了基調。

一九四九年一月三十一日，中國人民解放軍進駐北平，正式宣告北平和平解放。就在這一天，蘇共中央政治局委員米高揚秘密來到西柏坡。他受斯大林的委託，與毛澤東交談，瞭解中國共產黨將要建立一個什麼樣的國家。談到對外政策時，毛澤東向米高揚打了個比喻：

我們這個國家如果形象地把它比作一個家庭來講，它的屋內太髒了，柴草、垃圾、塵土、跳蚤、臭蟲、虱子什麼都有。解放後我們必須加以好好整頓。等屋內打掃清潔乾淨了，有了秩序，陳設好了，再請客人進來，我們的真心朋友可以早點進屋子來，也可以幫助我們做點清理工作，但別的客人得等一等，暫時還不能讓他們進門。

「打掃乾淨屋子再請客」，連同毛澤東在此前後提出的「另起爐灶」、「一邊倒」，構成了新中國成立初期外交政策的三條基本方針。在一九四九年一月召開的中共中央政治局會議上，毛澤東明確表示：「現在帝國主義在中國沒有合法地位，不必忙於要帝國主義承認。我們是要打倒它，不是承認它，將來要通商，可考慮，但亦不忙，忙的是同蘇聯及民主國家通商建立外交關係。」這段話裡面，包含了三大外交方針的基本主張。

所謂「打掃乾淨屋子再請客」、「另起爐灶」，核心是廢除舊中國的不平等條約，維護中國的獨立和主權。具體而言，就是要在徹底去除帝國主義國家在中國的勢力和特權及其影響後，再讓這些國家的客人進來，在互相尊重領土主權和平等互利的基礎上同世界各國建立獨立自主的外交關係。

一九四九年一月十九日，中共中央發出周恩來起草的《中央關於外交工作的指示》，明確指出：

「許多帝國主義國家的政府，尤其是美帝國主義政府，是幫助國民黨反動政府反對中國人民解放事業的。因此，我們不能承認這些國家現在派在中國的代表為正式的外交人員，實為理所當然。我們採取這種態度，可使我們在外交上立於主動地位，不受過去任何屈辱的外交傳統所束縛。在原則上，帝國主義在華的特權必須取消，中華民族的獨立解放必須實現，這種立場是堅定不移的。」

三月五日，毛澤東在中共七屆二中全會上進一步強調：「關於帝國主義對我國的承認問題，不但現在不應急於去解決，而且就是在全國勝利以後的一個相當時期內也不必急於去解決。我們是願意按照平等原則同一切國家建立外交關係的，但是從來敵視中國人民的帝國主義，決不能很快地就以平等的態度對待我們，只要一天它們不改變敵視的態度，我們就一天不給帝國主義國家在中國以合法的地位。」

四月中旬，在中國人民解放軍發起渡江作戰前，英國遠東艦隊的一艘軍艦「紫石英」號在長江水面與解放軍發生了一場激烈的衝突，遭到炮火擊傷而擱淺。隨後，英國先後出動三艘軍艦，欲以武力搶回「紫石英」號，由此引發了更大規模的炮戰，史稱「紫石英」號事件。四月三十日，毛澤東為中國人民解放軍總部發言人起草了一份聲明，表明了中國人民不怕任何威脅、堅決反對帝國主義侵略干涉的嚴正立場，並鄭重宣告：「中國人民革命軍事委員會和人民政府願意考慮同各外國建立外交關係，這種關係必須建立在平等、互利、互相尊重主權和領土完整的基礎上，首先是不能幫助國民黨反動派。」「外國政府如果願意考慮同我們建立外交關係，它就必須斷絕同國民黨殘餘力量的關係，並且把

被擊傷的英國軍艦「紫石英」號

它在中國的武裝力量撤回去。」

三大外交方針中的「一邊倒」，是指新生的中華人民共和國在國際鬥爭中，將堅定地站在以蘇聯為首的社會主義陣營一邊。一九四九年三月十三日，毛澤東在中共七屆二中全會的總結中說：「中蘇關係是密切的兄弟關係，我們和蘇聯應該站在一條戰線上，是盟友，只要一有機會就要公開發表文告說明這一點。」六月三十日，在《論人民民主專政》一文中，毛澤東第一次公開表述了「一邊倒」的思想，他說：「一邊倒，是孫中山的四十年經驗和共產黨的二十八年經驗教給我們的，深知欲達到勝利和鞏固勝利，必須一邊倒。積四十年和二十八年的經驗，中國人不是倒向帝國主義一邊，就是倒向社會主義一邊，絕無例外。」

「一邊倒」是中國共產黨從當時實際情況出發的選擇。新中國誕生後，如何防止帝國主義武裝干涉，保障國家的安全？如何迅速打開外交局面，獲得國際承認？如何取得戰後恢復的必要援助，加快發展經濟？在當時的歷史條件下，要解決這些問題，都需要爭取蘇聯的幫助。

一九四九年六月至八月，以劉少奇為首的中共中央代表團對蘇聯進行了秘密訪問。其間，劉少奇向斯大林強調，新中國將在國際事務中與蘇聯、和各人民民主國家站在一道，希望中國新政府成立後蘇聯和東歐各民主國家能率先儘快地予以承認。他還轉達了毛澤東希望在中蘇建交後公開訪問蘇聯的意向。斯大林承諾，中國新政府一經成立，蘇聯立即承認，提供經濟和軍事援助，並邀請毛澤東訪問蘇聯。

當然，「一邊倒」絕不是放棄民族獨立，一切聽從他人，去當別的國家的附庸。一九四九年十一月八日，周恩來在中國外交部成立大會上就此表示：「外交工作有兩方面：一面是聯合、一面是鬥爭，我們同兄弟之邦並不是沒有差別。換言之，對兄弟國家戰略上是要聯合，但戰術上不能沒有批評；對帝國主義國家戰略上是反對的，但戰術上有時在個別問題上是可以聯合的。我們應當認識清楚，否則就會敵我不分。」他還明確指出：「就兄弟國家來說，我們是聯合的，戰略是一致的，大家都要走社會主義的道路，但國與國之間在政治上不能沒有差別，在民族、宗教、語言、風俗習慣上是有所不同的。所以，要是認為同這些國家之間毫無問題，那就是盲目的樂觀。」

「一邊倒」的外交方針，也不意味著中國政府絕不同英、美等資本主義國家來往。對此，《共同綱領》規定：

> 中華人民共和國聯合世界上一切愛好和平、自由的國家和人民，首先是聯合蘇聯、各人民民主國家和各被壓迫民族，站在國際和平民主陣營方面共同反對帝國主義侵略，以保障世界的持久和平。
>
> 凡與國民黨反動派斷絕關係並對中華人民共和國採取友好態度的外國政府，中華人民共和國中央人民政府可在平等、互利及互相尊重領土主權的基礎上，與之談判，建立外交關係。

在正確的外交方針下，新中國首先同蘇聯及保加利亞、羅馬尼亞、匈牙利、朝鮮民主主義人民共和國、捷克斯洛伐克、波蘭、蒙古、德意志民主共和國、阿爾巴尼亞和越南等「社會主義陣營」的國家建立了外交關係。進而，又同願意遵守平等、互利及互相尊重領土主權等原則的其他國家舉行談判，相繼同印度、印度尼西亞、緬甸、巴基斯坦等亞洲民族獨立國家，以及瑞典、丹麥、瑞士和芬蘭等歐洲資本主義國家建立了外交關係。這是新中國建立後的第一次建交高潮。

二、「我們有了一個可靠的同盟國」

一九四九年十月一日，毛澤東在《中華人民共和國中央人民政府公告》中向全世界莊嚴宣佈：「本政府為代表中華人民共和國全國人民的唯一合法政府。凡願遵守平等、互利及互相尊重領土主權等項原則的任何外國政府，本政府均願與之建立外交關係。」

同一天，周恩來以外交部長的名義向各國政府發出公函，上面寫道：「毛澤東主席已在本日發表了公告。我現在將這個公告隨函送達閣下，希為轉交貴國政府。我認為，中華人民共和國與世界各國建立正常的外交關係是需要的。」這是新中國的第一個外交文件，也是通過使領館向外國政府發出的第一個照會。首先承認中華人民共和國的國家，是社會主義的蘇聯。十月二日晚九點四十五分，蘇聯副外長安德烈・葛羅米柯致電周恩來，表示蘇聯政府決定同中華人民共和國建立外交關係，互派大使。

時任毛澤東機要秘書的葉子龍回憶說，開國大典結束後，他隨毛澤東返回中南海，「剛下車，機要室的同志交給我一份電報。這是一份斯大林發給毛澤東的電報，向中國共產黨表示祝賀，並宣佈蘇聯承認剛剛成立的中華人民共和國並願與中國建立正式外交關係。毛澤東看了電報，非常興奮，他拉著我的手使勁搖著，並說：『好麼！謝謝你！我們拉拉手！』」這個看似尋常的舉動，對於毛澤東來說卻不同尋常。葉子龍跟隨毛澤東多年，送過無數次文件，但這樣的握手還是第一次。這足以表明毛澤東對中蘇建交的

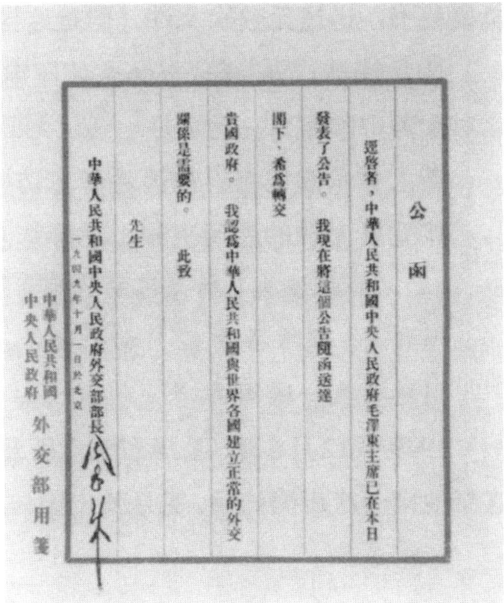
公函

逕啟者，中華人民共和國中央人民政府毛澤東主席已在本日發表了公告。我現在將這個公告隨函送達閣下，希爲轉交貴國政府。我認爲中華人民共和國與世界各國建立正常的外交關係是需要的。此致

先生

中華人民共和國中央人民政府外交部部長 周恩來

一九四九年十月一日於北京

中華人民共和國中央人民政府 外交部用箋

一九四九年十月一日，中華人民共和國中央人民政府外交部部長周恩來發出致各國政府公函，表示願意同世界各國建立正常的外交關係

期待和重視。

中蘇一建交，毛澤東就著手進行訪蘇的具體準備工作。他希望同斯大林直接會商兩國間重大的政治、經濟問題，進一步發展和加強中蘇關係。一九四九年十一月九日，毛澤東以中共中央名義致電中國駐蘇聯大使王稼祥，告訴他中共中央已經請在中國的蘇聯經濟專家組組長科瓦廖夫通知斯大林，請他決定毛澤東去莫斯科的時間。十一月十二日，毛澤東接到斯大林的正式邀請。毛澤東立即覆電表示感謝，並告知他準備於十二月初動身，同時希望科瓦廖夫能與他同行。

十一月二十五日，毛澤東主持中共中央政治局會議，正式作出決定，毛澤東定於十二月初赴蘇訪問。十二月六日，正值北國的隆冬季節。北京西直門火車站，毛澤東登上北上的專列，前往莫斯科。這是他生平第一次出國訪問。毛澤東這次訪蘇的目的，一是參加斯大林七十壽辰的慶祝活動，二是同斯大林進行商談，重點是處理一九四五年國民黨政府同蘇聯政府簽訂的《中蘇友好同盟條約》。這一條約及有關協定是第二次世界大戰後期蘇、美、英三國背著中國達成的雅爾達協定的產物，基本恢復了沙俄時代俄國在中國東北的特權，嚴重損害了中國的主權和利益。

十二月十六日，毛澤東在抵達莫斯科雅羅斯拉夫車站發表的書面演說中指出：「目前的重要任務，是鞏固以蘇聯為首的世界和平陣線，反對戰爭挑撥者，鞏固中蘇兩大國家的邦交，和發展中蘇人民的友誼。」當晚，毛澤東前往克里姆林宮，拜會斯大林。這是毛澤東第一次同斯大林見面。他們是國際共產主義運動中最有影響的人物，又各自領導著一個偉大的國家。他們的首次會面，意義非凡。當時擔任中方翻譯的師哲回憶說：

斯大林在他的克里姆林宮辦公室的小會客廳會見毛主席。六時整，廳門打開了。斯大林和蘇共全體政治局委員及維辛斯基外長站成一排迎接毛主席。這是很破例的，因為斯大林一般不到門口迎接外賓。他為了表示對中國人民及其領袖的尊重、信任及特殊的禮遇，所以特地作了這樣的安排。

毛澤東和斯大林的這次會談，涉及保障和平、中蘇條約、貸款等問題。儘管雙方進行了坦誠的交流，也在貸款問題上達成了一致，但在最主要的問題上，即要不要簽訂新的中蘇條約、廢除舊的中蘇條約，並沒有取得預期的效果。

十二月二十一日，毛澤東出席斯大林七十壽辰慶祝大會，並作為第一個致祝詞的外國領導人發表了講話。毛澤東的祝詞受到熱烈歡迎，全場三次起立，長時間鼓掌。然而，毛澤東心裡牽掛的，始終是中蘇條約的問題。

十二月二十四日，應毛澤東的要求，毛澤東與斯大林舉行第二次會談。讓毛澤東失望的是，他關心的中蘇條約依然沒有進展。就連他希望周恩來來莫斯科的要求，斯大林也婉言拒絕了。

在各種因素的綜合作用下，斯大林終於改變了態度。一九五〇年一月二日，他表示同意周恩來來莫斯科，商談和簽訂新約。這令毛澤東的心情豁然開朗，興致勃勃地到列寧格勒、波羅的海等地參觀。

一月二十二日，毛澤東、周恩來同斯大林舉行會談，並在中蘇條約問題上達成一致。毛澤東強調：「要把新條約和原來的條約從根本上區別開來。過去說的是對日戰爭時的合作，現在應是防止日本侵略；過去國民黨只是口頭上談友誼，現在具備了真正友誼與合作的一切條件。新條約應包括政治、經濟、外交、軍事和文化合作的各項問題，最重要的問題是經濟合作。」

從一月二十三日起，雙方經過多次會談，於二月十四日簽訂了《中蘇友好同盟互助條約》等文件。這是新中國成立後，與外國政府簽訂的第一個建立在平等基礎上的條約，使新中國「另起爐灶」外交方針的實踐有了一個良好的開端。它同一百多年來舊中國與帝國主義列強所簽訂的一切不平等條約，形成十分鮮明的對比。中國人真正站起來了。

《中蘇友好同盟互助條約》的宗旨是：加強中蘇「友好與合作，共同防止日本帝國主義之再起，及日本或其他用任何形式在侵略行為上與日本相勾結的國家之重新侵略」，「依據聯合國組織的目標和原則，鞏固遠東和世界的持久和平與普遍安全」。並明確規定：「一旦締約國任何一方受到日本或與日本同盟的國家之侵襲，因而處於戰爭狀態時，締約國另一方即盡其全力給予軍事及其他援助。」「雙方保證以友好合作的精神，並遵照平等、互利、互相尊重國家主權與領土完整及不干涉對方內政的原則，發展和鞏固中蘇兩國之間的經濟與文化關係，彼此給予一切可能的經濟援助，並進行必要的經濟合作。」

一九五〇年二月十四日，中蘇兩國政府全權代表簽訂《中蘇友好同盟互助條約》

一九五〇年二月十七日，毛澤東結束訪蘇回國。圖為毛澤東二月二十七日途經哈爾濱車站時在站台

二月十七日，毛澤東結束了歷時兩個月的第一次訪蘇，離開莫斯科，登上回國的專列。儘管此行出現過一些曲折和不愉快的事情，但從總體上說是成功的，取得了有利於新中國建設的重要成果。四月十一日，中蘇新約及有關協定經中華人民共和國中央人民政府委員會和蘇聯最高蘇維埃主席團正式批准

生效。在批准這一條約時，毛澤東強調指出：「這次締結的中蘇條約和協定，使中蘇兩大國家的友誼用法律形式固定下來，使得我們有了一個可靠的同盟國，這樣就便利我們放手進行國內的建設工作和共同對付可能的帝國主義侵略，爭取世界的和平。」

三、取消帝國主義國家在中國的一切特權

一八四〇年鴉片戰爭後，帝國主義國家通過侵略手段，迫使舊中國政府簽訂了一系列不平等條約，在中國攫取了許多特權，包括駐軍權、自由經營權、內河航行權、海關管理權和司法權等。廢除舊中國簽訂的不平等條約，取消帝國主義在中國的特權，肅清帝國主義在中國的勢力和影響，是新中國外交的一項重要任務。

新中國成立後，人民政府先後收回帝國主義國家尚留存在北京、天津、上海等地的兵營地產權，徹底廢除帝國主義在華駐兵權。圖為被收回的北京東交民巷法國兵營

一九四九年九月二十九日，新政協通過的《中國人民政治協商會議共同綱領》，明確規定：「中華人民共和國必須取消帝國主義國家在中國的一切特權。」「對於國民黨政府與外國政府所訂立的各項條約和協定，中華人民共和國中央人民政府應加以審查，按其內容，分別予以承認，或廢除，或修改，或重訂。」

外國在華駐兵的特權，是對中國主權的嚴重損害，是中國淪為半殖民地的恥辱標記，顯然是在被打掃範圍之內的「髒東西」。新中國成立後，經過充分的準備，於一九五〇年一月六日開始收回東交民巷外國兵營的行動。

這個行動，以北京市軍管會的名義進行，由北京市人民政府外事處、北京市公安局外僑管理科、北京市人民政府逆產清管局配合。十四日上午九時開始，按照事先研究好的方案，前來接收的軍管會代表不負責聽取和回答任何問題和抗議，而是嚴格執行任務，並於下午四點勝利結束全部工作。繼北京之後，天津、上海等地的外國兵營也相繼被人民政府收回，帝國主義利用不平等條約在中國取得的「駐兵權」被徹底地廢除了。

一月十四日，美國國務院助理國務卿白德華談話指責中國「違反」了一九四三年中美條約重申的美方的權利，又說要徵用的不是兵營，而是美領事館的辦公用地，並威脅要「撤退所有美國官方人員」。一月十八日，新華社發表〈美國國務院的狡辯、誣賴和威脅〉一文，嚴正指出，中國人民在維護自己的利益及保衛祖國的主權上，是從不考慮一切帝國主義者的意志的。帝國主義者在中國製造的一切不平等條約和侵略特權，必須廢除。帝國主義者撤退也好，不撤退也好，叫囂也好，威脅也好，對中國人民的正義立場絲毫沒有影響。新華社的這個評論，鮮明地表達了新中國取消包括外國駐軍在內的一切帝國主義在華特權的堅強決心。中華民族任人宰割的歷史，一去不復返了。

成立新中國的海關，是「另起爐灶」的重要步驟，也是廢除帝國主義在華特權的一件大事。對一個國家來說，海關是一個具有較大特殊性的政府工作部門，是根據國家法令對進出國境的貨物、貨幣、證券及運輸工具等進行監管，徵收關稅並執行查緝走私的行政機關，對國家政治經濟活動有著重大影響。然而，從鴉片戰爭到一九四九年新中國成立，中國關稅自主權、海關行政管理權、關稅收支權一直被帝國主義控制著。一九四九年三月五日，毛澤東在中共七屆二中全會的報告中就指出，「取消一切帝國主義在中國開辦的宣傳機關，立即統制對外貿易，改革海關制度，這些都是我們進入大城市的時候所必須首先採取的步驟。」他還說，「在做了這些以後，中國人民就在帝國主義面前站立起來了」。

為了建設新中國的人民海關，周恩來點將孔原籌建海關總署。孔原後來在回憶中寫道：

> 一九四九年六月，我從東北解放區奉調進關來到北京。一天，周恩來同志找我談話，說黨中央已指定由我負責籌備建立新中國海關總署的工作。我對工作崗位發生的這一變化感到突然。因此，我回答說，我連什麼叫海關都弄不清楚，更不用說懂得海關業務了。我表示怕做不好，不想做這個工作。周恩來同志和氣地說，不瞭解海關情況，不懂得海關業務，不能成為不去做的理由。革命取得勝利，收回了海關主權，難道還讓帝國主義繼續控制中國海關嗎？你不懂得什麼是海關，我也是不懂得的，但只要我們親自做一做，去體驗體驗，就可以學會過去不懂的東西，逐漸熟悉並做好工作嘛。

一九四九年十月，中國中央人民政府海關總署成立，收回了海關管理權。圖為周恩來的題字

一九四九年八月，中共中央財政經濟委員會設立了海關處和海關總署籌備小組。八月十三日，籌備小組負責人姚依林、孔原、朱劍白提出了關於建立海關總署的初步意見。九月二十三日至十月十六日，中財委召集各地海關代表在北京召開全國海關工作座談會。會議商討了新中國海關的工作方針、任務、業務範圍以及海關組織機構等問題，為海關的正式成立做了大量準備工作。

一九四九年十月二十一日，中國中央人民政府政務院成立。四天後的十月二十五日，中國海關總署在北京宣告成立，由中國中央人民政府政務院直接領導，實行集中統一的垂直領導體制。孔原任海關總署第一任署長，丁貴堂任副署長。

一九五〇年一月二十七日，政務會議通過《關於關稅政策和海關工作的決定》，指出：過去一百多年中，帝國主義者侵犯了中國的海關自主權。他們曾長期掌握了中國海關管理和關稅收支的大權，並且把同海關無關的保證航行安全和巡衛國境海岸等也攬入海關管理範圍之內。決定規定：「中央人民政府海關總署，必須是統一集中的和獨立自主的國家機關。海關總署負責對各種貨物及貨幣的輸入輸出執行實際的監督管理，徵收關稅，與走私進行鬥爭，以此來保護我國不受資本主義國家的經濟侵略。」決定還規定海關工作，在恢復與發展中國人民經濟中，應起重要的作用。海關稅，則必須保護國家生產，必須保護國內生產品與外國商品的競爭。三月七日，《關於關稅政策和海關工作的決定》正式公佈，標誌著中國海關完全掌握在中國人自己手裡了。

四月二十九日，在全國政協慶祝五一國際勞動節紀念大會上，中國中央人民政府副主席劉少奇發表講話指出：「帝國主義已經從中國趕走，帝國主義在中國的許多特權已經被取消，新中國的海關政策與對外貿易政策已經成為保護新中國工業發展的重要工具。」他說，「我們已把中國大門的鑰匙放在自己的袋子裡，而不是如過去一樣放在帝國主義及其走狗的袋子裡」。

第三章

抗美援朝，保家衛國

一九五〇年六月二十五日，朝鮮戰爭爆發，東北亞的這個半島成為全球熱點，北緯三十八度線即「三八線」更是成為舉世矚目的一個名詞。

一九五〇年十月十九日，剛剛組建完畢的「中國人民志願軍」入朝作戰，「志願軍」成為世人皆知的一支軍隊。

一九五三年七月二十七日，朝鮮停戰協定在板門店簽字，經過兩年零九個月的較量，中國人民取得了抗美援朝戰爭的偉大勝利，新中國成為一個不能再被人輕視的世界大國。

第一節 不期而遇的戰爭

朝鮮戰爭爆發後，美國迅速作出反應。六月二十六日，美國調動其駐日本的空軍和海軍部隊侵入朝鮮，支援韓國軍隊作戰。與此同時，美國派遣其駐菲律賓的海軍第七艦隊侵入台灣海峽。朝鮮是中國唇齒相依的鄰邦，台灣更是中國的固有領土。這一切都預示著，新中國的國家安全已經處於嚴重的威脅之中，一場戰爭在所難免。

一、艱難而果斷的決策

一九五〇年六月二十七日，美國總統杜魯門發表聲明，指責中國共產黨，單方面粗暴地干涉中國的內政外交。他聲稱：「對朝鮮的攻擊已無可懷疑地說明，共產主義已不限於使用顛覆手段來征服獨立國家，現在要使用武裝的侵犯與戰爭。它違抗了聯合國安理會為了保持國際和平與安全而發出的命令。在這種情況下，共產黨部隊的佔領福摩薩，將直接威脅太平洋地區的安全，及在該地區執行合法與必要職務的美國部隊。據此，我已命令第七艦隊阻止對福摩薩的任何攻擊。作為這一行動的應有結果，我還要求福摩薩的中國政府停止對大陸的一切海空行動。第七艦隊將監督此事的實行。」美國政府的野蠻行徑，激起中華民族的極大憤慨。它所造成的惡果，深刻地影響了以後二十年間的中美關係。

六月二十八日，毛澤東在中央人民政府委員會第八次會議上指出：今年一月五日，杜魯門還聲稱美國不干涉台灣，「現在他自己證明了那是假的，並且同時撕毀了美國關於不干涉中國內政的一切國際協議」。他號召「全國和全世界的人民團結起來，進行充分的準備，打敗美帝國主義的任何挑釁」。

同一天，周恩來以中國外交部長的身份，嚴正反駁杜魯門的謬論：「杜魯門二十七日的聲明和美國海軍的行動，乃是對於中國領土的武裝侵略，對於聯合國憲章的徹底破壞。」「不管美國帝國主義者採取任何阻撓行動，台灣屬於中國的事實，永遠不能改變。」「我國全體人民，必將萬眾一心，為從美國侵略者手中解放台灣而奮鬥到底。」他呼籲「全世界一切愛好和平正義和自由的人類，尤其是東方各被壓迫民族和人民，一致奮起，制止美國帝國主義在東方的新侵略」。

七月七日，美國操縱聯合國安理會，糾集以美國為首的十六個國家組織「聯合國軍」，成立由美國指揮的「統一司令部」。七月八日，麥克阿瑟被任命為「聯合國軍」總司令。

九月十五日，「聯合國軍」從仁川登陸，使朝鮮戰局急轉直下。九月二十八日，「聯合國軍」攻佔漢城，截斷朝鮮人民軍南進部隊的後路，九月二十九日，進抵三八線，叫囂要在「三八線以北進行軍事行動」。

九月三十日，周恩來在慶祝新中國成立一週年的講話

運籌帷幄之中，決勝千里之外。圖為毛澤東在中南海辦公

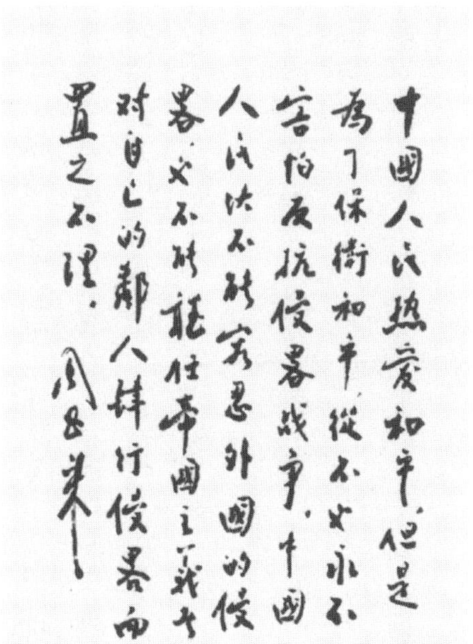

一九五〇年九月三十日，周恩來針對美國侵略者發動侵朝戰爭和侵佔台灣的罪行，發出嚴正警告

中，向美國發出嚴正警告：「中國人民熱愛和平，但是為了保衛和平，從不也永不害怕反抗侵略戰爭。中國人民決不能容忍外國的侵略，也不能聽任帝國主義者對自己的鄰人肆行侵略而置之不理。」

十月一日，韓國軍越過三八線；麥克阿瑟向朝鮮發出「最後通牒」，要朝鮮人民軍無條件「放下武器停止戰鬥」。同日，朝鮮政府請求中國政府出兵支援；斯大林也致電毛澤東，建議中國派遣部隊援助朝鮮。

當時，蘇聯擔心自己公開援助朝鮮，會有同美國發生直接衝突的危險。這就使中共中央要在極端困難的情況下作出抉擇：出不出兵？胡喬木回憶說：「我在毛主席身邊工作二十多年，記得有兩件事毛主席很難下決心。一件是一九五〇年派志願軍入朝作戰；一件就是一九四六年我們準備同國民黨徹底決裂。」

十月二日，毛澤東親自草擬了回覆斯大林的電報，同意派遣志願軍入朝作戰。他指出：「我們決定用志願軍名義派一部分軍隊至朝鮮境內和美國及其走狗李承晚的軍隊作戰，援助朝鮮同志。我們認為這樣做是必要的。因為如果讓整個朝鮮被美國人佔去了，朝鮮革命力量受到根本的失敗，則美國侵略者將更為猖獗，於整個東方都是不利的。」然而，當天下午召開的書記處會議，對出兵的問題未能取得一致意見，這份電報被擱置下來，並未送交蘇聯方面。

當時，中共反對出兵的理由包括：「(1)我們的戰爭創傷還沒有治癒；(2)土地改革工作尚未完成；(3)國內的土匪、特務還沒有徹底肅清；(4)軍隊的裝備和訓練尚不充分；(5)部分軍民存有厭戰情緒等。總之，一切準備不夠，主張暫時不出兵。」

周恩來的軍事秘書雷英夫這樣回憶道：「例如林彪就提出反對出兵，並不願擔任我志願軍統帥。當時，他在軍委常委居仁堂會議上說，為了拯救一個幾百萬人口的朝鮮，而打爛一個五億人口的中國有點划不來。我軍打蔣介石國民黨的軍隊是有把握的，但能否打得過美軍很難說。它有龐大的陸海空軍，有原子彈，還有雄厚的工業基礎。把它逼急了，它打兩顆原子彈或者用飛機對我大規模狂轟濫炸，也夠我們受的。因此，他不贊成出兵，最好不出兵。如一定要出，那就採取『出而不戰』的方針，屯兵於朝鮮北部，看一看形勢的發展，能不打就不打，這是上策。」

十月三日，朝鮮勞動黨中央常務委員、內務相朴一禹攜金日成、朴憲永聯合簽名的求援信，在北京面見毛澤東，再次請求中國出兵援助。

十月三日至五日，中共中央政治局繼續召開會議，反覆權衡出兵的利弊得失。毛澤東說：「別人處於國家危急時刻，我們站在旁邊看，不論怎麼說，心裡也難過。」彭德懷也說：「出兵援朝是必要的，打爛了，等於解放戰爭晚勝利幾年。如美軍擺在鴨綠江岸和台灣，他要發動侵略戰爭，隨時都可以找到借口。」最後，與會者經過慎重討論，取得一致的認識，作出了派遣中國人民志願軍入朝作戰進行抗美援朝、保家衛國的鬥爭的決定。十月二十四日，周恩來在全國政協常務委員會上，對這個決定進行了深刻說明：

中朝是唇齒之邦，唇亡則齒寒。朝鮮如果被美帝國主義壓倒，我國東北就無法安定。我國的重工業半數在東北，東北的工業半數在南部，都在敵人轟炸威脅的範圍之內……如果美帝打到鴨綠江邊，我們怎麼能安定生產？

朝鮮問題對於我們來說，不單是朝鮮問題，連帶的是台灣問題。美帝國主義與我為敵，它的國防線放到了台灣海峽，嘴裡還說不侵略不干涉。它侵略朝鮮，我們出兵去管，從我國安全來看，從和平陣營的安全來看，我們是有理的，它是無理的。

在這個報告中，周恩來滿懷信心地表示：「美帝國主義用武力壓迫別國人民，我們要使它壓不下來，給它以挫折，讓它知難而退，然後可以解決問題，我們是有節制的，假如敵人知難而退，就可以在聯合國內或聯合國外談判解決問題，因為我們是要和平不要戰爭的。必須由朝鮮人民自己解決自己的問題，外國軍隊必須退出朝鮮。如果解決得好，美帝國主義受到挫折，也可以改變台灣海峽的形勢和東方的形勢。我們力爭這種可能，使國內外人民一致起來，動員起來。」

二十年後，一九七〇年十月十日，毛澤東同金日成談話時，回憶起當年的抉擇，也不無感慨地說：「我們雖然擺了五個軍在鴨綠江邊，可是我們政治局總是定不了，這麼一翻，那麼一翻，這麼一翻，那麼一翻，嗯！最後還是決定了。」這個形象的描述，反映出這是一個極其艱難的決策。

二、雄赳赳，氣昂昂，跨過鴨綠江

朝鮮戰爭爆發後，中共中央未雨綢繆，立即開始了軍事上的準備工作。一九五〇年七月十三日，中共中央軍委決定，迅速調二十五萬五千野戰軍，組成東北邊防軍；同時向蘇聯訂購武器裝備，加快空軍、炮兵和高射炮兵等特種兵建設，制訂防空計劃。這不僅鞏固了東北邊防，而且使中國在戰略上處於主動地位，避免了臨急應戰。

六年後，一九五六年九月二十三日，毛澤東同蘇共中央代表團講起這件事時，說道：「戰爭開始後，我們先調去三個軍，後來又增加了兩個軍，總共有五個軍，擺在鴨綠江邊。所以，到後來當帝國主義過三八線後，我們才有可能出兵。否則，毫無準備，敵人很快就要過來了。」

一九五〇年八月四日，中共中央舉行政治局會議。據薄一波在《若干重大決策與事件的回顧》一書中回憶，毛澤東在會上指出：「如美帝得勝，就會得意，就會威脅我。對朝不能不幫，必須幫，用志願

一九五〇年八月一日，朱德在北京市各界四萬餘人慶祝中國人民解放軍建軍節集會上講話，指出：「一切違背正義，脫離人民的帝國主義反動派，無論暫時怎樣猖獗，最後總是要失敗的。」

軍，時機當然還要選擇，我們不能不有所準備。」周恩來也說：「如果美帝將北朝鮮壓下去，則對和平不利，其氣焰就會高漲起來。要爭取勝利，一定要加上中國的因素，中國的因素加上去後，可能引起國際上的變化。我們不能不有此遠大設想。」

為確保必要時能夠出兵，毛澤東對東北邊防軍的準備工作抓得很緊。一九五〇年八月五日，毛澤東致電東北軍區司令員兼政治委員高崗，要求東北邊防軍在八月內完成一切準備工作，做到九月上旬能作戰。八月十八日，毛澤東再次致電高崗，要求邊防軍務必在九月三十日以前完成一切準備工作。

八月二十六日，周恩來召開檢查和討論東北邊防軍準備工作的會議，強調「我們對朝鮮問題採取的是積極態度，所以將東北邊防軍組織起來」。他指出：「我們此次作戰是對付美帝國主義者，而不是單單對付李承晚偽軍。美軍是依靠大炮飛機火力，他們補充好，但也有弱點。我們的裝備對付國內敵人是夠了，但對付美帝國主義是不夠的。」「一切都要準備，不要成為『臨急應戰』，而要有充分準備，一出手就勝。」

在中共中央政治局召開會議作出最後抉擇期間，出兵準備工作也在緊張地進行著。十月二日凌晨二時，毛澤東致電高崗、鄧華：「（一）請高崗同志接電後即行動身來京開會；（二）請鄧華同志令邊防軍提前結束準備工作，隨時待命出動，按原定計劃與新的敵人作戰。」

十月三日凌晨，周恩來緊急約見印度駐華大使潘尼迦，再次指出：如果美國軍隊越過三八線，擴大戰爭，「我們不能坐視不顧，我們要管」；我們主張朝鮮事件和平解決，朝鮮戰事應該即刻停止。當日下午，印度外交部長巴傑帕伊將周恩來的談話透露給英國方面，美國政府當晚從英國方面收到有關資訊。但美國並沒有收手之意。

十月五日上午，毛澤東與彭德懷傾心長談，將掛帥出兵的重任交給他。一九三五年十月，中共中央紅軍主力到達陝北吳起鎮時，寧夏馬鴻逵、馬鴻賓的騎兵跟了上來。擊敗敵兵後，毛澤東寫了一首六言詩送給彭德懷：「山高路遠坑深，大軍縱橫馳奔。誰敢橫刀立馬？唯我彭大將軍！」這次，毛澤東略帶感慨地對老戰友說：「現在美軍已分路向三八線冒進，我們要盡快出兵，爭取主動。」後來，彭德懷這樣評價毛澤東的出兵決策：「這個決心不容易定下，這不僅要有非凡的膽略和魄力，最主要的是具有對複雜事物的卓越洞察力和判斷力。歷史進程證明了毛主席的英明正確。」

一九五〇年十月，中共中央根據朝鮮勞動黨和政府的請求以及中國安全的需要，作出了派遣志願軍至朝鮮境內進行抗美援朝保家衛國的戰略決策，並任命彭德懷為中國人民志願軍司令員兼政治委員。圖為彭德懷在朝鮮前線視察陣地

十月六日，周恩來主持召開黨政軍高級幹部會議，傳達了政治局擴大會議的出兵決定。他強調：「現在不是我們要不要打的問題，而是敵人逼著我們非打不可。朝鮮政府一再要求我們出兵援助，我們怎能見死不救呢？黨中央、毛主席決心已定，因此現在不是考慮出不出兵的問題，而是考慮出兵後如何去爭取勝利的問題。」

十月七日，美軍越過三八線，越過了毛澤東決策出兵的「底線」。第二天，毛澤東以中國人民革命

一九五〇年十月十九日，中國人民志願軍分三路跨過鴨綠江，與朝鮮人民軍共同抗擊美國侵略者，開始了抗美援朝戰爭

軍事委員會主席的名義，正式發佈命令：將東北邊防軍組成中國人民志願軍，「迅即向朝鮮境內出動，協同朝鮮同志向侵略者作戰並爭取光榮的勝利」。毛澤東後來回顧說：「美帝國主義如果干涉，不過三八線，我們不管，如果過三八線，我們一定過去打。」

十月十九日，以彭德懷為司令員兼政治委員的中國人民志願軍奉命開赴朝鮮戰場，以大無畏的英雄氣概，毅然承擔起保衛和平的歷史重任。一支靠著小米加步槍打下紅色江山的人民軍隊，在全國政局尚未安穩，也沒得到休整，並且後勤、重武器、空中掩護全方位缺乏的情況下，向世界霸主美國發出了挑戰。當時擔任志願軍第二十兵團司令的楊成武在回憶中寫道：

「雄赳赳，氣昂昂，跨過鴨綠江，保和平，衛祖國，就是保家鄉。中國好兒女，齊心團結緊，抗美援朝，打敗美國野心狼。」這首《中國人民志願軍戰歌》不僅入朝部隊唱，未出征的部隊也唱，軍人唱，老百姓也唱，就連少年兒童也會唱。至今，我不僅記得這首歌的歌詞，我還清楚地記得這首歌是志願軍炮兵部隊一個名叫麻扶搖的連隊指導員寫的出征詩，後來由音樂家周巍峙譜了曲子，發表在一九五〇年十一月三十日《人民日報》上。它洋溢著愛國主義和國際主義的激情，也表達了我軍廣大指戰員求戰的士氣。

美國是當時世界上經濟和軍事頭號強國。一九五〇年，美國工農業總產值兩千八百億美元，中國只有一百億美元；美國年鋼產量達到了八千七百七十二萬噸，中國只有六十萬噸；美軍一個軍就有一千五百門火炮，而志願軍一個軍只有三十六門火炮……這是一次力量對比極其懸殊的較量。時任中國人民志願軍副司令員洪學智回憶說：「我們開始一進朝鮮，在朝鮮的蘇聯顧問，晚上碰到我們了，他問我們，你們有多少大炮，有多少飛機。我說我們大炮飛機都沒有，我們有的是步槍，加上點六零炮、迫擊炮。他聽了直擺頭，他說這樣能行嗎？我說我們有我們的特點，我們避開敵人長處，打敵人弱點。」

驕橫的美帝國主義根本沒有料到中國會出兵參戰。「聯合國軍」總司令麥克阿瑟自恃美軍的優勢，並沒有把新中國放在眼裡。他在回憶錄中這樣寫道：「由於我們的基本上無敵的空軍具有隨時可以摧毀鴨綠江南北的進攻基地和補給線的潛在威力，所以我本人的軍事上的估計是，沒有任何一個中國軍事指揮官會冒這樣的風險把大量兵力投入已被破壞殆盡的朝鮮半島。這樣，他們要冒的由於給養短缺而毀滅的風險就太大了。」

杜魯門的女兒瑪格麗特．杜魯門在為她父親撰寫的傳

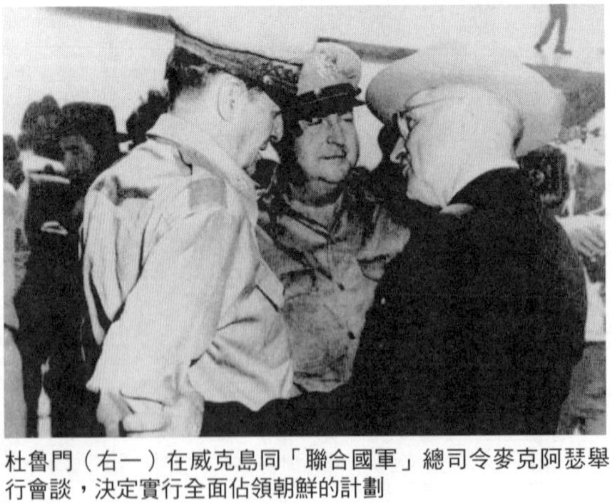

杜魯門（右一）在威克島同「聯合國軍」總司令麥克阿瑟舉行會談，決定實行全面佔領朝鮮的計劃

記《哈里・杜魯門》裡如實記錄：「『中國或蘇聯進行干涉的可能性如何？』父親問。『可能性很小，』麥克阿瑟將軍說，『要是他們在頭一兩個月內進行了干涉，那倒是有可能決定戰局的。我們現在不再擔心他們干涉了。我們無須畢恭畢敬地站著不動。中國人在滿洲有三十萬軍隊，其中也許不到十萬至十二萬五千人部署在鴨綠江沿岸。只有五六萬人可以渡過鴨綠江。他們沒有空軍。既然我們在朝鮮有自己的空軍基地，因此，如果中國人試圖攻下平壤，那一定會遭到最大的傷亡。』」

印度總理尼赫魯的妹妹潘迪特夫人一九五二年五月五日也對周恩來這樣說：「當時，我正在華盛頓任印度駐美大使。每次您與潘尼迦大使談話後，我都從我們政府得到指示，並即刻與美國國務院聯繫。我曾警告美國國務院，如果繼續進軍，勢必迫使中國採取行動，到那時將後悔莫及。當時，美國國務院認為我們東方國家只是說說而已。」「自從你們起而抵抗以後，現在美國政府中甚至最反動的，也都承認他們做錯了。」

第二節　穩定戰局的五次戰役

從一九五〇年十月至一九五一年六月，中國人民志願軍與朝鮮人民軍緊密配合，連續進行五次大的戰役，共殲敵二十三萬餘人，將以美國為首的「聯合國軍」從鴨綠江邊打回到三八線，並將戰線穩定在三八線附近地區。美帝國主義被迫於七月十日同中朝方面進行停戰談判。

一、「美軍與共軍部隊第一次災難性的遭遇」

中國人民志願軍入朝時，由麥克阿瑟指揮的「聯合國軍」已進佔平壤、元山一線，並分東西兩線以最快速度向朝中邊境推進，形勢非常嚴峻。鑑於志願軍隱蔽入朝尚未被敵察覺，敵人放膽分兵冒進、長驅直入、兵力分散的情況，毛澤東、彭德懷當機立斷，改變原定入朝後先組織防禦戰的計劃，決定採取在運動中各個殲滅敵人的方針，立即發起進攻。

十月二十一日凌晨，毛澤東致電彭德懷等人，正式下達第一次戰役的部署。他認為「美偽均未料到我志願軍會參戰，故敢於分散為東西兩路，放膽前進」，因此，「此次是殲滅偽軍三幾個師爭取出國第一個勝仗，開始轉變朝鮮戰局的極好機會」。十月二十三日，毛澤東電令鄧華率部迅速與彭德懷會合，並囑咐他：「敵進甚急，捕捉戰機最關緊要。兩三天內敵即可能發覺是我軍而有所處置，此時如我尚無統一全軍動作的處置，即將喪失戰機。」

十月二十五日，已做好戰鬥準備的志願軍，在利洞、兩水洞分別與韓國軍第一師、第六師遭遇並將其大部殲滅，打響了抗美援朝戰爭的第一仗，揭開了第一次戰役的序幕。不過，麥克阿瑟認為中國只是象徵性的出兵，繼續命令後續部隊向中朝邊境推進。十月底，號稱「王牌軍」的美軍第一騎兵師一個團，冒進北渡清川江，到達雲山。十一月一日至三日，彭德懷集中志願軍主力，發起雲山戰鬥，給這支美軍「王牌」部隊以沉重打擊，並在東線成功阻擊了北上馳援的美軍。

經過連續作戰，至十一月五日第一次戰役結束時，志願軍共殲敵一萬五千餘人，「聯合國軍」從鴨綠江邊退到清川江以南。第一次戰役的

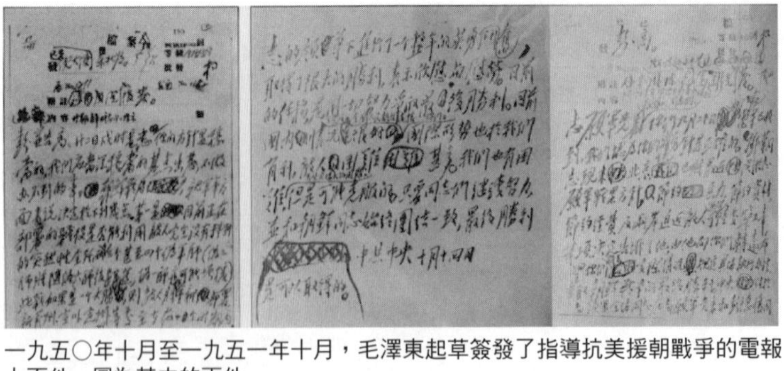

一九五〇年十月至一九五一年十月，毛澤東起草簽發了指導抗美援朝戰爭的電報上百件。圖為其中的兩件

勝利，是志願軍入朝作戰的開門紅。它初步穩定了朝鮮戰局，使志願軍在朝鮮站住腳跟，為此後幾次戰役創造了有利條件。

初戰必勝。第一仗能不能打勝，對出國作戰的志願軍來說至關重要，它關係到志願軍能不能站得住腳。面對強敵，在指揮這次戰役時，毛澤東過著十分緊張的生活。據他的機要秘書回憶，有一段時間，毛澤東半個多月沒有下床，就在床上工作、吃飯，睡眠極少。他每天批閱大量材料，有來自前方的電報，有來自各方面的情報，一個接著一個，這些電報和材料都以最快的速度送到毛澤東手裡。戰場上的情況瞬息萬變，毛澤東要根據各方面的情況加以分析，很快作出決斷，指導前方作戰。

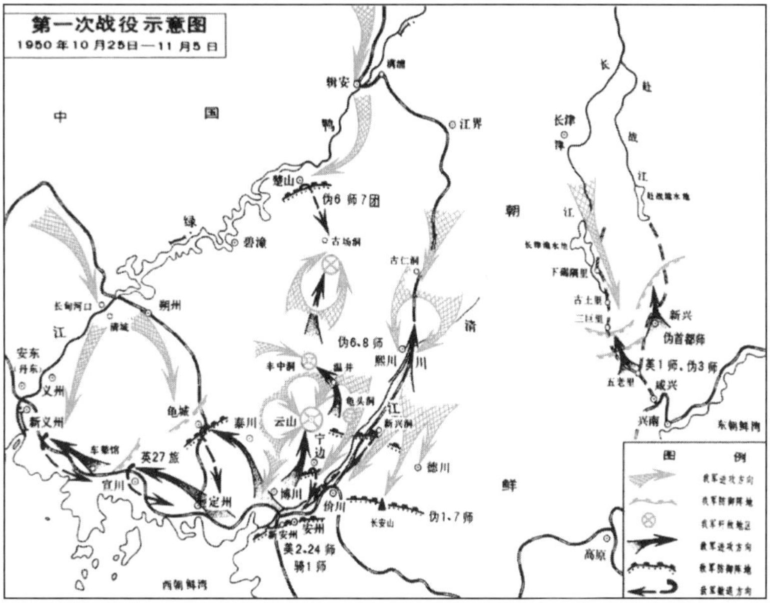

一九五〇年十月二十五日至十一月五日，中國人民志願軍進行了第一次戰役，共殲敵一萬五千餘人，粉碎了「聯合國軍」在感恩節前結束朝鮮戰爭的計劃，初步穩定了戰局

挨了一頓狠揍後，美軍不得不承認：「美軍與共軍部隊第一次災難性的遭遇，導致了第八集團軍的全面撤退。」當時擔任美國陸軍副總參謀長的李奇威寫道：「至於中國人的干預，麥克阿瑟對他們的威脅簡直是置若罔聞，而且，他顯然忽略了中國軍隊已大批越過鴨綠江的最初的明顯跡象，或者對這些跡象沒有引

志願軍炮兵三大隊八小隊召開動員大會，號召指戰員們英勇作戰，奪取第一次戰役的勝利

起重視。」「中國軍隊很有效地蔭蔽了自己的運動。他們大都採取夜間徒步運動的方式；在晝間，則避開公路，有時在森林中燒火製造煙幕來對付空中偵察，此外，他們還利用地道、礦井或村落進行蔭蔽。每個執行任務的中國士兵都能做到自給自足，攜帶由大米、豆類和玉米做成的乾糧（他們怕做飯的火光暴露自己的位置）以及足夠的輕武器彈藥，因而可以堅持四、五天之久。四、五天之後，根據戰鬥發展的情況，他們或者得到補充，或者撤至主要陣地，由新銳部隊替換他們。中國人沒有留下一點部隊運動的痕跡，所以，統帥部懷疑是否有敵人大部隊存在是有一定道理的。」

彭德懷在總結第一次戰役時說：「我們在過江以前，聽說敵人是如何厲害，但經過這次戰役，使部隊認識了敵人戰鬥力並不強，敵人離開了飛機大炮，攻不能攻，守不能守。只要我充分利用夜間實行大膽的迂迴包圍，穿插作戰是可以殲滅敵人的。」對此，美國學者麥克法夸爾、費正清主編的《劍橋中華人民共和國史（一九四九－一九六五）》裡，也引用了美國海軍陸戰隊官方戰史的記述：

雖然中國紅軍是一支農民軍隊，如果用它自己的戰術和戰略的標準來看，它也是一支第一流的軍隊。它的軍力不足可能歸咎於缺乏某些武器和裝備，但它的半游擊戰術是以機動性為基礎的，因此它不能有重武器和交通運輸的負擔。身穿厚棉制服的中國苦力在做一件事情時能夠比世界上任何其他士兵做得更好；他能夠用難以相信的秘密行動潛入到敵人陣地的周圍。只有有這種經驗的美國人才能體會到半夜被偷襲時的震恐心情，因為偷襲者像從地底下鑽出來的妖魔鬼怪那樣用手榴彈和衝鋒鎗的子彈射擊我們。

一年以後，中國人民將十月二十五日定為「中國人民志願軍抗美援朝紀念日」。

二、「回去過聖誕節」的夢想

第一次戰役後，麥克阿瑟立即由東京飛到朝鮮前線，部署全面攻佔朝鮮北部、於「聖誕節前結束戰爭」的總攻勢。他堅持認為，中國不敢也沒有能力與美國較量，即使出兵也不過是為保衛邊防安全和中朝邊界的電力設備。

為了增強中國人民志願軍的實力，第九兵團三個軍十二個師於十一月中旬秘密入朝，使志願軍一線總兵力增加到三十八萬餘人，在東西兩線上都佔有兵力上的優勢。十一月十三日，毛澤東在發給斯大林的電報中寫道：「據我的觀察，朝鮮的戰局，是可以轉變的。現在我志願軍十六個師在朝鮮西北戰線方面，已給了敵人第一個打擊，已經初步地立穩了腳跟，只要能再給該線敵人（八個師）以一個至二個較大的打擊，就能將該線的防禦局面改變為進攻局面，而這是有可能的。東北戰線方面，我志願軍僅有兩個師，敵人（五個師）還很猖獗，現正增派八個師去，準備給敵人一個打擊，轉變該線的戰局。」

此時，麥克阿瑟估計的中國在朝兵力，不過六七萬人。針對美方的錯誤判斷和驕傲心理，毛澤東、彭德懷決定繼續採取誘敵深入，集中優勢兵力各個殲滅的方針，出其不意，猛烈打擊，部署志願軍準備第二次戰役。彭德懷在自述中說：「我們當時採取了故意示弱，縱敵、驕敵和誘敵深入的戰術。」

從十一月六日開始，中國人民志願軍以一部兵力在朝鮮東北部長津湖地區節節阻擊，誘使敵軍逐步深入預設戰場。時任中國人民志願軍司令部辦公室副主任兼彭德懷軍事秘書的楊鳳安，後來回憶說：「第二次戰役，我們用少數部隊在前邊，間接抗擊敵人，敵人小股部隊來了我們就殲滅他，敵人大部隊來了後，我們打一打就往後退，退的時候還故意丟掉一些行李啊，小鍬小鎬啊，讓對方以為這邊沒什麼主力部隊，果然一打就撤。」「所以第二次戰役我們是佈置好了口袋讓敵人往裡鑽，鑽進來以後我們就打。」隨中國人民志願軍赴朝攝影的蘇中義，參加了第二次戰役。他在回憶中說：

戰鬥開始後，我們的部隊為了誘敵深入，邊戰邊撤……為了不讓敵人發現我軍的行蹤，往往要一連翻過幾座根本沒有路的大山。朝鮮的冬天非常冷，我們經常在零下三十度的冰天雪地裡過夜。由於長時間的行軍作戰，吃不飽、穿不暖，又睡不好覺，大家都瘦了，很多同志患了夜盲症，夜間行軍就更困難了。我還清楚地記得，包圍圈即將形成的那天夜晚，在我們前進的道路上突然出現了一條還沒有完全封凍的冰河，河水湍急，河裡是大塊大塊流動著的冰排。任務緊迫，天亮前要把敵人後路切斷。怎麼辦呢？指揮員下令：涉水過冰河。戰士們一個個勇敢地跳進了冰河，冰凌急速地流著，衝擊著勇士們的身軀，但沒有一個人叫苦。有些體弱的戰士在河中心被衝倒了，身體好的同志就急忙上前背起戰友前進。我們在志願軍英雄們的鼓舞下，也都跳進了冰河，向對岸衝去……終於在天亮以前，我軍佔領了陣地，切斷了敵人的後路，敵人做夢也想不到在他們的後方有一支志願軍部隊。天亮後，有一個美軍少校坐著一輛吉普車由南往北駛來，在離我前沿陣地只有十幾公尺的地方，被我軍俘獲。

十一月二十五日，志願軍主力猛烈反擊，發起第二次戰役。志願軍分東西兩線包圍、殲滅和重創包括美軍「王牌」部隊陸戰第一師在內的大批敵軍，連連告捷。十二月三日，麥克阿瑟不得不命令東西兩線軍隊向三八線撤退。他沮喪地向美國參謀長聯席會議報告說：「這支小小的軍隊，在目前情況下，事實上是在不宣而戰的戰爭中面對著整個中國。除非積極地、迅速地採取行動，勝利的希望是渺茫的。而

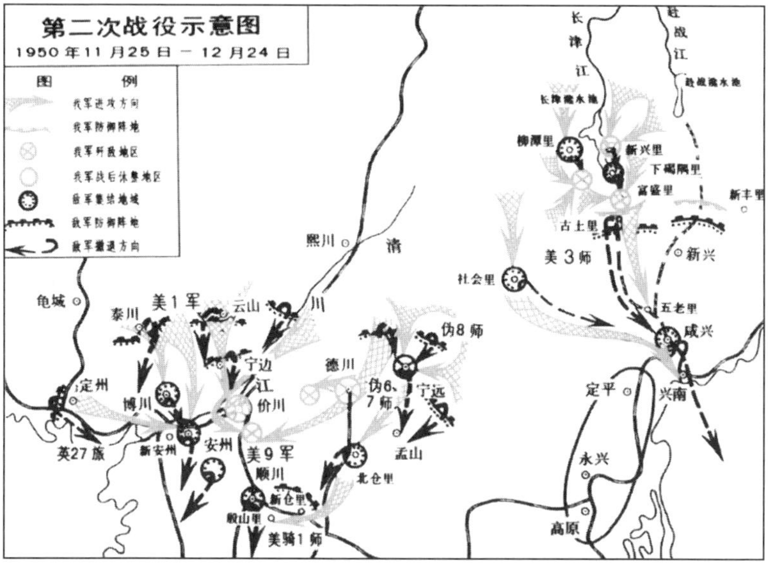

一九五〇年十一月二十五日至十二月二十四日，中國人民志願軍進行了第二次戰役，共殲敵三萬六千餘人，把美國為首的「聯合國軍」從鴨綠江趕回到三八線，根本扭轉了朝鮮戰局，奠定了抗美援朝戰爭勝利的基礎

實力不斷地損耗，以致最後全軍覆沒，那是可以預期的。」

美國歷史學者貝文・亞歷山大在其著作《朝鮮：我們第一次戰敗》中，這樣描述美第八集團軍的狼狽之態：「到十二月中旬時，第八集團軍已如驚弓之鳥，撤到了三八線以南，來到了西邊開城以南冰天雪地的臨津江畔。大潰退終告結束。此時第八集團軍正在等待中共軍隊的下一次攻勢，主動權已完全操在了中國人手裡。這次撤退是美國歷史上最遠的一次撤退。從清川江到臨津江，第八集團軍倉皇撤退了一百二十多公里（地面公路距離就更遠了）。多半路程是該軍在自發潰逃，並非處在敵軍的壓力之下。中國人不過是步行在後面追趕，遠遠地落在聯合國軍摩托化部隊的後面。」

美國國務卿艾奇遜則無奈寫道：「在十月

的最後幾天和十一月初，攻擊第八集團軍的中國軍隊是強大、裝備精良、有戰鬥力的，但他們似乎從地面上消失了。」「十一月十七日麥克阿瑟報告參謀長聯席會議，他將於二十四日發動總攻以攻佔鴨綠江一線，他的空軍轟炸已迫使敵人的支援部隊不能進入戰場。」「參謀長聯席會議發了一個警告的電報，希望他到了鴨綠江河谷的高地上就停下來。他置之不理，認為『完全不可能』。在瘋狂的樂觀熱潮中，他飛到清川江的第八集團軍司令部，宣佈在西北面發動總攻，並宣稱：『倘能成功，這實際上將結束戰爭』。」

十二月六日，中國人民志願軍和朝鮮人民軍收復平壤。至十二月二十四日戰役結束時，中朝軍隊共殲敵三萬六千餘人，收復了三八線以北除襄陽以外所有地區，朝鮮人民軍一部並進至三八線以南部分地區。第二次戰役大大鼓舞了中朝人民的士氣，進一步顯示了中國人民志願軍的軍威，迫使「聯合國軍」轉入戰略防禦，扭轉了朝鮮戰局。

志願軍第二十軍第五十八師第一七二團第三連連長楊根思，在第二次戰役中帶領第三排守衛下碣隅里外圍制高點一〇七一・一高地東南小高嶺，連續打退敵人八次猛烈進攻。當敵人發起第九次進攻時，他毅然抱起炸藥包，拉燃導火索，縱身衝向敵群，炸死爬上陣地的敵人，壯烈犧牲，立特等功，獲特級戰鬥英雄、「朝鮮民主主義人民共和國英雄」稱號。（油畫作者：張慶濤）

三、從三八線推進到三七線

連續兩次的沉重打擊，使「聯合國軍」營壘內部出現分歧。英、法等國主張在三八線停下來，通過談判結束戰爭。為穩住陣腳，美國也同意討論停火問題。十二月十四日，在沒有中國代表參加討論的情況下，美國操縱聯合國非法通過成立「朝鮮停戰三人委員會」的決議，要求「立即停火」。

毛澤東認為，朝鮮戰爭是一場持久戰，戰場上的勝利是談判的基礎。一九五〇年十二月十三日，他致電彭德懷時就指出：「目前美英各國正要求我軍停止於三八線以北，以利其整軍再戰。因此，我軍必須越過三八線。如到三八線以北即停止，將給政治上以很大的不利。」十二月二十六日，毛澤東根據兩次戰役的經驗，對朝鮮戰局作出了更加明確的判斷：「戰爭仍然要做長期打算，要估計到今後許多困難情況。要懂得不經過嚴重的鬥爭，不殲滅偽軍全部至少是其大部，不再殲滅美英軍至少四五萬人，朝鮮問題是不能解決的，速勝的觀點是有害的。」

十二月二十二日，周恩來發表公開聲明，揭露美方提出先停戰後談判，目的「顯然是為著美國可以取得喘息時間，準備再戰，至少可以保持現有侵略陣地，準備再戰」。「因此，在沒有一切外國軍隊撤出朝鮮及朝鮮內政由朝鮮人民自己解決作基礎，來討論停戰談判，都將是虛偽的，都將適合美國政府的意圖，而不可能達到世界愛好和平人民的善良願望。」

為了不給敵人喘息的時間，爭取政治上的主動地位，中國人民志願軍總部下達了繼續南進的部署。一九五〇年十二月三十一日，志願軍和朝鮮人民軍發起第三次戰役，一舉突破敵人在三八線的設防。中朝軍隊乘勝追擊，一九五一年一月四日進佔漢城，五日渡過漢江，八日收復仁川，最終將戰線向南推進八十至一百一十公里，迫使「聯合國軍」後撤至北緯三十七度線附近地區。這一仗共殲敵一萬九千餘

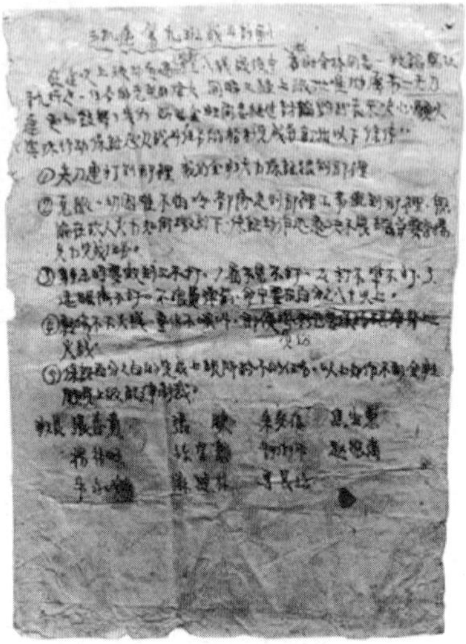

第三次戰役前，中國人民志願軍戰士寫的決心書

人，在國際社會引起強烈的震撼。

第三次戰役勝利後，志願軍主力後撤進行休整，準備春季攻勢，只留少數部隊在第一線擔負警戒任務。由於金日成不贊成休整，而是要繼續南進作戰，毛澤東意識到保持團結的重要性。一月十九日，他在修改彭德懷準備在中朝軍隊高級幹部聯席會議上作的報告時，特意加寫了一段話：「一切在朝鮮的中國志願軍同志必須認真地向朝鮮同志學習，全心全意地擁護朝鮮人民，擁護朝鮮民主主義人民共和國政府，擁護朝鮮人民軍，擁護朝鮮勞動黨，擁護朝鮮人民領袖金日成同志。中朝兩國同志要親如兄弟般地團結在一起，休戚與共，生死相依，為戰勝共同敵人而奮鬥到底。中國同志必須將朝鮮的事情看作自己的事情一樣，教育指揮員戰鬥員愛護朝鮮的一山一水一草一木，不拿朝

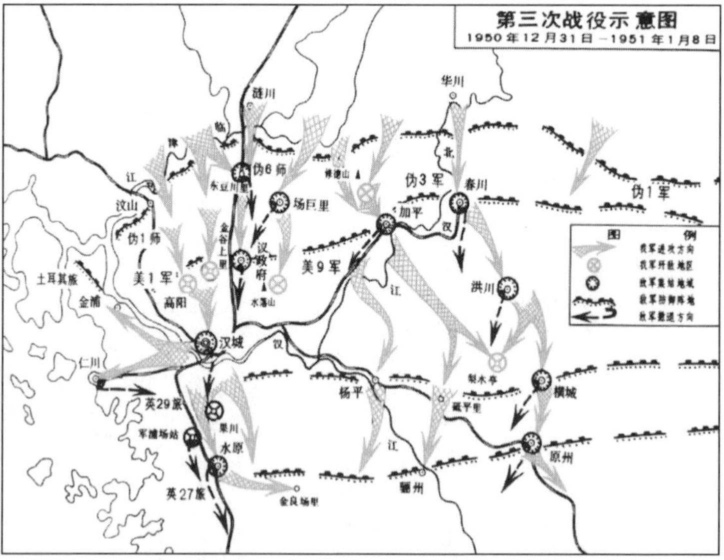

一九五〇年十二月三十一日至一九五一年一月八日，中國人民志願軍和朝鮮人民軍聯合進行了第三次戰役，共殲敵一萬九千餘人，解放了漢城及三七線以北的廣大地區

鮮人民的一針一線，如同我們在國內的看法和做法一樣，這就是勝利的政治基礎。只要我們能夠這樣做，最後勝利就一定會得到。」

一月二十日，彭德懷在中國人民志願軍黨委會上傳達了毛澤東的意見。這對加強中朝兩黨、兩國、兩軍的團結，繼續取得戰鬥的勝利，起到了關鍵性作用。

四、李奇威接替麥克阿瑟

果然不出毛澤東所料，美方要求的「立即停火」，只是想換得喘息之機。一九五一年一月二十五日，調整過來的「聯合國軍」開始反擊。「聯合國軍」的算盤是，乘中國人民志願軍連續作戰、極度疲勞、運輸線延長、補給困難之機，猛打猛衝，扭轉戰局，並為以後的談判創造有利條件。

一九五一年一月三十一日二十時，彭德懷向毛澤東報告的《第四次戰役部署》

中國人民志願軍立即停止休整，同朝鮮人民軍共同進行第四次戰役。一月二十八日，毛澤東致電彭德懷，也強調了此戰的政治意義：「第四次戰役後敵人可能和我們進行解決朝鮮問題的和平談判，那時談判將於中朝兩國都有利。而敵人則想於現時恢復仁川及漢城兩岸橋頭堡壘，封鎖漢江使漢城處於敵人威脅之下，即和我們停戰議和，使中朝兩國處於不利地位。而這是我們決不允許的。」

根據「聯合國軍」在戰場上遭到打擊時撤退快，轉入反撲也快，致使中國人民志願軍沒有時間進行休整的情況，中共中央軍委根據毛澤東的意見，於二月七日作出決定，不再從國內部隊抽調老兵補充志願軍，而是以

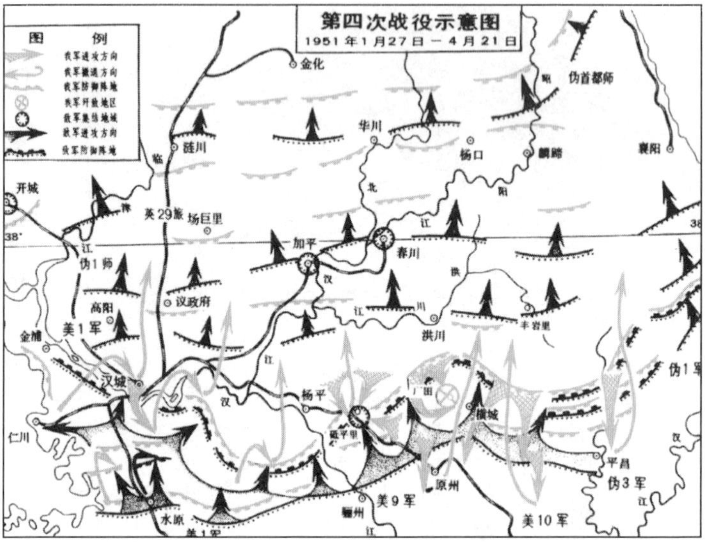

一九五一年一月二十七日至四月二十一日，中國人民志願軍和朝鮮人民軍聯合進行了第四次戰役，共殲敵七萬八千餘人，將敵阻於三八線附近地區

軍為單位，成建制地由國內調往朝鮮戰場，實行輪番作戰，從而保持志願軍的戰鬥力。二月二十五日，楊得志為司令員的第十九兵團作為第二番兵力入朝參戰。三月十八日，陳賡為司令員的第三兵團，也入朝參戰。

三月七日，「聯合國軍」集結兵力二十三萬餘人，以大量飛機、坦克、火炮支援，在兩百公里寬的戰線上發起全線反撲。中朝軍隊採取堅守防禦、戰役反擊和運動防禦等多種作戰樣式，把運動戰與陣地戰緊密地結合起來，在予敵以大量殺傷後，主動撤離漢城，在向北轉移中繼續抗擊敵人。至四月二十一日，中國人民志願軍終於制止了敵人的進攻，將戰線穩定在三八線附近。

整個第四次戰役，是在極為困難的條件下進行的，但中國人民志願軍發揚了特別能吃苦、特別能戰鬥的精神，與朝鮮人民軍一起連續奮戰，從被動中爭取了主動。這次戰役歷時八十七天，共殲滅敵人七萬八千餘人，數量超過前三次戰役的總和。其中，中國人民志願軍殲敵五萬三千餘人，自身傷亡四萬兩千餘人。

「聯合國軍」在第四次戰役中的失利，也引發了美方內部的更大分歧，美國總統杜魯門與麥克阿瑟的矛盾激化。杜魯門認為朝鮮戰爭已是「在完全新的情況下，和一個具有強大軍事力量的、完全新的強國進行一次完全新的戰爭」。四月十一日，麥克阿瑟被解職，美軍第八集團軍司令李奇威接任「聯合國軍」總司令這個位置。然而，統帥的更替，並沒有帶來戰局的變化。

在侵朝戰爭中遭受朝中人民嚴重打擊
美遠東軍總司令麥克阿瑟下台
李奇微替麥克阿瑟繼續進行侵略戰爭，同樣不能挽救美國在朝鮮戰場上的敗局。

由於美國侵略軍遭到朝中人民的沉重打擊，美國總統杜魯門下令將美遠東軍總司令麥克阿瑟撤職，由李奇威中將接任。圖為當時報紙上發表的麥克阿瑟下台的消息

五、朝鮮戰爭是個「無底洞」

一九五一年四月初，中國人民志願軍總部根據種種跡象判斷，「聯合國軍」進佔三八線以後，很可能從側後登陸配合正面進攻，企圖再次以兩面夾擊的戰法，將戰線推進至平壤、元山一線。為奪取戰爭主動權，中朝軍隊於四月二十二日發起第五次戰役。

針對美軍裝備優良、機動性強的特點，毛澤東提出了「零敲牛皮糖」的作戰方針，即實行戰術的小包圍，打小殲滅戰，經過打小殲滅戰進到打大殲滅戰。五月二十六日，他在給彭德懷的電報中說：「歷次戰役證明我軍實行戰略或戰役性的大迂迴，一次包圍美軍幾個師，或一個整師，甚至一個整團，都難達到殲滅任務。這是因為美軍在現時還有頗強的戰鬥意志和自信心。為了打落敵人的這種自信心以達最後大圍殲的目的，似宜每次作戰野心不要太大，只要求我軍每一個軍在一次作戰中，殲滅美、英、土軍一個整營，至多兩個整營，也就夠了。」

第五次戰役先後在西線和東線進行兩個階段的進攻作戰。取得勝利後，主力向北轉移準備休整時，對敵情估計不足，轉移部署不夠周密，在「聯合國軍」趁機快速反撲時，一度陷於被動地位，中國人民

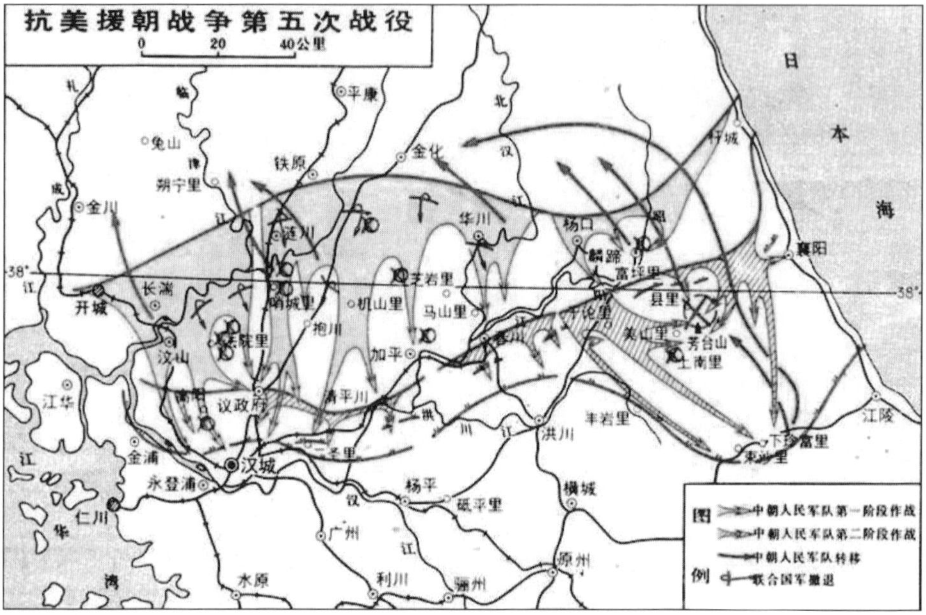

一九五一年四月二十二日至六月十日，中國人民志願軍和朝鮮人民軍聯合進行了第五次戰役，共殲敵八萬兩千餘人，戰線穩定在三八線附近地區。從此，戰爭雙方轉入戰略對峙

志願軍一個師遭受重大損失。中朝軍隊隨即展開全線阻擊，至六月十日將敵阻止於三八線附近地區，結束戰役。

第五次戰役是抗美援朝戰爭期間規模最大的一次戰役。中朝軍隊共投入十一個軍和四個軍團的兵力，「聯合國軍」投入幾乎所有地面部隊並有大量航空兵部隊的支援。交戰雙方兵力都在百萬左右，展開了連續五十天的激烈戰鬥。中朝軍隊殲敵八萬兩千餘人，其中中國人民志願軍殲敵六萬七千餘人，最終取得了戰役的勝利。在這次戰役中，志願軍自身戰鬥減員為七萬五千餘人。

第五次戰役後，敵我雙方均轉入戰略防禦，出現了膠著相持的局面。一九五一年六月，在美國參議院軍事委員會和外交事務委員會舉行的聽證會上，魏德邁無可奈何地說：「朝鮮戰爭是一個無底洞，看不到聯合國軍有勝利的希望。」這就為迫使美國同意舉行停戰談判創造了條件。

第三節 「一躍而為一個不能再被人輕視的世界大國」

朝鮮停戰談判從一九五一年七月十日開始。談判地點最初設在開城，十月二十五日移至板門店。根據雙方協議，談判只涉及軍事方面而不包括政治方面。要解決的主要問題是：第一，設立軍事分界線；第二，停戰監督和戰後限制朝鮮全境的軍事設施；第三，交換戰俘。談判拖延兩年之久，中間打打談談，直至一九五三年七月才結束。

一、美國人不得不以一種不體面的方式結束戰爭

一九五一年五月三十一日，美國國務院顧問、前駐蘇聯大使凱南非正式地拜會蘇聯駐聯合國代表馬立克，表示美國政府準備與中國討論結束朝鮮戰爭問題，願意恢復戰前狀態。鑑於美方的一貫伎倆，毛澤東很快提出應對方針，這就是：「充分準備持久作戰和爭取和談，達到結束戰爭。」

六月三十日，「聯合國軍」總司令李奇威奉美國政府之命發表聲明，表示願意同朝鮮人民軍和中國人民志願軍舉行停戰談判。第二天，金日成、彭德懷聯名覆電李奇威，聲明同意舉行停戰談判，並建議以三八線以南的開城為談判地點。

中國外交部副部長李克農和喬冠華，奉命去朝鮮參加談判工作。為了取得談判的實效，周恩來提出了有針對性的措施。對此，夏衍回憶道：

我記得李克農、喬冠華到板門店去談判之前，恩來同志對他們作了全面指示之後，引用了一句古語：「行於所當行，止於所不可不止。」前一句話的意思是該做的就應該做，義無反顧，後一句的意思

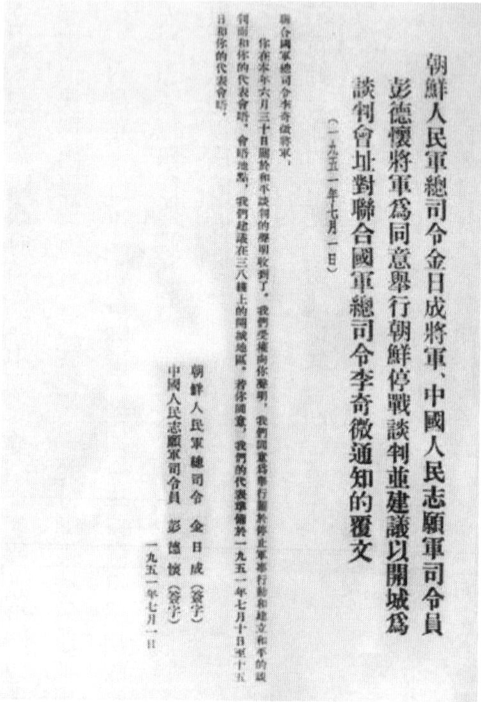

朝鮮人民軍總司令金日成將軍、中國人民志願軍司令員彭德懷將軍爲同意舉行朝鮮停戰談判並建議以開城爲談判會址對聯合國軍總司令李奇微通知的覆文

（一九五一年七月一日）

聯合國軍總司令李奇微將軍：

你在本年六月三十日關於和平談判的聲明收到了。我們受權向你聲明，我們同意爲舉行關於停止軍事行動和建立和平的談判而和你的代表會晤。會晤地點，我們建議在三八線上的開城地區。若你同意，我們的代表準備於一九五一年七月十日至十五日和你的代表會晤。

朝鮮人民軍總司令　金日成（簽字）
中國人民志願軍司令員　彭德懷（簽字）
一九五一年七月一日

金日成、彭德懷答覆李奇威，同意舉行朝鮮停戰談判的覆文

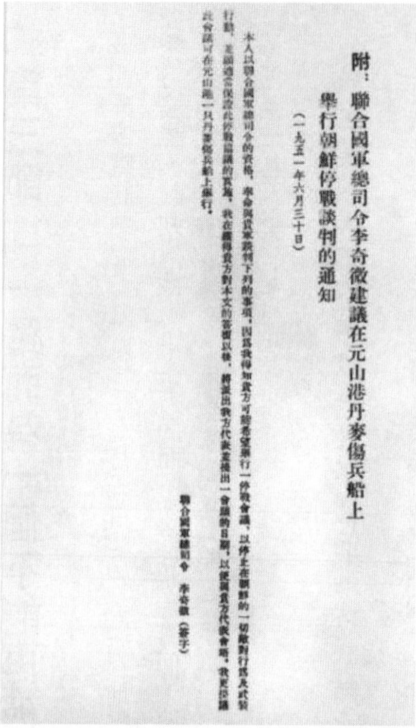

附：聯合國軍總司令李奇微建議在元山港丹麥傷兵船上舉行朝鮮停戰談判的通知

（一九五一年六月三十日）

本人以聯合國軍總司令的資格，奉命與貴軍談判下列的事項，因爲我得知貴方可能希望舉行一停戰會議，以停止在朝鮮的一切敵對行爲及武裝行動，並願適當保證此停戰協議的實施。我在獲得貴方對本文的答覆以後，將派出我方代表並提出一會議的日期，以便與貴方代表會晤。我更提議此會議可在元山港一只丹麥傷兵船上舉行。

聯合國軍總司令　李奇微（簽字）

李奇威奉美國政府之命，發表願意舉行停戰談判的聲明

是該停的時候就應該適可而「止」。周總理指出：抗美，是保家衛國，是「當行」的愛國主義的正義戰爭；援朝，則是社會主義國家應盡的國際主義義務。可是，當侵略者傷亡慘重，被迫求和的時候，那麼我們就得審時度勢，把戰爭停下來，爭取在和平的環境中進行新中國的建設。當行則行，當止則止，這是周總理在外交上的一貫思想。

七月十日，朝鮮停戰談判在開城來鳳莊正式開始。中朝方面提出，應「從朝鮮撤退一切外國軍隊」，並以當時「實際接觸線」即三八線為軍事分界線。出人意料的是，美方不僅無視這些國際慣例，而且提出「謀求海空軍優勢補償」的謬論，要求將軍事分界線劃在中朝軍隊後方。美方的如

意算盤：一是不戰而得一萬兩千平方公里土地；二是藉以炫耀美國是在「勝利」的前提下進行談判的。

中朝方面斷然拒絕了美方的無理要求。美方也撕下和平談判的面紗，公然以武力相要挾，說：「那就讓炸彈、大炮和機關鎗去辯論吧。」於是，「聯合國軍」分別於一九五一年八月十八日至九月十八日、九月二十九日至十月二十二日，接連發起夏季攻勢和秋季攻勢，同時進行「空中封鎖交通線戰役」，對中朝軍隊的軍事設施和交通線實施「絞殺戰」。

中國人民志願軍副司令員兼後方勤務司令洪學智，後來這樣描述後勤保障的困難：「美軍正依仗其空中優勢，對朝鮮北部的城鎮、工廠、車站、橋樑等重要目標進行毀滅性的轟炸，還以少架多批的戰鬥轟炸機，依山傍道，晝夜不停地超低空搜索掃射，不放過一人、一車、一縷炊煙。朝鮮北部山多河多，鐵路多在沿海，腹部地區鐵路很少。公路縱線多，橫線少，盤山跨水，彎急坡陡，又多與鐵路並行，往往一處被炸，鐵路、公路各線受阻，道路佈局不適應戰時運輸的要求。志願軍後勤運輸主要依靠汽車，而敵人把破壞我戰區後方交通作為重要手段，使我後勤運輸陷入極度的困難之中。」

「戰場上得不到的東西，在談判桌上也得不到。」在極其不利的條件下，中朝軍隊咬牙堅持，粉碎了美方發動的兩次攻勢，共殲滅美軍和韓國軍十五萬七千餘人，取得消滅敵人有生力量的重大勝利，有力地配合了停戰談判。同時，周恩來親自組織鐵道部、鐵道兵、東北鐵路管理局等各方面的力量，領導中國人民志願軍取得了反「絞殺戰」的勝利，保衛和鞏固了一條打不爛、炸不斷的「鋼鐵運輸線」，保證了軍需物資的及時補給。在反「絞殺戰」中，新組建的中國人民志願軍空軍以空中「拼刺刀」的勇氣，給號稱「王牌」的美國空軍以沉重的打擊，共擊落敵機三百三十架，擊傷敵機九十五架。

夏季攻勢、秋季攻勢的相繼失敗，美方不得不回到談判桌。十月二十五日，美方同意中朝方面以「實際接觸線為軍事分界線」的方案。但在交換戰俘等問題上，朝中方面主張依照日內瓦公約的規定遣返全部戰俘，美方卻提出了「自願遣返」的無理主張，拒絕全部遣返，使談判再生波折。

一九五二年十月八日，中朝方面為了推進談判，向美方提出新的遣返戰俘建議。美方不僅無理拒絕，而且單方面宣佈談判無限期休會。這時，接替李奇威任「聯合國軍」總司令的克拉克為了扭轉被動局面，決定以軍事進攻加重談判砝碼。

十月十四日至十一月二十五日，「聯合國軍」發動了「金化攻勢」。金化位於三八線中段，是從漢城地區進攻平康平原必經的鐵路樞紐。美軍的主攻目標是中國人民志願軍堅守的五聖山前沿陣地上甘嶺。在這塊不到三・七平方公里的土地上，美國投入三個師的兵力，動用三千架次飛機、三百多門大炮和一百七十輛坦克輪番進攻。最多時每天發射三十萬發炮彈，平均每秒鐘六發，每平方公尺土地落彈七十六發，將上甘嶺山頭削平了兩公尺，變成一片焦土。志願軍堅守陣地，頑強抗擊，經過四十三天激戰，殲敵兩萬五千多人，擊落擊傷敵機兩百七十餘架。敵人寸土未得，以失敗告終。美國輿論感歎道：「這次戰役實際上卻變成了朝鮮戰爭中的『凡爾登』。」英國《星期日泰晤士報》發表評論文章，指出：「美國談判代表愈來愈明白，聯軍已真的不能再用繼續作戰的辦法來獲得進一步的利益了。」

上甘嶺戰役

中朝軍隊經過三年的浴血奮戰和談判鬥爭，終於迫使以美國為首的「聯合國軍」不得不簽署停戰協定。一九五三年七月二十七日，朝中方面和「聯合國軍」代表在板門店正式簽署《關於朝鮮軍事停戰的協定》

一九五二年十二月初，新當選為美國總統的艾森豪威爾到朝鮮前線視察，揚言要以軍事行動來打破朝鮮的僵局。兩個月後的一九五三年二月二日，就職不久的艾森豪威爾發表國情咨文，宣佈取消台灣海峽「中立化」，擺出一副用蔣介石來配合美軍在朝鮮開展軍事行動的姿態。

毛澤東毫不示弱。二月七日，他在全國政協一屆四次會議上說：「我們是要和平的，但是，只要美帝國主義一天不放棄它那種橫蠻無理的要求和擴大侵略的陰謀，中國人民的決心就是只有同朝鮮人民一起，一直戰鬥下去。這不是因為我們好戰，我們願意立即停戰，剩下的問題待將來去解決。但美帝國主義不願意這樣做，那麼好吧，就打下去，美帝國主義願意打多少年，我們也就準備跟它打多少年，一直打到美帝國主義願意罷手的時候為止，一直打到中朝人民完全勝利的時候為止。」

經過多方協調，朝鮮停戰談判在四月二十六日恢復舉行。但是，「聯合國軍」代表仍然不接受朝中方面的提案，反對將不直接遣返的戰俘送往中立國，並且拒絕以亞洲國家作為中立國。為了推動談判向前發展，中朝軍隊從一九五三年五月十三日開始，發起夏季反擊作戰，在連續進攻特別是金城戰役中，重創「聯合國軍」，將第一次劃定的軍事分界線向南推進三百三十二．六平方公里。在中國人民志願軍的沉重打擊下，美方不得不向中朝方面提出恢復談判的要求，並同意朝中方面關於遣返戰俘的提案。喬冠華回憶道：「這時，大的運動戰結束了，志願軍在僵持的局面下不斷給敵人以打擊，使他們的死傷人數累積起來越來越嚴重，很多人以為戰線沒有多大移動，沒有什麼文章，其實真正使美國低頭的是停戰談判開始後不停息地給以殺傷，這一點很重要。」

七月二十七日，美國不得不在停戰協定上簽字。時任「聯合國軍」總司令的美軍克拉克上將，在自己的回憶錄中說：「我獲得了一項不值得羨慕的榮譽，那就是我成了歷史上簽訂沒有勝利的停戰條約的第一位美國陸軍司令官。我感到一種失望的痛苦，我想，我的前任，麥克阿瑟與李奇威兩位將軍一定具有同感。」美國知名的政論著作家約瑟夫・格登，在其《朝鮮戰爭——未透露的內情》一書中也說：「在美國不甚愉快的經歷中，朝鮮戰爭算是其中的一個：當它結束之後，大多數美國人都急於把它從記憶的罅隙中輕輕抹掉。出於某一原因，朝鮮戰爭是美國第一次沒有凱旋班師的戰爭。」

「聯合國軍」司令克拉克前來簽署停戰協定

抗美援朝戰爭以中朝軍隊和人民取得勝利而告結束。在這場戰爭中，中國人民志願軍斃、傷、俘「聯合國軍」七十一萬餘人。美軍消耗各種作戰物資七千三百餘萬噸，戰爭經費達四百億美元。中國人民志願軍自身作戰減員三十六萬六千餘人，消耗各種作戰物資五百六十萬噸，戰爭經費六十二億五千萬元人民幣。

這場現代化條件下的局部戰爭，為中國人民解放軍積累了以劣勢裝備打敗優勢裝備之敵的戰爭經驗。從第四次戰役開始，根據中共中央軍委關於中國人民志願軍實行輪番作戰的方針，先後入朝參戰的部隊多達兩百九十萬人。血與火的考驗，促進了解放軍在作戰上實現了由單一步兵作戰向現代多軍兵種協同作戰，由單純地面作戰向現代化立體作戰，由單純前沿作戰向現代前後方全面作戰的初步轉變，在現代化建設上邁出了一大步。

抗美援朝戰爭不但沒有削弱或拖垮新中國，而且為中國社會主義改造和建設贏得了一個相對穩定的和平環境。戰爭開始後，中國以此為中心，實行邊打、邊穩、邊建的方針，在戰場不斷取得勝利的同時，國內經濟迅速發展，財政收入明顯增加。一九五一年消滅了財政赤字，到一九五二年底全面完成了國民經濟恢復任務，新生的人民政權也得到了鞏固。從一九五三年起，中國開始實施發展國民經濟的第一個五年計劃。

二、中國人不再是「東亞病夫」

一九三八年五月二十六日至六月三日，毛澤東在延安抗日戰爭研究會上作了長篇講演，題目是《論持久戰》。在這篇名著中，他深刻總結抗日戰爭初期的經驗，針對國民黨內部分人的「中國必亡論」和「中國速勝論」，以及共產黨內部分人輕視游擊戰的傾向，系統地闡述了中國實行持久戰以獲得對日勝利的戰略。講演結束時，毛澤東堅定地說：「抗日戰爭是持久戰，最後勝利是中國的——這就是我們的結論。」

一九五〇年九月五日，毛澤東在中央人民政府委員會第九次會議上，又發表了一篇關於戰爭形勢分析的講話，即他對朝鮮戰局的解讀。他首先判斷：「朝鮮戰爭持久化的可能性正在逐漸增大。」接著，指出美國在軍事上的「一個長處」和「三個弱點」。一個長處就是「鐵多」，軍事實力強；三個弱點是：「第一，戰線太長，從德國柏林到朝鮮；第二，運輸路線太遠，隔著兩個大洋，大西洋和太平洋；第三，戰鬥力太弱。」最後表示：「我們中國人民是打慣了仗的，我們的願望是不要打仗，但你一定要打，就只好讓你打。你打你的，我打我的，你打原子彈，我打手榴彈，抓住你的弱點，跟著你打，最後打敗你。」

兩篇相隔十幾年的講話，都充分體現了毛澤東和中國人民毫不畏懼任何敵人和任何困難的革命氣勢。這種氣勢，這種信念，是取得最後勝利的強大精神力量，也從一個側面反映了中國人精神面貌的變化。

我們必須承認，抗美援朝的勝利是用無數戰士的鮮血換來的。但這個勝利，是新中國邁向強國之路堅實的第一步。它粉碎了帝國主義擴大侵略的野心，維護了亞洲和世界和平，使中國的國際威望空前提高，包括美、蘇在內的世界各國都感到必須重新估計中國在世界上的份量。

一九五〇年十月二日，聯合國秘書長賴伊根據安全理事會的決議，通知中國派代表團出席聯合國大會和安全理事會。十一月二十八日，聯合國安全理事會開始討論中國提出的美國侵略台灣案。這時中國人民志願軍已經取得第一次戰役的大捷，所以中國代表伍修權的發言格外引人注目。在近兩個小時的長篇演講中，伍修權嚴正指出：「台灣的地位早就定了，台灣根本不存在什麼地位問題。台灣只有一個問題，就是美國政府武裝侵略台灣的問題。因此說是由於對日和約尚未訂立，台灣的地位不能決定，應該由聯合國審議的一切說法是同歷史開玩笑，同現實開玩笑，同人類的常識開玩笑，同國際協議開玩笑，同聯合國憲章開玩笑，是杜魯門總統同杜魯門總統自己開玩笑的荒謬絕倫的不值一駁的笑話。」他還明確指出，朝鮮問題的真相不是別的，正是美國政府武裝干涉朝鮮的內政，並嚴重破壞了中華人民共和國的安全。最後，伍修權代表中國政府向安理會提出譴責和制裁美國侵略台灣及干涉朝鮮內政、美國軍隊撤出台灣和一切外國軍隊撤出朝鮮的三項建議。

在美國的操縱下，安理會及聯大第一委員會對中國提出的制止美國侵略中國案不予討論，並否決了中國的三項建議。但是，伍修權的慷慨陳詞，引起了強烈反響。這是新中國第一次在聯合國發出自己的聲音，並在安理會第一次把不可一世的美帝國主義置於被告席上。海外華僑得到很大鼓舞，感到揚眉吐氣，長了中國人的志氣，增強了中華民族的自豪感。他們紛紛表示：「一九五〇年畢竟不是一八九五年，時代不同，情況變了，中國人民已經站起來了。」還有人發出這樣的評論：一九五〇年世界十大新聞之一，「無疑應該是伍修權將軍在聯大對美帝侵略台灣的控訴。如此痛快的指責，不但在中國是第一次，在世界上也是第一次」。

一九五一年一月一日，時任中共中央辦公廳主任的楊尚昆，也在日記中感慨中國人民志願軍連續取得兩個戰役的勝利，尤其是它對國際局勢產生的影響：

> 自我志願軍入朝，取得了兩個戰役的勝利以來，我國的地位提高了，說話響亮了，民主陣營的聲勢也增加了。另一方面，帝國主義陣營則日呈分崩離析之勢。無論在美國內部、美英之間、英國內部、英法之間、其他國家與美英之間，其矛盾都增加了，裂痕擴大了。美帝是愈發被孤立起來

一九五三年九月十二日，毛澤東主持召開中央人民政府第二十四次會議，聽取彭德懷關於中國人民志願軍抗美援朝工作的報告

了。主席決定志願軍入朝之舉，實是萬分英明的、有遠見的決定，事至今日則已如黑白之分明。如果當時要讓我來決定，我則會偏於「苟安」！誠如主席所說，不僅要近視、短視，而且必須遠視、長視。決不可以眼前的，忽視了前途、遠景！「高瞻遠矚」蓋即指此也。

更為重要的是，志願軍指戰員發揚祖國和人民利益高於一切、為了祖國和民族的尊嚴而奮不顧身的愛國主義精神，英勇頑強、捨生忘死的革命英雄主義精神，不畏艱難困苦、始終保持高昂士氣的革命樂觀主義精神，為完成祖國和人民賦予的使命、慷慨奉獻自己一切的革命忠誠精神，以及為了人類和平與正義事業而奮鬥的國際主義精神，創造了偉大的抗美援朝精神，展示了中華民族的浩然正氣。

抗美援朝戰爭的洗禮，蕩滌了中國軍民中長期存在的崇洋媚外情緒，使愛國主義精神和民族自豪感得到空前的振奮，極大地增強了全民族的凝聚力。誠如彭德懷在《關於中國人民志願軍抗美援朝工作的報告》中所述：「它雄辯地證明：西方侵略者幾百年來只要在東方一個海岸上架起幾尊大炮就可霸佔一個國家的時代一去不復返了。」

中國人不再是任人欺負的「東亞病夫」，但中國人依然愛好和平。從一九五四年九月起，中國人民志願軍分批撤出朝鮮回國，表現了中國人民希望和平解決朝鮮問題的誠意和中國無意在外國駐軍的立場。一九五八年十月，中國人民志願軍最後一批部隊回國。

三、轟轟烈烈的抗美援朝

抗美援朝的勝利，離不開人民的支持。聲勢浩大的抗美援朝運動，也有力地促進了國內各方面工作的開展。

一九五〇年十月二十六日，中共中央發出《關於時事宣傳的指示》，要求各地廣泛、深入地進行抗美援朝宣傳教育，使廣大人民群眾認識到抗美援朝與保家衛國的內在聯繫，援助朝鮮人民的正義鬥爭是中國人民應盡的國際主義義務，克服部分群眾中存在的親美、崇美、恐美的心理，樹立起對美帝國主義仇視、鄙視和藐視的態度，增強戰勝美帝國主義的決心和信心。

一九五〇年十一月四日，中國共產黨與各民主黨派發表聯合宣言，譴責以美國為首的帝國主義侵略者不顧中國政府的警告，以大量陸軍從朝鮮向中朝邊境鴨綠江、圖們江推進，直接威脅中國東北安全。《宣言》指出：「朝鮮的存亡與中國的安危是密切關聯的。唇亡則齒寒，戶破則堂危。中國人民支援朝鮮人民的抗美戰爭不止是道義上的責任，而且和中國全體人民的切身利害密切地關聯著，是為自衛的必要性所決定的。救鄰即是自救，保衛祖國必須支援朝鮮人民。」以此為標誌，上下一心，展開了轟轟烈

一九五〇年十一月，東北人民趕著馬車，通過鴨綠江浮橋向朝鮮前線運送彈藥和軍需物資，支援抗美援朝戰爭

一九五一年初，南京市衛生界組成抗美援朝志願醫療團。圖為衛生局代表向醫療團獻旗人民群眾紛紛為抗美援朝戰爭募捐

人民群眾紛紛為抗美援朝戰爭募捐

烈的抗美援朝運動。

在「抗美援朝，保家衛國」的號召下，各地掀起參軍、參戰、支前的熱潮。大批青年和學生踴躍報名參加志願軍和各種軍事幹部學校，廣大城鄉出現父母送子女、妻子送丈夫、兄弟爭相參軍的感人景象。當時，浙江省共有兩千萬人口，要求報名參軍的農民就有一百多萬人。全國農民有六十多萬人踴躍參加擔架隊、運輸隊和民工隊支援前線，僅參加擔架隊的東北農民就有十五萬人之多。

大批鐵路員工、汽車司機和醫務人員，志願到朝鮮擔負戰地勤務和運輸工作。到一九五一年六月，僅東北地區就有五千五百七十一名汽車司機要求入朝，佔司機總數一半以上。截至一九五一年十月，志願赴朝的醫療隊達五十餘支，其中百分之八十的人員在前線立了功。

一九五一年二月，中共中央發出《關於進一步開展抗美援朝愛國運動的指示》，強調「在全國普遍開展各階層人民的抗美援朝、反對美國重新武裝日本及剷除匪特鎮壓反革命活動的運動以與前線勝利相配合、相呼應。在各階層人民，特別是在工農群眾中，應廣泛進行時事教育，開展蔑視、鄙視、仇視美國帝國主義與提高民族自信心自尊心的運動」。指示還明確了愛國運動的三件中心工作是：反對美國重新武裝日本，爭取全面的公正的對日和約；慰勞中國人民志願軍和朝鮮人民軍；發起訂立愛國公約。

一九五一年六月一日，中國人民抗美援朝總會發起了開展捐獻飛機運動。各行各業節衣縮食，把踴躍捐獻飛機列入愛國公約之內，作為參加抗美援朝的一項重要的實際行動，匯成了一股偉大的愛國洪流。北京石景山鋼鐵廠職工，通過加班勞動、撿廢鐵、捐獎金、增產等辦法，捐獻「石景山鋼鐵廠」號戰鬥機一架。甘肅玉門油礦的職工用增產所得，捐獻「石油工人」號戰鬥機一架。四川簡陽縣的棉農，在兩個月內就上交了捐獻兩架「棉農」號戰鬥機的現款。河北省秦皇島市劉莊小學的學生，也把自己節省下的糖果錢捐了出來。他們唱道：「志願軍叔叔開飛機，伯伯放大炮，為了消滅美國侵略鬼，不吃糖果捐獻飛機。」

河南豫劇演員常香玉，帶領劇社巡迴義演，用全部收入捐獻「香玉劇社」號戰鬥機一架。她還去朝鮮戰場演出，鼓舞志願軍戰士。後來，常香玉接受中央電視台採訪時說：「我上戰場上慰問五個多月，這慰問的五個多月當中，幾乎都是唱的《花木蘭》……」

到一九五二年五月底，全國共捐獻人民幣五億五千六百五十萬元，折合戰鬥機三千七百一十架。這次捐獻運動，大大改善了中國人民志願軍的武器裝備，提高了他們的作戰能力，更有效地打擊了美國侵略者。

在抗美援朝期間，中國人民為朝鮮前線提供的糧食、肉蛋、醫藥、衣被等作戰物資達五百六十多萬噸。從第二次戰役開始，為了向前線供應炒麵，東北地區掀起「男女老少齊上陣、家家戶戶忙炒麵」的熱潮，僅二十多天的時間，就有四百零五萬斤炒麵送到前線。巨大的物力支持，為抗美援朝戰爭的勝利奠定了雄厚的物質基礎。

為保證前線的物資供應，全國工人、農民掀起愛國主義生產勞動競賽和增產節約運動。據不完全統計，在工業戰線上，一九五一年第一季度中國有兩千八百多個廠礦、企業開展了勞動競賽，參加競賽的職工達兩百多萬人。在農業戰線上，山西省勞動模範李順達和他領導的互助組向全國發出愛國增產競賽的挑戰書後，全國有一萬兩千多個互助組、兩千七百多個農業勞動模

工人開展抗美援朝勞動日活動

範積極響應挑戰。

在勞動競賽和增產節約運動中，從一九五一年下半年開始到一九五二年底的一年半時間內，僅東北地區就為國家增產、節約了相當於兩千七百三十七萬七千噸糧食的財富。在一九五三年一年內，華北、華東、西北等地為國家增產、節約了十五萬多億元的財富。抗美援朝愛國運動，不僅有力地支持了中國人民志願軍，也加速了國民經濟的恢復和發展。

對抗美援朝愛國運動，周恩來給予高度評價，指出：「這對全國人民的抗美援朝，同樣是一個重大的動員。這次動員的深入、愛國主義的發揚，超過了過去任何反帝國主義運動，這是一個空前的、大規模的、全國性的、領導與群眾結合的運動，它的力量將是不可擊破的。中華民族的覺醒，這一次更加高揚起來了，更加深入化了。」

第四章 恢復經濟，發展生產

中國有句老話：凡事預則立，不預則廢。

隨著革命的順利發展，中國共產黨把經濟建設逐步提上日程。一九四七年十二月，毛澤東在《目前形勢和我們的任務》中就明確而具體地提出了新民主主義革命的經濟綱領和政治綱領，指出：「新中國的經濟構成是：(1)國營經濟，這是領導的成分；(2)由個體逐步地向著集體方向發展的農業經濟；(3)獨立小工商業者的經濟和小的、中等的私人資本經濟。這些，就是新民主主義的全部國民經濟。而新民主主義國民經濟的指導方針，必須緊緊地追隨著發展生產、繁榮經濟、公私兼顧、勞資兩利這個總目標。」

一九四九年三月，毛澤東在中共七屆二中全會上向全黨提出：「如果我們在生產工作上無知，不能很快地學會生產工作，不能使生產事業盡可能迅速地恢復和發展，獲得確實的成績，首先使工人生活有所改善，並使一般人民的生活有所改善，那我們就不能維持政權，我們就會站不住腳，我們就會要失敗。」三個月後，他在《論人民民主專政》這篇文章中進一步指出：「我們的事情還很多。比如走路，過去的工作只不過是像萬里長征走完了第一步。殘餘的敵人尚待我們掃滅。嚴重的經濟建設任務擺在我們面前。我們熟習的東西有些快要閒起來了，我們不熟習的東西正在強迫我們去做。這就是困難。帝國主義者算定我們辦不好經濟，他們站在一旁看，等待我們的失敗。」

「我們不但善於破壞一個舊世界，我們還將善於建設一個新世界。」這是毛澤東向世人的宣告，也是中國共產黨對人民的莊嚴承諾。

第一節　爭取國家財政經濟狀況的基本好轉

一九五〇年六月，中共中央在北京舉行七屆三中全會。毛澤東在會上作了題為《為爭取國家財政經濟狀況的基本好轉而鬥爭》的報告，指出：「我們現在在經濟戰線上已經取得的一批勝利，例如財政收支接近平衡，通貨停止膨脹和物價趨向穩定等等，表現了財政經濟情況的開始好轉，但這還不是根本的好轉。」為獲得財政經濟情況的根本好轉，中國共產黨領導中國人民開始了新的努力。

一、廢除封建土地制度

有一塊屬於自己的土地，是舊中國農民夢寐以求的事情。當時，在極不合理的土地制度下，佔農村人口約百分之九十的貧農、雇農和中農，只佔中國可耕地面積的百分之二十至三十，而佔農村人口百分之十的地主與富農，卻佔有可耕地面積的百分之七十至八十。地主利用所佔有的土地，殘酷地剝削農民，阻礙了社會生產力的發展。

在革命時期，中國共產黨始終將土地改革作為一項基本任務，在不同時期提出了相應的土地政策。早在一九二八年，湘贛邊界的革命根據地就開展了「打土豪、分田地」的運動。一九四七年九月，中共中央召開全國土地會議，制定了《中國土地法大綱》，在解放區掀起了一個廣大的土地改革運動。到一九四九年九月底，全國已有一億兩千萬農業人口的老解放區和半老解放區進行了土地改革。獲得土地的農民，以高漲的革命熱情投身國共內戰之中，正如當時一首歌曲所唱：「最後一口糧，做的是軍糧；最後一塊布，做的是軍裝；最後的一個兒子呀，送到了部隊上。」

新中國成立後，按照《中國人民政治協商會議共同綱領》的規定，國家要「有步驟地將封建半封建的土地所有制改變為農民的土地所有制」。「凡已實行土地改革的地區，必須保護農民已得土地的所有權。凡尚未實行土地改革的地區，必須發動農民群眾，建立農民團體，經過清除土匪惡霸、減租減息和分配土地等項步驟，實現耕者有其田。」當時，擁有兩億多人口的廣大新解放區尚未進行土地改革，約佔中國農業人口總數三分之二的農民還被束縛在舊有的建土地制度之下。

一九五〇年一月，中共中央下達《關於在各級人民政府內設土改委員會和組織各級農協直接領導土改運動的指示》，開始在新解放區分批實行土改的準備工作。中共中央明確規定了新解放區土地改革的基本內容是沒收地主階級的土地，分配給無地少地的農民，把剝削的土地所有制改變為農民的土地所有制。對於地主分子，同樣分給一定數量的土地，讓其在勞動中改造為新人。

中共中央還根據新的形勢，制定了在新解放區土地改革中保存富農經濟的政策。一九五〇年三月，毛澤東致電中共各中央局，明確提出：「不但不動資本主義富農，而且不動半封建富農，待到幾年之後再去解決半封建富農問題。」之所以這樣做，是為了孤立地主，保護中農，穩定民族資產階級，防止出現「左」的偏差。此外，針對少數民族地區的具體情況，劉少奇為中共中央起草指示，強調：「關於各地少數民族內部的社會改革，特別是有關少數民族的宗教信仰、風俗習慣及土地制度、租息制度、婚姻制度的改革等，必須從緩提出。」「必須嚴格防止機械搬用漢

陝南行政主任公署佈告

主任 時逸之

公元一九四九年十月 日

新中國成立後，在新解放區首先開展的清匪反霸和減租減息的鬥爭，使農民獲得了經濟利益，初步改善了生活，同時也提高了農民的階級覺悟和政治覺悟。圖為陝南行政主任公署發佈的新區減租減息條例

人地區的工作經驗和口號，必須嚴格禁止以命令主義的方式在少數民族中去推行漢人地區所實行的各種政策。」

一九五〇年六月，中國人民政治協商會議召開第一屆全國委員會第二次會議，中心議題是討論改革封建土地制度的問題。中共中央把起草的《中華人民共和國土地改革法草案》提交大會討論和審議。曾參加過同盟會的無黨派人士葉恭綽，在討論中感慨地說：「中山先生所主張的平均地權，耕者有其田都沒有辦到」，「今天得毛主席來辦到，實在是可以告慰中山先生在天之靈的。孫先生說的未成功，現在可由毛主席替他成功了。」

對民主人士贊同土地改革的態度，毛澤東也給予高度肯定。他指出，戰爭和土地改革是在新民主主義的歷史時期內考驗全中國一切人們、一切黨派的兩個「關」，各民主黨派、民主人士和政協各界應「打通思想，整齊步伐，組成一條偉大的反封建統一戰線」，像過好戰爭關一樣，過好「土改一關」。

在這次會上，劉少奇作了《關於土地改革問題的報告》，指出：「土地改革的基本內容，就是沒收地主階級的土地，分配給無地少地的農民。這樣，當作一個階級來說，就在社會上廢除了地主這一個階級，把封建剝削的土地所有制改變為農民的土地所有制。這樣一種改革，誠然是中國歷史上幾千年來一次最大最徹底的改革。」他還強調：「土地改革的基本目的，不是單純地為了救濟窮苦農民，而是為了要使農村生產力從地主階級封建土地所有制的束縛之下獲得解放，以便發展農業生產，為新中國的工業

一九五〇年六月，劉少奇在全國政協一屆二次會議上作《關於土地改革問題的報告》，論述了土地改革工作的方針、政策、步驟和方法

化開闢道路。」

大會討論並通過了中共中央建議的《中華人民共和國土地改革法草案》和劉少奇的報告。六月二十八日，中國中央人民政府委員會第八次會議討論並通過了《中華人民共和國土地改革法》。《土地改革法》共六章四十條，其「總則」明確規定：「廢除地主階級封建剝削的土地所有制，實行農民的土地所有制，藉以解放農村生產力，發展農業生產，為新中國的工業化開闢道路。」六月三十日，毛澤東發佈《關於實施土地改革法的命令》，以《土地改革法》作為在全國新解放區實行土地改革的法律依據。

為了加強對土地改革的領導，中國中央人民政府成立了以劉少奇為首的中央土地改革委員會，從中央和地方抽調大批幹部組成了土改工作隊。從一九五〇年冬季開始，一場歷史上空前規模的土地改革運動，在新解放區有領導、有步驟、分階段地展開了。

各地土改工作隊堅定不移地走群眾路線，深入到農戶特別是貧雇農家中，首先開展憶苦訴苦和「誰養活誰」的教育，幫助他們認清地主的發家史和農民的血汗史，以及解放後農民地位的變化，使廣大農民很快提高了思想覺悟。在群眾基本發動起來以後，先進行劃分階級，然後沒收和分配地主的土地財產，最後召開農民大會，宣佈土地改革勝利結束。

土改工作隊還吸收民主人士和高校師生參加，使他們在土改中受到教育。一九四九年冬，哲學家馮友蘭在北京郊區參加土改後，寫道：「在這次土改中，首先要解決的問題，是『誰養活誰』。」「你無緣無故分去佃農的

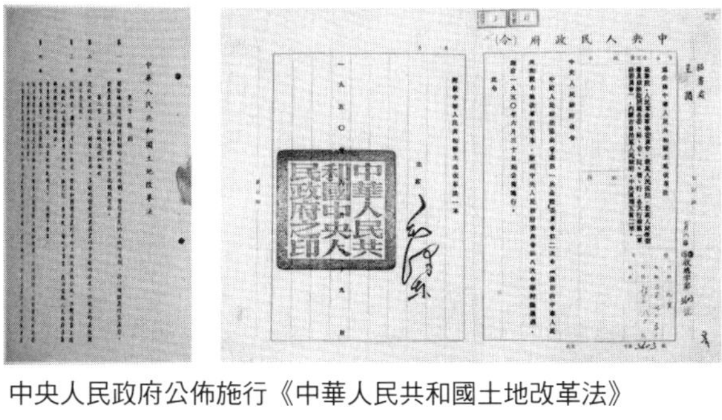

中央人民政府公佈施行《中華人民共和國土地改革法》

勞動果實，你不勞而獲，這就叫剝削。經過這次參加土改，我瞭解了剝削的真實意義，也瞭解了農村劃階級的標準，這個標準就是看剝削和剝削的程度，受剝削和受剝削的程度。」

在土改中，劉少奇的姐姐劉紹懿被定為地主後，寫信給劉少奇。劉少奇在回信中教育她說：「你家過去主要是靠收租吃飯的，是別人養活你們的，所以你應該感謝那些送租給你們、養活你們的作田人。人家說你們剝削了別人，那是對的，你們過去是剝削了別人。」「我當了中央人民政府的副主席，你們在鄉下種田吃飯，那就是我的光榮。如果我當了副主席，你們還在鄉下收租吃飯，或者不勞而獲，那才是我的恥辱。」

土地改革中，各地派出土改工作隊深入農村，領導土改運動。圖為四川金堂農民歡迎土改工作隊進村

在土地改革中，中央政府非常關心農業生產和農民生活水準情況。一九五一年七月，周恩來在政務會議上動情地說：「土改初過，農民更怕冒尖，這時要提倡增產，要他發家致富。過去土地不是他的，他終年辛苦不得溫飽，吃的是半年糠菜半年糧，多少年來他們是那樣渴望著改善自己的生活。現在土改了，土地屬於他的了，他既然有了改善生活的可能，自然在增產之後就首先改善他自己的生活，這是可以理解的，也是合理的。也只有使農民生活有所改善，才能鼓舞他們更好地去增產。」「愛國主義與發家致富並不矛盾。他增產了，對他自己有利，也對國家有利的。」

在中國共產黨的領導下，土地改革運動進展極為順利，農村出現了「貧雇農得地開心，中農有利放心，富農不動定心，地主勞動回心」的喜人景象。到一九五三年春，除部分少數民族和台灣外，中國普遍實行了土地改革。新、老解放區約三億兩千萬無地少地的農民，分到了七億四千萬畝土地，佔中國耕地面積的百分之四十六・五，免除了過去農民每年向地主交納的七百億斤糧食的地租。農民還分得耕畜兩百九十六萬頭、農具三千九百四十四萬件、房屋三千七百九十五萬間、糧食一百零五億斤。

土地改革使中國農村的土地佔有關係發生了根本變化。佔農村人口百分之九十二・一的貧農、中農，佔有全部耕地的百分之九十一・四；原來佔農村人口百分之七・九的地主富農，只佔有全部耕地的百分之八・六。廣大農民終於實現了「耕者有其田」的理想，生產積極性空前高漲。江西革命老區的農民分得土地後，向毛澤東寫信報告土改的結果，他們說：「我們有了這命根子，一定要勤勞耕種，努力把生產搞好，爭取我們的生活迅速改善。今天我們全鄉群眾熱烈地集合在松江山上，慶祝土地還家。會場上紅旗招展，鑼鼓喧天，我們盡情地高呼，盡情地歌唱，盡情地歡笑。」

土地改革之後，由於農業生產的恢復和發展，農民的生活有了較明顯的改善。他們說：「土地改革後，一年夠吃，二年添置用具，三年有富餘。」據國家統計局統計，一九四九年至一九五二年，農民平均每人購買消費品的支出逐年增加：一九四九年為十四・二元，一九五〇年為十七・三元，一九五一年為二十一・六元，一九五二年為二十四・六元。

一九五二年底，中國廣大新解放區農村基本完成土地改革，舊有的土地所有制被徹底廢除。圖為翻身農民熱烈擁護《中華人民共和國土地改革法》

一九五二年三月二十三日，新疆疏附縣帕哈太克里鄉維吾爾族農民在慶祝土地改革勝利的大會上，以長詩形式給毛澤東寫了一封致敬信——〈獻給毛澤東〉，傾訴過去的苦難生活，描述土改翻身的喜悅，抒發他們對中國共產黨和毛澤東無比熱愛的深厚感情。八月三十日，毛澤東覆信給帕哈太克里鄉全體農民，鼓勵他們「在愛國豐產的口號之下，更加團結，努力生產，改善自己的物質生活；並在這個基礎之上，一步一步提高自己的文化水準」。

新中國土地改革的勝利完成，徹底廢除了兩千年來的土地所有制，實現了中國農民數千年來得到土地的奮鬥目標，使農民真正從經濟上翻身做了主人。這不僅廣泛地調動了農民群眾革命和建設的積極性，使農業生產力獲得了極大的解放，還確立了貧雇農在農村中的優勢地位，鞏固了工農聯盟，為引導億萬農民走上集體化道路創造了條件。

土地改革的勝利完成，還促進了農村文化的發展，引起了農村社會習俗的新變化。經過土地改革，祠堂、公田不復存在，廟宇、寺院田產大為減少，長期被人們供奉祭祀的神靈也逐漸走出了人們的心靈世界。中央人民政府副主席宋慶齡考察東北土改後，發出了這樣的感慨：

> 東北的農民在思想上已經獲得解放，他們渴求知識與文化。這已經是一個啟蒙及進步的時代。隨著這個時代的前進，生活及思想方面古舊與阻礙進步的習慣就會受到尖銳的打擊。最重要的一個例子，就是舊的迷信已經失去它對人民的控制了。
>
> 再也沒有人花錢去買香燭及其他迷信品了，新年的時候也沒有人浪費時間去拜偶像了。東北農民已經把這一切送到它們應該去的地方——送到了歷史書和博物館中去了。他們認識到只有一種力量，那就是人民的力量。這就是我們的東北農民們的進步。

二、沒收官僚資本，建立國營經濟

官僚資本是舊中國半殖民地半封建社會形態下特有的經濟成分，其特徵是：對外勾結帝國主義，對內勾結封建勢力，依靠國際金融壟斷資本，排擠民族資本，操縱國家經濟命脈。在國民黨統治的二十二年裡，官僚資本控制了全國銀行總數的百分之七十和產業資本的百分之八十，並控制了全部鐵路、公路、航空運輸和百分之四十四的輪船噸位，形成了畸形的官僚資本經濟，構成國民黨獨裁統治的經濟基礎。

早在一九四七年，毛澤東就在〈目前的形勢和我們的任務〉中指出：「蔣宋孔陳四大家族，在他們當權的二十年中，已經集中了價值達一百萬萬至二百萬萬美元的巨大財產，壟斷了中國的經濟命脈。這個壟斷資本，和國家政權結合在一起，成為國家壟斷資本主義。這個壟斷資本主義，同外國帝國主義、本國地主階級和舊式富農密切地結合著，成為買辦的封建的國家壟斷資本主義。這就是蔣介石反動政權的經濟基礎。」

沒收官僚資本是掌握國家經濟命脈，恢復國民經濟的重要前提。一九四九年四月二十五日，《中國人民解放軍佈告》明確規定：「沒收官僚資本。凡屬國民黨反動政府和大官僚分子所經營的工廠、商店、銀行、倉庫、船舶、碼頭、鐵路、郵政、電報、電燈、電話、自來水和農場、牧場等，均由人民政府接管。」

為了迅速組建社會主義性質的國營經濟，中國共產黨根據東北、華北接管城市的經驗，確定對官僚資本企業採取與對待舊政權不同的辦法，即不打碎它們的機構，而是保持其原來的組織機構和生產系

南京市軍事管制委員會佈告

字第　　號

本市自解放以來，官僚資本及敵偽戰犯財產物資之被我接管者固屬不少，但化形轉移，隱匿吞沒，及被盜竊變賣者，為數尚多，經市民檢舉告發，迭有查獲。茲為保護人民財富，澈底清查官僚資本及敵偽戰犯財產物資，獎勵檢舉有功者及予隱匿不報者以應有之懲處，特製訂檢舉官僚資本及敵偽戰犯財產物資獎懲辦法公布於後，仰我全體市民認真執行為要。此佈

主　任　劉伯承
副主任　粟裕　唐亮

一九四九　九月二九日

附檢舉官僚資本及敵偽戰犯財產物資獎懲辦法

南京市軍事管制委員會關於清查沒收官僚資本及敵偽戰犯財產物資的佈告

新中國成立初期，人民政府通過沒收官僚資本的工礦企業兩千八百多家、金融機構兩千四百多家，迅速建立起國營經濟，掌握了國家的經濟命脈。圖為上海女工協助人民政府清點資產

統，「原職、原薪、原制度」不變，先完整地接收下來，實行監督生產，然後逐步進行民主改革和生產改革，把官僚資本企業改造成為社會主義性質的國營企業。

在接管的過程中，人民政府非常重視發揮原企業工人群眾的作用，激發他們當家作主的積極性。當時，上海的工人提出了這樣的口號：「自己當家，參加清點；人人有權，提供意見；樣樣要查，件件要點；認真負責，追根究底；就事論事，不講情面；找出缺點，力求改進。」由最瞭解企業的工人群眾參加沒收官僚資本，保證了沒收工作順利進行。

正確的接管方針，合理的接收辦法，保證了各項生產的盡快恢復。中國人民解放軍每解放一座城市，即由軍管會派出代表，按照官僚資本企業原屬系統，自上而下，原封不動，整套接收。對企業的管理人員和技術人員，除個別反動破壞分子以

外，一律按原薪原職留用，讓他們繼續履行生產經營管理職責，做到「機器照常運轉，人員照常工作，生產正常進行」。

據統計，到一九四九年底，收歸國家所有的官僚資本企業，有兩千四百多家銀行、兩千八百五十八個工礦企業、十多家壟斷性的大型內外貿易公司，同時還有國民黨政府控制的全部鐵路、機車、客車、貨車和部分船舶以及三十多家鐵路車輛修造廠和船舶修造廠。

一九五一年初，中國政務院頒佈《企業中公股公產清理辦法》和《關於沒收戰犯、漢奸、官僚資本家及反革命分子財產的指示》等政策法規，對隱藏在私人資本主義企業中的官僚資本股份進行了清理。截至一九五二年，中國國營企業固定資產原值為兩百四十億六千萬元人民幣，除去已用年限基本折舊後淨值為一百六十七億一千萬元人民幣，其中大部分為沒收官僚資本企業的資產。

沒收官僚資本而建立的國營經濟，使國民

為了迅速完成恢復與發展生產這一中心任務，從一九五〇年開始，對國營、公營工礦企業中原官僚資本統治時期遺留下來的不合理的管理制度進行了改革。圖為開灤煤礦工人反封建把頭鬥爭大會

經濟中關係國計民生的部分基本掌握在國家手裡。據統計，一九四九年的國營工業，固定資產佔全部工業固定資產的百分之八十．七；擁有中國電力產量的百分之五十八、原煤產量的百分之六十八、生鐵產量的百分之九十二、鋼產量的百分之九十七、機器及機器零件生產的百分之四十八、棉紗的百分之四十九；還掌握了中國的鐵路和其他大部分近代化交通運輸事業，以及大部分銀行業務和對外貿易。

中國隨著國營經濟的恢復發展，官僚資本企業不合理、不民主的管理方式越來越不適應時代的要求。從一九五〇年起，各國營廠礦在建立黨、團、工會組織的基礎上，陸續開始進行民主改革，廢除使工人群眾深惡痛絕的傳統把頭制、侮辱工人的搜身制等，並建立新的勞動制度和勞動組織，把一批在生產上有經驗、在群眾中有威信的工人和職員提拔到行政和生產管理崗位上來，使企業的各級領導權掌握在工人階級手中。在此基礎上，各廠礦普遍建立起廠長領導下的工廠管理委員會，並通過工會委員會、職工代表會議聯繫工人、職員群眾，發動和組織職工參加企業管理，逐步建立適合生產需要的民主管理制度。

一九五〇年二月六日，《人民日報》發表社論〈學會管理企業〉，強調在國營企業中建立以廠長為首的工廠管理委員會與職工代表會議制度，是改造舊企業的中心環節，每個工廠企業的工會組織應當配合行政機構，逐步進行改革，首先幫助行政機構實現管理民主化，以便進一步提高工人的勞動熱情，組織生產競賽與開展合理化建議運動。一九五一年九月二十八日，中共中央作出《關於國營工廠管理的決定（初步草案）》，要求發動和依靠職工進行民主改革、生產改革。在建立廠長負責制的同時，推行企業民主管理，把政治工作與經濟工作結合起來。國營企業中的廠長必須尊重工會，生產管理上的一切重大問題，必須與工會商量，取得工會的同意與支持。到一九五二年九月底，中國國營企業中建立管理委員會的已有三千五百九十二個，約佔國營企業總數的百分之八十二。

在民主改革的基礎上，國營企業又開展了深入的生產改革。時任華東軍政委員會工業部部長的汪道涵回憶上海的情況，指出：「生產改革是在民主改革的基礎上進行的，它的延續時間要比民主改革更長一些。一九五二年在民主改革基本完成以後，接著就開始生產改革。它的主要內容是：（一）建立健全企業管理機構，實行科學分工，建立生產管理和技術管理的責任制度。當時從官僚資產階級手中接收過來的企業裡，相當普遍地不同程度地存在著無人負責的混亂狀態，不建立生產責任制，工業的恢復和改造就無法邁開步子。（二）改革原企業不合理的工資制度。上海的官僚資本主義企業中，工資差別很大，多的達一百多級，同一產業部門沒有統一的工資標準。通過工資改革在可能範圍內進行調整，為將來建立統一的合理的工資制度打下初步基礎。一九五一年各大行政區開始調整工資，並推行按勞分配的八級工資制。（三）開展生產競賽運動。沒收官僚資本後，職工群眾成為國家和企業的主人，勞動積極性空前高漲。生產競賽隨之開展起來。」

把官僚資本企業改變為社會主義性質的國營企業，並使之成為新中國發展生產、繁榮經濟的主要物質技術基礎和整個社會經濟的領導力量，不僅為國家調節各種私有制經濟成分，組織恢復生產事業提供了有力的物質手段，而且保證了全社會經濟的性質和發展方向。在此過程中進行的民主改革，調動了廣大工人群眾當家作主、搞好生產的積極性，有力地促進了工業生產和交通運輸事業的恢復和發展。

三、「不要四面出擊」

中共七屆二中全會後，毛澤東著眼於恢復和發展經濟，提出了「公私兼顧、勞資兩利、城鄉互助、內外交流」的新民主主義經濟政策，簡稱「四面八方」政策。對此，劉少奇在其天津談話中，進行了鮮明的闡述：「毛主席說過，我們考慮問題要全面，要照顧四面八方。四面就是公私關係、勞資關係、城鄉關係、內外關係；八方就是城鄉關係的城鄉兩方、內外關係的內外兩方、公私關係的公私兩方、勞資關係的勞資兩方。都要照顧到，這才叫全面照顧。」他還指出，「城市裡發展生產；第一是發展公營企業的生產；第二是發展私營企業的生產；第三是發展手工業生產」。「從四面八方努力，四面八方都照顧到，以實現發展生產的目標」。

劉少奇的講話，體現了中國共產黨對民族資產階級的政策。他曾經視察過的東亞企業股份有限公司的總經理宋棐卿，在信中寫道：「敝廠自蒙閣下惠臨訓話後，全廠職工對於政府之工業政策有了新的瞭解及新的希望與新生命，至為愉快，因此已決定每人皆盡最大之努力以完成此偉大為人群服務之使命，而副政府及閣下關垂訓示之至意。」薄一波在回憶中也說：「他講話之後，大家感到講得好，對如何處理好『四面八方』的關係提供了重要思想武器。當時，華北局曾派人到各地擇要進行了傳達，六月份還起草了一份給太原、石家莊、張家口、唐山等市委的電報指示，要求『普遍宣傳少奇同志在天津所講解的各個問題』（毛主席同意了的）。」

新中國成立後，社會經濟的重新改組，對民族資產階級產生了不小的衝擊。特別是穩定物價、打擊不法投機資本的鬥爭，讓不少人惶惶不安。有的人懷疑共產黨的政策變了，要提前消滅資本主義，實行社會主義，甚至遣散職工，轉移資金，關廠歇店。武漢有資本家寫了一副對聯：「掛紅旗五心不定，扭秧歌進退兩難。」

據統計，一九五〇年一月至四月，中國十四個大中城市有兩千九百四十五家私營工廠倒閉，在十六個城市中有九千三百四十七家私營商店停業。三月至四月間，中國新增加的失業職工約十萬人，其中上海五萬人、武漢兩萬五千人、天津一萬四千人。加上原有的失業人數，全國各大城市的失業人員約三十八萬至四十萬人。

一時間，民族資產階級、失業工人、失業知識分子和一部分手工業者，以及還沒有分到土地的農民，對中國共產黨和政府頗有意見。社會關係的緊張，讓毛澤東感到不安。一九五〇年四月，他在中共中央政治局會議上指出，我們是一個大黨，策略上要特別注意。尤其是我們現在勝利了，要鞏固勝利，更要注意，要反對「左」的思想和「左」的做法。他針對不少幹部中存在的要擠垮私營工商業的錯誤傾向，嚴肅指出：「和資產階級合作是肯定了的，不然《共同綱領》就成了一紙空文，政治上不利，經濟上也吃虧。『不看僧面看佛面』，維持了私營工商業，第一維持了生產；第二維持了工人；第三工人還可以得些福利。當然中間也給資本家一定的利潤。但比較而言，目前發展私營工商業，與其說對資本家有利，不如說對工人有利，對人民有利。」

在四月十六日給中共上海市委書記陳毅的電報中，毛澤東也明確指出：「目前處在轉變的緊張時期，力爭使此種轉變進行得好一些，不應當破壞的事物，力爭不要破壞，或破壞得少一些。」「把握了這一點，就可以減少阻力，就有了主動權。」

六月六日，即中共七屆三中全會召開的當天，毛澤東就發表講話，著重闡述「不要四面出擊」的戰略策略思想。他指出，我們當前的總方針，就是肅清國民黨殘餘、特務、土匪，推翻地主階級，解放台灣、西藏，跟帝國主義鬥爭到底。在即將開始的推翻整個地主階級的土地改革中，我們的敵人是夠大夠多的。面對這樣複雜的鬥爭，我

一九五〇年六月，毛澤東主持中共七屆三中全會，提出要在三年左右的時間裡，爭取國家財政經濟狀況根本好轉。他還作了《不要四面出擊》的講話，告誡全黨為了恢復經濟絕不可樹敵太多

們現在跟民族資產階級的關係搞得很緊張，工人、農民、小手工業者和知識分子中都有一部分人不滿意我們。為了孤立和打擊當前的敵人，就要把人民中間不滿意我們的人變成擁護我們。因此，「我們不要四面出擊」。

毛澤東還具體指出，我們要使工廠開工，解決工人失業問題。實行土地改革、剿匪反霸，使廣大農民擁護我們，並要給小手工業者找出路，維持他們的生活。對民族資產階級，要通過合理調整工商業，調整稅收，改善同他們的關係，不要搞得太緊張。對知識分子，要使用他們，同時對他們進行教育和改造，但是不要過於性急，觀念形態的東西，不是用大炮打得進去的，要用十年到十五年的時間來做這個工作。全黨都要認真地、謹慎地做好統一戰線工作，要主動地去團結各界民主人士。各界人民代表會議要放手發揚民主，廣開言路，不要怕別人講話。少數民族地區的社會改革，必須謹慎對待，條件不成熟，不能進行改革。要幫助少數民族訓練他們自己的幹部，團結少數民族的廣大群眾。

中共七屆三中全會特別強調，「合理調整城市工商業」是爭取財政經濟狀況基本好轉的重要條件之一，要求在「公私兼顧、勞資兩利」的基本方針下，抓好三個主要環節，即調整公私關係、勞資關係和

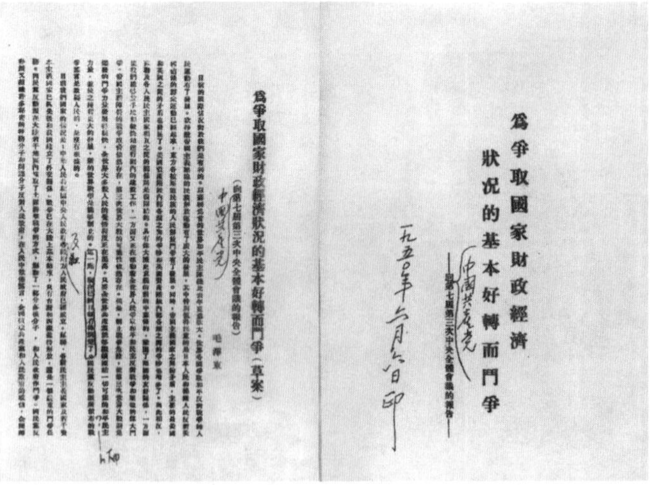
為爭取國家財政經濟狀況的基本好轉而鬥爭

——在第七屆第三次中央全會上的報告——

中國共產黨

一九五〇年六月六日印

為爭取國家財政經濟狀況的基本好轉而鬥爭（草案）

（在第七屆第三次中央全會上的報告）

毛澤東

毛澤東在中共七屆三中全會上所作《為爭取國家財政經濟狀況的基本好轉而鬥爭》的書面報告中指出，要獲得財政經濟狀況的根本好轉，需要三個條件，即：（一）土地改革的完成；（二）現有工商業的合理調整；（三）國家機構所需經費的大量節減

產銷關係，重點是調整公私關係，即人民政府、國營經濟同私人資本主義經濟之間的關係。調整採取的主要措施：一是加強對私營工業的加工訂貨；一是投放貨幣，收購農副土產品，擴大城鄉交流。

一九五〇年十二月，第六十五次政務會議通過了陳雲主持起草的《私營企業暫行條例》。千家駒回憶說：「在起草過程中，我們曾多次召開工商界座談會，徵求他們的意見。私企條例總的精神是鼓勵有利於國計民生的私營工商業的發展，特別表現得突出的是該條例的第二十五條：企業如有盈餘，除繳納所得稅、彌補虧損外，先提百分之十以上作為公積……提存公積後的餘額，先分派股息，股息最高不得超過年息百分之八。分派股息後的餘額依下列比例分配：（一）股東紅利及董事、監察人、經理、廠長酬勞金，一般應不少於百分之六十；（二）改善安全衛生設備基金，工礦企業應不少於百分之十五；（三）職工福利基金一般應不少於百分之十五；其他。」

在回憶中，千家駒還不無感慨地說：「我記得當草案送交全國政協討論時（當時全國人民代表大會尚未成立，重要法令在送政務院正式通過之前，均須經政協討論研究），民主人士潘震亞在座談會中表示異議，認為條例對資本家過於照顧，後經陳雲說服，才得以通過。又當最後定稿送到政務會議討論時，也有兩個人起來反對，一是總工會的陳少敏，一是政務委員黃紹竑。陳少敏是從工會的立場，認為條例照顧資本家的利益太多，而對工人階級的利益照顧得太少；黃紹竑認為應該多提公積金，發展企業，不應把利潤的大部分給資方人員分掉。」「以後也經陳雲的解釋才得以通過。」

由於抗美援朝戰爭的進行，國家為供應前線需要，對私營工廠的加工訂貨迅速擴大。到一九五一年，中國私營工業總產值中，加工訂貨、收購包銷所佔比重已增加到百分之二十七・三；佔中國私營工業總產值近三分之一的棉紡織業，一九五〇年國家向其加工訂貨部分佔其生產能力的百分之七十以上。這對於恢復私營工業的生產起了直接推動作用。據北京、天津、上海、武漢、鄭州、濟南、廣州、西安、重慶、瀋陽十個城市的統計，一九五〇年下半年私營工商業開業戶與歇業戶相抵，淨增兩萬五千戶。武漢的那位資本家也把原來對現狀不滿的對聯改為「掛紅旗五心已定，扭秧歌穩步前進」。

工商業情況的改觀，讓大城市中的霓虹燈又亮了起來。這使中國人民為之振奮。時任周恩來總理辦公室副主任的李琦回憶說：「解放初期的一天晚上，總理聽陳雲同志說，王府井的霓虹燈亮了，就高興地招呼我們一起去看看。」

為了解決失業問題，中共中央於一九五〇年四月十四日、六月十七日、十一月二十一日三次發出指示，對失業工人的救濟、安置等作出具體規定，盡可能把他們組織起來，投入到公共工程的建設，如興修水利、修建市政工程等。這既保證調整工商業的繼續進行，又保障失業者的最低生活，穩定了社會。

作為調整措施的另一項重要內容，城鄉交流的不斷擴大，有力促進了市場的活躍。為了做好這項工作，中共中央批准中財委制定的一九五一年財經工作要點，明確把擴大城鄉交流擺在第一位。陳雲強調指出，城鄉交流，一是將農產品、土產品收上來，一是將城市工業品銷下去。「要動員全黨的力量去做。解決這些實際問題就是為人民服務，不解決實際問題談為人民服務，則是空話一句。」

從中央到各大省、區、市，都成立了土特產貿易公司，投入大量資金收購運銷土產品，供應農民必需的日用消費品。各地積極舉辦物資交流會，支持發展農村集市貿易，不斷疏通和拓展城鄉間的流通渠道。針對當時民族地區的特殊情況，民族貿易流動小組組成「牛背商店」、「駝背商店」、「大篷車商店」，深入少數民族居住的山鄉村寨、草原帳篷，以公平合理的價格收購農牧土特產品、銷售生產工具和生活日用品。

擴大城鄉物資交流，打破了地區間、城鄉間、行業間的封閉狀態，初步形成促進商品交流的市場格局，繁榮了國內市場。

在各地舉辦的產銷會上，新式步犁、噴霧器、小型抽水機等受到農民青睞；上海、天津生產的毛巾、膠鞋、絨衣、搪瓷製品、手電筒、暖水瓶等成了搶手貨；中南區的瓷器、土布、砂糖、竹器、水果等，遠銷到西北、內蒙古；內蒙古的天然鹼、奶油、瓜子和其他地區的土產品，也銷到了中南區。據不完全統計，一九五一年，中國通過土產交流會銷售土產品總額為十億四千萬元。一九五二年，中國各地共舉辦物資交流會七千餘次，總成交金額達十六億三千八百萬元，比一九五一年增長百分之六十二以上。這樣大規模的城鄉交流，在舊社會是從未有過的。

工商業的合理調整，既聯繫了工業和農業，又幫助城市面向農村，幫助農村面向城市。隨著農民購買力的提高，工業企業努力增加生產，向農村提供更多的工業品，城鄉購銷兩旺。農民有能力增加對生產的投入，農業生產也得到恢復和發展。城鄉物資交流的活躍，增加了工商稅收，從而增加了國家財政收入。一九五二年和一九五〇年相比，工商稅收增長百分之一百六十；商業部門上繳國家財政收入增長百分之兩百八十九．六；國家財政總收入增長百分之一百八十一．八。

在調整工商業的過程中，國營經濟通過加工訂貨、統購包銷等形式，引導私營經濟開始走上國家資本主義的軌道，不僅鞏固了國營經濟的領導地位，也為資本主義工商業的社會主義改造創造了良好條件。

第二節 恢復國民經濟任務的完成

在開國大典留下的鏡頭中，毛澤東很少出現笑容。他自己說，心情「又愉快又不愉快」：「中國解放我是很高興的，但是總覺得中國的問題還沒有完全解決，因為中國很落後，很窮，一窮二白。」

一九五一年二月，毛澤東在中共中央政治局擴大會議上提出「三年準備、十年計劃經濟建設」的思想。這次會議決議強調，「三年準備、十年計劃經濟建設」的思想要使省市級以上幹部都明白。準備時間，現在起，還有二十二個月，必須從各方面加緊進行工作。

經過三年的努力，解放前遭到嚴重破壞的國民經濟獲得全面的恢復，並有了較大發展。美國學者莫里斯・邁斯納在其著作《毛澤東的中國及後毛澤東的中國》中這樣評價說：「到一九五二年，新中國已經鞏固了自己對所有省份和邊遠地區的行政控制，並且這種控制已經延伸到鄉村一級。農業生產和工業生產恢復到了戰前的最高水準，帝國主義影響的痕跡也已被消除。雖然中國對『富強』的屢遭挫折的長期追求尚未結束，但看來共產黨人具有成功地貫徹這種民族意願的手段和決心。」

一、工農業生產的全面恢復

新中國成立時，中國大地上千瘡百孔，百廢待興。一九四九年的全國工農業生產狀況，已跌入谷底。對工業生產情況，李富春分析說：「接連十幾年的戰爭，對於原有工礦生產的破壞是非常嚴重的。許多重要的工廠和礦區，被國民黨軍隊在撤退時徹底破壞了。一九四九年的生產量與歷史上的最高年產量比較，煤減少了一半以上，鐵和鋼減少了百分之八十以上，棉紡織品減少了四分之一以上。總的來講，工業生產平均減產近一半。」

農業生產也不例外。廣大剛解放的地區，農村已陷入破產的境地，災情又極端嚴重，中國糧食產量比抗戰前降低百分之二十一，棉花產量約相當於抗戰前產量的百分之五十四・四。各地的交通運輸遭到嚴重破壞，城鄉市場蕭條，人民購買力低下。

在這樣的爛攤子上，從一九四九年十月到一九五二年底，中國共產黨領導各族人民，不僅圓滿完成了經濟恢復的任務，而且工農業主要產品的產量已經超過新中國成立前的最高水準，人們的生活水準也隨之有了顯著提高。一九五二年，工農業總產值八百一十億元，按可比價格計算，比一九四九年增長百分之七十七・六，平均每年增長百分之二十左右。

在工業生產方面，按照《共同綱領》的規定，以有計劃有步驟地恢復和發展重工業為重點，如礦業、鋼鐵業、動力工業、機械製造業、電器工業和主要化學工業等，以創立國家工業化的基礎。同時恢復和增加紡織業及其他有利於國計民生的輕工業的生產，滿足人民日常消費的需要。國家還抽出一部分資金，有計劃地新建了一批急需的工礦企業，如阜新海州露天煤礦、鞍山鋼鐵公司無縫鋼管廠和大型軋鋼廠、山西重型機械廠，武漢、鄭州、西安、新疆的紡織廠，哈爾濱亞麻廠等。這批新建廠礦後來都成為中國工業戰線上的骨幹企業。

到一九五二年底，中國工農業生產都超過了歷史最高水準，國民經濟得到了全面恢復和初步發展，為大規模經濟建設和社會主義改造創造了條件。圖為一九五二年國慶節首都人民舉行遊行，慶祝國民經濟恢復任務勝利完成

三年間，工業總產值年均遞增百分之三十四・八。一九五二年，工業生產總值超過舊中國歷史最高水準百分之二十三。其中，鋼產量達到一百三十四萬九千噸，比一九四九年增加七・五四倍，比歷史最高水準增加百分之四十六・三；生鐵產量比一九四九年增加六・七二倍，比歷史最高水準增加百分之七・二；原油、水泥、電力、原煤等都超過歷史最高產量。棉紗、棉布、食糖等主要輕工業產品產量也超過

歷史最高水準。

在農業生產方面，通過土地改革解決農民的土地問題，充分調動農民個體經濟和勞動互助兩方面的生產積極性，採取了一系列促進農業生產恢復與發展的經濟政策和措施。國家在資金、物資、價格、稅收方面也採取了有力措施，用於農業的投入逐年增加，一九五〇年為兩億七千四百萬元，一九五一年增加到四億一千七百萬元，一九五二年增加到九億零四百萬元。為了推動農業生產，國家還實行鼓勵墾荒政策。農民在三年中開墾了大量的荒地，使耕地面積從一九四九年的十四億六千八百萬畝，增加到一九五二年的十六億一千九百萬畝，增加耕地一億五千一百萬畝，增長百分之十．三。

三年間，農業總產值年均遞增百分之十四．一。中國糧食總產量從一九四九年的兩千兩百六十三億六千萬斤，增加到一九五二年的三千兩百七十八億四千萬斤，增長百分之四十四．八，比歷史上最高年產量的一九三六年增長百分之九．三。棉花總產量從一九四九年的八百八十八萬擔，增加到一九五二年的兩千六百零八萬擔，增長百分之一百九十三．七，比歷史上最高年產量的一九三六年增長百分之五十三．六。

中國國家財政經濟狀況有了根本好轉。按可比價格計算，一九五二年，國民收入比一九四九年增長百分之六十九．八。財政收入比一九五〇年增長百分之一百八十一．七，不僅有了成倍增加，而且連續兩年收大於支，均有結餘。人們的生活水準有了顯著提高。一九五二年，中國職工家庭每人每年平均消費額達到一百八十九．五元，比解放前職工生活水準最高的一九三六年增長了百分之三十五。農民平均每人貨幣收入一九四九年為十四．九元，一九五〇年為十八．七元，一九五一年為二十三．六元，一九五二年為二十六．八元，一九五二年比一九四九年增加百分之七十九．九。

短短的三年，中國共產黨就兌現了自己的承諾：「我們不但善於破壞一個舊世界，我們還將善於建設一個新世界。」從世界來看，與歐亞各國在第二次世界大戰後經濟恢復到戰前水準的情況相比，新中國戰後經濟恢復之快，增長幅度之大，是舉世矚目的。一九五四年九月二十三日，周恩來在一屆人大一次會議上所作的《政府工作報告》，作了這樣的總結：

在一九四九年至一九五二年間，中央人民政府按照中國人民政治協商會議《共同綱領》的規定，先後完成了全國大陸的統一，完成了土地制度的改革，進行了廣泛的和深入的鎮壓反革命運動和各種民主改革運動，恢復了遭受長期戰爭破壞的國民經濟，著重地發展了社會主義的國營經濟和各種類型的合作社經濟，初步地調整了公私營工商業之間的關係，這一切都為有計劃地進行經濟建設和逐步過渡到社會主義社會準備了必要的條件。

二、興修水利工程

在舊中國，水旱災害頻繁，給農業生產和人民生命財產造成了極大危害。一九四九年，中國受災農田達一億兩千七百九十五萬畝，災民約四千五百四十九萬人，其中重災區受災農田兩千八百餘萬畝，重災民約七百萬人。

新中國成立後，中國共產黨和人民政府有計劃、有步驟地領導人民進行了整修水利的工作。一九五〇年至一九五二年，全國農林水利投資總額為十億三千萬元，佔基本建設投資總額的百分之十三·一四，其中大部分用於興修水利工程：在淮河流域，進行了「蓄洩兼籌」的治理淮河工程；在長江流域，進行了規模宏大的荊江分洪工程；在黃河流域，進行了「蓄水攔沙」和下游防洪的全河統一治理……到一九五二年底，中國四萬兩千公里的江河堤防絕大部分進行了整修和加固，官廳水庫、佛子嶺水庫、三河閘等一批水利基礎設施也動工修建或完成了主要工程，為保證農業豐產創造了有利條件，千百年來威脅中國人民的洪水災害開始得到有力的防治。

淮河是中國的第三大河流，與長江、黃河、濟水並稱「四瀆」。它發源於河南桐柏山，流經河南、安徽、江蘇，在江蘇響水縣雲梯關入海，全長一千一百多公里。淮河兩岸，有著廣袤的肥沃土地，養育著億萬群眾，是中華民族發祥地之一。

「走千走萬不如淮河兩岸。」這是淮河流域人民對這條母親河的美好讚頌。然而，也正是這條河流，數百年來水患嚴重，使淮河流域成為中國歷史上舉世聞名的重災區。發生在一九三一年的一場大洪水，受災面積六千四百多萬畝，受災人口兩千萬人，死了二十七萬人。

新中國成立初，年久失修的淮河再次遭受劫難。一九五〇年六月至七月，河南與安徽交界處連降暴雨，淮河三河尖、任王段及王截溜、正陽關以上右岸全部漫決，正陽街上水深數尺。八月一日，安徽省負責人曾希聖在發給中央的特急電報中，如實報告災情說，淮北二十個縣、淮南沿岸七個縣均受淹。被淹田畝總計三千一百餘萬畝，受災人口共九百九十餘萬人。由於水勢兇猛，群眾來不及逃走，攀登樹上失足墜水、在樹上被毒蛇咬死，以及翻船而死的人數，統計有四百八十九人。毛澤東看完曾希聖的災情

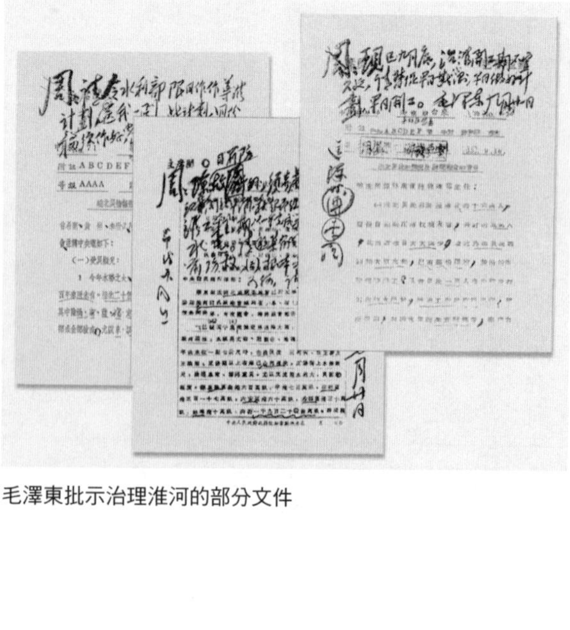

毛澤東批示治理淮河的部分文件

電報，心情沉重，落了眼淚。他當即批示周恩來「令水利部限日做出導淮計劃」，「此計劃八月份務須作好，由政務院通過，秋初即開始動工」。

在周恩來的精心部署下，中國政務院於一九五〇年十月十四日發佈了《關於治理淮河的決定》，根據淮河多年氾濫的特點和規律，明確提出了「蓄洩兼籌」的治淮方針，即上游以蓄為主，中游蓄洩兼施，下游以洩為主。同年十一月六日，隸屬於中央人民政府的治淮機構——治淮委員會，在靠近淮河的蚌埠成立，華東局第二書記曾山任第一任治淮委主任，下設河南、皖北、蘇北三省、區治淮指揮部。

人民政府決心根治淮河的消息傳到淮河兩岸時，數千萬群眾熱烈擁護中央的決定。一九五〇年冬天，新中國水利建設事業第一個大工程的帷幕拉開了。為了建設美好的家園，逃難在外的災民也紛紛返回家鄉，加入了治淮隊伍。

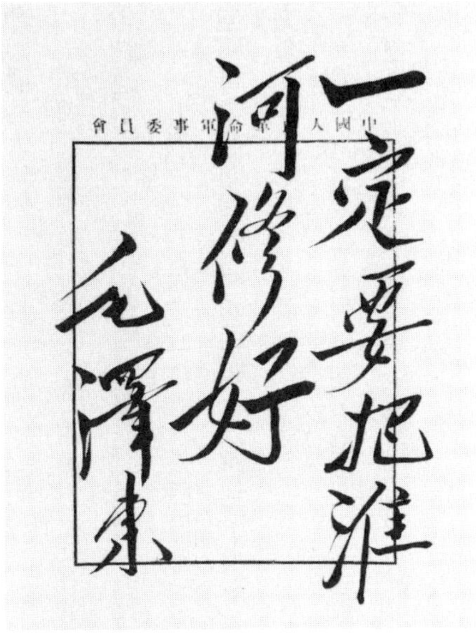

毛澤東為根治淮河題詞

一時間，「父子齊上陣，兄弟爭報名，婦女不示弱，夫妻共出征」。多達兩百二十萬人的民工，日夜奔走工地上，到處都是熱火朝天的場面。他們吃的是粗糧淡茶，住的是簡陋草棚，拿的是微薄報酬。可他們毫不計較，樂於奉獻，許多人甚至為工程獻出了寶貴的生命。

參加治淮工程的架子車工人邢玉普說：「我看到成千成萬的農民兄弟日夜不停地勞動。他們挖的挖、裝的裝、抬的抬，就像一支有組織、有紀律的部隊，緊張、愉快地勞動著。這是自古以來都沒有聽說過的大事情。」

在國家經濟尚未恢復的情況下，中央不僅從各地抽調大量的工程技術人員，從東北、華北、中南各省調運了二十多億斤的建設物資，還派來了文工團和防疫隊，大力支援治淮工作。

一九五一年五月十五日，《人民日報》發表毛澤東「一定要把淮河修好」題詞。中央治淮視察團把印有這個題詞的四面錦旗，分送到了治淮委員會和三個治淮指揮部，給治淮大軍注入了無窮的精神力量。

到一九五一年七月下旬，治淮一期工程竣工，共完成了蓄洪、復堤、疏浚、溝洫等土方工程約一億九千五百萬立方公尺。上游修建的石漫灘山谷水庫，可以灌溉九萬多畝耕地。中游修建了潤河集蓄洪分水閘和其他大小涵閘幾十處。中下游各支流河道得到疏浚，大堤也得到培修和加固。

第一期治淮工程的順利完成，保證了一九五一年淮河流域的豐收。滿懷喜悅的農民紛紛給毛澤東寫信報告豐收情形。皖北壽縣迎河區大店鄉三十二個雇農在信中說：修了潤河集分水閘，使我們這裡二十多年不收的湖地都豐收了。夏天收了一季好麥子，現在我們又收了一萬多斤高粱；不要半月還能收一萬多斤稻子。現在，我們鍋裡有了麵食，身上穿了新衣，買了一些農具，日子越過越好了。

一九五一年冬，淮河兩岸人民又投入到治淮二期工程的戰鬥中。一九五二年七月，在毛澤東作出根治淮河批示一週年的日子，治淮二期工程結束。一九五四年，又一場特大洪水向淮河襲來。這些工程發揮了重要的作用，結束了淮河流域「大雨大災、小雨小災」的歷史，達到了「大雨小災、小雨免災」的預期目標。

從一九五二年起，中國對水利建設提出了更高的要求，總的方向是：由局部規劃轉向流域規劃，由臨時性工程轉向永久性工程，由消極除害轉向積極興利。周恩來非常重視水利工作，他提出：「要加強水利建設工程的計劃性及其準備工作，並將根治水害與灌溉、發電、航運的設計結合起來。」荊江分洪工程，就是這個時期建設起來的。

荊江地處長江三峽下游，上起湖北省枝城市，下至湖南省洞庭湖口城陵磯。由於地勢平坦，河道彎曲，水流宣洩不暢，加之上游洪水又常與洞庭湖湘、資、沅、澧四水及清江、沮漳河相遇，荊江汛期洪水位常高出堤外地面十多公尺。漲水時，人在水下走，水在屋頂行，形似地上河，形勢十分險要，所以有「萬里長江，險在荊江」之說。

新中國成立伊始，中共中央和人民政府就開始醞釀修建荊江分洪工程。一九五〇年國慶節期間，毛澤東、周恩來專門聽取了中南局代理書記鄧子恢關於荊江分洪工程設計方案的匯報。這年冬天，毛澤東審閱並批准了長江水利委員會向中央報送的《荊江分洪工程計劃》。根據這個《計劃》的設想，荊江分洪工程以「蓄洩兼籌，以洩為主」，「江湖兩利」為原則，以一九三一年八月五日至二十五日宜昌至枝江洪峰水位、流量為標準，配合荊江北岸加固荊江大堤，在荊江南岸藕池口安鄉河以北，太平口虎渡河以東地區，開闢九百二十一．三四平方公里的分洪區。

在長江水利委員會為荊江分洪工程做前期準備工作時，湖南、湖北兩省產生了不同的認識。不同於湖北的積極態度，湖南常德專署向毛澤東寫信，認為長江水利委員會的做法損害了洞庭湖濱湖地區群眾的利益。

為了調解兩湖糾紛，一九五二年二月二十日，周恩來主持召開荊江分洪工程會議。他先是肯定常德專署關心濱湖群眾利益的做法，接著指出荊江分洪工程的重要意義，強調不能搞本位主義，並嚴厲地批評說：「毛主席批的工程，中南局、湖北省委、水利部、長委會都置之腦後，不負責任。」二月二十三日，周恩來根據這次會議的情況，向毛澤東和中央寫了報告，並主持起草了《政務院關於荊江分洪工程的決定》初稿。兩天後，毛澤東在周恩來的報告上批示：「周總理：（一）同意你的意見及政務院決定；（二）請將你這封信抄寄鄧子恢同志。」時任中國水利部副部長的李葆華，後來回憶道：

一天，總理把我叫去，說他寫了封信給中南局書記鄧子恢同志，請他召集中南局會議，並請鄧老向湖北元老張難先和湖南元老程潛做說服工作。他要我拿信去找鄧老。鄧老很快就召集了中南局會議。我在會上傳達了總理在這封信裡談到的意見，即主張荊江分洪，避免水淹武漢。總理的信裡還談到明朝有一位宰相，是湖北人，也是主張分洪的，認為長江水多不能向北淹，往洞庭湖流問題不大。湖北的同志同意中央分洪的決定，但提出要說服湖南。鄧老又分別找程潛和張難先談話。不久，兩省都同意了。開工後，湖南還特地派出慰問團慰問工地民工。這些工作，都是總理親自過問和安排的。

一九五二年二月底，李葆華陪同蘇聯水利專家布可夫，對荊江分洪地區進行了實地調查研究。在李葆華匯報情況的基礎上，周恩來對《政務院關於荊江分洪工程的決定》初稿進行了修改和完善。三月三十一日，《政務院關於荊江分洪工程的決定》正式公佈。四月五日，荊江分洪工程全面開工。工程總指揮部設在沙市，唐天際任總指揮，李先念任總政治委員。下設進洪閘、洩洪閘和荊江大堤加固三個指揮工程部，具體負責工程的實施。

共有十萬軍工、十六萬民工以及四萬技術工人和工程技術人員，參加了這場大會戰。女民工辛志英，當時只有十九歲，她在工作中創造了「鷂子翻身碎石法」，帶領她的婦女隊流水作業，將人均每天碎石〇・二立方公尺提高到一立方公尺左右，她自己更是錘到了一・三八立方公尺，大大提高了工程進度。唐天際得知後，號召全工地向辛志英學習，工地一下湧出了八十三個碎石互助小組。後來，辛志英被評為特等勞動模範。

五月二十四日，水利部部長傅作義代表中央來工地慰問，授予繡有毛澤東、周恩來親筆題詞的兩面錦旗，毛澤東的題詞是：「為廣大人民的利益，爭取荊江分洪工程的勝利！」周恩來的題詞是：「要使江湖都對人民有利。」

一九五二年六月十六日，在北京參加亞洲及太平洋和平會議的各國代表二十六人，來到荊江分洪工地參觀訪問。他們被熱火朝天的工地深深感染，盛讚工程是「為世界和平事業所作出的卓越貢獻」！

荊江分洪工程的建設者奮戰在荊江分洪工程工地上

一九五二年六月，新中國第一個大型水利工程荊江分洪工程完成。圖為工程竣工典禮

六月二十日，荊江分洪第一期工程比預定計劃提前十五天勝利建成，僅用了七十五天的工期，創造了水利建設史上的一個奇蹟。接著，荊江分洪第二期工程於十一月十四日開工，至一九五三年四月二十五日全面完成。

一九五四年汛期，長江上游川江先後出現五次較大的洪峰。洪水來量之大，為近百年所罕見。

七月二十二日、七月二十九日、八月一日，荊江分洪工程三次開閘，分洩洪水總量達一百二十二億六千萬立方公尺，保住了荊江大堤，減緩了武漢洪水的上漲速度，對減輕洞庭湖區水災也作出了貢獻。一九五五年三月，毛澤東題詞祝賀：「慶賀武漢人民戰勝了一九五四年的洪水，還要準備戰勝今後可能發生的同樣嚴重的洪水。」

荊江分洪工程是長江上修建的第一個大型水利工程，為荊江兩岸八百萬人民的生命財產安全、數百萬良田的豐收以及長江水利和交通提供了可靠保證。世界矚目的長江三峽水利樞紐工程興建後，荊江分洪工程仍是長江中下游平原地區的重要水利樞紐，是保護荊江大堤防洪工程系統的重要組成部分。

三、「天塹變通途」

交通運輸作為國民經濟的重要基礎設施，是恢復經濟活動的重點。三年間，在基本建設資金極其有限的條件下，國家用於交通運輸建設的投資共十七億七千萬元，佔中國基礎建設投資總額的百分之二十二・六。

鐵路是現代重要的交通運輸工具，是國民經濟發展的大動脈。新中國成立後，數十萬鐵路職工和中國人民解放軍鐵道兵團共同奮戰，在「解放軍打到哪裡，鐵路就修到哪裡」的口號下，一九四九年底就基本恢復了原有的鐵路網，南北大動脈京漢線和粵漢線恢復運營，東西幹線隴海路也全線通車，中國通車鐵路達到兩萬一千八百一十公里。時任中國政務院鐵道部副部長的呂正操回憶說：

毛主席、中央所有領導都希望中國有鐵路，那時候中國鐵路太少了，兩萬多公里，一半多在東北。我記得是一九四九年解放嘛，大部分鐵路都破壞了，你看一九五〇年，我記得是一方面抗美援朝，一方面修鐵路，這些鐵路都在修。

在縱橫交錯的中國鐵路線中，有一個令新中國鐵路建設者們永遠不能忘懷的名字。它就是新中國成立後自行設計施工，完全採用國產材料修建的第一條幹線鐵路——成渝鐵路。它西起成都，東抵重慶，橫穿四川盆地中心，全長五百零五公里，連接了當時四川最為重要的兩個城市，一舉改變了四川交通的格局，使沿線經濟得到飛速發展，人民生活得到明顯改善。

成渝鐵路的建設一波三折，是中國動盪的二十世紀前半葉的縮影。早在一九〇三年七月，當時的四川總督錫良會同湖廣總督張之洞，聯名奏請清朝政府，提出修築川漢鐵路，設計的線路自四川成都，經內江、重慶、宜昌，終點到達湖北漢口。這條鐵路線在四川境內由成都到重慶的一段，正是現在的成渝鐵路。

一九〇四年，清政府在成都成立了官辦川漢鐵路總公司，後因股款不清，官紳群起反對，改為「商辦」，吸引人民入股。一九〇九年十月，川漢鐵路部分路段開工。一九一一年五月，清政府為渡過財政危機，宣佈鐵路「幹路均歸國有」，隨即將川漢鐵路的「築路權」出賣給帝國主義列強。八月，修築近兩年的川漢鐵路被迫停工。

因川漢鐵路而起的保路運動，最終導致了辛亥革命的爆發，結束了清政府的統治。但是，腐敗的國民政府，同樣沒有在四川建成一寸真正的鐵路。它以修路為借口，行搜刮民脂民膏之實，結果只是在地圖上面畫了一條「虛線」。據陳毅的堂兄、兵工專家陳修和回憶：

蔣介石那個時候，他們自己不修，給法國人修。這個法國人來的時候，代表來的時候，我是留法的。我一個同學請他吃飯，招待他，和那個法國人在一起。我就問法國人，你來幫我們修成渝鐵路，你們法國人二戰後鐵路都破壞了，你們自己國家都修不好，你還來幫我們修鐵路，你們怎麼能幫得了，我就質問他。那個法國人怎麼告訴我，他說美國人給了我們很多東西，隨便分一點給你們，你們這個成渝鐵路就修起來了，成渝鐵路只有四百多公里。

從清王朝到民國政府，四十年的時間，成渝鐵路只在重慶到永川段修建了部分路基、隧道、橋樑，完成了總工程量的百分之十四。四川省的土地上仍然沒有一寸鐵軌。

新中國成立初期，西南大地滿目瘡痍，百廢待興。中共中央和人民政府決定克服困難，把成渝鐵路修建起來。時任中共中央西南局第一書記的鄧小平指出，我們要「以修建成渝鐵路為先行，帶動百業發展，幫助四川恢復經濟」。

一九五〇年六月十五日，濛濛細雨中，成渝鐵路開工典禮在西南軍區操場上舉行。時任西南軍區司令員的賀龍，親手將一面繡有「開路先鋒」的錦旗授予築路大軍。當天，築路一總隊高舉「開路先鋒」的旗幟，開赴重慶九龍坡、油溪工地，揭開了修築成渝鐵路的序幕。

在物資匱乏的情況下，中共中央確定了「就地取材」的修建原則，發動廣大軍民艱苦奮鬥，用燈籠、火把照明，用鋼釺、大錘、十字鎬開鑿，讓高山低頭，令江水讓路。當時，許多築路工人住在鐵路附近的簡陋石洞裡，每天只有四斤米的補貼，沒有工錢。他們毫無怨言，披星戴月地忘我工作，有的人獻出了寶貴生命。

先後有三萬多解放軍戰士和十萬多民工組成的築路大軍，以每日五千零三十公尺的進度向前延伸。沿路群眾為早日通車，鐵路修到哪裡，哪裡就成立了護路隊，日夜看守，嚴防土匪和特務的破壞。

當鋪路需要一百二十九萬根枕木時，人們紛紛採伐自己的樹木，送往工地。有年輕小伙子獻出做婚床的木料，有老人拿出做棺材的木料，還有人捐出珍藏多年的香樟木和紫檀木。時為成都鐵路局工人的楊顯良在回憶中感慨地說：「有些農民，把祖墳山上的風水樹，那個過去是不敢動的，一聽到要修鐵路，他就主動、自動地，沒哪個去發動他，都把風水樹砍了，送來，親自送到鐵路上來，說明這個心情。」

一九五〇年八月一日，成渝鐵路開始從重慶向西鋪軌。一九五一年六月三十日到永川，十二月六日到內江，一九五二年一月二十六日到資中，六月十三日到達終點站成都，比計劃工期提前了三個月。這樣的建設速度，是中國鐵路史上的一個創舉，是新中國成立以前任何時代都不可想像的奇蹟。呂正操在回憶中感慨道：「建國以後，新修的第一條鐵路是成都至重慶的成渝鐵路。」「四川這麼大，解放前連一條鐵路也沒有。總理親自審查設計方案，一九五一年動工，一九五二年六月修成，只用了一年多時間。」

一九五二年七月一日，成渝鐵路舉行通車典禮。時任西南軍政委員會主席的劉伯承，命令嘉獎兩年修通成渝路，實現了四川人民數十年的願望的西南鐵路工程局。「蜀道之難，難於上青天」，「黃鶴之飛尚不得過，猿猱欲度愁攀援」，這些都一去不復返了。四川人民用自己的雙手，打開了一扇

一九五二年七月一日，成渝鐵路全線通車，實現了四川人民數十年的願望

鄧小平出席成渝鐵路通車典禮，並在紀念冊上簽名

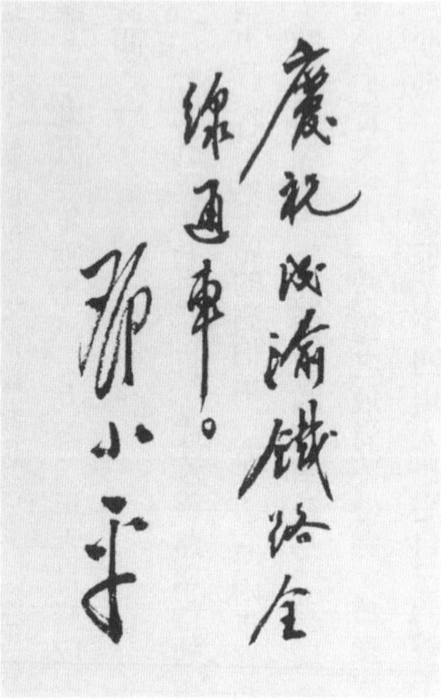

鄧小平為成渝鐵路通車的題詞

通向外界的大門。

成渝鐵路的建成，不僅結束了四川沒有標準鐵路的歷史，而且拉開了新中國大規模、有計劃的鐵路建設的序幕。毛澤東主席聽聞成渝鐵路順利通車，欣喜之餘揮毫題詞：「慶賀成渝鐵路通車，繼續努力修築天成路。」

成渝鐵路通車兩個月後，在大西北惡劣條件下修築的天蘭線也宣告竣工。

天蘭鐵路，東起甘肅天水市，西至省會蘭州市，是隴海鐵路的最西端，是中國內地通往大西北的咽喉要道。早在一九四一年，國民政府就開始勘測天蘭鐵路的線路，計劃三年完成。但遲至一九四六年五月，才開始動工。不久，蔣介石發動全面內戰，無暇顧及民生，更捨不得在修建鐵路上投資。一九四七年，天蘭鐵路工程局無奈地說，「本路財政在拮据之中」，工款「以全數應付經常開支及還清積欠尚有不逮，更何能支配工需」？

直到一九四九年八月蘭州解放時，天蘭鐵路只打通了幾座隧道，開挖了一些土石方，僅完成了全部工程量的百分之十三。當時，整個甘肅省也只有五十二・八公里的鐵路。從陝西寶雞到天水的寶天鐵路雖然能夠通車，但質量低劣，運行不暢，有人寫了這樣一首打油詩：「寶天線瞎胡鬧，不塌方就斷道。平板車買客票，啥時開車不知道。」

一九五〇年四月，天蘭鐵路復工。儘管當時的國家財政相當困難，但為了建設大西北，中央人民政府還是下決心修建天蘭鐵路，同時修整遭國民黨軍隊破壞的寶天鐵路。五月一日，西北鐵路幹線工程局在天水組建，王世泰任局長兼政委、黨委書記，負責組織天蘭鐵路的施工。周恩來總理還親自點將，讓鐵路工程專家王竹亭參與修路的領導和技術管理工作。

駐紮在陝西、甘肅兩省的七萬多名中國人民解放軍官兵，是改造寶天鐵路和修建天蘭鐵路的先鋒和主力。他們從硝煙未盡的戰場轉向進軍荒山野嶺，開始了新的戰鬥。來自沿線的數萬民工，也投入到這場大會戰之中。幾年前，國民黨政府強迫民工參加施工，沒有任何的報酬，而且施工進展緩慢，看不到鐵路的影子，導致民工們紛紛逃跑。現在，民工們的精神面貌煥然一新，熱情高漲。當時，工地上有個女子推土機小組，轟動一時。有一名女推土機手，名叫胡友梅，只有十八歲。一九五三年一月，她被定為四級推土機工，成為新中國第一位女推土機手。修完鐵路後，有些民工參軍了，有些民工留在了鐵路當工人，返回村子的民工也成為當地的積極分子。一條鐵路，見證了兩個時代。

天蘭鐵路穿越西秦嶺的河谷地帶，要六次跨越渭河；在隴西以西，又是黃土高原區和苦水區。當時，技術設備十分落後，基本沒有什麼大型機械工具，鐵鍬、十字鎬是最主要的工具。遇到開山鑿石，可以用炸藥，其他的只能靠人力。解放軍戰士自己動手製作了很多設備，他們製作的吊桿，創造了高線運土法。高線運土法就是在高低兩個工地之間架設線，掛上竹筐，將高處的土通過線路用竹籃運到低處。這就解決了施工中翻越深溝運土的難題。

在築路大軍的艱苦奮鬥下，短短兩年多的時間，天蘭鐵路就勝利竣工了。至此，隴海鐵路終於全線通車。一九五二年十月一日，天蘭鐵路通車典禮在蘭州隆重舉行，為慶祝中華人民共和國成立三週年獻上了一份厚禮。毛澤東、劉少奇、朱德等中央領導都親筆題詞。毛澤東的題詞是「慶賀天蘭路通車，繼續努力修築蘭新路」。

一九五二年十月，蘭新鐵路開始修築。由蘭州向西延伸，經烏鞘嶺、祁連山，通過地震翻漿帶，跨越千溝萬壑，穿過大小草灘、濕地、戈壁荒漠，進入新疆境內。一九六〇年，歷盡千辛萬苦的蘭新鐵路終於全線貫通。中國最長的鐵路大動脈隴海、蘭新鐵路幹線在蘭州交匯。此後，包蘭鐵路、蘭青鐵路也相繼通車，形成以蘭州為中心的西北鐵路基本網絡。

一九五二年九月二十九日，天（水）蘭（州）鐵路全線正式通車。圖為天蘭鐵路通車典禮

到一九五二年底，中國新建鐵路一千三百二十公里，恢復鐵路一千一百七十公里，修復復線五百七十二公里。除天蘭鐵路三百五十四公里、成渝鐵路五百零五公里和湘桂鐵路來鎮段四百一十九公里全部建成通車外，還修建了各種專用線路五百九十三公里。

與鐵路建設一樣，新中國公路建設也大步向前。除修復原有公路外，還新建和改建了一些主要幹線和縣、鄉級公路。到一九五二年，全國公路通車里程由解放初的八萬零七百公里增加到十二萬六千七百公里，公路質量和通車範圍也在提高和擴大。為配合進軍西藏，解放軍工程部隊和廣大民工一道趕修了甘青、川康、川青等公路。特別是在海拔近五千公尺的六座大雪山和懸崖深谷之間修築的康藏公路，以通往「世界屋脊」而堪稱奇蹟。千百年來只能行走犛牛、馬匹的古老驛道，開始每天都有長長的汽車隊通往雪域高原，給藏族同胞運送大批的生產、生活物資和日用品。

交通事業的恢復和發展，使貨物運輸量大大增加起來。據統計，中國貨運總量由一九四九年的一億六千零九十七萬噸，增加到一九五二年的三億一千五百一十六萬噸，幾乎翻了一倍。貨運量的增加，大大便利了城鄉物資交流，促進了工農業生產的發展和人民生活的提高。

四、人民政府為人民辦事

坐落在北京西長安街西段的新華門，是中國中央人民政府的正門，它的影壁上鑲嵌著毛澤東手書的「為人民服務」五個大字。「為人民服務」是中國共產黨的根本宗旨，是中國共產黨全部奮鬥的基本主題，也是新舊社會的本質區別。

在舊中國，只有少數人能夠享受醫療保健，人民群眾的衛生狀況十分惡劣，傳染病大肆流行，寄生蟲病分佈廣泛。廣大勞動人民缺醫少藥，生命和健康遭到嚴重威脅。當時，中國人的平均壽命只有三十五歲，而新生嬰兒的死亡率竟高達百分之二十。

新中國成立後，中國共產黨和政府決心盡快改變醫藥

在中南海新華門內的影壁上，「為人民服務」五個大字，昭示著中國共產黨的根本宗旨

衛生落後的狀況。一九四九年十月，為了及時總結革命根據地和解放區衛生防疫事業的豐富經驗，中共中央軍委衛生部在北京召開第一屆全國衛生行政會議。會議討論通過了衛生工作總方針，提出「重點應放在保證生產建設和國防建設方面，要面向農村、工礦，要依靠群眾，要預防為主」。

十一月一日，中國中央人民政府衛生部正式成立，李德全擔任部長。經過認真的調查研究，衛生部認為新中國衛生事業的首要大事是要制定正確的衛生工作方針，整頓各級衛生隊伍，集中力量預防那些嚴重危害人民健康的流行性疾病。一九五〇年八月，衛生部召開了第一屆全國衛生工作會議，將「面向工農兵」、「預防為主」、「團結中西醫」確立為新中國衛生工作的三大方針。不久，又加上「衛生工作與群眾運動相結合」這一條，為新中國衛生事業的發展指明了方向。

在科學的工作方針指導下，新中國衛生防疫工作很快就取得了成效。一九五〇年一月，衛生部首先展開了對結核病的預防工作。自當年起，各城市大力推廣卡介菌苗接種工作，所需費用由各級人民政府承擔。這一年的十月，衛生部又頒發了《種痘暫行辦法》，規定全國民眾必須普種牛痘。

一九五一年四月，衛生部在北京召開全國防疫專業會議，制定了鼠疫、霍亂、天花、白喉、斑疹傷寒、日本住血吸蟲病等十九種傳染病的防治方案，以及《法定傳染病管理條例草案》和若干防疫工作具體辦法。這些方案、條例的出台，為此後的衛生防疫工作打下了基礎。

在短短幾年時間裡，新中國的衛生事業就取得了空前的成就，威脅人民生命與健康的鼠疫、霍亂、天花、肺結核、黑熱病等傳染病都得到有效控制。長期威脅母嬰生命的產褥熱和新生兒破傷風，也因為大力推廣新法接生而得到根本遏制。

到一九五二年，中國醫院、療養院的床位數達到十八萬張，比一九四九年增加了百分之一百一十四．七，比新中國成立前最高年份增加了百分之一百七十二．七。全國縣衛生院達到兩千一百二十三所，即百分之九十的地區建立了縣級衛生機構，並開始發展縣以下的區、鄉衛生組織。衛生醫療事業的發展有力地促進了人民健康水準的提升，中國人口預期壽命由一九四九年的三十五歲提高到一九五七年的五十七歲。

人民政府為人民辦事，在龍鬚溝的變化中體現得淋漓盡致。龍鬚溝是位於北京南城金魚池一帶的水溝。解放前，它是北京外城自西向東的主排水明溝。附近小作坊、小染坊所排出的污水，久不清除的糞便，都聚在這裡。溝裡全是紅紅綠綠的稠泥漿，夾雜著垃圾、破布，死貓、死狗。來往行人大老遠就能聞見令人作嘔的臭味。所以，這一帶又被稱為「臭溝沿」。溝的兩岸，住滿了各式各樣賣力氣、耍手藝的下層勞動人民。遇到下雨天，臭水、糞沫、蛆蟲一齊漫過溝沿，湧入居民院內，不僅骯髒不堪，而且傳播各種疾病。

一九四九年十月一日，毛澤東在天安門城樓宣告新中國成立。中國的歷史翻開了新的一頁，北京的建設掀開了新的篇章。住在龍鬚溝邊的人們那里想得到，人民政府把市政建設的第一個改造工程選在了這裡。

一九五〇年二月，北京市第二屆第二次各界人民代表會議作出決定，根治龍鬚溝。會後，北京市衛生工程局組織技術人員制定龍鬚溝整治方案，經過七個設計方案的反覆比較，最後採取截流分源的方案。根治工程分為兩期，第一期從五月十六日開始，七月三十一日竣工，修建了全長六千零七十公尺的四條下水幹管。第二期十月十二日開工，到十一月二十二日全部竣工，又修了兩千四百三十三公尺的下水道幹管，並把龍鬚溝原有溝身填平，改明溝為暗溝。

在根治龍鬚溝的過程中，人民政府還為當地居民修馬路、裝電燈、通電車，特別是人們期盼已久的自來水和公用水站。短短半年多時間，龍鬚溝發生了翻天覆地的變化，在整個社會上引起巨大反響。

龍鬚溝的變化，也引起了老舍這個「老北京」的關注。一九四九年十一月，老舍從美國回到新中國，頓時感受到新中國與舊中國的最大不同：共產黨是真心為人民服務的，長期生活在底層的勞動人民終於開始當家作主了。一九五〇年夏，他帶著腿疾，親自深入龍鬚溝街區調查採訪。他激動地說：「我要把這件事寫出來，不管寫得好與不好。」

在掌握大量第一手素材的基礎上，老舍懷著對新中國的滿腔熱情，只用了一個月時間，就寫出了三幕話劇《龍鬚溝》。他成功塑造了程瘋子、王大媽、娘子、丁四嫂等藝術形象，通過他們的酸甜苦辣和心態變化，反映了龍鬚溝一帶勞動人民命運的巨大變化。

一九五一年二月，在北平和平解放兩週年之際，由焦菊隱導演、北京人藝排演的《龍鬚溝》在北京劇場正式公演。時任北京市長的彭真，親自題寫了劇名。連老舍自己也難以置信的是，《龍鬚溝》一經演出，就轟動了京城，連續演出多達七十三場，場場爆滿。幾個月之後，《龍鬚溝》登上了中南海懷仁堂的舞台，成為毛澤東「進城」後觀看的第一部話劇。

看到《龍鬚溝》引起的社會反響，周恩來總理高興地評價說，這是新政權所需要的，「我要作很多的報告、辦很多的學習班才能做到的事情，老舍一個戲就做到了」。一九五一年十二月二十五日，為表彰老舍創作《龍鬚溝》的藝術貢獻，北京市人民政府授予老舍「人民藝術家」的榮譽獎狀，上面寫著：「《龍鬚溝》闡述了人民政府的宗旨是為人民服務。」老舍很重視這張獎狀，把它掛在自己寫字檯上方的牆上。

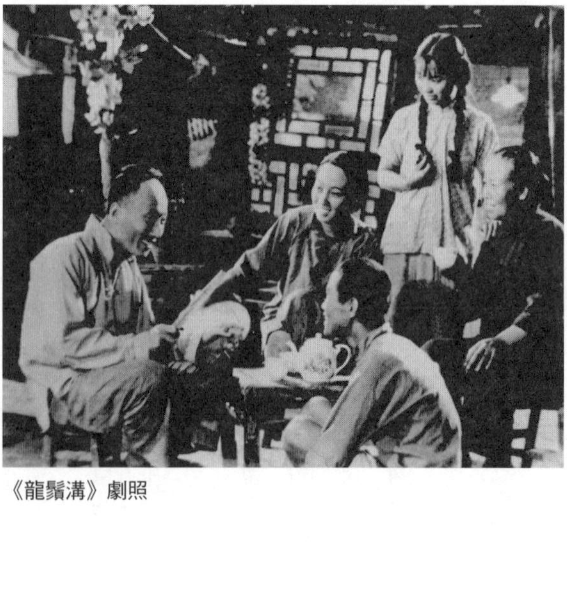
《龍鬚溝》劇照

《龍鬚溝》在老舍的創作生涯中佔有舉足輕重的地位，標誌著他開始向社會主義新文藝思想轉變。一年後，他在〈《龍鬚溝》寫作經過〉中寫道，這是件特別值得歌頌的事，「第一，政府經濟上並不寬裕，可是還決心為人民除污去害。第二，政府不像先前的反動統治者那麼只管給達官貴人修路蓋樓房，也不那麼只管修整通衢大路，粉飾太平，而是先找最迫切的事情做」。

《龍鬚溝》是一曲熱情洋溢的新社會讚歌，也是當時社會變遷的真實寫照。在話劇的結尾處，住上新房子、有了新工作的程瘋子又一次唱起了他的快板：

好政府，愛窮人，教咱們乾乾淨淨大翻身；
修了溝，又修路，好教咱們挺著腰板兒邁大步；
邁大步，笑嘻嘻，勞動人民努力又心齊；
齊努力，多做工，國泰民安享太平！

第五章
建了制度，換了人間

在中國實現社會主義，是中國共產黨自創立時起就確定的奮鬥目標。但是，基於舊中國是一個經濟文化十分落後的半殖民地半封建社會的基本國情，黨確定實現社會主義必須分兩步走，必須經過新民主主義革命才能轉入社會主義革命。這是中國革命發展的必由之路。

新中國的成立，標誌著新民主主義革命的基本結束和社會主義革命的開始。在恢復國民經濟的任務提前完成，抗美援朝、土地改革、鎮壓反革命三大運動取得偉大勝利，「三反」、「五反」運動順利結束後，中共中央制定了過渡時期的總路線，明確地向全黨和全國人民提出向社會主義過渡的任務，簡而言之就是「一體兩翼」、「一化三改」：「一化」就是實現社會主義工業化，這是總路線的主體；「三改」就是實現農業、手工業以及資本主義工商業的社會主義改造，這是總路線的兩翼。主體與兩翼之間，改造個體經濟與改造資本主義工商業這兩翼之間，是彼此聯繫、相互促進的，體現了解放和發展生產力同變革生產關係的辯證統一。

在「一窮二白」的條件下，新中國不僅展開了大規模工業化建設，順利完成了對農業、手工業、資本主義工商業的改造，建立起社會主義經濟制度，而且制定了中華人民共和國第一部憲法，建立了人民代表大會制度，並在思想領域確立馬克思列寧主義、毛澤東思想的指導地位，有步驟地對教育文化事業進行改造和建設。整個國家的政治、法律等上層建築，都進一步適應社會主義經濟基礎的建立並為之服務。

一九五四年九月十五日，毛澤東在全國人大一屆一次會議開幕式上向世人宣告：「領導我們事業的核心力量是中國共產黨。指導我們思想的理論基礎是馬克思列寧主義。我們有充分的信心，克服一切艱難困苦，將我國建設成為一個偉大的社會主義共和國。」

第一節　建立社會主義經濟制度

為了實現由落後的貧窮的農業國變為富強的社會主義的工業國，建立起獨立完整的工業體系，中國共產黨領導各族人民開始了以發展重工業為中心環節的社會主義工業化進程。與此同時，對農業、手工業和資本主義工商業進行社會主義改造，實現了生產資料所有制的深刻變革。全民所有制和勞動群眾集體所有制這兩種社會主義公有制形式，已在整個國民經濟中佔據絕對優勢地位。

一、「照耀我們各項工作的燈塔」

經過三年的恢復發展，中國經濟內部關係、社會經濟矛盾也發生重大變化。在全國工業總產值中，國營工業由一九四九年的百分之三十四・二上升至一九五二年的百分之五十二・八，私營工業從百分之六十三・三下降為百分之三十九。在社會商品批發總額中，國營商業從一九五〇年的百分之二十三・二上升至一九五二年的百分之六十・五，私營商業則由百分之七十六・一下降為百分之三十六・三。這說明社會主義性質的國營經濟在整個國民經濟中的主體作用更加強化，為中國逐步過渡到社會主義提供了主要物質基礎。

當時，私營工商業經過一系列調整，有相當一部分通過加工訂貨、經銷代銷、公私合營等形式被納入國家資本主義軌道，在不同程度上接受國家的管理和監督。中國基本完成土地改革後，農業互助合作運動在廣大農村普遍開展起來，其中參加互助組的農戶佔到農戶總數的百分之四十，初步彰顯將個體農民組織起來增加農業生產的優越性。

與此同時，中國社會經濟中也出現和積累了一些新的矛盾。工業的恢復和新建設項目的開工，對商品糧和其他工業原料的生產需求有較大幅度的增長，而土地改革後個體農民擴大再生產的能力非常有限，決定了商品糧和其他工業原料的供給無法滿足大規模工業化建設對農產品日益擴大的需求。而國家開始進行有計劃的經濟建設，需要將有限的資源、資金和技術力量集中使用到重點建設項目上來，而私人資本主義經濟則要求擴大自由生產和自由貿易來發展自己。這就不可避免地引起國營經濟同私人資本主義經濟之間的矛盾和衝突。

根據形勢的變化和現實的需要，毛澤東提出向社會主義的過渡問題。據薄一波回憶：「在我的記憶中，第一次聽到毛主席談向社會主義過渡問題，是一九五二年九月二十四日在中央書記處的會議上。那次會議主要是討論『一五』計劃的方針任務。在聽取周總理關於『一五』計劃輪廓問題同蘇聯商談情況的匯報後，毛主席講了一段話，大意是：我們現在就要開始用十年到十五年的時間基本上完成到社會主義的過渡，而不是十年或者以後才開始過渡。中共七屆二中全會提出限制與反限制的鬥爭問題，現在這個內容就更豐富了。」他還談到了農村也要向合作互助發展的問題。薄一波說：「毛主席的這些話，給我極深的印象。因為這不僅是初次聽到他對我國如何向社會主義過渡的論述，更感到這是他依據形勢的發展變化所作出的新的判斷。對於他的論點，中央其他領導同志沒有提出異議，並連續召開中央書記處會議進行了討論。」

一九五三年二月，毛澤東在中共中央政治局會議上進一步提出，什麼叫過渡時期。過渡時期的步驟是走向社會主義。類似過橋，走一步算是過渡了一年，兩步兩年、三步三年、四步四年、五步五年、六步六年，……十年到十五年走完了。在十到十五年或者更多一些的時間內，基本上完成國家工業化及對農業、手工業、資本主義工商業的社會主義改造。這表明，毛澤東關於過渡時期總路線的思想已經基本成熟。

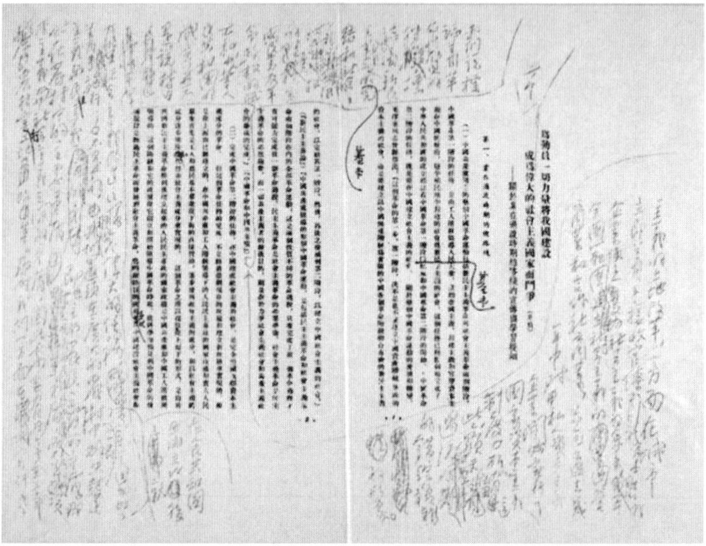

毛澤東修改的《為動員一切力量將我國建設成為偉大的社會主義國家而鬥爭——關於黨在過渡時期總路線的宣傳與學習提綱》

六月十二日，周恩來在全國財經會議的預備會議上，也談到過渡時期的問題，指出：「我們新民主主義的制度是一個過渡的制度，這個社會是一個過渡的社會。這個過渡時期的每時每刻都在增長社會主義成分：國家經濟的發展就是增加社會主義成分；半社會主義合作社的增長也在增加社會主義成分；公私合營企業的發展也是增加社會主義成分；農業裡邊的互助合作的增加也是增加社會主義成分；經濟集體主義已有了雛形，有了胚胎。最後走完了這個過渡階段，就到達了社會主義社會……目前擺在我們面前要解決的問題是能不能在政治上鞏固我們已取得的勝利，能不能建設新中國，並逐步過渡到社會主義。」

在審閱周恩來在全國財經會議上的結論時，毛澤東第一次對總路線作了比較完整的表述，總路線也由此載入中國共產黨的正式文件。這次會議結束以後，各省委立即進行傳達，在全黨高中級幹部中普遍進行了總路線的教育。

為了適應學習和宣傳的需要，毛澤東要求中央宣傳部起草一個關於中國共產黨在過渡時期總路線的學習和宣傳提綱。十二月十三日，他在〈為動員一切力量將我國建設成為偉大的社會主義國家而鬥爭——關於黨在過渡時期總路線的宣傳與學習提綱〉中，把總路線完整準確地表述為：

> 從中華人民共和國成立，到社會主義改造基本完成，這是一個過渡時期。黨在這個過渡時期的總路線和總任務，是要在一個相當長的時期內，逐步實現國家的社會主義工業化，並逐步實現國家對農業、對手工業和對資本主義工商業的社會主義改造。這條總路線是照耀我們各項工作的燈塔，各項工作離開它，就要犯右傾或「左」傾的錯誤。

對於過渡時期的起點，當時存在不同認識。毛澤東在《提綱》中特別加寫了一段文字，說明以新中國成立為起點的緣由：「我們說標誌著革命性質的轉變、標誌著新民主主義革命階段的基本結束和社會主義革命階段的開始的東西是政權的轉變，是國民黨反革命政權的滅亡和中華人民共和國的成立，並不是說社會主義改造這樣一個偉大的任務，在人民共和國成立以後就可以立即在全國一切方面著手施行了。……那時在農村中的主要矛盾是封建主義與民主主義之間的矛盾，而不是資本主義與社會主義之間的矛盾，因此需要有兩年至三年時間在農村實行土地改革。那時我們一方面在農村實行民主主義的土地改革，一方面在城市立即著手接收官僚資本主義企業使之變為社會主義的企業，建立社會主義的國家銀行，同時在全國著手建立社會主義的國營商業和合作社商業，並已在過去幾年中對私人資本主義企業開始實行了國家資本主義的措施。所有這些顯示著我國過渡時期頭幾年中的錯綜複雜的形象。」

這個《提綱》還強調：「黨在過渡時期的總路線的實質，就是使生產資料的社會主義所有製成為我國國家和社會的唯一的經濟基礎。」毛澤東在這裡也加寫了一段文字：「我們所以必須這樣做，是因為只有完成了由生產資料的私人所有制到社會主義所有制的過渡，才利於社會生產力的迅速向前發展，才利於在技術上起一個革命，把在我國絕大部分社會經濟中使用簡單的落後的工具農具去工作的情況，改變為使用各類機器直至最先進的機器去工作的情況，藉以達到大規模地出產各種工業和農業產品，滿足人民日益增長著的需要，提高人民的生活水準，確有把握地增強國防力量，反對帝國主義的侵略，以及最後地鞏固人民政權，防止反革命復辟這些目的。」

一九五四年二月，中共七屆四中全會正式批准了總路線。隨後，中共中央向全黨和全國人民進行廣泛深入的總路線宣傳教育工作，在黨內迅速統一了認識，在人民中得到廣泛的擁護，成為團結和動員全國人民共同為建設一個偉大的社會主義新中國而奮鬥的新綱領。

在慶祝一九五四年，五一國際勞動節的遊行大會上，北京市民高舉「為實現國家在過渡時期總任務而奮鬥」的標語牌通過天安門

二、第一個五年計劃和社會主義工業化的奠基

「現在我們能造什麼？能造桌子椅子，能造茶碗茶壺，能種糧食，還能磨成麵粉，還能造紙，但是，一輛汽車、一架飛機、一輛坦克、一輛拖拉機都不能造。」毛澤東在一九五四年六月說的這段話，是中國作為一個落後農業國家的寫照，給人留下了深刻的印象。

實現國家的社會主義工業化，是國家獨立富強的客觀要求和必要條件，是近代中國仁人志士共同的追求和夢想。但是，在帝國主義、封建主義雙重壓迫下的舊中國，在腐朽的反動政權統治下的舊中國，實現國家工業化只能是一種幻想。「實業救國」的道路走不通，資本主義工業化這條路也無法實現。

新中國的成立，為實現工業化創造了條件。抗美援朝戰爭以及複雜的國際局勢，更加襯托出改變中國工業特別是重工業極端落後狀況的緊迫性。正如毛澤東在一九四五年中共七大報告中所說：「沒有一個獨立、自由、民主和統一的中國，不可能發展工業。消滅日本侵略者，這是謀獨立。廢止國民黨一黨專政，成立民主的統一的聯合政府，使全國軍隊成為人民的武力，實現土地改革，解放農民，這是謀自由、民主和統一。沒有獨立、自由、民主和統一，不可能建設真正大規模的工業。沒有工業，便沒有鞏固的國防，便沒有人民的福利，便沒有國家的富強。」

在特定的歷史條件下，新中國參照蘇聯的經驗，選擇了一條優先發展重工業的工業化道路。一九五一年十二月，毛澤東明確指出：「從一九五三年起，我們就要進入大規模經濟建設了，準備以二十年時間完成中國的工業化。完成工業化當然不只是重工業和國防工業，一切必要的輕工業都應建設起來。為了完成國家工業化，必須發展農業，並逐步完成農業社會化。但是首先重要並能帶動輕工業和農業向前發展的是建設重工業和國防工業。」

針對有人呼籲政府「施仁政」，多發展輕工業，改善人民生活的觀點，毛澤東在一九五三年九月中央人民政府委員會會議上語重心長地說：「所謂仁政有兩種：一種是為人民的當前利益；另一種是為人民的長遠利益，例如抗美援朝，建設重工業。前一種是小仁政，後一種是大仁政。兩者必須兼顧，不兼顧是錯誤的。那末重點放在什麼地方呢？重點應當放在大仁政上。」他指出：「現在，我們施仁政的重點應當放在建設重工業上。要建設，就要資金。所以，人民的生活雖然要改善，但一時又不能改善很多。就是說，人民生活不可不改善，不可多改善；不可不照顧，不可多照顧。照顧小仁政，妨礙大仁政，這是施仁政的偏向。」

對這個問題，一貫重視輕工業發展的周恩來態度很明確：「重工業是我們國家工業化的基礎。沒有重工業，就不能供給工業需要的各種器材、機器、電力等東西。所以要想國家工業化，而這個國家的重工業又不發展，那的確是一個畸形。」他強調指出：「當目前國家需要集中主要力量建設重工業、奠定社會主義基礎的時候，我們全國人民都必須把注意的重點放在長遠利益上面。我們不能夠只看到眼前的利益而忽視了長遠的利益。為著我們子子孫孫的幸福，我們不能不暫時把許多困難擔當起來。」

在《關於發展國民經濟的第一個五年計劃的報告》中，李富春也分析道：只有建立起強大的重工業，即建立起現代化的鋼鐵工業、機器製造工業、電力工業、燃料工業、有色金屬工業、基本化學工業等等，才可能製造現代化的工業設備，使重工業和輕工業得到技術改造；才可能供給農業以拖拉機和其他現代化的農業機械，供給農業以充足的肥料，使農業得到技術改造；才可能生產現代化的交通工具，如火車頭、汽車、輪船、飛機等等，使運輸業得到技術改造；才可能製造現代化的武器裝備保衛祖國的軍隊，使國防更加鞏固。同時，只有在發展重工業的基礎上，才能夠顯著地提高生產技術，提高勞動生產率，不斷增加農業生產和消費品工業的生產，保證人民生活水準的不斷提高。

當然，以重工業為中心環節，並不意味著忽視輕工業和農業。一九五三年九月八日，周恩來在政協常委會上指出：「所謂集中『主要』力量，不是集中『一切』力量；不是要冒進；不是搞重工業，其他問題就都不搞了。」他說，現在人民的購買力一

一九五五年三月，陳雲在中國共產黨全國代表會議上作「一五」計劃報告

天比一天提高，「既然有這樣大的購買力，就要逐步地滿足他們的需要，就要相應地發展輕工業。同時，輕工業發展了，就便於積累資金。所以對輕工業的相應發展，我們國家是不能忽視的」。他還說：「發展農業這個問題也是大家很清楚的。不發展農業，我們的糧食就不夠吃。」所以「要經常注意，不能忽視」。

為了把有限的人力、物力、財力集中起來，建設一些國民經濟急需的重大項目，新中國藉鑑蘇聯的經驗，開始制定和實施五年計劃。時任東北人民政府工業部秘書長的袁寶華回憶說：「五年計劃是毛主席提出的，毛主席在一九五〇年二月份一次政治局會議上提出來，要編五年計劃，同時決定以總理為首，成立一個六人領導小組。所以一九五二年六月份，我從瀋陽到北京來，向中財委來匯報東北工業計劃編製情況的時候，這個時候，中財委已經編製出來一個一九五三年到一九五七年的五年計劃的輪廓，這個草案已經出來了。」

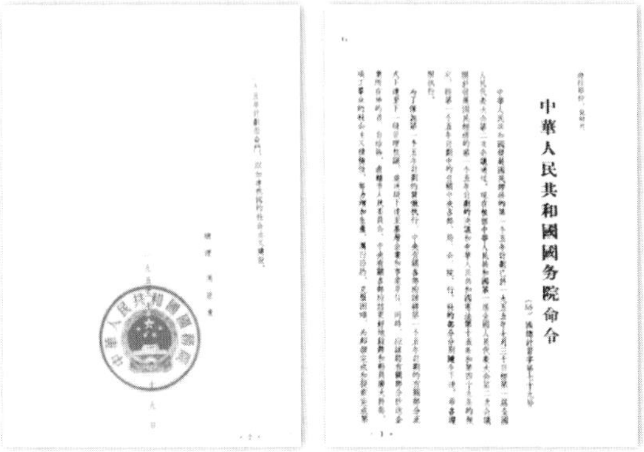
中華人民共和國國務院命令

一九五五年十二月十九日，周恩來簽署發佈的國務院關於執行第一個五年計劃的命令

由於舊中國留下的統計資料很不齊全，國內資源狀況不明，從中央到地方各級部門都缺乏編製經濟建設計劃的經驗，加上抗美援朝戰爭的影響，蘇聯幫助中國建設的重點工程項目短時間內沒有確定下來，所以第一個五年計劃的編制只能採取邊制定邊執行的辦法，不斷進行修訂、調整、補充。

從一九五一年開始編製，到一九五五年七月一屆全國人大二次會議審議通過，「一五」計劃即《中華人民共和國發展國民經濟的第一個五年計劃（一九五三—一九五七）》歷時四年，五易其稿，終於形成了中國初期工業化建設的藍圖。為了描繪這幅藍圖，周恩來、陳雲、李富春等人傾注了大量心血。當時在國家計委工作的王光偉回憶說：

總理親自指導編製計劃，審定計劃。他工作非常細緻，給我印象最深的是，幾乎每一個數字他都要過問，幾乎每一個百分比他都要親自計算，有些數字差錯往往是總理糾正的。當總理發現數字有出入時，就耐心、嚴肅地給我們指出來。指出後，他又怕我們有思想負擔，就說：全國範圍那麼大，數字不容易搞對，一個數字搞準也不大容易，你們可以回去好好再算一算。我是參加編製農業計劃的，有些數據，特別是糧食、棉花等數據，總理都是分省來問，詢問地方和有關部門的意見。我們知道總理非常注意數字的根據和來源，所以到總理那裡以前，都是盡量詳細準備，可是總沒有他那麼周密，所以往往問得我們答不出來。答不出來時，總理除了自己計算外，還告訴我們回去應該找些什麼材料看。

「一五」計劃的指導方針是：集中主要力量發展重工業，建立國家工業化和國防現代化的初步基礎；相應地發展交通運輸業、輕工業、農業和商業；相應地培養建設人才；有步驟地促進農業、手工業的合作化；繼續進行對資本主義工商業的改造；保證國民經濟中社會主義成分的比重穩步增長，同時正確地發揮個體農業、手工業和資本主義工商業的作用；保證在發展生產的基礎上逐步提高人民物質生活和文化生活的水準。

根據這個方針，「一五」計劃的基本任務是：五年中將新建一批規模巨大、技術先進的新興工業部門，同時要用現代先進技術擴大和改造原有的工業部門；要合理利用和改建東北、上海和其他沿海地區城市已有的工業基礎，同時要開始在內地建設一批新的工業基地。

「一五」計劃的投資總額達七百六十六億四千萬元，折合黃金七億多兩。這樣巨大的建設投資，是舊中國歷屆政府都無法企及的。在投資總額中，工業的比重佔第一位，為百分之五十八・二；農林水利部門佔百分之七・六，運輸郵電部門佔百分之十九・二，貿易銀行和物資儲備部門佔百分之三，文化教育和衛生部門佔百分之七・二，城市公用事業建設佔百分之三・七，其他佔百分之一・一。

到一九五七年底，以蘇聯幫助中國興建的一百五十六個項目為中心，第一個五年建設計劃的各項指標大都大幅度地超額完成，工業、交通運輸業和基本建設各條戰線喜報頻傳。一大批舊中國沒有的現代工業骨幹企業，開始一個個建立起來；一大批能源基地和工業化原料基地的建立，使中國工業生產能力大幅度提高。

比如，在冶金工業方面，對鞍山鋼鐵公司這個「重中之重」進行了大規模的改擴建。一九五三年十二月二十六日，鞍山鋼鐵公司新建的無縫鋼管廠、大型軋鋼廠、七號煉鐵爐三大工程舉行開工生產典禮。這是新中國重工業建設中首批竣工投入生產的重要工程，大大加強了以鞍鋼為中心的東北鋼鐵基地建設，為中國鋼鐵工業的進一步發展奠定了基礎。

得知鞍鋼三大工程竣工，毛澤東親自寫信給鞍鋼全體職工，表示熱烈祝賀：「鞍鋼無縫鋼管廠、大型軋鋼廠和第七號高爐的提前完成建設工程並開始生產，是一九五三年我國重工業發展中的巨大事件。」「我國人民現正團結

「一五」計劃時期，以鞍山鋼鐵公司為中心的東北工業基地在社會主義工業化建設中發揮了重要作用。圖為鞍鋼外景

一致，為實現我國社會主義工業化而奮鬥，你們的英勇勞動就是對於這一目標的重大貢獻。」

此外，還在武漢和包頭建設大型的綜合性鋼鐵基地，對馬鞍山、重慶、太原等地的鋼鐵企業進行調整和擴建，並改建了本溪鋼鐵公司、撫順鋼廠、大連鋼廠、大冶鋼廠，新建了齊齊哈爾特殊鋼廠、吉林鐵合金廠、錦州鐵合金廠釩鈦車間、上海硅鋼片廠等工程。

又如，在機械工業方面，國家以製造冶金礦山設備、發電設備、運輸機械設備、金屬切削機床等部門為重點，適當發展電機、電工器材設備、煉油化工設備和農業機械等的製造。新建的骨幹項目包括：黑龍江的富拉爾基及山西太原重型機器廠，洛陽礦山機械廠，瀋陽風動工具廠，哈爾濱電機廠、汽輪機廠和鍋爐廠，長春第一汽車製造廠，武漢、齊齊哈爾、北京的機床廠，洛陽和南昌的拖拉機廠，等等。國家已經能夠生產火車機車、大型機床、電機、現代採煤機械、地質鑽探機械等大型設備，並試製成功初教—五教練機。

中國第一批國產汽車——「解放」牌載重汽車在長春第一汽車製造廠試製成功

值得一提的是，新中國不僅充分利用東北、上海和其他城市的工業基礎，發揮它們的作用，同時積極進行華北、西北、華中等地新的工業基地的建設，在西南開始了部分的建設。一百五十六個項目中的一百零六個民用工業企業，部署在東北地區五十個、中部地區三十二個；四十四個國防企業，部署在中、西部地區三十五個，其中有二十一個安排在四川和陝西兩省。一大批工礦企業在內地興建，使舊中國工業過分偏於沿海的不合理佈局初步得到改善。

以「重中之重」的鋼鐵工業為例，蘇聯最初不主張在東北以外的地區建立新的鋼鐵企業。一九五二年，蘇聯部長會議副主席、鋼鐵工業專家捷沃西安來中國。時任中國重工業部代理部長的何長工向周恩來建議，像我們這樣大的國家，只有鞍鋼一個鋼鐵基地不行。周恩來同意這個建議，對他說：「你給他幾個大地方看看。」於是，何長工陪著捷沃西安到武漢、馬鞍山、上海、廣東、成都、西安等地去考察。何長工回憶道：「回京後，他答應給我們設計武鋼。我很快就把這個消息告訴了毛主席、周總理。周總理鼓掌，毛主席要總理請客。這樣決定了建設武鋼。」

時任中國國務院第三辦公室副主任的谷牧，也在回憶錄中寫道：「記得上海約有兩百七十多家輕工、紡織工廠遷往河南、陝西、甘肅等省，還有些服裝加工、飲食服務業也到內地生根開花，遠的到了內蒙古。在『一五』計劃期間，上海對內地支援是很大的。有份資料說，當時上海有二十一萬人支援內地，其中工程技術人員兩萬三千多人，熟練技工八萬人，還有五萬多人的設計、建築、安裝隊伍參加重點工程建設，對於內地的發展起了很大作用。可以說上海，還有遼寧，是新中國工業經濟發展征程中的重要始發基地。」

「一五」期間工業建設和生產所取得的成就，特別是重工業主要產品的產量，遠遠超過了舊中國的水準。一九五七年，鋼產量達到五百三十五萬噸，比一九五二年增長百分之兩百九十六，為新中國成立前最高年產量的五・八倍；原煤產量達到一億三千一百萬噸，比一九五二年增長百分之九十八・五，為新中國成立前最高年產量的二・一倍；發電量達到一百九十三億度，比一九五二年增長百分之一百六十四，為新中國成立前最高年發電量的三・二倍；金屬切削機床達到兩萬八千台，比一九五二年增長一・〇四倍，為新中國成立前最高年產量的五・二倍。這不僅奠定了中國社會主義工業化的初步基礎，促進了農業和輕工業的發展，提高了人民生活水準，而且顯示了社會主義制度的優越性，初步積累了社會主義建設的經驗。

三、對農業的社會主義改造

恩格斯曾經說：「一切社會變遷和政治變革的終極原因，不應當到人們的頭腦中，到人們對永恆的真理和正義的日益增進的認識中去找，而應當到生產方式和交換方式的變更中去尋找；不應當到有關時代的哲學中去尋找，而應當到有關時代的經濟中去尋找。」在社會主義工業化建設大步向前的時候，對農業、手工業和資本主義工商業的有系統的社會主義改造，也與之相適應，在大力向前推進。

農業是國民經濟的基礎，農民佔中國人口的百分之八十以上。農村問題處理得好不好，對中國社會的發展有著舉足輕重的全局性影響。新中國土地改革後，農業生產力獲得解放和發展。但是，分散的、落後的小農經濟在農業中佔絕對優勢，限制了農業生產力的進一步發展，不能滿足人民和工業化事業對糧食和原料作物日益增長的需要。它與國家計劃經濟建設之間的矛盾，隨著工業化的進展而日益顯露出來。而且，小農經濟是不穩固的，時刻向兩極分化。少數富裕農民靠著資金、農具、勞力等方面的優勢，經濟地位上升很快，並通過僱工或放高利貸發展為新富農；大多數農民的生產、生活條件雖有改善，但難以擴大再生產，更經不起天災人禍的襲擊。這使剛剛掌握政權的中國共產黨人感到擔憂。

為逐步引導農民走上社會主義大道，積極組織農民開展互助合作運動。在廣大農村，特別是在老解放區，一些貧苦農民在土地改革完成後就組織起來，成立各種形式的互助合作組織。一九五〇年，中國農村有互助組兩百七十二萬四千個。一九五一年九月，中國第一次互助合作會議在北京召開，討論形成了《關於農業生產互助合作的決議（草案）》，指出，為了幫助農民克服一家一戶個體經營中的困難，避免產生兩極分化，為了發展生產，興修水利，抵禦自然災害，採用農業機械和其他新技術，使國家得到更多的糧食和工業原料，必須提倡「組織起來」，發揮農民勞動互助的積極性。

《決議（草案）》還指出，當時農業生產互助組織大體有三種主要形式：第一種是臨時的、季節性的、小型的、簡單的勞動互助，各地要有領導地大量發展；第二種是常年互助組，當時還是少數，要在條件具備的地方有領導地逐步地推廣；第三種是以土地入股為特點的農業生產合作社。根據當時的實際情況，《決議（草案）》要求，必須按照積極發展、穩步前進的方針和自願互利的原則，採取典型示範、逐步推廣的方法，引導個體農民沿著互助合作的道路前進。

十二月十五日，《決議（草案）》印發中共各級黨委試行實施，農業生產互助合作運動很快在全國開展起來。這表明，農業方面社會主義改造的初步工作已經開始進行。到一九五二年底，已經組織起來的農戶佔全國總農戶的百分之四十左右，比一九五〇年增加了三倍。互助組發展到八百零二萬六千個，其中常年互助組一百七十五萬六千個，初級農業生產合作社三千六百四十四個，全國組織具有示範作用的高級農業生產合作社十個。這年的農業生產也有很大發展，糧食總產達到三千兩百多億斤，比上年增產四百億斤。

一九五三年二月，中共中央對《決議（草案）》進行了個別修改，作為正式決議下發。在它的指導下，全國農業互助合作運動總體上呈健康發展態勢，百分之八十以上的合作社都增產增收，並且一般都是互助組優於單幹，合作社又優於互助組。因此互助合作運動得到廣大貧苦農民的歡迎，參加合作社已開始成為一種群眾性的行動。

一九五三年四月，第一次全國農村工作會議召開，主要議題是討論如何把「從小農經濟現狀出發」和過渡時期內要達到的遠大目標聯繫起來。鄧子恢在總結報告中指出，黨在農村工作的任務，是領導農民走組織起來的道路，走互助合作、共同上升、大家富裕的道路。互助合作運動必須採取穩步前進的方針，絕不能操之過急。互助合作關係到農民的生產和生活的根本問題，必須由小到大，由少到多，由點到面，由低級到高級，發展一步鞏固一步，絕不能一哄而起。必須把向社會主義過渡同執行現行政策統一起來。

一九五三年十月，中共中央作出《關於實行糧食的計劃收購與計劃供應的決議》，即在農村實行徵購，在城市實行配給，嚴格管制私商，從而斷絕農村經濟同城市資本主義經濟的聯繫，為把農村經濟納入國家計劃經濟軌道創造必要的經濟環境。對此，毛澤東分析指出：「農民的基本出路是社會主義，由互助合作到大合作社（不一定叫集體農莊）。現在是『青黃不接』，分土地的好處有些農民已開始忘記了，他們正處在由個體經濟到社會主義集體經濟的過渡時期。中國經濟的主體是國營經濟，它有兩個翅膀即兩翼：一翼是國家資本主義（對私人資本主義的改造）；一翼是互助合作、糧食徵購（對農民的改造）。」他強調：「糧食徵購、整頓私商、統一管理這三個問題，勢在必行。配售問題可以考慮，我觀察也勢在必行。因為小農經濟增產不多，而城市糧食的需要年年增長，如果我們能夠做到城市、鄉村不同時緊張更好，但恐怕辦不到。至於名稱，不叫配售也可以，可叫計劃供應。」

當時中共中央主持財經工作的陳雲也說：「我現在是挑著一擔『炸藥』，前面是『黑色炸藥』，後面是『黃色炸藥』。如果搞不到糧食，整個市場就要波動；如果採取徵購的辦法，農民又可能反對。兩個中間要選擇一個，都是危險傢伙。現在的問題是要確實把糧食買到，如果辦法不可行，落空了，我可以肯定地講，糧食市場一定要混亂。這可不是開玩笑的事情。」

糧食實行統購統銷以後，中央根據有計劃經濟建設的需要，接著實行油料的統購和食油的統銷、棉花的統購和棉布的統購統銷。在當時的歷史條件下，統購統銷政策的實行，不僅穩定了主要農產品的市場，在不高的水準上解決了全國人民經濟生活中最重要的吃、穿問題，而且基本滿足了初期工業建設對大宗糧食的需要。同時，統購統銷和互助合作相互聯繫，推動了農業的互助合作，也促進了私營工商業的社會主義改造。

一九五三年十二月，中共中央發出《關於發展農業生產合作社的決議》，強調「黨在農村中工作的最根本的任務，就是要善於用明白易懂而為農民所能夠接受的道理和辦法去教育和促進農民群眾逐步聯合組織起來，迅步實行農業的社會主義改造，使農業能夠由落後的小規模生產的個體經濟變為先進的大規模生產的合作經濟，以便逐步克服工業和農業這兩個經濟部門發展不相適應的矛盾，並使農民能夠逐步完全擺脫貧困的狀況而取得共同富裕和普遍繁榮的生活」。決議還明確指出，初級社已經在試辦和初期發展中顯示出優越性，證明它是引導農民過渡到完全社會主義的高級社的適當形式，是領導互助合作運動繼續前進的重要環節，要求各地把農村工作的重點更多地轉向興辦初級農業生產合作社。這個決議公佈執行後，中國廣大農村很快掀起一個大辦農業社的熱潮。到一九五四年底，中國農業社總數已增加到四十八萬個，發展勢頭越來越猛。

進入一九五五年，農業合作化運動的發展仍在穩步前進。時任中央農村工作部秘書長的杜潤生在〈憶五〇年代初期我與毛澤東主席的幾次會面〉中寫道：「在三月八日，鄧

經過對個體農業的社會主義改造，農民的個體所有制轉變為社會主義集體所有制。圖為北京市豐台區東管頭鄉農民辦理加入合作社手續

河北大興縣魏莊合作社舉辦實物展覽，宣傳農業合作化的優越性

子恢還跟我說，毛主席囑咐要重視黨和農民關係，農民負擔很重；五年實現合作化步子太快，有許多農民入社，並不是真正自願的。五七年以前三分之一的農民和土地入社就可以了，不一定要求達到百分之五十。」「三月中旬毛主席又找我們幾人去談話，有鄧子恢、陳伯達、廖魯言、陳正人和我參加」，「講了那段最有名的話，說：『生產關係要適應生產力發展的要求，否則生產力就會起來暴動。當前農民殺豬、宰羊，就是生產力起來暴動。』他提出現在有些地方要停下來整頓（如華北、東北），有些地主要收縮（如浙江、河北等），有些地方要發展（如新區），『一曰停，二曰縮，三曰發』。實際上類似的方針在一九五五年一月十日中央《關於整頓鞏固農業生產合作社的通知》中就已提出，提法是『控制發展、著重鞏固』。」

然而，僅僅過了一個月，一九五五年四月六日至二十二日，毛澤東到南方視察了半個多月，當地幹部紛紛匯報情況一片大好，使他思想發生很大變化，覺得合作化的步伐可以更快一些。七月底八月初，中共中央在北京舉行省、市、自治區黨委書記會議。毛澤東發表《關於農業合作化問題》的報告，強調加快農業合作化的緊迫性，指出，國家工業化對商品糧和工業原料年年增長的需要，同農業主要農作物一般產量很低之間存在著尖銳矛盾，如果不基本解決農業合作化問題，就不能解決這個矛盾，就會使工業化遇到絕大的困難，就不可能完成工業化。他批評「某些同志卻像一個小腳女人，東搖西擺地在那裡走路，老是埋怨旁人說：走快了，走快了」；批評中央農村工作部對浙江採取「堅決收縮」的方針，是

「犯了『右』的錯誤」。毛澤東認為，在全國農村中，新的社會主義群眾運動的高潮即將到來，「我們應當積極地熱情地有計劃地去領導這個運動，而不是用各種辦法去拉它向後退」。

兩個月後，中共七屆六中全會（擴大）在北京舉行。根據毛澤東《關於農業合作化問題》的報告，全會討論通過了《關於農業合作化問題的決議》，對農業合作化的發展作了全面規劃，根據不同地區的條件，規定了合作化運動發展的速度。除了在某些邊疆地方採取比較緩慢的政策外，要求比較先進的地方在一九五七年春季以前，全國大多數地方在一九五八年以前，入社農戶達到當地總農戶的百分之七十至八十，基本上實現半社會主義的合作化。以此為轉折點，中國掀起了農業合作化高潮。

一九五五年七月，毛澤東在省、市、自治區黨委書記會議上作了《關於農業合作化問題》的報告。十月四日，中共七屆六中全會通過了《關於農業合作化問題的決議》。此後，中國掀起了農業合作化高潮。圖為廣東省農民踴躍報名入社

為了推進合作化運動，毛澤東還親自編輯了《中國農村的社會主義高潮》一書，並寫了兩篇序言和一百零四條按語。在序言中，他讚揚「群眾中蘊藏了一種極大的社會主義的積極性」，並判斷「只需要一九五六年一個年頭，就可以基本上完成農業方面的半社會主義的合作化」。他還在書中這樣寫道：「我看這就是我們整個國家的形象。難道六萬萬窮棒子不能在幾十年內，由於自己的努力，變成一個社會主義的又富又強的國家嗎？」

毛澤東一直很喜歡自己滿懷熱情寫下的這一百零四條按語。他在一次中央會議上說，新中國成立

以後，再沒有寫什麼文章了，就是寫了《關於農業合作化問題》、《關於正確處理人民內部矛盾的問題》，還為《中國農村的社會主義高潮》寫了一些按語。時為中共中央辦公廳秘書室幹部的逄先知回憶說：「我親自經歷過毛澤東直接主持編過兩部書，一部是《毛澤東選集》，一至四卷，一部麼，就是《中國農村的社會主義高潮》。」「毛澤東編《毛澤東選集》所下的功夫，所投入的精力要大得多，但是從他編書的心情來說，我感到他編《高潮》的興趣比編《毛澤東選集》的興趣還要大得多。因為在他看來，《毛澤東選集》還是過去的事情，他對現實的問題，對將來的問題，他的興趣更大，他的熱情更高，他更加注意。」

到一九五六年底，入社農戶已佔農戶總數的百分之九十六・三，其中入高級社的農戶佔農戶總數的百分之八十七・八。總的來看，農業合作化可劃分為兩個階段。從一九五一年底到一九五五年上半年為第一階段，主要是發展互助組和初級社，基本上是在穩步而健康的情況下發展的。從一九五五年下半年到一九五六年底為第二階段，合作社的發展迅猛異常，過急地、人為地加速了合作化「高潮」的到來。過快實現全國的高級形式的合作化，難免出現一些偏差。但農業合作化的完成，標誌著中國基本上完成了對個體農業的社會主義改造，為大規模的水利灌溉和農田基本建設，逐步推廣機械耕作、施肥、殺蟲等農業科學技術創造了條件，從而有力地促進了農業生產的長期發展。據統計，從一九五二年到一九五六年，農業總產值從四百八十四億元增加到五百八十三億元，增長百分之二十・五，平均每年增長百分之五・一。中國農村確實發生了翻天覆地的變化。

四、對手工業的社會主義改造

中國手工業歷史源遠流長，陶瓷器、度量衡器具、小五金、竹木漆器、農具、制糖、釀酒、麵粉、毛皮、針織、刺繡、文具、民族樂器、雕刻等，幾乎包括人民日常生活的各個方面。據一九五二年的統計數據，全國城鄉手工業工人和手工業獨立勞動者達一千九百三十餘萬人，手工業產值由一九四九年的三十二億三千七百萬元增加到七十三億一千兩百萬元，佔工業總產值的百分之二十・六。可見，手工業在國民經濟和社會生活中佔有重要地位。

然而，手工勞作、分散經營的個體手工業，在生產力結構和組織形式上，都同現代社會的要求有很大距離。它們難以使用新的技術、擴大生產規模，在銷售中也會遇到許多不可克服的困難。因此，必須像對個體農業一樣，經過合作化道路，把手工業勞動者的個人所有制改變為集體所有制。

新中國成立後，在恢復和發展手工業生產的過程中，就開始試辦手工業供銷合作社或生產合作社。一九五〇年七月，中華全國合作工作者第一次代表會議召開，明確組織手工業生產合作社的目的是，聯合起來，湊集股金，建立自己的供銷機構，去推銷自己的產品，購買原料和其他生產資料，避免商人的中間剝削，提高產品的數量和質量。到一九五二年底，中國手工業組織已發展到兩千六百七十八個，社員二十五萬兩千四百人，年產值兩億五千萬元。

過渡時期總路線公佈之後，手工業的社會主義改造進入新的發展階段。在一九五三年底召開的第三次全國手工業生產合作會議上，朱德作了《把手工業者組織起來，走社會主義道路》的報

城鄉廣大個體手工業者經由合作化道路逐步進入社會主義。圖為廣東省新會縣個體手工業者組織的木器生產合作社

告。他針對有些人輕視手工業，認為敲敲打打，沒有發展前途的錯誤看法指出：「有的同志說：『國家工業發展了，手工業就不需要了。』這種看法是不對的。」「手工業生產在我國國民經濟中，佔有很重要的地位。」「在我國工業建設初期，輕工業還遠不能滿足人民日益增長的需要，在這種情況下，手工業的重要性更為顯著。」

談到手工業的社會主義改造，朱德強調：「手工業合作社這種組織，對於手工業者是很需要的，它的發展過程則是從無到有，從小到大的。我們的任務就在於組織它，引導它，使它逐漸地發展起來。因此，不要一開始就要求太高，應該放寬尺度，根據當時當地的需要與可能，以及手工業者的要求，採取不同的形式加以組織。絕不要規定一個死格式到處硬套。」

福建閩侯縣亹嶼鎮組織起來的手工業工人在製造水車

這次會議明確了手工業合作化的基本方針政策，即：「在方針上，應當是積極領導，穩步前進；在組織形式上，應當是由手工業生產小組、手工業供銷生產合作社到手工業生產合作社；在方法上，應當是從供銷入手，實行生產改造；在步驟上，應當是由小到大，由低級到高級。」

根據第三次全國手工業生產會議的要求，手工業的合作化主要採取三種形式：

第一種是手工業生產小組，首先從供銷方面把手工業勞動者組織起來，有組織地購買原料、推銷成品或接洽加工業務。這是廣泛組織手工業勞動者的初級形式。

第二種是手工業供銷生產合作社，是由若干手工業勞動者或幾個手工業生產小組組織起來，統一購買原料、推銷成品，統一承攬加工訂貨，並以業務經營中的積累來購置公有的生產工具，進行部分的集中生產，逐漸增加社會主義因素。

第三種手工業生產合作社，是手工業社會主義改造的高級形式。其中一部分社的主要生產資料已完全歸社員集體所有，完全按勞分配，已經是完全社會主義性質的生產合作社。還有一大部分社的主要生產資料尚未完全成為集體所有，實行工具入股分紅，統一經營，收益的一部分採取按勞分配，這是半社會主義性質的生產合作社。

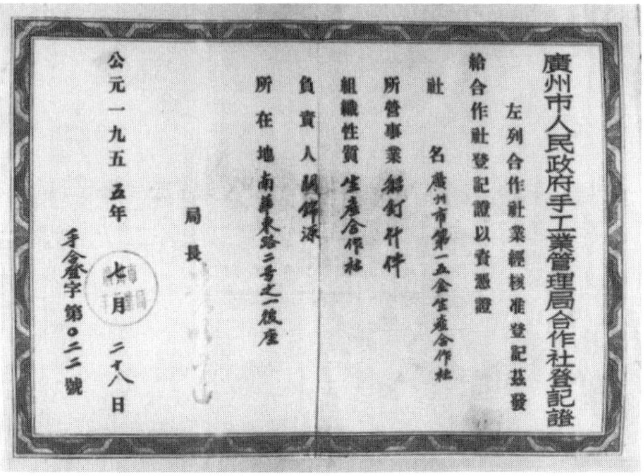

一九五四年底到一九五五年初，第四次全國手工業生產合作會議召開，針對改造進度過快、工作粗糙、原料供應和產品銷售受影響等問題，決定進行整頓、鞏固。圖為整頓後廣州市人民政府手工業管理局發給廣州市第一五金生產合作社的登記證

手工業改造中出現的多種合作形式，是中國的創造。據當時負責這方面工作的程子華回憶，蘇聯專家根據蘇聯的經驗，只承認手工業生產合作社，不承認手工業生產小組和供銷生產合作社，說這是資本主義的。程子華向中共中央作了匯報，在毛澤東主持下，經過中共中央討論，認為還是應當按照我們改造手工業的三種形式，即由手工業生產小組到供銷生產合作社，再到手工業生產合作社，逐步發展。

第三次全國手工業生產合作會議確定的方針政策，為手工業合作化的普遍發展鋪平了道路。到一九五四年底，中國手工業合作組織達到四萬一千七百多個，社（組）員一百二十一萬三千五百人，當年產值十一億七千萬元，相當於一九五三年產值五億零七百萬元的二・三倍。

從一九五五年下半年起，在農業合作化問題上批判所謂「小腳女人走路」、「右傾保守」思想的形勢下，手工業的社會主義改造也加快了步伐。一九五五年十二月，在北京召開的第五次全國手工業生產合作會議，著重批判了怕背供銷包袱而不敢加快手工業合作化步伐的「右傾保守」思想，研究制定了「一五」計劃期間基本上完成手工業社會主義改造的全面規劃。這個規劃的總要求是：一九五六年組織起來的社（組）達到手工業從業人員的百分之七十四，一九五七年達到百分之九十，一九五八年全部組織起來。這就大大加快了手工業合作化的進程。

進入一九五六年，在城市工商業全行業公私合營浪潮的推動下，手工業社會主義改造高潮開始出現。一月十一日，北京市在批准全市工商業實現公私合營的同時，宣佈手工業也全部實現了合作化。各大城市紛紛學習北京的經驗，改變原來以區為單位、按行業分期分批分片改造的辦法，採取全市按行業將手工業全部組織起來的方式。

由於手工業合作化高潮來勢迅猛，導致盲目合併集中、組織管理混亂、供產銷關係被打亂、工資福利下降等問題出現，一定程度上影響了手工業的發展。一九五六年三月四日，毛澤東在聽取中央手工業管理局的匯報時，指出：「在手工業改造高潮中，修理和服務行業集中生產，撤點過多，群眾不滿意。這就糟糕！現在怎麼辦？『天下大勢，分久必合，合久必分』。」他強調：「手工業中許多好東西，不要搞掉了。王麻子、張小泉的刀剪一萬年也不要搞掉。我們民族好的東西，搞掉了的，一定都要來一個恢復，而且要搞得更好一些。」

三月三十日，在全國工商業者家屬和女工商業者代表會議上，陳雲也明確指出：「有些工廠和商店併得對，應該併。但也有很多是併得不對的，其中數量最大的是手工業，因為他們沒有什麼機器，門面不大，併起來很方便，就併了。」他舉例說，北京有四五十萬輛自行車，修理自行車的也很多，每條馬路都有，很方便。後來認為一家一家幹是低級的，合起來才是高級的，統統合併起來，高級化了，結果老百姓很不方便。這種合併是不合理的合併，或者叫作盲目的集中，盲目的合併。主要原因是做管理工作的人，只考慮合在一起容易管理，而沒有考慮應不應該合併。因此，「併錯了的怎麼辦呢？要分開來，退回去」。

根據中共中央的指示精神，各地對手工業改造中出現的問題進行了糾正和調整。盲目合併的手工業合作社，大部分改成合作小組，以適應不同行業的特點，分別採取集中生產或分散生產的方式；在管理體制上，對手工業合作組織的供產銷實行按行業歸口管理，改變了過去生產時斷時續的狀況，使手工業生產水準有了較大提高。

到了一九五六年底，中國手工業合作社（組）發展到十萬四千餘個，社（組）員達到六百零三萬九千餘人，佔全部從業人員的百分之九十一・七。其中，高級形式的手工業生產合作社發展到七萬四千餘個，社員四百八十四萬九千餘人，佔全部從業人員的百分之七十三・六。合作化手工業的產值一百零八億七千六百元，佔手工業總產值的百分之九十二・九。至此，全國大陸地區基本上實現了手工業合作化。

五、成功實現對資本主義工商業的「和平贖買」

儘管中國私人資本主義能夠發揮有益於國計民生的積極作用，但它們經濟力量弱小，自身發展困難，在資金、原料、市場方面對國家和國營經濟有很大的依賴性。「五反」運動後，唯利是圖的資本主義工商業與國家的各項經濟政策之間、與社會主義國營經濟之間、與企業職工之間，矛盾越來越明顯。這樣，工人階級和資產階級之間、社會主義道路和資本主義道路之間的矛盾，就轉變為國內的主要矛盾。

對資本主義工商業進行系統的社會主義改造，是過渡時期的一項基本任務。中共中央領導人思考的是，究竟採取什麼形式和方法將資本主義工商業轉變為社會主義企業。一九五二年十月二十日，劉少奇在給斯大林的信裡說：「在徵收資本家的工廠歸國家所有時，我們設想在多數的情形下可能採取這樣一種方式，即勸告資本家把工廠獻給國家，國家保留資本家消費的財產，分配能工作的資本家以工作，保障他們的生活，有特殊情形者，國家還可付給資本家一部分代價。」

一九五三年五月，中央統戰部調查組完成的調查報告《資本主義工業中的公私關係問題》提出：「國家資本主義的各種形式（其中一部分將由低級向高級發展），是我們利用和限制工業資本主義的主要形式，是我們將資本主義工業逐步納入國家計劃軌道的主要形式，是我們改造資本主義工業使它逐步過渡到社會主義的主要形式，是我們利用資本主義工業來訓練幹部、並改造資產階級分子的主要環節，也是我們同資產階級進行統一戰線工作的主要環節。抓住了這個主要形式和主要環節，在經濟和政治上都有利於領導和改造資本主義和資產階級分子的其他部分。」

中共中央非常重視這個調查報告，並在一九五三年六月兩次召開政治局擴大會議進行討論，確定經過國家資本主義改造資本主義工業的方針。隨後又決定對私營商業不採取單純「排擠」的辦法，也採取國家資本主義的方針。至此，利用、限制和改造作為對資本主義工商業的總方針，最後完善起來。

對資本主義工商業進行改造的消息傳開後，在私營工商業者中引起了一些不安，中共黨內一部分人中也存在這樣或那樣的疑慮。為了統一黨內的認識，中央統戰部在北京召開全國第四次統戰工作會議。七月十八日，劉少奇代表中央到會講話，深刻闡述了為什麼要採取國家資本主義這種方式來改造資產階級，以及採取這種政策在現實中的可能性。他指出：

我們要把資產階級分化成為兩部分：一部分是能夠服從社會主義改造的，使他們跟著我們走到社會主義去；另一部分是堅決反抗社會主義改造的。對待堅決反抗的這一部分，應像消滅地主階級、官僚資產階級那樣地消滅他們，好在我們對這種方法是熟練的，這個比較簡單，比較容易，不成什麼問題。毛澤東同志說過，我們不怕民族資產階級造反。問題在於有沒有別的辦法使他們不堅決反抗社會主義改造或服從社會主義改造。他們中間有一部分（可能是一小部分）會堅決反抗，這是一定會有的，如果不估計到這一點，就要犯錯誤；但是他們中間的另一部分（可能是大部分）由於我們執行正確的統一戰線政策而有可能跟著我們走到社會主義，因為這樣對於我們和他們都有利，因為我們有政治上的優勢和經濟上的優勢，只要我們的政策是正確的，我們的工作做得好，就會使他們感到跟著我們走對他們也是有利的。因而他們能夠服從社會主義改造。

九月七日，毛澤東同民主黨派和工商界部分代表談話時進一步指出：「有了三年多的經驗，已經可以肯定：經過國家資本主義完成對私營工商業的社會主義改造，是較健全的方針和辦法。」他還說：「完成整個過渡時期，即包括基本上完成國家工業化，基本上完成對農業、對手工業和對資本主義工商業的社會主義改造，則不是三五年所能辦到的，而需要幾個五年計劃的時間。在這個問題上，既要反對遙遙無期的思想，又要反對急躁冒進的思想。」毛澤東特別強調，要「繼續在資本家中間進行愛國主義教育，為此需要有計劃地培養一部分眼光遠大的、願意和共產黨和人民政府靠近的、先進的資本家，以便經過他們去說服大部分資本家」。

九月八日，周恩來在政協常委擴大會議上，也指出：「由新民主主義到社會主義雖然是一場革命，但可以採取逐步的和平轉變的辦法，而不是在一天早晨突然宣佈實行社會主義。在過渡時期中，要使社會主義成分的比重一天一天地增加。過去我曾與盛丕華先生說過，將來是『階級消滅，個人愉快』。就是說採取逐步過渡的辦法，做到『水到渠成』。」

十月二十三日，第一屆中華全國工商業聯合會會員代表大會開幕。李維漢在會上對各種形式的國家資本主義作了具體說明，指出，一切積極為實現過渡時期總路線努力的私營工商業者，今天有合法的利潤可得，將來有適當的工作可做，和全國人民一道為社會主義事業服務，這是私營工商業者的現實和前途，也就是他們的光明大道。

由於實行正確的方針，在資本主義工業中佔有重要地位並關係到國計民生的大型企業，到一九五四年底已變成了公私合營的半社會主義性質的企業。在中國工業總產值中，社會主義和半社會主義性質的工業產值已佔百分之七十一。一九五五年，資本主義工業的公私合營從大廠逐步推廣到小廠，從大行業逐步推廣到小行業，從少數大城市逐步推廣到中小城市。

私營商業的改造，從批發商開始，穩步推進。一九五四年七月十三日，中共中央下發《關於加強市場管理和改造私營商業的指示》，要求國營商業和合作社商業必須對私營零售商進行組織貨源和組織供應的工作，並緩和私營零售商營業額下降的趨勢。按照這個精神，各地從實際情況出發，對私營批發商採取了「留、轉、包」等不同的改造步驟。「留」，是指凡為國營商業所需要者，可以為國營商業代理批發業務；「轉」，是指凡有條件轉業者，輔導其轉業；「包」，是指對無法繼續經營者，其職工和資方代理人可經過訓練，由國營商業錄用。經過上述改造，餘下的批發商戶數量雖然不少，但都是一些經營零星商品的小戶。

私營工業從統購包銷、加工訂貨的低級國家資本主義形式，到公私合營的高級國家資本主義形式的發展過程，事實上也就是逐步改造其生產關係和逐步走向社會主義的過程。這兩種形式的國家資本主義，利潤都實行「四馬分肥」，即分為國家所得稅、企業公積金、工人福利費、資方紅利四個部分。資方紅利大體佔四分之一，企業利潤大部分歸國家和工人，基本上是為國計民生服務的。這就使這些企業具有不同程度的社會主義性質。

一九五五年十月二十九日，毛澤東在工商業改造問題的座談會上，針對私營工商業者「七上八下」的普遍心態，提出要安下心來，為國家富強和人民共同富裕而共同努力，並詳細說明了中國共產黨的贖買政策。他說：「我們現在對資本主義工商業的社會主義改造，實際上就是運用從前馬克思、恩格斯、列寧提出過的贖買政策。它不是國家用一筆錢或者發行公債來購買資本家的私有財產（不是生活資料，是生產資料，即機器、廠房這些東西），也不是用突然的方法，而是逐步地進行，延長改造的時間，比如講十五年吧，在這中間由工人替工商業者生產一部分利潤……大概是一年幾個億吧，十年就是幾十個億。我們實行的就是這麼一種政策。」

聽了毛澤東的講話，榮毅仁聯繫自己家族企業的經歷，說：「我是一個資本家。我家從一九〇五年辦工業到現在已經五十多年了，申新棉紡廠的歷史也有四十多

對資本主義工商業的社會主義改造，是通過從國家委託加工訂貨、統購包銷到公私合營的多種國家資本主義形式，實現對資產階級的和平贖買。圖為毛澤東一九五六年一月視察上海公私合營的申新九廠時和榮毅仁交談

年。我們的發展不是一帆風順的。一九三三年至一九三五年間，由於國際間的不景氣，以及接連的國內戰爭的影響，企業非常困難。日本人企圖通過英國銀行來霸佔企業，宋子文也企圖併吞，但在工人和同人的支持下渡過了困難。在解放前夕，我們受到帝國主義及反動派的壓迫，加上主持者採取投機的辦法，內部矛盾，形成外強中乾。要不是解放，申新的情況如何，很難預料。解放後，同業之間非常團結，相互合作，關係很好。棉紡業從加工訂貨、統購包銷、個別的公私合營，一直發展到全行業公私合營，一步步地前進、發展，從困難到好轉。上海棉紡業的生產、福利、利潤是逐步好的，其他行業也是好的。逐行逐業改造，大中小都得到安排。」接著，榮毅仁坦誠地表示：

當然，我們很珍視我們的企業，但如果我們只看到自己的企業，抱住私有制不放，未免目光太小。我們還要不斷地進行幾個五年計劃的建設，使我們的國家更發展，生活更好。所以，我對未來是抱有無窮的美好希望的。大家都好，我也在內，我又何必對私有制戀戀不捨呢？人總要有志氣。祖國在共產黨領導下，已經站起來了，在國際上翻了身，還要建設成一個富強的國家。這中間有我一份。所以我的企業雖然已經公私合營，但我並不滿意，我還要走上全民所有制。我們一定遵循毛主席的指示，要同廣大工商業者密切聯繫，學會掌握自己的命運，走向共產主義。

毛澤東與工商業者代表的談話，為十一月召開的資本主義工商業社會主義改造問題會議打下了紮實的基礎。這次會議通過了由毛澤東主持制定的《中共中央關於資本主義工商業改造問題的決議（草案）》，系統地闡明中國共產黨對於資產階級的政策：第一是用贖買和國家資本主義的方法，有償地而不是無償地，逐步地而不是突然地改變資產階級的所有制；第二是在改造他們的同時，給予他們以必要的工作安排；第三是不剝奪資產階級的選舉權，並且對他們中間積極擁護社會主義改造的代表人物給以適當的政治安排。

在這次會議上，陳雲強調新形勢要求現存的資本主義的生產關係向著社會主義更進一步的轉變，並提出進一步改造資本主義工商業的六條意見：對各行各業的生產進行全國的統籌安排；在各個行業內部實行或大或小的改組；實行全行業的公私合營，以提高生產力並便於過渡到完全的社會主義所有制；推廣定息的辦法，把原來的「四馬分肥」改變為按照固定資產價值付給資本家定額利息；組織各行各業的專業公司；全面規劃，加強領導。

根據這次會議確立的方針政策，從一九五六年開始，資本主義工商業社會主義改造進入全行業公私合營階段。一九五六年一月十日，北京市資本主義工商業公私合營大會召開，宣佈全市三十五個私營工業行業和四十九個私營商業行業全部實行公私合營。隨後，上海、天津、廣州、武漢等大中城市相繼實現了全市全行業公私合營。合營後，國家根據個人的股額發給年息百分之五的股息。無論企業大小盈虧，利息都固定不變，稱為「定息」。李維漢回憶說：「為了正確引導資本主義所有制這一偉大的變革，在高潮到來一年間，我們進行了緊張的工作，根據中央的指示精神，制定了一系列有關的政策文件，妥善處理私股財產、定息、生產安排和人事安排等問題，有力地推進了對企業和資產階級分

一九五六年底，中國基本完成了對資本主義工商業的社會主義改造。圖為上海市信大祥綢布商店掛上公私合營新店牌

子的雙重改造，促進了企業生產經營的正常發展和提高。」

到一九五六年底，中國絕大部分地區基本上實現了對資本主義工商業的社會主義改造，資本主義工業中佔產值百分之九十九・六、佔職工總數百分之九十九的企業已轉變為公私合營企業。個體和私營商業總戶數的百分之八十二・二和從業人員的百分之八十五・一轉變為國營、合作社營、公私合營商業或合作商店、合作小組。這樣，就在中國大陸地區基本上剷除了剝削制度，建立起社會主義經濟制度。

一九五六年一月，北京市各界人士舉行聯歡大會，慶祝北京在全國第一個實現工商業全行業公私合營。圖為周恩來陪同毛澤東接受工商界代表樂松生（左一）呈獻報喜信

在改造過程中，中國共產黨把對私營工商業利用、限制和改造的方針，同對民族資產階級團結、教育和改造的方針結合起來。這既讓民族資產階級明白社會發展的總趨勢是消滅剝削，又讓他們在逐步過渡中能夠比較自然地接受改造。在經濟上給以出路，在政治上給以地位，在思想上給以教育，始終保持了無產階級同民族資產階級的聯盟，並在社會主義的基礎上有所發展。儘管同農業社會主義改造一樣，資本主義工商業社會主義改造也存在急於求成、簡單粗糙的問題，但中國終究成功地走出一條獨特的資本主義工商業社會主義改造的道路，在一個經濟文化落後的東方大國確立起社會主義制度，為進一步實現國家工業化奠定良好的社會基礎。

被譽為中國「煤炭大王」和「火柴大王」的劉鴻生，不僅在一九五四年就申請將上海水泥公司等企業參加第一批申請公私合營，一九五六年初把他在各地價值兩千餘萬元的企業全部實現公私合營，在病重彌留之際還諄諄囑咐子女們，把所餘的全部定息獻給國家。一九五六年十月，劉鴻生在上海病逝。去世前半個月，他接受《人民中國》雜誌記者的採訪，發表了〈為什麼我擁護共產黨〉的談話，講述一生的坎坷經歷，以親身感受，揭露帝國主義與中國官僚資本壓迫和摧殘中國民族工商業的種種行徑，生動地說明中國民族資本家只有跟著共產黨，走社會主義道路，才能掌握自己的命運：

問我為什麼擁護共產黨？我是一個企業家，我的企業，無論水泥、毛紡、碼頭、火柴、煤礦、銀行業目前都在發展著，規模遠較過去大得多。共產黨能推動企業，能使中國變成工業化的國家，這是我過去五十年的夢想，我為什麼不擁護它？

在過去幾十年中，從楊樹浦到南碼頭，沿著黃浦一帶是各國的碼頭，一長串的外國兵艦插著各式各樣的國旗。人們走過這裡，會不知道這兒究竟是哪國的土地。我自己是搞碼頭企業的，往往站在碼頭上搖頭。如今呢，這一帶地方每個碼頭上都是五星紅旗迎風飄揚，你想想看，一個看過上海五十年變遷的中國人，他心中會不高興嗎？

劉鴻生還感歎道：「我的孫子孫女早就戴上了紅領巾，要是我和他們談股票、利息等等，他們準會大笑我。雖然我是一個老祖父了，可是我知道他們是對的。我看見了下一代人的決心，知道那一天會很快到來的。」

三大改造是中國歷史上具有深遠意義的偉大變革，在國際社會主義運動史上也是一個偉大創舉。對此，鄧小平後來高度評價說：「我們的社會主義改造是搞得成功的，很了不起。這是毛澤東同志對馬克思列寧主義的一個重大貢獻。今天我們也還需要從理論上加以闡述。」英國劍橋大學教授彼得・諾蘭在接受中央電視台採訪時也說：「我認為對於任何經濟，尤其是對中國這樣一個非常貧窮的面臨許多問題的經濟來說，這是一個明智合理的策略，而任由經濟發展，不採取任何調控措施是不合理的，這樣會給中國的工業化進程、人民的生活及福祉造成極大困難。我一直深信中國在五〇年代早期以及七〇年代後半期之後，選擇的是一條最適合自身發展的道路。」

第二節 人民代表大會制度的建立

新中國成立之初，中國人民政治協商會議代行全國人民代表大會的職權，《中國人民政治協商會議共同綱領》起到臨時憲法的作用。一九五二年，第一屆政協任期屆滿，中央人民政府面臨兩種選擇：一是盡快召開第二屆政協會議；二是召開《共同綱領》中規定時機成熟即應舉行的第一屆全國人民代表大會。

經過慎重考慮，中共中央認為：在三年來所取得的偉大成就的基礎上，在大規模的經濟建設開始進行的時候，應該根據《共同綱領》的規定，定期召開全國人民代表大會和地方各級人民代表大會，並開始進行起草選舉法和憲法草案等準備工作。

一九五三年元旦，《人民日報》的社論將「召集全國人民代表大會，通過憲法，通過國家建設計劃」列為一九五三年的三項偉大任務之一，向全國公佈。召開全國人民代表大會，制定憲法，是中國政治生活中的兩件大事，中國的政治建設邁出了新的重要的一步，獲得了全國人民的擁護。

一、新中國第一部憲法的制定

憲法是國家的根本大法，對國家的政治制度、經濟制度和文化制度作出了原則而又明確的規定。憲法又是母法，為規範國家和社會生活的法律的制定，確定了根本的依據。

一九五三年一月十三日，中央人民政府成立了憲法起草委員會，毛澤東擔任主席，委員有毛澤東、宋慶齡、李濟深、沈鈞儒等三十三人。隨後，中共中央又成立了憲法起草小組，同樣由毛澤東親自掛帥，成員四人：毛澤東、陳伯達、胡喬木、田家英。

中國共產黨在過渡時期的總路線的提出，對憲法起草工作提出了全新要求：不僅要在《共同綱領》的基礎上，全面地、規範性地確立人民民主的原則，還必須遵循社會主義的原則，用國家根本大法的形式將過渡時期的總任務確定下來，並保證在中國建立社會主義社會，同時與逐步過渡的任務相適應，將原則性和靈活性結合起來，制定一部向社會主義過渡時期的憲法。

一九五四年三月二十三日，以毛澤東為主席的中華人民共和國憲法起草委員會舉行第一次會議。圖為出席會議的二十六位委員合影

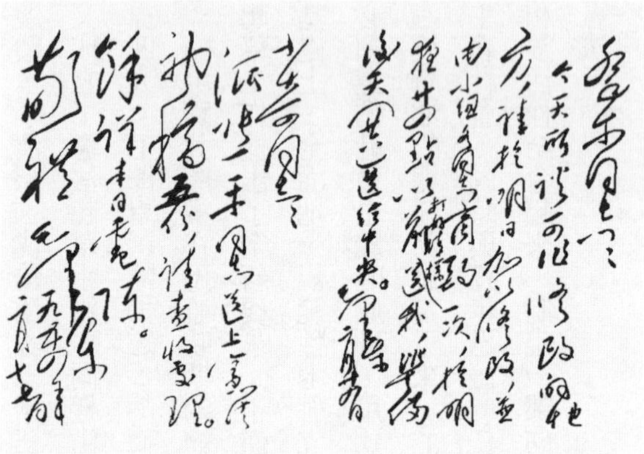

一九五四年二月十七日和二十四日，毛澤東在杭州就憲法草案修改問題分別致信劉少奇和胡喬木

一九五三年十二月二十七日，毛澤東率領憲法起草小組乘專列到達杭州，為中華人民共和國起草第一部憲法草案。這是毛澤東新中國成立後的第一次杭州之行，可謂毛澤東的制憲之旅。在杭州西湖第一名園——劉莊，毛澤東和整個憲法起草小組全身心投入到工作之中。時任浙江省委書記譚啟龍回憶說：「毛主席住在劉莊一號樓。每天午後三點，他便帶領起草小組驅車繞道西山路，穿過岳王廟，來到北山路八十四號的辦公地點。當時北山路八十四號大院三十號是由主樓和平房兩部分組成。主樓先前是譚震林一家居住的，譚震林調到上海後，我家搬進去了。我們讓出後，毛主席就在平房裡辦公，憲法起草小組在主樓辦公，往往一幹就是一個通宵。」

憲法起草小組一邊學習世界法律文明上的諸多案例，一邊起草中華人民共和國憲法。一九五四年一月十五日，毛澤東給劉少奇並中共中央各同志發去電報，詳細介紹憲法起草小組的工作計劃，並列出相關參考資料，希望政治局委員及在京中央委員閱看。這些文獻包括：一九三六年蘇聯憲法及斯大林報告，一九一八年蘇俄憲法，羅馬尼亞、波蘭、德意志民主共和國、捷克斯洛伐克等國憲法，一九一三年天壇憲法草案、一九二三年曹錕憲法、一九四六年蔣介石憲法，法國一九四六年憲法。從而可見毛澤東的重視和用心，是在做一件為新中國法制建設奠定千秋基業的大事。對此，他深情地說：「憲法是一個國家的根本法，從黨的主席到一般老百姓都要按照它做，將來我不當國家主席了，誰當也要按照它做，這個規矩要立好。」

在杭州的三個多月時間裡，毛澤東帶領憲法起草小組從起草憲法草案到一次又一次的修改，一共完成了四稿，並提交中共中央政治局擴大會議討論修改。其中，毛澤東修改審定的〈憲法草案初稿說明〉，比較集中地反映了起草憲法的指導思想：一是憲法草案從法律上保證實施過渡時期的總路線；二是憲法草案從法律上保證發展國家的民主化；三是憲法草案從法律上加強各民族的團結；四是憲法草案是《共同綱領》的發展；五是憲法草案的結構和文字力求簡明，字數連序言不足一萬字。

在憲法起草過程中，毛澤東不僅出觀點、出思想，而且在文字上做過多次修改，並在幾個稿子上多次寫下批語，傾注了極大的心血。比如，毛澤東強調起草憲法要「以事實為依據，不能憑空臆造」。他還強調，憲法要「簡單、明瞭、通俗易懂」。又如，他在研究一九一八年蘇俄憲法時，發現其將列寧寫的《被剝削勞動人民宣言》放在前面，作為第一篇。受此啟發，毛澤東決定像《共同綱領》一樣，在憲法總綱前面寫一段序言。這成為中國憲法的一個特點，一直保持到現在。

一九五四年三月二十三日，憲法起草委員會在北京舉行第一次會議。在進行認真而嚴肅的討論後，委員們完全接受了這個初稿，並決定廣泛徵集各方面的意見，在全國開展對憲法的討論。三月二十五日，中共中央發出通知，要求各地黨委認真組織討論，設立有各方面人士參加的專門機構，配備得力人員，及時將討論意見進行綜合整理，在每次會後的一天內報憲法起草委員會辦公室。

六月十一日，憲法起草委員會召開第七次會議，一致同意將它提交中央人民政府委員會，標誌著憲法起草工作勝利結束。在這次會議上，毛澤東總結說：

憲法的起草，前後差不多七個月。最初第一個稿子是在去年十一、十二月間，那是陳伯達同志一個人寫的。第二稿，是在西湖兩個月，那是一個小組起草的。第三稿是在北京，就是中共中央提出的憲法草案初稿，到現在又修改了許多。每一稿本身都有許多修改。在西湖那一稿，就有七八次稿子。前後總算起來，恐怕有一二十個稿子了。大家盡了很多力量，全國有八千多人討論，提出了五千幾百條意見，採納了百把十條，最後到今天還依靠在座各位討論修改。總之是反覆研究，不厭其詳。將來公佈以後，還要徵求全國人民的意見。憲法是採取徵求廣大人民的意見這樣一個辦法起草的。這個憲法草案，大體上是適合我們國家的情況的。

六月十四日，毛澤東主持召開中央人民政府委員會第三十次會議，通過了《中華人民共和國憲法草案》和《關於公佈中華人民共和國憲法草案的決議》。毛澤東在會上講到憲法的意義時，指出：「一個團體要有一個章程，一個國家也要有一個章程，憲法就是一個總章程，是根本大法。用憲法這樣一個根本大法的形式，把人民民主和社會主義原則固定下來，使全國人民有一條清楚的軌道，使全國人民感到有一條清楚的明確的和正確的道路可走，就可以提高全國人民的積極性。」

六月十六日，《人民日報》公佈了憲法草案。據統計，在隨後的兩個多月裡，中國約有一億五千萬人參與討論，提出的意見有一百三十八萬多條，充分反映了人民群眾對新中國第一部憲法充滿真誠而熱切的期盼，也極大地激發了人民群眾參政議政的政治熱情。九月九日，憲法起草委員會召開第八次會議，在吸收各地意見的基礎上，最終形成了《中華人民共和國憲法草案（修

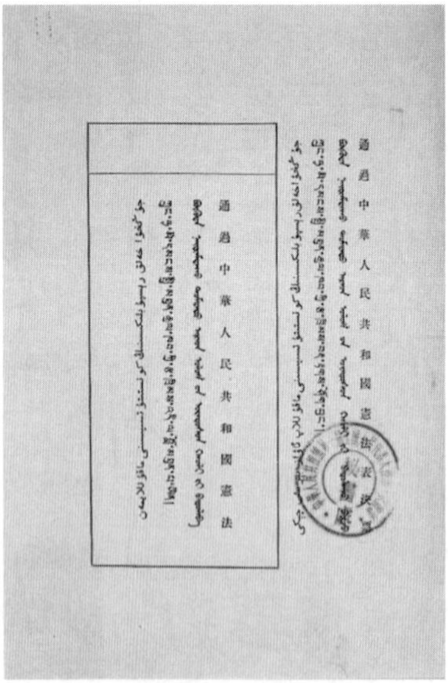

一九五四年九月二十日，中國人大一屆一次會議表決通過《中華人民共和國憲法》。圖為表決票票樣

正稿）》。

九月二十日，一屆全國人大一次會議舉行全體會議，表決通過了《中華人民共和國憲法》。出席會議代表一千一百九十七人，投票一千一百九十七張，同意票一千一百九十七張。中國各族人民經過長期的艱苦鬥爭，終於有了一部代表自己利益、體現人民民主原則和社會主義原則的憲法。這部憲法把中國共產黨所創建的基本制度和所制定的基本方針及重要政策予以憲法化、條文化，為中國後來的民主建設與制度建設奠定了基礎，是中國走向依法治國的重要標誌和新的起點。正如劉少奇所說：「這部憲法，是一百年來中國人民革命歷史經驗的總結，也是新中國成立以來新的歷史經驗的總結。」他還代表中共中央鄭重承諾：「中國共產黨是我們國家的領導核心。黨的這種地位，絕不應當使黨員在國家生活中享有任何特殊的權利，只是使他們必須擔負更大的責任。中國共產黨的黨員必須在遵守憲法和一切其他法律中起模範作用。」

這部憲法，深得民心。當時在起草委員會秘書處工作的許崇德，時隔五十多年後回憶說：「我印象最深的就是憲法草案的全民討論。一九五四年，我國發生了嚴重的洪澇災害。憲法草案公佈的時候正好是六月，很多地方都被水淹了，地方黨委就組織群眾在防洪大堤上開小組會討論，場面相當感人。」「討論得出的意見成千上萬，可是洪水已經衝垮了公路，鐵路也不通，怎麼辦？各地就用飛機大包大包地運材料。當各地的意見送到北京，我一看，都是用一層層的油紙打包捆好的。打開的時候，我心裡真是特別激動，在如此困難的條件下，人民群眾依然對新中國的憲法充滿了期盼。」

「宣佈通過的時候，代表們全體起立，熱烈鼓掌，高呼共產黨萬歲！消息傳來，北京的大街小巷到處都在放鞭炮。」「人們為什麼這麼激動？清末以來，無數的仁人志士開始搞立憲，搞民主政治，但都沒有成功。後來，北洋政府搞出了憲法，可那是鎮壓人民的憲法，蔣介石的憲法也是反動的憲法。只有

一九五四年國慶節，遊行群眾抬著《中華人民共和國憲法》模型通過天安門

在中國共產黨的領導下，人民奪取政權建立了新中國，才有了第一部真正屬於人民的憲法。後來我碰到一些人，他們的名字叫『李憲法』、『張憲法』，一問都是一九五四年生的。憲法的深入人心可見一斑。」

當時，蘇聯的憲法被稱為「斯大林憲法」。所以，也有人建議把新中國第一部憲法稱為「毛澤東憲法」。此外，還有人請求授予毛澤東最高榮譽勳章。對此，毛澤東都堅決地拒絕了。他還專門就相關問題說了一段話：「有人說，憲法草案中刪掉個別條文是由於有些人特別謙虛。不能這樣解釋。這不是謙虛，而是因為那樣不適當、不合理、不科學。在我們這樣的人民民主國家裡，不應當寫這樣不適當的條文。不是本來應當寫而因為謙虛才不寫。科學沒有什麼謙虛不謙虛的問題。搞憲法是搞科學。我們除了科學以外什麼都不要相信，就是說，不要迷信。中國人也好，外國人也好，死人也好，活人也好，對的就是對的，不對的就是不對的，不然就叫作迷信。要破除迷信。不論古代的也好，現代的也好，正確的就信，不正確的就不信，不僅不信而且還要批評；這才是科學的態度。」

根據《中華人民共和國憲法》，一屆全國人大一次會議還頒佈了《中華人民共和國全國人民代表大會組織法》、《中華人民共和國國務院組織法》、《中華人民共和國人民法院組織法》、《中華人民共和國人民檢察院組織法》、《中華人民共和國地方人民代表大會和地方各級人民委員會組織法》等，對中國政權建設和制度建設具有開創性意義。

二、第一屆全國人民代表大會的召開

中國共產黨自誕生之日起，就以實現和發展人民民主為己任。從大革命時期建立「農民協會」和「工人罷工委員會」，到土地革命戰爭時期在革命根據地實行工農兵代表大會制度；從抗日戰爭時期在根據地實行抗日民主政權和與之相適應的參議會制度，到國共內戰時期在解放區實行人民代表會議制度，中國共產黨適應革命形勢，不斷探索實行人民民主的具體形式。

在艱苦的環境裡，中國共產黨領導人民創造了「豆選法」：「金豆豆，銀豆豆，豆豆不能隨便投。選好人，辦好事，投在好人碗裡頭。」可以說，新中國和舊中國的本質區別，就在於人民當家作主人。新中國取得的成功，是全體人民團結一致、共同奮鬥的結果。換句話說，就是要做到一切為了人民，一切依靠人民。所以，建立各界人民代表會議，在新中國政權建設中居於十分突出的地位。

一九四九年九月三十日，開國大典的前日，上海松江縣各界人民代表會議在一座教堂裡隆重召開。這是中國解放後的第一個縣級各界人民代表大會。參加這次會議的奚天然回憶說：「這個會議，我記得清清楚楚。參加整個會議的各條戰線上的人，一共是兩百八十六個。會議開得很成功，大家在討論的時候，熱烈而且有爭論，最後通過了徵糧的決議和減租減息的決議。這個決議通過了以後，大家都完全擁護。」

這次會議引起了毛澤東的極大關注，他致電各大區負責人，強調「這是一件大事」，並指出：「如果一千幾百個縣都能開起全縣代表大會來，並能開得好，那就會對於我黨聯繫數萬萬人民的工作，對於使黨內外廣大幹部獲得教育，都是極重要的。」

限於新中國成立初期的歷史條件，各界人民代表會議代行人民代表大會的職權。一九四九年十一月二十七日，中共中央發出指示，要求新解放地區必須將市、縣各界人民代表會議看成是團結各界人民，動員群眾完成剿匪反霸、肅清特務、減租減息、徵稅徵糧、恢復與發展生產、恢復與發展文化教育直至完成土地改革的極重要的工具，一律每三個月召開一次。

在各界人民代表會議上，各社會階層、各黨派、各民族坐在一起，平等地共商大事，真正實現了中國歷史上從來不曾有過的人民民主。對此，參加北平市第一屆人民代表會議的社會學家費孝通，十分感慨地寫道：

我踏進會場，就看見很多人，穿制服的、穿工裝的、穿短衫的、穿旗袍的、穿西服的、穿長袍的，還有一位戴瓜帽的——這許多一望而知不同的人物，而他們會在一個會場裡一起討論問題，在我說是生平第一次。這是什麼意思呢？我望著會場前掛著大大的「代表」兩字，不免點起頭來。代表性呀！北平市住著的就是這許多形形色色的人物。如果全是一個樣子的人在這裡開會，那還能說是代表會嗎？

隨著條件的逐漸具備，政務院在一九五一年四月發出《關於人民民主政權建設工作的指示》，明確指示：各級人民政府必須依照各級人民代表會議組織通則，按期召開各級人民代表會議，其中大城市每年至少須開會三次，縣至少須開會兩次；各級人民政府的一切重大工作，應向各該級人民代表會議提出報告，並在代表會議上進行討論與審查；一切重大問題應經人民代表會議討論並作出決定；凡尚未代行人民代表大會職權的縣、市各界人民代表會議，應積極創造條件，以便迅速代行人民代表大會的職權。同時，政務院還發出指示，要求在十萬人口以上的城市召開區人民代表會議。到一九五二年九月，各地基本上都召開了人民代表會議，建立各級人民代表大會的時機已經成熟。

一九五二年十二月二十四日，政協第一屆全國委員會常務委員會舉行第四十三次會議，討論中國共產黨關於一九五三年召開全國人民代表大會和各級人民代表大會的提議。周恩來對提議作了充分說明，指出：根據《共同綱領》的規定，我國的政治制度是人民代表大會制度。在新中國成立之初，考慮到國共內戰還沒有結束，各種基本的政治社會改革工作還沒有在全國進行，經濟也需要一個恢復時期，在召開人民代表大會的條件尚未具備的情況下，由人民政協全體會議執行全國人民代表大會的職權；在地方，則由地方各界人民代表會議代行人民代表大會的職權。現在，這個條件已經成熟，為適應新時期的國家任務，必須召開全國人民代表大會和地方各級人民代表大會。為此，中國共產黨提議，由全國政協向中央人民政府委員會建議，於一九五三年召開全國人民代表大會和地方各級人民代表大會，並開始進行起草選舉法和憲法草案等準備工作。

一九五三年一月十三日，中央人民政府委員會通過決議，決定一九五三年召開由人民普選產生的鄉、縣、省（市）各級人民代表大會，並在此基礎上召開全國人民代表大會。三月一日，中央人民政府公佈施行《中華人民共和國全國人民代表大會及地方各級人民代表大會選舉法》。這個選舉法的特點，主要表現為選舉權的普遍性和平等性。普遍性是指凡年滿十八週歲的中國公民，不分民族和種族、性別、職業、社會出身、宗教信仰、教育程度、財產狀況和居住期限，都有選舉權和被選舉權。平等性是指所有男女選民都在平等的基礎上參加選舉，每一位選民只有一個投票權。

為了切實搞好各級普選，中國進行了有史以來第一次全國人口普查。據統計，截至一九五三年六月三十日二十四時，中國人口為六億零一千九百一十一萬兩千三百七十一人。在人口普查的基礎上，進行了選民登記工作，有三億兩千三百八十萬九千六百八十四名選民進行了登記，佔進行選舉地區十八週歲以上人口總數的百分之九十七・一八。隨後的全國基層單位選舉，參加投票的選民共兩億七千八百零九萬三千一百人，佔登記選民總數的百分之八十五・八八。近三億選民參加選舉，這不僅在中國，而且在全世界也是一個空前規模的民主運動。

一九五四年七八月間，中國二十五個省、十四個中央直轄市和內蒙古自治區先後召開第一屆人民代表大會。各省每八十萬人選舉代表一人，各中央直轄市和五十萬以上人口的省轄工業市，每十萬人選舉代表一人，共選出全國人大代表一千一百二十四人，加上昌都地區選舉代表三人，西藏地區選舉代表九人，軍隊選舉代表六十人，華僑選舉代表三十人，總計選舉全國人民代表大會代表一千兩百二十六人。其中婦女代表一百四十七人，佔代表總數的百分之十一・九九；少數民族代表一百七十七人，佔代表總數的百分之十四・四四。

毛澤東在第一屆全國人民代表大會第一次會議上致開幕詞

九月十五日，第一屆全國人民代表大會第一次全體會議在北京召開。會議的任務是制定憲法，審議政府工作報告，選舉新的國家領導人。在開幕式的致辭中，毛澤東說：

這次會議具有偉大的歷史意義。這次會議是標誌著我國人民從一九四九年建國以來的新勝利和新發展的里程碑，這次會議所制定的憲法將大大地促進我國的社會主義事業。我們的總任務是：團結全國人民，爭取一切國際朋友的支援，為建設一個偉大的社會主義國家而奮鬥，為保衛國際和平和發展人類進步事業而奮鬥。

毛澤東向全國人民發出號召：「努力學習蘇聯和各兄弟國家的先進經驗，老老實實，勤勤懇懇，互勉互助，力戒任何的虛誇和驕傲，準備在幾個五年計劃之內，將我們現在這樣一個經濟上文化上落後的國家，建設成為一個工業化的具有高度現代文化程度的偉大的國家。」

九月二十日，全體代表以無記名投票方式，一致通過《中華人民共和國憲法》。在憲法修改草案報告中，劉少奇特別指出：「我們國家的政治制度是人民代表大會制度」，「我們採用這種政治制度，是同我們國家的根本性質相聯繫的。中國人民就是要用這樣的政治制度來保證國家沿著社會主義道路前進。」他號召全國人民和一切國家機關必須遵守憲法的同時，特別對執政的中國共產黨提出新的要求：

中國共產黨是我們國家的領導核心。黨的這種地位，決不應當使黨員在國家生活中享有任何特殊的權利，只是使他們必須擔負更大的責任。中國共產黨的黨員必須在遵守憲法和一切其他法律中起模範作用。一切共產黨員都要密切聯繫群眾，同各民主黨派、同黨外的廣大群眾團結在一起，為憲法的實施而積極努力。

九月二十三日，周恩來在會上作了新中國成立後的第一個政府工作報告。他著重強調了不斷提高生產力的問題，認為這是最主要的事情：

我們必須用全力來實現憲法所規定的我們在過渡時期的總任務，而這裡最主要的事情，就是我們人人都要關心提高我們國家的生產力。我們必須瞭解，增加生產對於我們全體人民，對於我們國家，是具有決定意義的。只有生產不斷地增加，不斷地擴大，才能逐步地克服我們人民的貧困，才能鞏固我們革命的勝利，才能有我們將來的幸福。

周恩來還鮮明地指出，我們的目標是，使中國的國民經濟沿著社會主義的道路得到有計劃地、迅速地發展，建設起強大的現代化的工業、現代化的農業、現代化的交通運輸業和現代化的國防。這是中國共產黨對中國實現四個現代化目標的最初概括。

九月二十七日，大會進行國家領導人的選舉。選舉確定中華人民共和國主席毛澤東、中華人民共和國副主席朱德、全國人大常委會委員長劉少奇、最高人民法院院長董必武、最高人民檢察院檢察長張鼎丞。根據國家主席提名，決定周恩來任國務院總理。根據總理提名，決定陳雲、林彪、彭德懷、鄧小平、鄧子恢、賀龍、陳毅、烏蘭夫、李富春、李先念十人為國務院副總理，習仲勳為秘書長。

第一屆全國人大一次會議結束了由中國人民政治協商會議全體會議代行人民代表大會職權，以《共同綱領》代替國家根本大法的過渡狀態，標誌著人民代表大會制度作為新中國根本政治制度的正式確立。這是中國政治制度的一次偉大變

周恩來在第一屆全國人民代表大會第一次會議上作《政府工作報告》

革，為實現人民當家作主提供了根本保證。

第三節 思想和文化建設的成就

中國革命的勝利，是馬克思主義在中國的勝利，是馬克思主義基本原理同中國革命具體實踐相結合的毛澤東思想的勝利。這個勝利，使馬克思主義、毛澤東思想在中國人民中獲得很高的威信，並被接受為各項事業的指導思想。在新的形勢下，用馬克思主義、毛澤東思想來宣傳和教育人民，成為動員一切社會力量共同建設社會主義新中國的必然要求。

一、《毛澤東選集》的編輯出版

為了系統地傳播毛澤東思想，適應廣大幹部群眾學習毛澤東思想的需要，編輯出版一部《毛澤東選集》十分必要。毛澤東是文章大家，留下的著述非常多。在抗日戰爭時期和國共內戰時期，一些解放區就出版了幾種毛澤東著作集。一九四四年六月，在晉察冀根據地，晉察冀日報社出版了第一部《毛澤東選集》。一九四五年七月，蘇中解放區在隱蔽的蘆葦蕩中出版了另一部《毛澤東選集》。到了一九四八年，山東渤海解放區、東北局、晉冀魯豫中央局也相繼編輯出版了《毛澤東選集》。這些版本的《毛澤東選集》，對於宣傳毛澤東思想、教育幹部群眾，發揮了重要作用，但它們都沒有經過毛澤東本人審定，體例頗為雜亂，文字也有錯訛，一些重要的著作沒有收進去。

新中國成立前夕，中共中央決定編輯出版一部權威的《毛澤東選集》。這項工作在西柏坡的時候就已經開始。毛澤東進駐北平以後，繼續抓緊進行。從一九四九年五月六日發稿，到六月中旬，已完成三校，共一百餘萬字，全部清樣送到毛澤東手中。當時，蘇聯已將中共東北局出版的《毛澤東選集》譯成俄文，準備出版。六月一日，毛澤東在給斯大林的電報中，告訴他中共中央決定正式出版《毛澤東選集》之事，並說這個版本經毛澤東親自校正，「可於本年六月底出版。那時我們可將新版迅速送達蘇聯。所以希望暫不要將東北局出版的《毛澤東選集》俄文譯本付印，待我們的新版送到時，根據此新版與原來的東北版對照作了增減和修訂後，再行出版」。

一九四九年底至一九五〇年初，毛澤東訪問蘇聯。其間，斯大林向毛澤東建議，應該盡快出版《毛澤東選集》，以幫助人們瞭解中國革命的經驗。不久，中共中央政治局專門討論了斯大林的這個建議，決定立即著手編輯。五月，成立了中共中央毛澤東著作出版委員會，編輯出版《毛澤東選集》。

由於新中國內政外交事務繁重，特別是朝鮮戰爭的爆發，使《毛澤東選集》的編輯出版一再推遲。一九五一年一月，中國人民志願軍和朝鮮人民軍取得第三次戰役的勝利，「聯合國軍」被趕回三八線以南，朝鮮戰局大體上穩定下來。毛澤東終於可以抽出時間繼續編《毛澤東選集》了。

毛澤東修改《毛澤東選集》時住過的保育院

一九五一年二月底三月初，毛澤東以休息的名義向中央請了假，輕車簡從地來到石家莊，集中精力做這項工作。毛澤東的工作地點，處於石家莊的西郊，是一個寬敞的四合院。這裡原是一所保育院，陳設簡陋，但環境幽靜，很適合編書。毛澤東在這裡住了兩個月，修改審定了大部分選稿。他對大部分文章進行精心修改和校訂，並為一部分文章寫了題解和註釋。他的助手主要是他的三位秘書，陳伯達、胡喬木、田家英。

訪蘇期間，毛澤東曾向斯大林提出，希望蘇共中央派一位理論上強的人幫助編輯《毛澤東選集》。斯大林當即決定派主編過《簡明哲學辭典》的理論家尤金來華。一九五〇年七月，尤金來到北京。他看了毛澤東的著作後，十分稱讚。一九五〇年十二月，在尤金的推薦下，經斯大林的同意，〈實踐論〉的俄譯文在蘇聯的《布爾什維克》雜誌上全文發表。

讀者排隊購買《毛澤東選集》

十二月十八日，《真理報》又發表編輯部文章〈論毛澤東的著作〈實踐論〉〉。而中國首次發表這篇文章，則是這年十二月二十九日的《人民日報》。

從一九五一年七月一日起，《人民日報》陸續刊載正在編輯中的《毛澤東選集》第一卷的部分文章。十月十二日，《毛澤東選集》第一卷由人民出版社出版發行，第一批總發行量超出六十萬冊，成為當時政治生活中的一件大事。在幹部和共產黨員中，在青年、知識分子和各界人民群眾中，形成了學習毛澤東著作的熱潮。

《毛澤東選集》第一卷收集了毛澤東在第一次國內革命戰爭時期和第二次國內革命戰爭時期的著作，包括〈中國社會各階級的分析〉、〈湖南農民運動考察報告〉、〈中國的紅色政權為什

一九六〇年四月，毛澤東在廣州主持《毛澤東選集》第四卷的編輯工作會議

麼能夠存在〉、〈井岡山的鬥爭〉、〈關於糾正黨內的錯誤思想〉、〈星星之火，可以燎原〉、〈實踐論〉在內，共十六篇。

十月十二日這天，中國出版總署專門召開了一個慶祝會，出版總署副署長葉聖陶在日記中記載：「午後一時開《毛澤東選集》出版慶祝會，到者將二百人。」「選集凡四卷，今出版者為第一卷。各篇取捨，經毛氏審慎考慮，存錄者復親加修訂校閱，多者六七遍，少者亦兩遍。田謂於此第一卷中，可見毛氏思想之發展，及以後種種規劃之基礎。」在這次慶祝會上的講話中，出版總署署長胡愈之也談到：

> 《毛澤東選集》的出版工作，是在出版總署成立以前，北京解放以後，在中共中央領導下就已經開始了的。一九四九年五月六日，中共中央宣傳部出版委員會開始接受了《毛澤東選集》的一部分稿子發排，到現在差不多將近兩年半，才完成了第一卷的出版工作。在這兩年多的時間內，各方面讀者經常關心地問：《毛澤東選集》什麼時候出版？問到現在，才開始出版了第一卷。這一段時間很久，是因為毛主席對自己的著作採取了那樣慎重的態度，親自幾次校閱修改；中共中央《毛澤東選集》出版委員會作註釋工作和主持出版工作，也十分地慎重。

《毛澤東選集》（第二版）書影

一九五二年四月、一九五三年四月、一九六〇年九月，《毛澤東選集》第二、三、四卷也相繼出版發行。《毛澤東選集》出版後，發行量巨大，推動了全國學習毛澤東思想活動的普及和發展，提高了全黨和全國人民的政治覺悟和理論水準，從而推動了社會主義革命和建設事業的發展。《毛澤東選集》還先後被譯成多種外國文字，在世界上產生了廣泛深遠的影響。

二、知識分子的思想改造

新中國成立後，人民政府對從舊社會走過來的知識分子，採取「包下來」的方針，在生活上為他們排憂解難，在工作上給絕大多數人合適的安排。真誠地歡迎在海外工作或留學的知識分子，回國投身建設事業。

從總體上看，各類知識分子在思想上、政治上追求進步，願意為人民服務。但是，他們大多數出身於剝削階級家庭，長期受封建主義和資本主義教育，個人主義、自由主義的觀點，歐美資產階級文化思想的影響及脫離政治、脫離群眾的傾向依然存在。

為了提高知識分子的思想覺悟，以適應文化教育改革和即將開始的大規模經濟建設的需要，中國共產黨和政府確定了團結、教育、改造知識分子的政策。早在一九四五年四月二十日，毛澤東在《論聯合政府》中就明確提出：「對於舊文化工作者、舊教育工作者和舊醫生們的態度，是採取適當的方法教育他們，使他們獲得新觀點、新方法，為人民服務。」具有臨時憲法性質的《中國人民政治協商會議共同綱領》規定：「人民政府的文化教育工作，應以提高人民文化水準、培養國家建設人才、肅清封建的、買辦的、法西斯主義的思想、發展為人民服務的思想為主要任務」，「應有計劃、有步驟地改革舊的教育制度、教育內容和教學法」。

一九四九年十二月，中國教育部召開第一次全國教育工作會議，根據《共同綱領》的精神，確定了逐步改革舊教育的具體步驟和政策，提出教育必須為國家建設服務、學校必須向工農開門的總方針。

十二月三十日，時任中國教育部副部長的錢俊瑞在總結報告中說，「對新區學校安頓以後的主要工作，是有計劃、有步驟地在教師和青年學生中進行政治與思想教育，其主要目的乃是逐步地建立革命的人生觀」，從而「建立為人民服務的思想」。

一九五〇年六月二十三日，毛澤東在政協一屆二次會議上，明確向各界特別是知識界人士提出，要以批評與自我批評的方法進行自我教育和自我改造的建議。隨後，政府廣泛組織知識分子學習馬克思主義基礎知識和中國共產黨的方針政策，還組織他們參加抗美援朝、土地改革和鎮壓反革命運動，讓他們在實踐中接受教育。

廣大知識分子積極響應中共中央的號召。一九五〇年十月，茅盾發表了〈爭取發展到更高的階段〉，指出：「文藝工作者團結在『面向工農兵』的方針之下，在全國所做的普及工作是有成績的。在這裡起了一定的作用的，就是廣大民間藝人的力求進步和誠心合作。」「改革舊形式，充實新內容的努力，在中國固有的文藝各部門內，到處可以看見。」

一九五一年，北京大學率先在教師中開展了思想改造學習運動。圖為該校教師學習委員會在召開系主任、小組長聯席會研究學習問題

一九五一年六月，馬寅初出任北京大學校長。他看到北大教師積極配合當時正在進行的高等學校教育改革，便利用暑假在全校教職員工中發動了一次系統的學習運動。他希望通過聽報告、學文件、開展批評與自我批評等學習和思想改造活動，使教職員工樹立自己的革命思想，同時促進教學內容和方法的改革，不斷提高教師的業務水準。他還寫信給周恩來，提出邀請毛澤東、劉少奇、周恩來、彭真等到北

大作報告。毛澤東在信上批示：「這種學習很好，可請幾個同志去講演。」

馬寅初在北大發起的學習和思想改造活動，取得了很好的效果。中國共產黨和政府決定，將這個運動推廣到京津的所有高校，取得經驗後再推向全國。一九五一年八月二十二日，周恩來在一次報告中誠懇地指出，知識分子「要為新中國服務，為人民服務，思想改造是不可避免的」。「因為我們過去的思想不是受著封建思想的束縛，就是受著帝國主義奴化思想的侵蝕。只要我們有些知識，就要受到這些影響。」「這就需要我們每一個人不斷地在思想上求得改造，以適合我們今天新中國的需要，適合於人民的利益。」因此，「進行學習，來改造我們的思想是很值得的」。

九月二十九日，周恩來在北京、天津高等學校教師學習會上，向一千七百多位教師作了題為《關於知識分子的改造問題》的報告。他以自己思想改造的親身經歷，回答了知識分子為什麼需要改造和如何進行改造的問題：我「幾十年以前就參加了共產黨，是不是進了共產黨之後工人階級立場就那麼清楚了呢？也許看書學習、寫文章的時候是那樣，但是到實踐的時候，是不是辦每一件事情都合乎工人階級的立場呢？認真檢查起來，還是差得很遠的。工人階級立場不是從空中掉下來的，也不是自封的，決定的關鍵是實踐，只有實踐才能證明是否合乎這樣一個立場」。「知識分子的改造也要經過鍛鍊，經過學習，經過實踐。知識分子到工廠去，到農村去，就是要學習工人階級、勞動人民的思想和立場。」

這次長達五個小時的報告，親切感人，

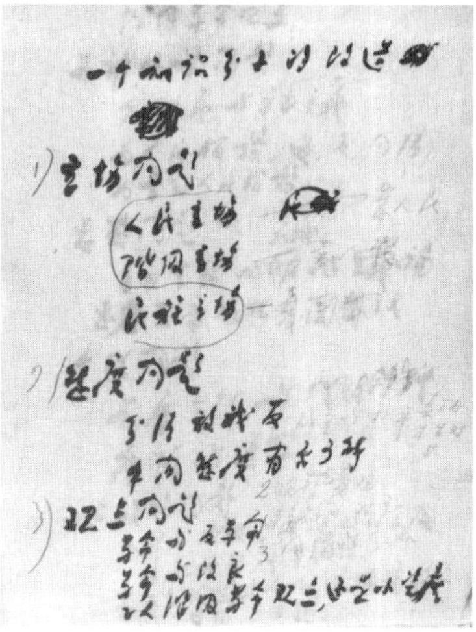

一九五一年九月二十九日，周恩來在京津高等學校教師學習報告會上作《關於知識分子的改造問題》的報告，就知識分子如何確立革命立場、觀點、方法的問題，談了自身的體會，並號召教師們認真展開批評和自我批評，努力使自己成為文化戰線上的革命戰士。圖為周恩來報告提綱的手稿

使在場的人難以忘懷。馬寅初感慨地說：「周總理以自我批評的精神坦白地說出自己的社會關係，聽者莫不感動。以這樣的辦法來領導知識分子改造思想，在我看來是最有效的。這不僅啟發了知識分子學習的要求，而且鞏固了學習者的信心，提高了學習者的情緒，推進了思想改造的進程。」哲學家金岳霖教授在晚年回憶中說：這次報告的「聽眾好些都是五十過頭的人，我就是。我從來沒有聽見過有周總理這樣地位高的人在大庭廣眾中承認自己犯過錯誤。對我們這些人來說這是了不起的大事」。

十月二十三日，毛澤東在全國政協一屆三次會議開幕詞中，進一步強調：「思想改造，首先是各種知識分子的思想改造，是我國在各方面徹底實現民主改革和逐步實行工業化的重要條件之一。」會議最後作出決定，將知識分子改造運動列為一九五二年中心政治任務之一。十一月，中共中央相繼發出《關於在學校中進行思想改造和組織清理工作的指示》、《關於在文學藝術界開展整風學習運動的指示》，要求各級學校和文藝界有計劃、有領導、有步驟地開展思想改造和整風學習運動。

一九五二年一月，全國政協常務委員會第三十四次會議通過《關於開展各界人士思想改造的學習運動的決定》，並成立了以林伯渠為主任委員的學習委員會，負責組織和領導各黨派民主人士，各級政府、人民團體和協商機關中的無黨派人士，政府和企業中的專家、工商界人士、宗教界人士的學習。決定規定，人民政協全國委員會和各地協商委員會，目前應以組織領導各界人士學習為主要任務。這樣，從北京高等學校開始的以改造思想為主要內容的學習運動，逐步普及到全國各界知識分子中去，發展成為全國規模的知識分子學習運動。

一九五二年秋，知識分子的思想改造學習運動基本結束。在歷時一年的運動中，全國百分之七十七的高等學校進行了思想改造，百分之九十一的教授、講師、助教、職員參加了運動，中等學校百分之七十三的教職員參加了運動。

一九五四年九月二十三日，周恩來在一屆全國人大上作《政府工作報告》時說：「知識分子的思想改造工作是有成效的，今後仍然應當根據具體的需要，採取適當的方式來進行。」一九五六年一月十四日，他在中共中央召開的關於知識分子問題會議上再次指出：「解放以來，黨所領導的思想改造運動和對於唯心主義思想的批判，對於知識分子的進步產生了很大的效果。」確如此言，經過這次運動的洗禮，廣大知識分子克服了舊思想，接受了新思想，明確了為工農兵和新中國經濟建設服務的方向，促進了新中國文化教育和各項建設事業的發展。

三、掃除文盲運動

「黑格隆冬天上，出呀出星星。黑板上寫字，放呀麼放光明。什麼字，放光明？學習，學習二字我認得清……」這首名為《夫妻識字》的歌曲，二十世紀五〇年代在中國的大江南北風靡一時。那時，無數人就是唱著這首歌，走進了掃盲班的課堂，認識了常用的漢字，還學會了寫自己和家人的名字。

在舊中國，上學讀書是有錢人家的專利，工農及其子女向來被排斥在國家教育的門外。據統計，到新中國成立時，全國五億五千萬人口中，有四億多都是文盲，文盲率高達百分之八十。在貧窮落後的農村，有的地方甚至十里八村也找不出一個識文斷字的人來。

中國人民解放軍西南軍區某部文化幹事祁建華創造了「速成識字法」。圖為祁建華在推廣「速成識字法」

早在中國共產黨成立之前，各地的共產黨早期組織在工人中開展活動時，就把創辦各種勞動補習學校放在重要地位。北京的黨組織在長辛店創辦勞動補習學校，上海的黨組織在小沙渡創辦工人半日學校，其他各地的共產黨組織也分別創辦工人夜校、補習學校、識字班等。

在中共中央蘇區時期，毛澤東領導的蘇維埃政府，先後制訂了《識字班辦法》、《消滅文盲協會章程》、《消滅文盲決議案》等文件，提出了「要結束百分之八九十的勞動群眾不識字的歷史」的奮鬥目標，並在「不識字的是瞎子」、「開展消滅文盲運動」的鮮明口號下，廣泛深入地開展了蘇區的掃盲運動。

到了國共內戰時期，各解放區每到冬天農閒季節，便組織農民讀書、識字。當時，這叫作「冬學」工作。儘管各地水準參差不齊，教材、師資和組織形式也千差萬別，但它對提高農民群眾的文化水準和政治覺悟，起到了積極作用。這也是新中國掃盲工作的雛形。

在一九四五年的中共七大上，毛澤東作了《論聯合政府》的政治報告。他明確提出：「從百分之八十的人口中掃除文盲，是新中國的一項重要工作。」新中國成立後，這項工作立即提上議事日程。一九五〇年九月二十日，中國教育部和全國總工會聯合召開了第一次全國教育工作會議。時任中國教育部部長的馬敘倫在開幕詞中表示，工農教育應該以識字教育為主。會議期間，毛澤東、朱德等領導人親臨現場，看望會議代表，表達了中共中央對掃盲工作的高度重視。經過討論，這次會議提出了「推行識字教育，逐步減少文盲」的口號。

中國剛開始掃盲時，由於條件所限，學校是臨時的，老師是業餘的，教材也是五花八門。所以，掃盲雖然得到全國上下的響應，但不少地方收到的效果並不好。一九五一年十一月二十九日，重慶《新華日報》發表了一篇名為〈速成識字教學過程概述〉的文章，介紹西南軍區文化幹事祁建華幫助戰士在短時間內脫盲的事跡。祁建華的秘訣是利用注音識字，發明了一套行之有效的速成識字法。當時，西南軍區在一萬兩千六百名幹部、戰士中試行「速成識字法」，一般只要十五天時間，就能識字一千五百個以上。

一九五二年四月二十三日，中國政務院文化教育委員會舉辦頒獎典禮，時任文化教育委員會主任的郭沫若，親自給祁建華發了獎狀。三天後，《人民日報》發表社論，號召各地「普遍推行速成識字法」。經過短短幾個月的推廣，速成識字法教學在工廠、農村中普及開來，把掃盲運動推向了一個高潮，取得了很大成效。一時間，從城鎮到鄉村，從東海之濱到青藏高原，到處都是琅琅的讀書聲。很多地方，出現了夫妻、父子、婆媳一起讀書識字的感人景象。

據統計，在一九五二年全國工農業餘學校中，參加學習的工人達兩百三十餘萬人，是一九五一年的一．一六倍，一九五〇年的三．〇七倍；參加學習的農民達兩千七百餘萬人，是一九五一年的一．七五倍，一九五〇年的七．七七倍。一九五一至一九五二年度在農村開展的冬學運動，入學農民達四千八百餘萬人，是一九五〇至一九五一年度的二．二倍，一九四九至一九五〇年度的三．七六倍。一九五二年速成識字法推廣試驗，參加學習人數達七百餘萬人。

日本學者淺井加葉子在她的《當代中國掃盲考察》中，記錄了農村掃盲運動的生動事例：

城市婦女組織起來掃除文盲

事例一：姬風琴，女，當時二十多歲。解放前只上了半年學。一九五一年參加了政府組織的掃盲班。白天在田裡幹活，晚上在掃盲班學習一兩個小時，星期天全天都上課。小學教師和小學的高年級學生當掃盲教師。剛開始上課時，還沒有教材，後來才用了課本。經過三年的學習，初級班、中級班、高級班都畢業了。初級班和中級班的畢業考試只考「閱讀」和「聽寫」。高級班的考試是在考卷上作筆答。畢業後，在農業合作社裡做信用社的會計工作。

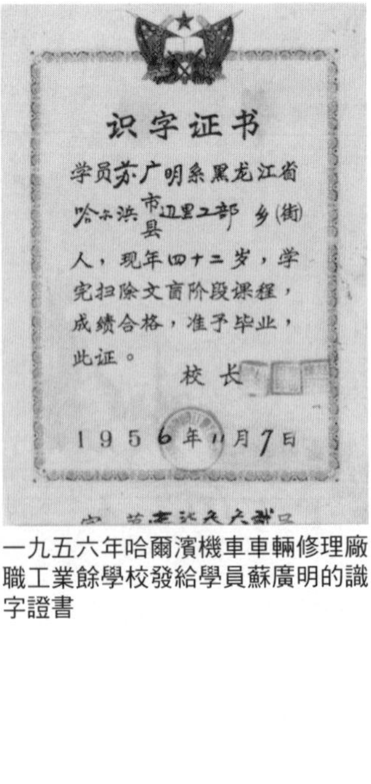

一九五六年哈爾濱機車車輛修理廠職工業餘學校發給學員蘇廣明的識字證書

事例二：劉玉田，男，當時二十七歲。參加識字班之前，斗大的字不識一個。一九五二年參加學習。冬天每天學習一至兩個小時。老師有四十多歲，以前是農村的私塾先生。初級班使用五百個字編寫的課本，中級班用一千字的課本，高級班的考試是有作文（如寫信等）的考試。高級班畢業後擔任農業合作社的副主任。後來經過他的勸說，有個年輕人也參加了掃盲班的學習，畢業後升入初中，成了工廠的工人。

在掃盲運動中，傳統繁體漢字的「三多」，即字多、形多、讀音多，以及因此造成的「五難」，即難認、難讀、難寫、難記、難檢排，成為快速提高文化水準的一個障礙。有計劃、有步驟地改革漢字，成為一項十分重要的政治任務。

一九五二年二月，中國文字改革研究委員會著手進行漢字簡化的研究和方案制訂工作，同時開始了拼音化的準備工作，推廣普通話、制訂《漢語拼音方案》。經過四年的努力，一九五六年一月，國務院通過了《關於公佈〈漢字簡化方案〉的決議》。一個月後，國務院又向全國發出了《關於推廣普通話的指示》。這一年的春節，中國的老百姓開始嘗試著用普通話拜年，用簡化字寫對聯。一九五八年二月，一屆全國人大五次會議批准公佈《漢語拼音方案》。此後，全國絕大部分學校開始推廣漢語拼音和普通話。

簡化漢字、拼音字母和普通話的推廣，為掃盲運動帶來了便利，掀起了新的高潮。一九五八年，中國約有六千萬人投身到「萬人教、全民學」的群眾性識字運動中。

一九五五年，法國哲學家讓・保羅・薩特和作家西蒙娜・德波娃應邀訪問中國四十五天。回國後，薩特在《對新中國的看法》中寫道：「政府意識到他們不能提供足夠的學校和教師。所以，他們公開呼籲：所有識字的人要至少教他的一個鄰居識字。這一運動開展了起來並取得巨大的進展。感謝這種自主決定，中國的面貌正以驚人的速度改變。痛苦依然存在，但這種痛苦是不能與殖民地的痛苦相比的。」

一九六四年，中國開展第二次人口普查的結果顯示，十五歲以上人口的文盲率，已經由解放初期的百分之八十下降到了百分之五十二；一億多人摘除了文盲的帽子。又經過近四十年的不懈努力，中國文盲比率在二〇〇〇年下降為百分之六・七二。這無疑是二十世紀中國教育史上最有標誌性的成就之一，同時也為世界掃盲運動作出了重要貢獻。

第四節 在世界事務中發出中國的聲音

隨著對外關係格局的基本確定，新中國不僅以嶄新形象出現在國際舞台，而且提出了引人注目並迅即引起重大國際反響的和平共處五項原則。一九五四年，中國與蘇聯、美國、英國、法國一道，參加了日內瓦會議，這是新中國首次參加政府間多邊國際外交會議，並為通過談判解決國際爭端發揮了重要作用。一九五五年，中國參加了亞非會議，提出「求同存異」的主張，爭取了亞非國家對新中國的理解和信任，為進一步開展中國和亞非各國間的友好合作關係創造了條件。外交領域的積極活動和鬥爭，為新中國經濟社會建設爭取了有利的國際環境。

一、和平共處五項原則

新中國的誕生，對於世界和亞洲來說，究竟是和平的因素，還是危害和平的因素？這是國際社會關注的一個問題。一九四九年十月一日，毛澤東在開國大典上，鄭重向各國政府宣佈：「凡願遵守平等、互利及互相尊重領土主權等項原則的任何外國政府，本政府均願與之建立外交關係。」可以說，這句話裡面已經蘊含了「和平共處五項原則」的精神。

和平共處五項原則首先是為處理與亞洲民族獨立國家的關係而提出的。周恩來對這個原則的概括、提出和推廣作出了重要的貢獻。一九五三年十二月，印度派代表團來中國，商談兩國之間的歷史遺留問題，特別是印

一九五三年底，中印兩國政府就兩國在中國西藏地方的關係問題在北京舉行談判。圖為中印雙方一九五四年四月二十九日在北京舉行《中印關於中國西藏地方和印度之間的通商和交通協定》簽字儀式

度在中國西藏地方享有英國殖民主義時期的某些特權問題。十二月三十一日，周恩來在接見印度政府代表團時表示：「新中國成立後就確立了處理中印兩國關係的原則，那就是互相尊重領土主權、互不侵犯、互不干涉內政、平等互惠和和平共處的原則。」他接著說：「兩個大國之間，特別是像中印這樣

一九五四年六月二十八日至二十九日，周恩來應緬甸總理吳努的邀請訪問緬甸

兩個接壤的大國之間，一定會有某些問題。只要根據這些原則，任何業已成熟的、懸而未決的問題都可以拿出來談。」這個主張得到印方的贊同。一九五四年四月二十九日，雙方簽署的《中印關於中國西藏地方和印度之間的通商和交通協定》，在序言中把「和平共處五項原則」確定為指導兩國關係的準則。

一九五四年六月二十八日，周恩來訪問印度時與印度總理尼赫魯發表的聯合聲明強調「和平共處五項原則」不僅適用於中印之間，「在他們與亞洲以及世界其他國家的關係中也應該適用這些原則。如果這些原則不僅適用於各國之間，而且適用於一般國際關係中，它們將形成和平和安全的堅固基礎。而現時存在的恐懼和疑慮，則將為信任感所代替」，「有關各國中每一個國家的領土主權和互不侵犯有了保證，這些國家就能和平共處並相互友好。這就會緩和目前存在於世界上的緊張局勢，並有助於創造和平的氣氛」。

六月二十九日，周恩來訪問緬甸時，又與緬甸總理吳

一九五四年十月二十一日，毛澤東會見尼赫魯

努發表聯合聲明，強調「和平共處五項原則」「能為一切國家所遵守，則社會制度不同的國家的和平共處就有了保障，而侵略和干涉內政的威脅和對於侵略和干涉內政的恐懼就將為安全感和信任感所代替」。「各國人民都應該有選擇其國家制度和生活方式的權利，不應受到其他國家的干涉。革命是不能輸出的；同時，一個國家的人民所表現的共同意志也不應容許外來干涉。」

值得稱讚的是，在「和平共處五項原則」的基礎上，中緬兩國通過協商談判，友好解決了歷史遺留的邊界問題，簽訂了《中緬邊界條約》和《中緬友好和互不侵犯條約》。周恩來在首都各界人民慶祝中緬邊界條約簽訂大會上指出：「中緬邊界條約的簽訂，全面地徹底地解決了幾十年來中緬兩國人民一直渴望解決的複雜問題，使長達兩千多公里的中緬邊界，成為和平友好的邊界。這不僅使中緬邊境的居民能夠得到安寧和幸福，而且有利於中緬兩國人民的和平建設和友好合作。中緬邊界條約是中緬兩國友好關係進一步發展的里程碑，是亞洲各國人民友好相處的光輝榜樣，是亞洲各國之間解決邊界問題和其他爭端的良好範例。」

新中國用自己的實際行動證明，不同社會制度的國家之間是可以和平共處的。這在國際社會中產生了強烈反響。一九五四年八月，英國工黨領袖、前首相艾德禮率英國工黨代表團訪華。八月二十四日，毛澤東在會見他們時說：「你們問，我們和你們所代表的社會主義能不能和平共處？我認為可以和平共處。這裡發生一個問題，難道只能和這種社會主義共處，不可以和別的事物共處嗎？和非社會主義的事物，像資本主義、帝國主義、封建王國等能共處嗎？我認為，回答也是肯定的，只需要一個條件，就是雙方願意共處。為什麼呢？因為我們認為，不同的制度是可以和平共處的。」這是毛澤東在新中國成立後第一次向西方大國的政界要人發表長篇談話，第一次向西方大國的政界要人詳細闡明中國的和平外交政策。

此後，毛澤東在外交活動中多次闡述他對「和平共處五項原則」的認識。一九五四年十月，毛澤東會見印度總理尼赫魯時說：「我們在合作方面得到一條經驗：無論是人與人之間、政黨與政黨之間、國與國之間的合作，都必須是互利的，而不能使任何一方受到損害。如果任何一方受到損害，合作就不能維持下去。正因為這個原因，我們的五項原則之一就是平等互利。」他還明確表示，「應當把五項原則推廣到所有國家的關係中去」。兩個月後，毛澤東會見緬甸總理吳努時，進一步闡明了「和平共處五項原則」：「五項原則是一個長期方針，不是為了臨時應付的。這五項原則是適合我國的情況的，我國需要長期的和平環境。五項原則也是適合你們國家的情況的，適合亞洲、非洲絕大多數國家的情況的。對我們來說，穩定比較好，不僅是國際上要穩定，而且國內也要穩定。」

一九五六年，波蘭事件和匈牙利事件發生後，在中國政府的建議下，蘇聯政府於十月三十日發表《關於進一步加強蘇聯同其他社會主義國家的友誼和合作的基礎的宣言》，宣佈今後遵守互相尊重主權和平等互利的原則。十一月一日，中國政府發表聲明表示支持，強調社會主義國家的相互關係更應建立在互相尊重主權和領土完整、互不侵犯、互不干涉內政、平等互利、和平共處五項原則的基礎上。至此，「和平共處五項原則」不僅得到了社會制度相同的國家的確認，而且得到了社會制度不同的國家的確認。

在「和平共處五項原則」的外交方針指導下，新中國最初階段對外關係的基本格局大體上確定下來。新生的人民共和國一開始就以獨立自主、熱愛和平而又不畏強暴的嶄新風貌屹立在世界的東方。經過幾十年的實踐檢驗，「和平共處五項原則」不僅成為中國對外政策的基石，也逐漸被國際社會普遍接受。

二、首次以五大國身份參加國際會議

一九五四年二月，在蘇聯的推動下，蘇、美、英、法四國外長在柏林達成協議，提出由中、蘇、美、英、法以及有關國家，在瑞士日內瓦舉行會議，討論朝鮮和平統一和恢復印度支那和平問題。中國政府對此表示贊同和支持並決定派團參加。在接見印度駐華大使賴嘉文時，周恩來表示：「柏林會議有一點收穫，就是要舉行日內瓦會議，從遠東的具體問題來解決一些國際上迫切的問題，尤其是遠東和平問題。這就是一個成就。還有，用協商的方法來解決國際糾紛的原則也被推進了一步。」

日內瓦會議是新中國成立後首次以五大國之一的地位，參加討論國際問題。中共中央派出以周恩來為首席代表，張聞天、王稼祥、李克農等為代表的陣容強大的代表團。周恩來向身邊工作人員打了一個生動的比喻：儘管我們過去在國內談判有經驗，跟美國吵架也有過經驗，但是那是野檯子戲；這次是一個正式的國際會議了，我們登上國際舞台了，又是一個大國，是一個正規戲、舞台戲，又是第一次唱，所以要本著學習的精神去做。

二月底三月初，周恩來親筆起草了《關於日內瓦會議的估計及其準備工作的初步意見》，提出：「我們應該採取積極參加日內瓦會議的方針，並加強外交和國際活動，以破壞美帝的封鎖禁運擴軍備戰的政策，以促進國際緊張局勢的緩和。」為此，「應盡一切努力，務期達成某些可以獲得一致意見和解決辦法的協議，甚至是臨時性的或個別性的協議，以利於打開經過大國協商解決國際爭論的道路」。

一九五四年四月二十日，周恩來率領中國政府代表團離京前往瑞士，參加討論和平解決朝鮮問題和恢復印度支那和平問題的日內瓦會議。圖為周恩來在瑞士日內瓦機場

《初步意見》確定了中國最低限度的鬥爭目標：在朝鮮問題上，如果朝鮮政府的全面建議不能被對方接受，「我們應在承認維持南北朝鮮現狀、分期撤退外國軍隊和恢復南北朝鮮交通貿易等問題上謀求解決辦法，以建立初步的和平局面」；在印度支那問題上，力爭在十六度線附近劃定南北雙方停戰線。

此外，《初步意見》還提出，「必須準備其他有關中國、遠東及亞洲的和平與安全等問題的材料和意見。尤其是發展各國間的經濟關係和貿易交通往來，更為緩和國際緊張關係、打破美帝封鎖禁運的有效步驟。在會議外，中英、中法、中加的相互關係也會觸及，我們亦應有所準備」。

一九五四年四月二十六日，這次舉世矚目的會議在日內瓦國聯大廈開幕。從四月二十七日到六月十五日，會議重點討論朝鮮半島和平統一問題。朝鮮提出一切外國武裝力量撤出朝鮮半島，舉行國民議會的全朝鮮選舉，組成統一政府，實現和平統一。中蘇兩國支持這一主張，提出在排除外國干涉的自由條件下進行全朝鮮選舉，由中立國監督委員會進行監督。韓國和美、英等國則主張，在朝鮮實行自由選舉，選舉韓國議會留給朝鮮代表的一百個席位，而且選舉必須由聯合國監督執行，實際上是由包括美國在內的各侵朝國家監督選舉，還提出美國軍隊繼續留在韓國，企圖以韓國吞併朝鮮這種方式來解決戰爭未能解決的「統一」問題。顯然，美國根本無意解決朝鮮問題，更不願看到韓朝兩國在沒有外國干涉的情況下由全民選舉實現和平統一。

兩方意見的嚴重分歧，使朝鮮和平統一的談判陷入了僵局。在六月十五日的最後一次全體會議上，周恩來率先提出日內瓦與會國家「繼續努力，以期在建立統一、獨立和民主的朝鮮國家的基礎上達成和平解決朝鮮問題的協議。關於恢復適當談判的時間和地點問題，將由有關國家另行商定」。他強調指出：「如果這樣一個建議都被聯合國軍有關國家所拒絕，那末，這種拒絕協商和和解的精神，將為國際會議留下一個極不良的影響。」

周恩來的建議，得到與會國家代表的普遍贊成。大會執行主席、英國外交大臣艾登說：

日內瓦會議會場

「如果大家同意，我可否認為，這個聲明已為會議普遍接受。」就在此時，美國代表史密斯突然發難，聲稱：「我不懂得中國建議的範圍與實質。因此，在請示我的政府以前，我不準備表示意見，也不準備參加剛才有人建議通過的決議。」這樣一來，朝鮮問題最終被拖成一個長期懸而未決的問題。但正如周恩來所說：「在全世界人民面前證明了蘇聯、中國和朝鮮民主主義人民共和國是在尋求用協商方式緩和國際緊張局勢的，是用各種建議求得達成協議，達成朝鮮的民主統一、民族獨立。」「美國在表面上很凶，但背後卻很虛弱。」

日內瓦會議的另一項重要議程，是恢復印度支那和平問題。參加者除中、蘇、法、英、美以外，還有越南民主共和國、南越、老撾王國和柬埔寨王國。同朝鮮問題一樣，由於美國的原因，會談進展緩慢。在日內瓦會議召開前夕，美國總統艾森豪就提出「多米諾骨牌」效應的論點，認為如果印度支那失手，接下去就會失去緬甸、泰國、馬來亞和印度尼西亞等國，動搖由日本、台灣當局、菲律賓結成的「島嶼鏈」，進而波及澳大利亞和紐西蘭。所以美國不但不想在朝鮮問題上作任何讓步，而且一再呼籲英、法在印度支那問題上和它採取聯合行動，以軍事對抗來阻止所謂共產主義向東南亞的「擴張」。

在印度支那和平問題上，各方爭執的焦點是：第一，越南停戰後如何劃分集結區。法方主張劃在北緯十八度線，越方主張劃在十六度線。第二，如何對待老撾和柬埔寨。越南提出，應作為整個印支問題的一部分加以考慮，必須按同樣的方式在印支三國實現停戰；法方提出，應與越南問題分開處理，認為那裡只有越南撤軍問題。

周恩來敏銳地認識到，要達成實現印度支那和平的協議，必須抓住兩個要點：首先，關鍵仍在法國，儘管美國正在施加種種壓力，但最後做主的還是法國自己；其次，要盡量聯合一切可能聯合的力量，包括英國、東南亞國家和印度支那地區其他國家在內。六月十六日，周恩來抓住越南奠邊府戰役

在日內瓦會議上，周恩來堅定地貫徹中國的和平外交政策，為恢復印度支那和平作出了重要貢獻。圖為中國代表團在住地商談

後，法國主戰派拉尼埃政府垮台，主和派孟戴斯－弗朗斯受命組閣的有利時機，提出了解決老撾、柬埔寨問題的方案：老撾和柬埔寨境內停止敵對行動並與越南境內停止敵對行動同時宣佈；交戰雙方各派代表在日內瓦和印度支那當地進行談判；雙方停止敵對行動不准從境外運入新的武器彈藥，有關自衛需要另行協商；關於停止敵對行動，既包括雙方軍隊部署問題，也包括一切外國軍隊撤出問題。

周恩來的建議，綜合有關國家的主張，非常合情合理，得到了與會國的歡迎，為會議帶來轉機。此後，周恩來利用休會時間，分別與孟戴斯－弗朗斯、胡志明以及蘇聯領導人進行會談，取得了一致意見。七月十二日，周恩來返抵日內瓦，向蘇聯代表莫洛托夫和越南代表範文同說明越、中、蘇三國領導人商定的一致意見：主動、積極、迅速、直截了當地解決問題，在不損害基本利益的前提下，作個別讓步，以求達成協議。隨後，經過幾番談判，法、越雙方最後確定，以北緯十七度線以南、九號公路以北約二十公里的賢良河為界，南方為法國軍隊集結區，北方為越南民主共和國軍隊集結區。

七月二十日，除了美國，出席會議的所有國家達成了關於印度支那和平問題的最後協議。七月二十一日，會議公佈了《日內瓦會議最後宣言》和《印度支那停戰協定》。根據協定，印度支那全境實現停火，為了維護三國的主權、獨立、統一和領土完整，駐紮在三國境內的外國軍隊必須一律撤出。周恩來在最後一次會議上發言說：「印度支那敵對行動的停止就要實現了。舉世渴望的印度支那的和平就要恢復了。正如朝鮮一樣，和平又一次戰勝了戰爭。讓我們更加堅定信心，繼續為維護和鞏固世界和平而努力。」

歷時近三個月的日內瓦會議，終於在取得重大成果的情況下閉幕了。這次會議基本達到了中國預定的目標，維護了印度支那的和平，展示了剛剛登上國際舞台的新中國堅持正義、維護世界和平的形象，在解決國際爭端中發揮了舉足輕重的作用，大大提高了自己的國際威望。通過這次會議，新中國初步打破了美國的孤立和遏制政策，擴展了國際和平統一戰線，為國內建設創造了有利的周邊環境。中國和老撾、柬埔寨兩個近鄰的關係有了良好開端。中英關係有所突破，兩國宣佈互換代辦，實現了「半建交」。中、法代表直接商談，為雙方相互瞭解提供了機會。

在出席日內瓦會議期間，周恩來會見電影演員卓別林

三、求同存異，合作共贏

一九五四年十二月，印度、印度尼西亞、巴基斯坦、緬甸、錫蘭五國總理，在印度尼西亞茂物舉行會議，正式邀請包括中國在內的二十九個亞非國家，於一九五五年四月的最後一周在印度尼西亞萬隆舉行亞非會議。這是由亞非國家發起和出席、沒有西方國家參加的第一次大型國際會議，宗旨是促進亞非

各國間的親善和合作，探討發展民族經濟和文化、爭取民族主權、結束殖民主義和保衛世界和平等共同關心的問題。

當時，參加會議的二十九個國家中，有二十二個國家沒有同新中國建交，有的國家與國民黨集團還保持著外交關係。由於各國的社會制度、處境和政治觀點有很大不同，不少國家對新中國心存疑懼，有的還受美國政府影響而抱著敵視的態度。在茂物會議上，是否邀請中華人民共和國參加亞非會議也是一個有爭議的問題。據印度尼西亞總理沙斯特羅阿米佐約後來回憶：「邀請中國的問題，確實成了茂物會議棘手的難題。直到吳努總理強烈表示，如果不邀請亞洲最大的國家中華人民共和國參加亞非會議，緬甸將難於參加亞非會議。吳努的意見確實很有道理，因為沒有中華人民共和國，亞洲在國際政治舞台上就不會有多大意義。最後大家一致同意邀請中華人民共和國。」

為了爭取亞非國家對新中國的理解和信任，並和這些國家共同努力把這次會議開成一個維護民族獨立和世界和平的盛會，中國政府接受了五國總理的邀請，成立了以周恩來為首席代表，陳毅、葉季壯等為代表的代表團。一九五五年四月四日，由周恩來主持起草的《參加亞非會議的方案（草案）》提出：「我們在亞非會議中的總的方針應該是爭取擴大世界和平統一戰線，促進民族獨立運動，並為建立和加強我國同若干亞非國家的事務和外交關係創造條件。」代表團還根據當時的國際形勢，確定了兩套方案，最高綱領是爭取締結亞非國家和平公約或和平宣言，其主要內容是和平共處五項原則、反對殖民主義、要求和平、反對戰爭；最低綱領是爭取發表一個帶公約性的公報，

「克什米爾公主」號飛機殘骸

一九五五年四月十一日，國民黨陰謀製造了「克什米爾公主」號飛機爆炸事件。圖為周恩來在紀念犧牲的烈士遇難一週年大會和烈士遺骨安葬儀式上

作為亞非會議的具體成就之一。四月五日，毛澤東主持中共中央政治局擴大會議，討論並批准了這個方案，並授權周恩來可視會議情況採取靈活策略和應變辦法。

四月十一日，中國和越南參加亞非會議的部分工作人員以及十餘名中外記者，乘坐印度「克什米爾公主」號飛機，從香港飛往雅加達。由於香港當局對機場地勤人員沒有檢查和監督，國民黨駐香港特務機關收買啟德機場的檢修人員周駒在機翼下放置了從台灣運去的定時炸彈。飛機飛離香港五小時後，炸彈爆炸，機上人員除機組個別人員跳傘生還外全部遇難。事後查明，這是一起企圖謀害周恩來，破壞中國代表團出席亞非會議的蓄意製造的政治陰謀。

第二天，中國外交部發表聲明說，中國絕不會被這一恐怖事件所嚇倒，「中華人民共和國代表團一定要同與會各國代表團一起在亞非會議中為遠東和平和世界和平而堅決奮鬥。美國和蔣介石匪幫的卑劣行為，只能加強亞洲、非洲和全世界人民爭取和平和自由的共同行動」。

四月十六日，周恩來率中國代表團飛抵印度尼西亞首都雅加達，次日到達會議地點萬隆。在萬隆機場，周恩來發表了書面談話，滿懷信心地表示：亞非會議一定能夠克服各種破壞和阻撓，並對於促進亞非國家之間的友好和合作，對於維護亞非地區和世界的和平作出有價值的貢獻。

四月十八日，二十九個亞非國家的三百四十名代表齊集萬隆的獨立大廈，亞非會議隆重開幕。在大會發言中，各國代表表達了對和平友好的訴求、對殖民主義的憎恨。但是，一些矛盾和分歧也暴露出來，特別是如何處理與兩大陣營的關係問題。有人攻擊共產主義是一種「顛覆性的宗教」，認為蘇聯在東歐實行的是「新式的殖民主義」，還有人表示了對新中國的疑慮。

周恩來在亞非會議上發言

關鍵時刻，周恩來決定把原來準備好的發言稿改作書面發言散發，另外作一個補充發言，以回應大會發言中出現的種種問題。時任周恩來翻譯的浦壽昌回憶說：

他說，我得另外作個補充發言，那個稿子還是照發，我不念了，我要念另外一個稿子。總理當即在會場起草了一個約兩千字的詳細提綱，寫了他的補充發言將要講幾個什麼問題。上午散會後，總理回到別墅後就對我說：浦壽昌你字寫得快，我口授補充發言，你給我記下來。於是，總理根據提綱口述，我筆錄，他說一句，我就記一句。雖然喬冠華、廖承志當時都站在旁邊，但是沒有插手的餘地，因為時間很緊。總理口述發言真是出口成章，沒有多長時間發言稿就出來了，不僅內容好極了，而且文字也好極了。由於考慮到要趕快翻譯出來，我就用比較小的紙記錄，我寫完一張，就撕給翻譯一張，讓翻譯抓緊時間譯出。等到我們搞完，趕緊吃了午飯，下午的會議就快開始了。補充發言稿就是這樣出來的，前後大概用了一個半小時。

四月十九日下午，周恩來從容地踏上講台，在發言中著重闡述了「求同存異」的主張：「中國代表團是來求團結而不是來吵架的。我們共產黨人從不諱言我們相信共產主義和認為社會主義制度是好的，但是，在這個會議上用不著來宣傳個人的思想意識和各國的政治制度，雖然這種不同在我們中間顯然是存在的。」他強調：「中國代表團是來求同而不是來立異的。在我們中間有無求同的基礎呢？有的。那就是亞非絕大多數國家和人民自近代以來都曾經受過、並且現在仍在受著殖民主義所造成的災難和痛苦。這是我們大家都承認的。從解除殖民主義痛苦和災難中找共同基礎，我們就很容易互相瞭解和尊重、互相同情和支持，而不是互相疑慮和恐懼、互相排斥和對立。」

周恩來強調：「我們的會議應該求同而存異。同時，會議應將這些共同願望和要求肯定下來。這是我們中間的主要問題。我們並不要求各人放棄自己的見解，因為這是實際存在的反映。但是不應該使它妨礙我們在主要問題上達成共同的協議。我們還應在共同的基礎上來互相瞭解和重視彼此的不同見解。」

針對一些國家對新中國的懷疑和指責，周恩來坦誠地說：「中國人民選擇和擁護自己的政府，中國有宗教信仰自由，中國決無顛覆鄰邦政府的意圖」，「大家如果不信，可親自或派人到中國去看。我們是容許不知真相的人的懷疑的。中國俗語說：『百聞不如一見。』我們歡迎所有到會的各國代表到中國去參觀，你們什麼時候去都可以。我們沒有竹幕，倒是別人要在我們之間施放煙幕。」

周恩來一講完，全場立刻爆發了長時間的熱烈掌聲。美國記者鮑大可在〈周恩來在萬隆〉中寫道：「這篇發言最驚人之處就在於它沒有閃電驚雷。周恩來用經過仔細挑選的措辭簡單說明了共產黨中國對這次會議通情達理、心平氣和的態度。他也回答了在他之前發表的演說中對共產黨所作的許多直接間接的攻擊。」「周恩來的發言是中國以和解態度與會的絕好說明。他的發言是前兩天公開會議的高潮。」

在場的中國新聞工作者李慎之、張彥所寫的報導說：「許多記者急急忙忙去向各國代表團打聽對中國代表團團長的演說的反應。印度總理尼赫魯說：『這是一個很好的演說。』緬甸總理吳努說：這個演說是『對抨擊中國的人一個很好的答覆』。埃及總理納賽爾說：『他是想答覆我們昨天聽說的關於他的問題。我喜歡他的演說。』巴基斯坦總理穆罕默德・阿里說：『這是很和解的演說。』」

在隨後的討論中，周恩來向各國代表深入闡釋了「和平共處五項原則」的精神。當有會議代表認為和平共處是「共產黨的名詞」時，周恩來耐心地說，如果對「和平共處五項原則」的實質內容沒有異議，我們可以換一個名詞，用聯合國憲章中「和平相處」的詞彙來表述。他還表示，「寫法可以修改，數目也可以增減，因為我們尋求的是把我們的共同願望肯定下來，以利於保障集體和平」。

周恩來的精彩發言和誠懇態度，促使會議各方在討論中達成了來之不易的協議。參加這次會議的喬冠華，後來回憶道：「總理促使這次會議達成協議是靠什麼呢？是靠中國支持所有亞非國家的正義要求，但並不以要求他們支持中國的要求為條件。總理講：我們的態度是我們支持人家，不要求人家支持我們；但我們的立場必須鮮明，是非必須說清楚。後來我們參加多次會議都是這樣，使許多人放了心。」

四月二十四日，亞非會議最後一次全體會議通過了《亞非會議最後公報》，提出了「尊重一切國家的主權和領土完整」、「承認一切種族平等，承認一切大小國家平等」、「不干預或干涉他國內政」、「不使用集體防禦的安排來為任何一個大國的特殊利益服務」、「尊重正義和國際義務」等十項原則。顯然，這同「和平共處五項原則」的精神是一致的。

參加亞非會議期間，周恩來參加了一系列的午宴、晚宴和會外交談，與很多國家代表進行接觸和瞭解。當時擔任中國駐印尼使館參贊的陳叔亮回憶道：「他不放棄任何一點可能去做工作，可以說是見縫插針的典範。」「我們主動地請客，人家也請我們，每天日程總是排得滿滿的。有時能湊在一起的，就一次請幾個國家。」「會議閉幕的當天，五個發起國宴請總理。宴會前半小時，總理說：我還有個活動。這時他帶著禮賓司司長去參加一個小國的酒會。這個國家的代表團雖然事先請了周總理，但是大會結束後五個發起國總理宴請中國代表團，主人以為周總理不能出席酒會了，萬萬沒有想到一個大國的總理會

亞非會議通過的《亞非會議最後公報》，在「和平共處五項原則」的基礎上，提出了處理國與國之間關係的十項原則。圖為北京群眾遊行慶祝亞非會議取得的成就

這樣重視小國的邀請，因此使他們感到很意外，感動極了。」

也正是在這種交往中，周恩來同一些國家領導人結下了親切的友誼。柬埔寨西哈努克親王回憶說：「開會之後，第一個來找我的就是周恩來，同來的有陳毅元帥」，「我們三人很快建立了極友好的關係，周恩來請我到蘇加諾給他安排的別墅去吃飯，我滿口答應。」「從最初接觸，我就感到周恩來總理顯然想在我們兩國之間建立強固的友好關係。他深深觸及我的心弦，熱情讚揚我為爭取柬埔寨完全獨立、實行同不論何種意識形態，只要尊重我們獨立與領土完整的國家就和平共處的中立政策的『勝利鬥爭』，同時他明白說明中國保證尊重柬埔寨的主權與中立，永不干涉我們的內部事務。」「最主要的是我完全為他的禮貌與聰明所折服，他使我感到我的小小柬埔寨和廣大無垠的中國完全平等——同時他和我作為個人也平等。」

周恩來與亞非會議部分代表團的代表合影

亞非會議的成功，標誌著亞非國家作為戰後世界的一支重要政治力量開始登上國際舞台，揭開了亞非各國人民和平共處、反對殖民主義的歷史性的新的一頁。會議體現的那種要求擺脫大國政治干涉，平等、協商、和平共處的「萬隆精神」，更是一筆無比寶貴的財富，深深印在人們心中。

亞非會議也是新中國走上國際政治舞台的又一個重要里程碑，標誌著中國打開了與亞非國家廣泛交往的大門。亞非會議後，中國獨立自主的和平外交取得了新的進展。從一九五四年九月至一九五六年，中國與挪威、南斯拉夫、阿富汗、尼泊爾、埃及、敘利亞、也門、錫蘭等國先後建立了大使級外交關係，同英國、荷蘭建立了代辦級外交關係，同芬蘭、瑞士、丹麥由公使級升格為大使級外交關係。

第六章

探索理論，尋找道路

一九五六年，以基本完成社會主義三大改造，建立起社會主義基本制度而載入新中國的史冊。然而，在中國這樣一個貧窮落後、人口眾多的國家建設社會主義，是一個非常困難和複雜的問題。不能憑主觀去想像，也不能照抄照搬蘇聯的模式，只能在探索的實踐中去解決。

為了開闢一條適合中國國情的社會主義建設道路，中國共產黨付出了艱辛的努力。毛澤東發表的《論十大關係》講話，初步總結了中國社會主義建設的經驗，提出了探索適合中國國情的社會主義建設道路的任務。中共八大對中國社會的主要矛盾和根本任務作了正確揭示和規定，為社會主義事業的發展指明了方向。毛澤東《關於正確處理人民內部矛盾的問題》提出必須正確區分和處理社會主義社會兩類不同性質的社會矛盾，把正確處理人民內部矛盾作為國家政治生活的主題。以這些重要成果為標誌，中國共產黨在探索自己的道路上有了一個良好開端。

第一節 以蘇為鑑

在開始社會主義建設的時候，中國共產黨以蘇聯為榜樣。但實踐經驗告訴人們，蘇聯經驗並不都是成功的，蘇聯成功的經驗也不都適合中國的情況，學習蘇聯不能代替對中國自己道路的探索。正如毛澤東所說：「解放後，三年恢復時期，對搞建設，我們是懵懵懂懂的。接著搞第一個五年計劃，對建設還是懵懵懂懂的，只能基本上照抄蘇聯的辦法，但總覺得不滿意，心情不舒暢。」因此，以蘇聯為鑑戒，開闢一條適合中國實際的社會主義建設道路，很快提到中共中央的議事日程上來。

一、「揭了蓋子，捅了漏子」

一九五六年二月，蘇聯共產黨召開了第二十次代表大會。二月二十四日，大會閉幕前一天的深夜，在不邀請外國共產黨代表團參加的情況下，蘇共中央第一書記赫魯曉夫作了《關於個人崇拜及其後果》的報告。在這份報告中，赫魯曉夫尖銳地揭露和批判了斯大林在領導蘇聯社會主義建設中所犯的一些重大錯誤，以及對他的個人崇拜所造成的嚴重後果，觸及了當時蘇聯黨和國家政治生活中一些已經難以迴避的矛盾。

赫魯曉夫的秘密報告，很快被西方披露出來，在社會主義陣營和國際共產主義運動內部引起極大震動。三月中旬，中共中央政治局、書記處多次召開會議，研究

一九五六年二月，赫魯曉夫在蘇共二十大上

蘇共二十大及其影響。鄧小平報告了中共代表團參加蘇共二十大期間瞭解到的赫魯曉夫秘密報告的一些情況。據當時擔任中共代表團翻譯的師哲回憶：

蘇共二十大閉幕後，我和鄧小平一道乘飛機回國。在飛機上，我幾次想同他談談對蘇共二十大的想法和看法，但他一直表情嚴肅，默不作聲，腦子裡顯然在思考問題。回到北京後，鄧小平同志就蘇共二十大的有關情況向毛主席作了匯報。事後我才明白，小平同志為慎重起見，閉口不談自己對「秘密報告」的態度，是要先聽聽中央的意見，看看毛主席的態度。

毛澤東看到了問題的嚴重性，要求大家認真研究這份報告及其造成的影響。他說：現在全世界都在議論，我們也要議論。至少可以指出兩點：一是揭了蓋子，二是捅了漏子。一方面，秘密報告表明，蘇聯、蘇共、斯大林並不是一切都正確，這就破除了迷信，不要再硬搬蘇聯的一切了，有利於反對教條主義。另一方面，秘密報告無論在內容上或方法上都有嚴重錯誤，主要是不恰當地全盤否定斯大林。對這一錯誤，應當通過對斯大林問題的正面闡述加以補救。方式可以考慮發表文章，表明中國共產黨的原則立場。

一九五六年四月五日，《人民日報》發表編輯部文章〈關於無產階級專政的歷史經驗〉。這篇文章經毛澤東審閱和修改，並由中共中央政治局擴大會議討論通過。文章對斯大林的功績作了充分肯定，對蘇共二十大反對個人崇拜給予積極評價，指出：斯大林錯誤地把自己的作用誇大到不適當的地位，把他個人的權力放在和集體領導相對立的地位，結果也就使自己的某些行動和自己原來所宣傳的某些馬克思列寧主義的基本觀點處於相對立的地位，「愈陷愈深地欣賞個人崇拜，違反黨的民主集中制，違反集體領導和個人負責相結合的制度」，「陷入了主觀性和片面性，脫離了客觀實際狀況，脫離了群眾」。當像斯大林這樣的黨和國家的領導人也接受個人崇拜這種落後思想的影響時，就會反轉過來再影響給社會，造成社會主義事業的損失。

文章表示，中國共產黨一貫主張群眾路線和集體領導，反對突出個人。為強調製度建設所具有的重要性，毛澤東在文章中加寫了一段話：「我們要是不願意陷到這樣的泥坑裡去的話，也就更加要充分地注意執行這樣一種群眾路線的領導方法，而不應當稍為疏忽。為此，我們需要建立一定的制度來保證群眾路線和集體領導的貫徹實施，而避免脫離群眾的個人突出和個人英雄主義，減少我們工作中的脫離客觀實際情況的主觀主義和片面性。」

針對如何評價斯大林的問題，文章明確指出，斯大林是一個偉大的馬克思列寧主義者，但也是一個犯了幾個嚴重錯誤而不自覺其為錯誤的馬克思主義者。我們應當用歷史的觀點看斯大林，對於他的正確和錯誤的地方作出全面的和適當的分析，從而吸取有益的教訓。

據吳冷西在《十年論戰：一九五六—一九六六中蘇關係回憶錄》中記載，在中共中央書記處討論《關於無產階級專政的歷史經驗》時，毛澤東著重指出，對蘇共二十大，重要的問題在於我們從中得到什麼教益，最重要的是要把馬列主義的基本原理同中國革命和建設的具體實際相結合。民主革命時期我們在吃了大虧之後才成功地實現了這種結合，取得了中國新民主主義革命的勝利。現在是社會主義革命和建設時期，我們要進行第二次結合，找出在中國怎樣建設社會主義的道路。這個問題我幾年前就開始考慮。現在感謝赫魯曉夫揭開了蓋子，我們應從各方面考慮如何按照中國的情況辦事，不要再像過去那樣迷信了。其實，過去我們也不是完全迷信，有自己的獨創，現在更要努力找到中國建設社會主義的具體道路。

一九五六年四月六日，蘇聯部長會議第一副主席米高揚率領蘇聯政府代表團抵達北京。毛澤東當晚會見他時進一步指出，中蘇之間對斯大林有些不同的看法，斯大林「功大於過」，「要作具體分析」，「要有全面估價」。隨後，毛澤東在中共中央政治局擴大會議上說，歷史地看，斯大林的錯誤，我們黨並不是沒有體驗的。斯大林對中國做了一些錯事。兩次王明路線都是從斯大林那裡來的。國共內戰時期，先是不准革命，後來仗打勝了，又懷疑我們是鐵托式的勝利，一九四九、一九五〇兩年對我們的壓力很大。「可是，我們還認為他是三分錯誤，七分成績。這是公正的。」

果不其然，蘇共二十大後，國際共產主義運動出現了混亂和動盪：六月，波蘭發生了波茲南事件；十月，匈牙利發生了嚴重的政治動亂。十月二十三日，應蘇共中央的邀請，劉少奇、鄧小平率中共代表團赴蘇，並出席蘇共中央為討論波匈局勢而緊急召開的主席團會議。劉少奇代表中共代表團在會議上發言，對蘇共中央提出坦率的批評。他指出波匈事件發生的根本原因之一，是蘇聯在斯大林時代，在對待社會主義兄弟國家的問題上犯了大國主義、大民族主義的錯誤，因此使社會主義國家相互之間的關係處於不正常的狀態。與此同時，劉少奇從維護社會主義陣營團結的大局出發，表示擁護蘇聯做社會主義陣營的中心，並對波匈局勢提出切實可行的處理意見。

人民日報

再論無产阶級專政的历史經驗

一九五六年十二月二十九日，《人民日報》發表《再論無產階級專政的歷史經驗》一文，公開提出了毛澤東關於社會主義社會兩類社會矛盾的思想

儘管波匈事件最終平息，但它引起了中共中央的高度重視和深入思考。一九五六年十一月，毛澤東召集中共中央政治局常委會，再次強調，現在擺在世界各執政的共產黨面前的問題

是如何把十月革命的普遍真理與本國的具體實際結合的問題，這是個大問題。波匈事件應使我們更好地考慮中國的問題。蘇共二十大有個好處，就是揭開蓋子，解放思想，使人們不再認為蘇聯所做的一切都是絕對真理，不可改變，一定要照辦。我們要自己開動腦筋，解決本國革命和建設的問題。

這次中共中央政治局會議的討論，最終形成了〈再論無產階級專政的歷史經驗〉一文，一九五六年十二月二十九日以《人民日報》編輯部的名義公開發表。毛澤東認為，在波蘭和匈牙利，一方面，已經出現否定蘇聯的一切以至否定十月革命的傾向；另一方面，官僚主義、脫離群眾、照搬蘇聯經驗、階級鬥爭不徹底等方面錯誤的惡果也逐漸表露出來。斯大林的錯誤和波匈事件極其尖銳地表明，社會主義制度下仍然存在著各種矛盾。能否正確區分和處理敵我矛盾和人民內部矛盾，關係到社會主義建設的成敗，關係到人民政權的存亡。

文章深入分析了兩類矛盾的具體內容、處理方法，指出：敵我之間的矛盾，在帝國主義陣營同社會主義陣營之間、帝國主義同全世界人民和被壓迫民族之間、帝國主義國家的資產階級同無產階級之間，「這是根本的矛盾，它的基礎是敵對階級之間的利害衝突」；人民內部的矛盾，在這一部分人民和那一部分人民之間、共產黨內這一部分同志和那一部分同志之間、社會主義國家的政府和人民之間、社會主義國家相互之間、共產黨和共產黨之間，「這是非根本的矛盾，它的發生不是由於階級利害的根本衝突，而是由於正確意見和錯誤意見的

周恩來訪問匈牙利時，和卡達爾總理在機場

矛盾，或者由於局部性質的利害矛盾」。人民內部矛盾的解決，必須服從於對敵鬥爭的總的利益，但它「可以而且應該從團結的願望出發，經過批評或者鬥爭獲得解決，從而在新的條件下得到新的團結」。

文章還認為，兩類矛盾在一定條件下可以轉化，指出：「實際生活的情況是複雜的。有時為了對付主要的共同的敵人，利害根本衝突的階級也可以聯合起來。反之，在特定情況下，人民內部的某種矛盾，由於矛盾的一方逐步轉到敵人方面，也可以逐步轉化成為對抗性的矛。」

〈再論無產階級專政的歷史經驗〉在當時的社會主義陣營產生了很大影響。一九五七年一月，周恩來訪問蘇聯時，伏羅希洛夫、莫洛托夫、馬林科夫、卡岡諾維奇、蘇斯洛夫、尤金以及許多東歐國家的使節都對《人民日報》發表這篇文章表示祝賀；訪問波蘭時，哥穆爾卡指出，中國共產黨的主要缺點是，在通過各民族自己的道路走向社會主義及對社會主義建設問題上的思想準備不夠，最近中國報紙上發表的〈再論無產階級專政的歷史經驗〉提出，要分清兩類矛盾，反對修正主義思潮，社會主義國家對外應保持團結等觀點對波蘭幫助很大；訪問匈牙利時，卡達爾也對周恩來說：「《人民日報》這篇文章給了我們很大幫助。這絕不是客氣，對那些思想混亂的好人，對動搖的共產黨人影響很大，因為他們對中國無懷疑、無偏見，比《真理報》講這些話要好。」

一九五七年一月十一日，周恩來會見波蘭統一工人黨和國家領導人

二、《論十大關係》的發表

一九五五年十月，中共七屆六中全會決定，在一九五六年召開中國共產黨第八次全國代表大會。為了起草中共八大的政治報告，劉少奇用了三個多月的時間，分別約請中共中央和國務院三十多個部門的負責人座談，聽取他們的匯報，詳細瞭解經濟戰線以及其他各條戰線上的具體情況和實際問題，為起草八大報告做準備。通過這次系統的調查，劉少奇對中國經濟建設的基本狀況，以及各部門各行業存在的問題，心中大致有了數，為起草八大報告打好了堅實的基礎。

一九五六年一月，毛澤東從薄一波那裡聽說劉少奇約人座談之事，立刻產生了興趣。他對薄一波說：「這很好，我也想聽聽。你能不能替我也組織一些部門匯報？」於是，從二月十四日開始，到四月二十四日結束，毛澤東共聽取了中共中央和國務院三十四個部門的工作匯報。加上國家計委關於第二個五年計劃的匯報，實際聽取匯報的時間為四十三天。這是毛澤東在新中國成立後乃至在他一生中所作的規模最大、時間最長，周密而系統的經濟工作調查。

在緊張疲勞的狀態下，毛澤東度過了這難得又十分重要的四十三個日日夜夜。用他自己的話來說，幾乎每天都是「床上地下，地下床上」。一起床，就開始聽匯報，每次都是四五個小時。為了聽匯報，毛澤東不得不改變長期養成的夜間工作的習慣。而且，他聽匯報有自己的特點：一是不能照本宣科，儘是乾巴巴的條文和數字，而是要結合具體的例子來講，講得出結論的依據；二是一邊聽一邊說，不斷插話，提出問題，發表意見，加以評論；三是在聽的過程中歸納、總結，提出重要的理論觀點。時任中共中央副秘書長的李雪峰，後來回憶說：「每天一個部匯報，書面上都寫好，再來講，主席問得挺細，比如說問的什麼分子式，都問，所以哪個部長都很緊張，你得懂好多事情，說不定他要問你啥，或者問你英文字怎麼講。」

「調查就像『十月懷胎』，解決問題就像『一朝分娩』。」《論十大關係》正是這次調查研究的產物。毛澤東自己也說：「那個十大關係怎麼出來的呢？我在北京經過一個半月，每天談一個部，找了三十四個部的同志談話，逐漸形成了那個十條。如果沒有那些人談話，那個十大關係怎麼會形成呢？不可能形成。」調研結束後的第二天，一九五六年四月二十五日，毛澤東在中共中央政治局擴大會議上作《論十大關係》的報告。經會議討論後，毛澤東對講話作了修改補充，五月二日又在最高國務會議上再次進行了闡發。這個報告重點討論經濟問題，同時也包括同經濟建設密切相關的國家政治生活中的一些重大問題，並提出了關於怎樣建設社會主義的根本方針：「盡量爭取化消極因素為積極因素」，「努力

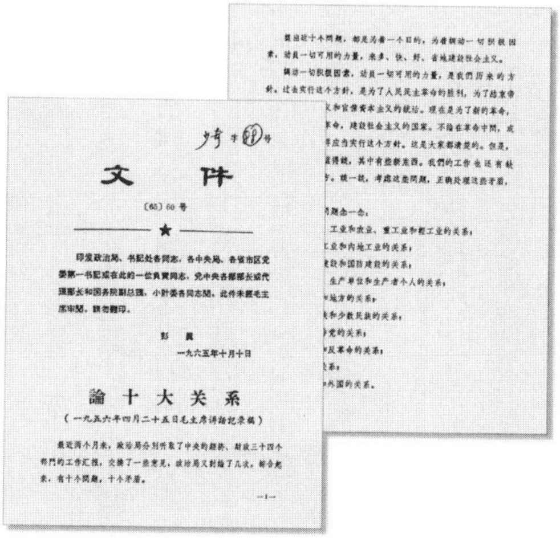
文　件

〔65〕60号

★

印发政治局、书記处各同志，各中央局、各省市区党委第一书記或在此的一位負責同志，党中央各部部长或代理部长和国务院副总理，小計委各同志閱，此件未經毛主席审閱，請勿翻印。

彭　真

一九六五年十月十日

論十大关系

（一九五六年四月二十五日毛主席讲話記录稿）

最近两个月来，政治局分别听取了中央的經济、財政三十四个部門的工作汇报，交換了一些意見，政治局又討論了几次，綜合起来，有十个問題，十个矛盾。

—1—

提出这十个問題，都是为着一个目的，为着調动一切积极因素，动員一切可用的力量，来多、快、好、省地建設社会主义。

調动一切积极因素，动員一切可用的力量，是我們历来的方針。过去实行这个方針，是为了人民民主革命的胜利，为了結束帝……

一九五六年四月二十五日，毛澤東在中共中央政治局擴大會議上發表《論十大關係》的講話。圖為毛澤東的講話記錄稿

一九五六年五月二日，毛澤東在最高國務會議上作《論十大關係》的講話

把黨內黨外、國內國外的一切積極的因素，直接的、間接的積極因素，全部調動起來，把我國建設成為一個強大的社會主義國家。」

毛澤東把主要問題概括成十大關係：即重工業和輕工業、農業的關係；沿海工業和內地工業的關係；經濟建設和國防建設的關係；國家、生產單位和生產者個人的關係；中央和地方的關係；漢族和少數民族的關係；黨和非黨的關係；革命和反革命的關係；是非關係；中國和外國的關係；這十大關係不是平列的，是有重點的。毛澤東說：「十大關係中，工業和農業，沿海和內地，中央和地方，國家、集體和個人，國防建設和經濟建設，這五條是主要的。」這說明，解決經濟建設中的矛盾，已經成為首要的中心的問題。

在《論十大關係》中，毛澤東反覆強調要以蘇聯的經驗為鑑戒，走自己的道路。他說：「特別值得注意的是，最近蘇聯方面暴露了他們在建設社會主義過程中的一些缺點和錯誤，他們走過的彎路，你還想走？過去，我們就是鑑於他們的經驗教訓，少走了一些彎路，現在當然更要引以為戒。」

比如，蘇聯在經濟建設中，片面地發展重工業，忽視輕工業和農業，造成農、輕、重發展的不平衡。毛澤東在報告中指出，根據形勢和經驗，今後應該適當調整，更多地發展農業、輕工業。在他看來，發展重工業有兩種辦法：「一種是少發展一些農業、輕工業；一種是多發展一些農業、輕工業。」他認為，從長遠觀點來看，「後一種辦法會使重工業發展得多些和快些，而且由於保障了人民生活的需要，會使它發展的基礎更加穩固」。「我們現在的問題，就是還要適當地調整重工業和農業、輕工業的投資比例，更多地發展農業、輕工業。」

對沿海工業和內地工業的關係、經濟建設和國防建設的關係，毛澤東也進行了辯證的論述。關於前者，他指出：「沿海的工業基地必須充分利用，但是，為了平衡工業發展的佈局，內地工業必須大力發展。在這兩者的關係問題上，我們也沒有犯大的錯誤，只是最近幾年，對於沿海工業有些估計不足，對它的發展不那麼十分注重了。這要改變一下。」關於後者，毛澤東強調：「可靠的辦法就是把軍政費用降到一個適當的比例，增加經濟建設費用。只有經濟建設發展得更快了，國防建設才能夠有更大的進步。」

又比如，蘇聯高度集中的計劃經濟體制，把什麼都集中到中央，把地方卡得死死的，一點機動權也沒有，嚴重束縛了地方積極性。毛澤東在報告中指出，在鞏固中央統一領導的前提下，擴大一點地方和工廠的權力，給地方和工廠更多的獨立性。他特別強調：「我們的國家這樣大，人口這樣多，情況這樣複雜，有中央和地方兩個積極性，比只有一個積極性好得多。」針對蘇聯把農民生產的東西拿走太多，使農民的生產積極性受到極大的損害，毛澤東提出要處理好國家和工廠、合作社的關係，工廠、合作社和生產者個人的關係，必須兼顧各方面關係，而不能只顧一頭。

在論述政治生活和思想文化生活中的各種關係問題時，毛澤東也強調以蘇聯為鑑戒。比如在革命和反革命的關係方面，毛澤東藉鑑斯大林肅反擴大化的經驗，指出：「應該肯定，還有反革命，但是已經大為減少。」「說反革命已經肅清了，可以高枕無憂了，是不對的。只要中國和世界上還有階級鬥爭，就永遠不可以放鬆警惕。但是，說現在還有很多反革命，也是不對的。」

綜合上述思想認識，毛澤東鄭重地指出：「我們要學的是屬於普遍真理的東西，並且學習一定要與中國實際相結合。如果每句話，包

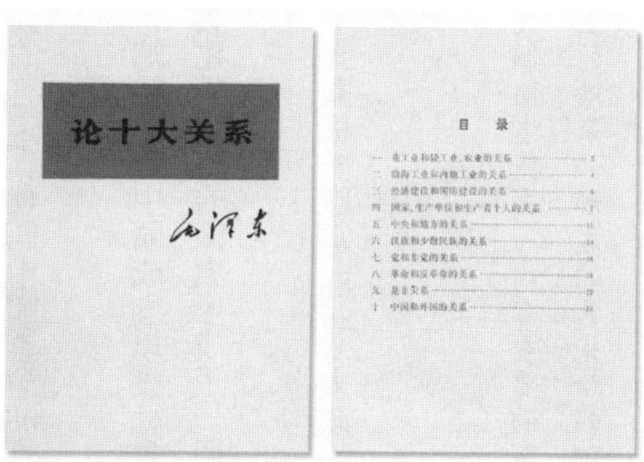

毛澤東《論十大關係》單行本

括馬克思的話，都要照搬，那就不得了。我們的理論，是馬克思列寧主義的普遍真理同中國革命的具體實踐相結合。」

《論十大關係》是中國共產黨走自己的社會主義建設道路的開始，它總結了新中國成立以後社會主義建設經驗，為中共八大的召開作了準備，標誌著毛澤東對中國社會主義建設道路的探索形成了一個初步的然而又是比較系統的思路。

主持中共八大政治報告起草工作的劉少奇聽了報告後，明確表示「十大關係」應當成為八大政治報告的綱。時任中共中央辦公廳第一辦公室綜合組組長的鄧力群後來回憶說：

四月底或者五月初，一天晚上，少奇同志就把陳伯達、我還有其他幾個同志找去，說有重要的事情要跟我們談。找你們幹什麼呢？說毛主席作了調查以後，把他對這個調查的結果、形成的意見給我們常委講了一遍，講了十大關係，講得非常好，聽了這個以後，好像豁然開朗。原來對將來社會主義改造以後怎麼幹、幹什麼的這個問題想得不清楚，聽過毛主席一講，就好像開闢了一個新的天地，視野一下就廣闊了。少奇同志非常興奮，說有了毛主席這十大關係的講話，八大報告的起草就有個綱了。

一九五六年十一月十日，周恩來在八屆二中全會上作《關於一九五七年國民經濟計劃的報告》，也明確要求貫徹《論十大關係》的精神，指出：「優先發展重工業，這個原則是對的，但是在發展中忽視了人民的當前利益。直接與人民利益關係最大的是輕工業、農業，輕視這兩者就會帶來不好的後果，就會發生經濟發展上的嚴重不平衡。毛澤東同志在這幾個月常說，我們又要重工業，又要人民。這樣結合起來，優先發展重工業才有基礎。發展重工業，實現社會主義工業化，是為人民謀長遠利益。」「如果不關心人民的當前利益，要求人民過分地束緊褲帶，他們的生活不能改善甚至還要降低水準，他們要購買的物品不能供應，那麼，人民群眾的積極性就不能很好地發揮，資金也不能積累，即使重工業發展起來也還得停下來。」「一些社會主義國家發生的事件值得我們引為教訓。」

過了幾年之後，毛澤東在總結新中國成立後歷史經驗時，把《論十大關係》看作是一個轉折。他在一篇短文中寫道：「前八年照抄外國的經驗。但從一九五六年提出十大關係起，開始找到自己的一條適合中國的路線。」一九七五年，經毛澤東同意，胡喬木對《論十大關係》進行整理，準備收入《毛澤東選集》第五卷。鄧小平專門給毛澤東寫信說：「這篇東西太重要了，對當前和以後，都有很大的針對性和理論指導意義。建議早日定稿後即予公開發表，作為全國學理論的重要文獻。」

一九七六年十二月二十六日，經毛澤東生前審定的《論十大關係》，在《人民日報》上第一次公開發表，隨後收入《毛澤東選集》第五卷。一九九九年六月，收入中共中央文獻研究室編輯的《毛澤東文集》第七卷。

三、平等團結，共同繁榮

新中國成立後，中國共產黨從實際出發，決定實行民族區域自治制度，作為解決中國民族問題的基本政策和國家的一項重要政治制度。

一九五〇年五月、七月、九月，甘肅省率先建立了三個民族自治縣：天祝藏族自治縣、肅北蒙古族自治縣和東鄉族自治縣。同年十一月二十四日，四川省建立了中國第一個自治州——甘孜藏族自治州。一九五一年五月十二日，雲南省建立了中國第一個彝族自治縣——峨山彝族自治縣。作為中國人口最少的民族之一，當時還處於原始社會末期的遊獵民族鄂倫春族，也於一九五一年十月一日在內蒙古呼倫貝爾盟建立了鄂倫春自治旗。當時全旗只有七百七十八人，其中七百二十四人為鄂倫春族。

隨著國家的安定發展，民族區域自治政策穩步推進。一九五二年八月，毛澤東簽署頒佈的《中華人民共和國民族區域自治實施綱要》明確規定：各民族自治區統為中華人民共和國領土的不可分離的一部分。各民族自治區的自治機關統為中央人民政府領導下的一級地方政權，並受上級人民政府的領導。各少數民族聚居的地區，依據當地民族關係，經濟發展條件，並參酌歷史情況，得分別建立各種自治區：（一）以一個少數民族聚居區為基礎建立自治區。（二）以一個大的少數民族聚居區為基礎建立自治區，包括在該自治區內的各個人口很少的其他少數民族聚居區，均應實行區域自治。（三）以兩個或多個少數民族聚居區為基礎聯合建立自治區。

《實施綱要》對民族區域自治的有關制度和重大政策作了比較全面的規定，使民族區域自治在法律化、制度化的道路上邁出了重要一步，為後來制定憲法有關條款提供了依據。一九五四年，民族區域自治的內容被載入毛澤東親自主持制定的《中華人民共和國憲法》中，並被稱為「中國的基本政治制度之一」。

繼一九四七年五月一日內蒙古自治區成立，一九五五年十月一日新疆維吾爾自治區成立，一九五八年三月十五日廣西壯族自治區成立，一九五八年十月二十五日寧夏回族自治區成立，一九六五年九月九日西藏自治區成立。至此，中國五大民族自治區全部成立。

在《論十大關係》中，毛澤東汲取蘇聯的教訓，進一步強調要處理好漢族和少數民族的關係。他說：「在蘇聯，俄羅斯民族同少數民族的關係很不正常，我們應當接受這個教訓。」「我們著重反對大漢族主義。地方民族主義也要反對，但是那一般地不是重點。」「我們無論對幹部和人民群眾，都要廣泛地持久地進行無產階級的民族政策教育，並且要對漢族和少數民族的關係經常注意檢查。」「如果關係不正常，就必須認真處理，不要只口裡講。」

中國共產黨不僅主張民族區域自治，而且盡一切努力促進中國各民族的共同繁榮。毛澤東在《論十大關係》中指出：「我們要誠心誠意地積極幫助少數民族發展經濟建設和文化建設。」「我們必須搞好漢族和少數民族的關係，鞏固各民族的團結，來共同努力於建設偉大的社會主義祖國。」

實踐證明，中國共產黨的民族政策非常合理有效。從雅魯藏布江畔到長白山下，從西雙版納雨林到塔克拉瑪干沙漠……各個民族自治區建立後，經濟不斷發展，各族人民由衷地感謝毛澤東給他們帶來新的美好生活。新疆和田地區維吾爾族老人庫爾班・吐魯木多次萌發要騎著毛驢到北京看望、感謝毛澤東的心願，並最終受到毛澤東兩次親切接見，這個故事後來經王洛賓譜曲，成為膾炙人口的民歌——《薩拉姆毛主席》，直到今天仍被廣為傳唱。

西藏的和平解放和快速發展，也充分體現了民族政策的正確與成功。由於歷史的原因，西藏地方政府對新中國的人民政府是懷疑的、不信任的。所以，毛澤東對待西藏問題是慎之又慎的，提出「西藏現行政治制度不予變更」，「進軍西藏，不吃地方」，「慎重穩進」，「六年不改」，「對農奴主及其代理人實行贖買政策」，「穩定發展個體所有制和個體經濟」等一系列方針政策。這些方針政策的貫徹，使得西藏最終得到和平解放，並走上了社會主義道路。曾任舊西藏「噶廈政府」四大噶倫之一、家族曾是西藏最大農奴主之一的拉魯次旺多吉感慨地說：「一項政策之所以有生命力，就在於它讓大多數人受益。」「回顧歷史，比較現在，我最深刻的體會是西藏翻天覆地的變化，過去的農奴主失去了封建特權，整個西藏卻獲得了新生。」

新中國實現了各族人民的大團結，使國家成為統一的整體。歷史學家胡繩認為，這個局面「在中國的土地上已經根本改變了舊中國由於帝國主義列強的互相爭奪，由於各個軍閥、官僚集團的互相爭奪，由於國家內部的階級矛盾和民族矛盾，由於落後的經濟而產生的四分五裂的狀態。新中國的法律和政令普遍實施於全國各地區，國內人民間的團結、各民族間的團結日益加強。這是建立在人民民主基礎上的統一，這種統一局面是中國近代歷史上從未有過的，甚至是中國歷史上從未有過的」。

美國學者莫里斯・邁斯納在其著作《毛澤東的中國及後毛澤東的中國》中，也給予了類似的評價：「在大多數情況下，伴隨著革命的，是長時間的政治動盪、混亂和暴力，並且經常還發生內戰。但是一九四九年以後的中國沒有發生這種情況，中國共產主義革命的勝利不但沒有產生政治混亂，而且還結束了長達一個世紀之久並愈演愈烈的混亂時代。孫中山曾稱為『一盤散沙』的中國，迅速地凝聚成一個具有強烈的民族使命感的強大的現代民族國家。」

據統計，到二〇〇三年底，中國共建立了一百五十五個民族自治地方，其中包括五個自治區、三十個自治州、一百二十個自治縣（旗）。根據二〇〇〇年第五次中國人口普查，在五十五個少數民族中，有四十四個建立了自治地方，實行區域自治的少數民族人口佔少數民族總人口的百分之七十一，民族自治地方的面積佔全國國土總面積的百分之六十四左右。成吉思汗三十四代嫡孫、最後一位蒙古王爺奇忠義用一段話道出了各少數民族人民的心聲：「黨的民族區域自治政策保障了少數民族的權益。這一政策是任何民族歷史上所沒有過的，是中國共產黨帶領五十六個民族的共同創舉！」

四、長期共存、互相監督

毛澤東在《論十大關係》的講話中，談到的黨和非黨的關係，是指中國共產黨和其他民主黨派及無黨派人士的關係。他認為，在這一點上中國和蘇聯不同。「我們有意識地留下民主黨派，讓他們有發表意見的機會，對他們採取又團結又鬥爭的方針。」「這對黨，對人民，對社會主義比較有利。」毛澤東還明確指出：「究竟是一個黨好，還是幾個黨好？現在看來，恐怕是幾個黨好。不但過去如此，而且將來也可以如此，就是長期共存、互相監督。」

實際上，在建設新中國的實踐中，中國共產黨始終重視民主黨派的作用，強調參政的黨外民主人士要有職有權，做到「一份職務、一份權利、一份責任，三者不可分離」。一九四九年十月二十四日，毛澤東同綏遠軍區的負責人談話時說：

共產黨要永遠與非黨人士合作，這樣就不容易做壞事和發生官僚主義。蘇聯也是共產黨與非黨合作，《真理報》說，政府幹部中黨員佔四分之三，其他是非黨幹部。中國永遠是黨與非黨的聯盟，長期合作。雙方要把幹部都當成自己的幹部看，打破關門主義。關門主義過去是有的，「三怕」的說法就是證明。沒有統一戰線，革命不能勝利，勝利了也不能鞏固。搞統一戰線哪能怕麻煩，怕搗亂，怕人家吃了你的飯？切不可葉公好龍。

一九五〇年三月，第一次全國統戰工作會議上，有人認為民主黨派不過是「一根頭髮的功勞」，還有人認為不應在政治上去抬高民主黨派，也不要在組織上去擴大民主黨派，這是給共產黨自己找麻煩。毛澤東得知後，明確指出，要向大家說清楚，從長遠和整體看，必須要民主黨派。民主黨派是聯繫小資產階級和資產階級的，政權中要有他們的代表才行。認為民主黨派是「一根頭髮的功勞」，「一根頭髮拔去不拔去都一樣」的說法是不對的。從他們背後聯繫的人們看，就不是一根頭髮，而是一把頭髮，不可藐視。要團結他們，使他們進步，幫助他們解決問題，要給事做，尊重他們，當作自己的幹部一樣，手掌手背都是肉，不能有厚薄。對他們要平等，不能蓮花出水有高低。

在全國統戰工作會議的講話中，周恩來也強調，各個民主黨派，不論名稱叫什麼，仍然是政黨，都有一定的代表性，但不能用英、美政黨的標準來衡量他們。他們是從中國的土壤中生長出來的。各民主黨派中都有而且必須有進步分子，這樣才能與我們很好合作。但不能把民主黨派搞成純粹進步分子的組織，若都是進步分子，還有什麼意義呢？那種認為民主黨派會「給我們找麻煩」的觀點是錯誤的。民主黨派在人民民主統一戰線中起著相當重要的作用。我們人民民主專政的國家，現階段是四個民主階級的聯盟。有些工作民主黨派去做，有時比我們更有效，在國際上也有影響。民主黨派的成員在我們的幫助和教育下，願意同我們一道進入社會主義，我們多了一批幫手，這不是很好嘛！

一九五〇年十一月十三日，薄一波為中共中財委分黨組起草的一份通報中，根據交通部的經驗，總結了同黨外人士合作共事的四點經驗：

（一）要使黨外人士有職有權。這不是句空話，共產黨員應保證這句話不折不扣的實現。不論上級、同級、下級，都應盡到自己職份內的責任，不能因為黨內已有決定而就不去就商黨外人士。該商量的必須商量，該請示的必須請示，該經過的必須經過。而在工作中遇到黨外人士不同意見時，不應作硬性決定，除檢討自己意見有無不妥外，還應幫助說服黨外人士，始能作決定。

（二）一切重要決定應有應該參加的黨外人士（如部長、副部長等）參加決定。這決不只是形式的，而應該取得他們的實際同意，使他們真正感覺到有參加決定大事之權。許多事情需要黨組事先商量，須要有黨的明確領導。但這並不是說，一切事先商酌好了，然後拿出去通過了事。相反，有些事可以不事先討論，如同中財委的委務會議一樣，大事亦可討論，黨內意見亦不必盡同，只要領導上掌握得好，這並不壞事，反而更活潑些。

（三）有些日常處理的重要事情（如電報、公文）和上級來的指示，下級來的報告，均應使應該看到的黨外人士看到，每天在做什麼事情他都知道。

（四）用人也應與黨外人士商酌。黨外人士所舉薦的人，更應慎重考慮，能用者盡量予以錄用。

十一月十七日，毛澤東批示，將該通報轉發給中共中財委系統以外的各部門黨組研究，並要那些問題嚴重的部門照交通部黨組的辦法寫出檢討。

一九五三年一月，中共中央決定召開全國人民代表大會和地方各級人民代表大會。各界民主人士的基本政治態度是贊成和擁護的，但也有人擔憂現有的政治地位和政治權利將得不到保障。為此，毛澤東在中央人民政府委員會第二十次會議上，明確指出：「人民代表大會制的政府，仍將是全國各民族、各民主階級、各民主黨派和各人民團體統一戰線的政府，它是對全國人民都有利的。」他還說：「我們的重點是照顧多數，同時照顧少數。凡是對人民國家的事業忠誠的，做了工作的，有相當成績的，對人民態度比較好的，各民族、各黨派、各階級的代表人物都有份。」「凡是愛國者（只要有這個資格）都會一道進入社會主義，我們沒有理由不同他們一道進入社會主義。」

一九五四年九月，一屆全國人大一次會議通過的《中華人民共和國憲法》，在序言中進一步指出：我國人民在建立中華人民共和國的偉大鬥爭中已經結成以中國共產黨為領導的各民主階級、各民主黨派、各人民團體的廣泛的人民民主統一戰線。今後在動員和團結全國人民完成國家過渡時期總任務和反對內外敵人的鬥爭中，我國的人民民主統一戰線將繼續發揮它的作用。這樣，就用根本大法的形式，將新中國成立時建立在新民主主義政治基礎上的人民民主統一戰線，轉變到建立在社會主義的政治基礎上來。

一屆全國人大一次會議選舉產生的人大常務委員會和國務院的人員組成中，十三位人大常委會副委員長，共產黨員五人，黨外人士八人；七十九位全國人大常務委員會委員，共產黨員四十人，黨外人士三十九人；國務院三十五個部、委的部長、主任，共產黨員二十二人，黨外人士十三人。

中國召開全國人民代表大會以後，政治協商會議是否繼續存在？一九五四年十二月十九日，在全國政協二屆一次會議開幕前兩天，毛澤東召集黨內外幾十人參加的座談會，專門就這些問題作出說明。他明確指出：「政協的性質有別於國家權力機關——全國人民代表大會，它也不是國家的行政機關。」「政協是全國各民族、各民主階級、各民主黨派、各人民團體、國外華僑和其他愛國民主人士的統一戰線組織，是黨派性的。」毛澤東還提出了政協的五項任務：協商國際問題；商量候選人名單；提意見；協調各民族、各黨派、各人民團體和社會民主人士領導人員之間的關係；學習馬列主義。這些切合實際的意見，使中國人民政治協商會議轉變角色，長久地延續下來，形成一種在中國共產黨領導下的具有中國特色的各民主黨派、各人民團體和各界人士進行民主協商、參政議政的政治制度，成為中國的一種基本政治制度。

人民日報

6月26日内容提要

在全国人民代表大会会議上李维汉談統一战綫工作

說明共产党和民主党派共同存在互相监督的方針

一九五六年六月二十五日，李維漢在全國人大一屆三次會議上作《繼續鞏固和擴大人民民主統一戰線》的發言，指出「長期共存、互相監督」的方針是中國共產黨的一條「固定不移」和「永遠不變」的原則。圖為《人民日報》刊載的報導

社會主義改造完成之後，在社會主義社會民主黨派要不要繼續存在，要不要堅持共產黨領導的多

黨合作等問題又被一些人提了出來。一九五六年五月二日，毛澤東在第七次最高國務會議上公開提出了「長期共存、互相監督」的方針。他還提出了「兩個萬歲」的主張，即共產黨萬歲和民主黨派萬歲。

在中共八大政治報告中，劉少奇闡述了毛澤東提出的「長期共存、互相監督」的方針，指出：在社會主義改造完成以後，民族資產階級和上層小資產階級的成員將變成社會主義的勞動者的一部分。各民主黨派就將變成這部分勞動者的政黨，將同共產黨一道長期存在。中國共產黨應當善於從各民主黨派和無黨派民主人士的監督和批評中得到幫助。

一九五七年四月二十四日，周恩來在浙江省委擴大會議上指出，「長期共存、互相監督」方針實際

一九五七年，毛澤東同民主人士黃炎培、陳叔通、張奚若在一起

一九五七年三月，全國政協二屆三次會議決議指出，政協當前主要任務是在中國共產黨領導下，根據「長期共存、互相監督」的方針，進一步加強全國人民大團結，擴大民主生活，調動一切積極因素，為建成偉大的社會主義工業國而奮鬥。圖為小組討論會

上是擴大民主，要把六億人的生活搞好；建設社會主義，沒有互相監督，不擴大民主，是不可能做得好的；互相監督的面還要擴大，不能縮小。周恩來說，我們黨壽命有多長，民主黨派的壽命就有多長，一直要共存到將來社會的發展不需要政黨的時候為止。所以，認為只要有一個共產黨，問題就都可以解決了，這是一個簡單化的想法。這樣做必然會使我們的耳目閉塞起來。大家都是「王麻子」，都是「張小泉」，那就不行了，還是多幾個牌號好一點。

一九五九年十一月，伊拉克記者阿卜杜拉・阿巴斯在他的〈訪華觀感〉中寫道：「中國共產黨的政策是使這些政黨同共產黨長期共存。並不存在合併這些黨的政策，雖然中國共產黨是領導反抗日本人和蔣介石及其集團的國共內戰的政黨，擔負著領導人民解放這個國家的使命。民主黨派的任務是互相監督」，「這些黨派的任務將繼續很長一個時期，沒有人想到他們的使命在何時宣告結束，也沒有人想到他們存在的理由什麼時候會消失。」

五、百花齊放、百家爭鳴

在毛澤東作《論十大關係》報告前後，中國共產黨還提出了新形勢下對知識分子的政策、「向現代科學進軍」的任務和「百花齊放、百家爭鳴」的方針。

一九五六年一月，中共中央專門召開了知識分子會議。周恩來代表中央作了《關於知識分子問題的報告》，第一次明確宣佈知識分子中的「絕大部分已經是工人階級的一部分」，強調社會主義建設「除了必須依靠工人階級和廣大農民的積極勞動以外，還必須依靠知識分子的積極勞動，也就是說，必須依靠體力勞動和腦力勞動的密切合作，依靠工人、農民、知識分子的兄弟聯盟」；「知識分子已經成為我們國家的各方面生活中的重要因素」。他還說，正確地估計和使用知識分子已經成為黨和國家極其重要

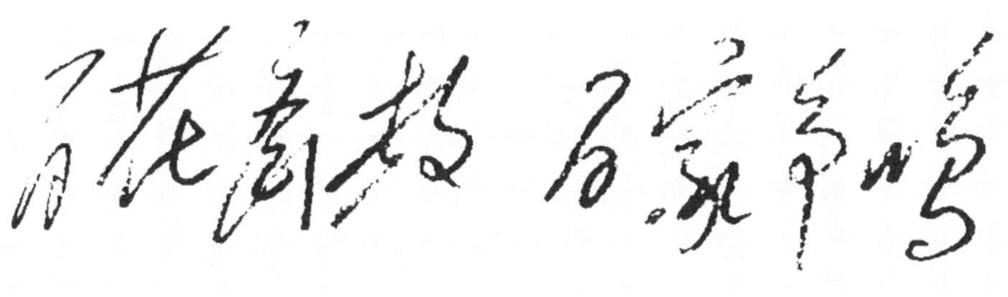

毛澤東手跡：「百花齊放　百家爭鳴。」

的任務，必須充分地信任他們，改善他們的政治和生活待遇。我們的社會主義建設比以前任何時代都更需要發展科學和文化，我們必須「向現代科學進軍」。

周恩來的報告，給知識分子以極大鼓舞，被稱作「像春雷般起了驚蟄作用」。廣大知識分子投身社會主義建設的積極性被進一步調動起來，一個「向現代科學進軍」的熱潮很快興起。

在發出「向現代科學進軍」號召的同時，中共中央還提出「百花齊放、百家爭鳴」作為繁榮和發展社會主義科學文化事業的指導方針。一九五六年四月，中共中央政治局擴大會議在討論毛澤東《論十大關係》報告時，提出要把政治思想問題同學術性質的、藝術性質的、技術性質的問題區分開來，貫徹毛澤東過去分別提過的「百花齊放」、「百家爭鳴」兩個口號。

四月二十八日，毛澤東在中共中央政治局擴大會議的總結講話中指出，藝術問題上的百花齊放，學術問題上的百家爭鳴，我看應該成為我們的方針。講學術，這種學術也可以講，那種學術也可以講，不要拿一種學術壓倒一切。你講的如果是真理，信的人勢必就會越來越多。五月二日，在最高國務會議第七次會議上，毛澤東正式提出了「百花齊放、百家爭鳴」的方針。他闡釋說，現在春天來了嘛，一百種花都讓它開放，不要只讓幾種花開放，還有幾種花不讓它開放，這就叫百花齊放。

百家爭鳴，是說春秋戰國時代，兩千年以前那個時候，有許多學派，諸子百家，大家自由爭論。現在我們也需要這個。在中華人民共和國憲法範圍之內，各種學術思想，正確的、錯誤的，讓他們去說，不去干涉他們。

五月二十六日，在中南海懷仁堂召開的知識界會議上，中央宣傳部部長陸定一代表中共中央，對「百花齊放、百家爭鳴」方針作了詳盡的闡述。他指出，我們所主張的「百花齊放、百家爭鳴」是提倡在文學藝術工作和科學研究工作中有獨立思考的自由，有辯論的自由，有創作和批評的自由，有發表自己的意見、堅持自己的意見和保留自己的意見的自由。陸定一在總結自然科學、社會科學、文學藝術工作經驗教訓的基礎上，強調：「應當提倡建立在科學基礎上的尖銳的學術論爭。批評和討論應當以研究工作為基礎，反對採取簡單、粗暴的態度。」

中國共產黨中央宣傳部

一九五六年五月二十六日，中宣部在懷仁堂舉行報告會。圖為毛澤東在陸定一報送講話稿時所附信件上的批示

一九五七年一月，四位部隊文藝工作者在《人民日報》發表文章，對「雙百」方針表示懷疑，認為「在過去的一年中，為工農兵服務的文藝方向和社會主義現實主義的創作方法，越來越很少有人提倡了」，使「文學藝術的戰鬥性減弱了，時代的面貌模糊了，時代的聲音低沉了，社會主義建設的光輝在文學藝術這面鏡子裡光彩暗淡了」。毛澤東看到這篇文章，一方面充分肯定他們「立場很好」，「忠心耿耿，為黨為國」，另一方面尖銳批評他們實質上是「阻止『百花齊放、百家爭鳴』」，「方法不對」，是「粗暴不講理」。還說他們「憂心如焚，唯恐天下大亂」，「不相信人民，不相信人民有鑑別力量」。

一個月後，毛澤東又在頤年堂專門召開會議，推進「雙百」方針的實施。會議午休時，毛澤東和時任《文藝報》主編的張光年談起了青年詩人流沙河的組詩〈草木篇〉。張光年回憶說：「那時候，有些人把它的毛病看得很嚴重，我也把它看得比較嚴重。毛主席提出了這個〈草木篇〉，他剛看。我說我看這篇作品不大好呵，我說我們《文藝報》準備組織文章來批評它。他就開導我，他說，你也不要全盤否定嘛，他總還有兩段寫得比較好的，他還舉了兩段例子，我都忘了，他記得。比如這兩段不是寫得很好嗎？你就先說這兩段，你寫得還好，然後再說哪些不好，哪些很不好，你再批評它。這樣的文章，讀者看了心服。」

毛澤東提出和倡導「雙百」方針，在知識界引起強烈反響。生物學家談家楨回憶說：「我第一次見到毛澤東主席，是在一九五七年三月，中央宣傳工作會議期間，也就是青島遺傳學座談會結束後不久。這兩次會議召開的背景，意在貫徹毛澤東主席親自提出的『百花齊放、百家爭鳴』方針（即『雙百』方針）。兩次會議，我都出席了。對『雙百』方針，我抱著積極擁護的態度，這不僅是因為『雙百』方針本身意味著在學術和藝術創作等問題上，鼓勵人們平等地發表自己的觀點和意見，允許不同學術思想、不同學術流派同時存在和發展，更為重要的是，還將從根本意義上調動廣大知識分子投身社會主義事業的積極性。聯繫我本人和我所從事的遺傳學事業來說，『雙百』方針的提出，其實是對當時正岌岌可危、瀕臨夭折的中國遺傳學事業的一種根本意義上的支持。新中國成立以後一直如履薄冰、如臨深淵的中國遺傳學事業，在來自前蘇聯『李森科學派』的巨大政治壓力下，已經到了難以支撐下去的局面。『雙百』方針的提出，青島遺傳學座談會的召開，毛澤東主席的親自關注，無論對中國遺傳學事業，還是對我本人而言，都如久旱逢甘露，是一種莫大的支持。這是我一輩子都不能忘記的。」

值得一提的是，毛澤東不僅把「雙百」方針當作發展科學和文藝的基本方針，而且著眼於推進馬克思主義的發展，也把它作為在新的歷史條件下處理人民內部矛盾的基本方針。一九五七年三月，他在天津視察時專門講「雙百」方針，指出：「因為階級鬥爭基本結束而顯露出來的各種東西，各種不滿意，許多錯誤的議論，我們應該採取什麼方針？我們應該採取『百花齊放、百家爭鳴』的方針，在討論中、在辯論中去解決。只有這個方法，別的方法都不妥。而現在黨內有一種情緒，就是繼續過去那種簡單的方法，你不聽話，就『軍法從事』。那是對待敵人的，那個方法不行了。」

為了幫助人民發展對於各種問題的自由討論，從政治上判斷人們的言論行動是否正確，毛澤東還提出了六條政治標準：(1)有利於團結全國各族人民，而不是分裂人民；(2)有利於社會主義改造和社會主義建設，而不是不利於社會主義改造和社會主義建設；(3)有利於鞏固人民民主專政，而不是破壞或者削弱這個專政；(4)有利於鞏固民主集中制，而不是破壞或者削弱這個制度；(5)有利於鞏固共產黨的領導，而不是擺脫或者削弱這種領導；(6)有利於社會主義的國際團結和全世界愛好和平人民的國際團結，而不是有損於這些團結。在這六條標準中，最重要的是社會主義道路和中國共產黨的領導兩條。鑑別科學論點正確或者錯誤，藝術作品的藝術水準如何，當然還需要一些各自的標準，但是這六條政治標準對於任何科學藝術的活動都是適用的。有了這些標準，就可以使各種問題的自由討論沿著正確的軌道前進。

「百花齊放、百家爭鳴」方針的提出，推動了科學文化事業的發展。在戲曲界，經過發掘和整理，許多傳統劇目重新搬上舞台。圖為崑曲傳統劇目《十五貫》「訪鼠」一場劇照

第二節 為建設一個偉大的社會主義中國而奮鬥

中共八大是中國共產黨取得執政地位後召開的第一次全國代表大會。在距中共七大後的十一年時間裡，中國共產黨領導中國人民實現了兩次具有巨大意義的歷史轉變：一是推翻了帝國主義、封建主義和官僚資本主義的反動統治，建立了中華人民共和國；二是在積極推進社會主義工業化的同時，全國絕大部分地區基本上完成了對農業、手工業和資本主義工商業的社會主義改造，建立起社會主義的基本制度。

一、中共八大的召開

一九五六年九月十五日至二十七日，中共八大在剛落成的全國政協禮堂隆重召開。出席會議的代表共一千零二十六人，代表全國一千零七十三萬名黨員。五十多個外國共產黨、工人黨代表團以及國內各民主黨派和無黨派民主人士的代表應邀參加大會。

在中共八大開幕詞中，毛澤東指出：「我們這次大會的主要任務

毛澤東和劉少奇在中共八大主席台上交談

五十九個國家的共產黨、工人黨、勞動黨和人民革命黨的代表團應邀列席了中共八大。圖為各國代表團在大會上

是：總結從七次大會以來的經驗，團結全黨，團結國內外一切可能團結的力量，為了建設一個偉大的社會主義的中國而奮鬥。」他還講了「謙虛使人進步，驕傲使人落後」這句至理名言，給人留下深刻的印象。確如毛澤東所言，中共八大深入總結了七大以來，特別是新中國成立以來革命和建設的經驗，全面展開了以《論十大關係》為開端的、適合中國國情的社會主義建設道路的探索，確立了中國共產黨在新的歷史時期為完成新的歷史任務應採取的各項重大方針和政策，為指導全黨全國人民獨立自主地進行社會主義建設事業作出了重要貢獻。

一九五六年九月十五日，劉少奇代表中共中央向八大作政治報告，系統地論述了以《論十大關係》為中心的一系列方針政策，並進一步提出和解決了一系列重大問題

八大的重要貢獻之一，就是在重大歷史轉折時刻，正確地分析國內外形勢和國內主要矛盾的變化，明確指出，由於社會主義改造已經取得決定性的勝利，中國無產階級同資產階級之間的矛盾已經基本解決，國內的主要矛盾，已經是人民對於建立先進的工業國的要求同落後的農業國的現實之間的矛盾，已經是人民對於經濟文化迅速發展的需要同當前經濟文化不能滿足人民需要的狀況之間的矛盾。這一矛盾的實質，在中國社會主義制度已經建立的情況下，也就是先進的社會主義制度同落後的社會生產力之間的矛盾。中國共產黨和人民的當前的主要任務，就是要集中力量來解決這個矛盾，把中國盡快地從落後的農業國變為先進的工業國。這些論述，是社會主義制度在中國建立起來以後中國共產黨確定正確路線的基本依據。

基於對國內主要矛盾和主要任務的新認識，八大認真總結了國內外社會主義革命和建設的經驗教訓，確定了經濟、政治、文化和外交等方面工作的方針。

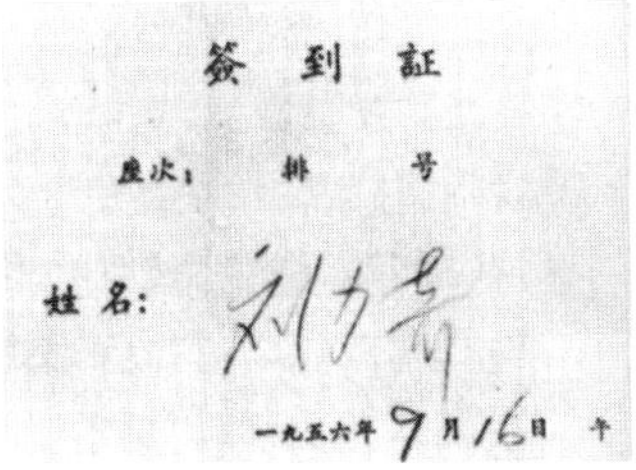

劉少奇出席中共八大的簽到證

在經濟建設方面，明確了以經濟建設為中心，把中國共產黨的工作重心由革命轉移到經濟建設上來，強調要從國家的財力物力的實際狀況出發，堅持既反保守又反冒進，即在綜合平衡中穩步前進的方針。在管理體制方面，要求適當擴大地方管理權限，並調整一些經濟管理體制。在大會發言中，陳雲提出「三個主體、三個補充」的思想：在工商業經營方面，國家經營和集體經營是主體，附有一定數量的個體經營作為補充；在生產的計劃性方面，計劃生產是工農業生產的主體，按照市場變化而在國家計劃許可範圍內的自由生產作為補充；在社會主義的統一市場裡，國家市場是主體，附有一定範圍內國家領導的自由市場作為補充。

在當時，陳雲提出三個「主體」和三個「補充」的主張，是對蘇聯發展模式的重大突破。鄧力群在回憶中說：「按照陳雲同志的設想，我們的經濟並不是越『大』越『公』越好，而是要多種經營同時並存。陳雲同志用『經營』這個提法，沒有用『經濟』的提法，據我個人的理解，他講的意思，用我們現在的語言來說，就是在社會主義公有制佔絕對優勢的前提下，多種所有制形式並存，多種經營形式並存。」「當時陳雲同志講完以後，參加會議的代表以及有些外國同志都稱讚這篇講話，認為很好。毛澤東同志也認為講得很好。可惜的是，以後沒有按陳雲同志講的這些意見去做，而是走了一條相反的路。」

在政治關係方面，提出進一步鞏固和加強人民民主專政，繼續反對官僚主義以改進國家工作，正確對待社會主義建設中的各階層力量的主要觀點，強調進一步擴大國家的民主生活，建立健全社會主義法制；共產黨和各民主黨派、無黨派民主人士實行「長期共存、互相監督」的方針，堅持中國共產黨領導的統一戰線和多黨合作。大會強調指出：「必須用加強黨對於各級國家機關的領導和監督的方法，用加強各級人民代表大會對於各級國家機關的監督的方法，用加強各級國家機關的由上而下和由下而上的監督的方法，用加強人民群眾和機關中的下級工作人員對於國家機關的批評和監督的方法，來同脫離群眾、脫離實際的官僚主義現象作堅持不懈的鬥爭。」

在科學文化建設方面，要求用社會主義的、馬克思主義的思想去武裝群眾，堅持「百花齊放、百家爭鳴」為發展科學和文化藝術的指導方針，努力創造社會主義的民族的新文化。大會關於政治報告的決議指出：「用行政的方法對於科學和藝術實行強制和專斷，是錯誤的。對於封建主義和資本主義的思想，必須繼續進行批判。但是，對於中國過去的和外國的一切有益的文化知識，必須加以繼承和吸收，並且必須利用現代的科學文化來整理我國優秀的文化遺產，努力創造社會主義的民族的新文化。」

在對外政策方面，堅持以互相尊重主權和領土完整、互不侵犯、互不干涉內政、平等互利、和平共處五項原則為基礎的外交政策，闡明了中國在國際事務中的方針，即：繼續鞏固和加強同蘇聯和各人民民主國家的兄弟友誼；同贊成和平共處五項原則的亞洲、非洲國家和其他國家建立和發展友好關係；同一切願意同中國建立外交關係和經濟文化關係的國家建立和發展正常的外交關係和經濟文化關係；繼續反對在國際事務中使用武力和武力威脅政策，反對準備新戰爭的政策；支持世界人民的和平運動，發展同各國人民的友好往來；反對殖民主義，支持亞洲、非洲、拉丁美洲的一切反對殖民主義和保衛民族主權的鬥爭；支持各國工人階級和勞動人民的社會主義運動，加強各國無產階級的國際主義團結；在同一切外國和外國人民的交往中，採取真正平等對待的態度，堅決反對大國主義。

在中國共產黨的建設方面，針對黨的組成結構和人員的變化，提出用正確思想純潔黨的隊伍，進一步完善民主集中制原則，要求更加重視發揚黨的群眾路線的優良傳統，警惕執政黨脫離群眾和實際；強調對黨的組織和黨員的監督，堅持集體領導和個人負責相結合的制度，發揚黨內民主，反對個人崇拜。在《關於修改黨的章程的報告》中，鄧小平對加強監督問題進行了說明：我們需要實行黨內監督，也需要來自人民群眾和黨外人士的監督。黨內監督和黨外監督的關鍵在於發展黨和國家的民主生活，發揚我們黨的傳統，即理論和實踐相結合的作風，和人民群眾緊密地聯繫在一起的作風以及自我批評的作風。

中共八大是中國共產黨在新中國成立後一次具有里程碑意義的盛會，它確定的以經濟建設為中心的政治路線，對於社會主義事業的發展和中國共產黨的建設具有長遠的重要的意義。在八大所開啟的集中力量發展生產力的全面建設社會主義的歷史時期中，中國共產黨領導人民奮發圖強，改變中國經濟落後的面貌，初步建立起獨立的比較完整的工業體系和國民經濟體系。這是八大路線的繼續貫徹和進一步發展。因此，中共中央《關於建國以來黨的若干歷史問題的決議》中作了這樣的評價：「八大路線是正確的，它為新時期社會主義事業的發展和黨的建設指明了方向。」鄧小平在中國共產黨的十二大開幕詞中也評價說：「一九五六年召開的黨的第八次全國代表大會，分析了生產資料私有制的社會主義改造基本完成以後的形勢，提出了全面開展社會主義建設的任務。八大的路線是正確的。」

一九五六年九月十六日，鄧小平在中共八大上作修改黨的章程的報告

八大還基本確定了中國社會主義現代化建設分兩步走的構想：第一步，用三個五年計劃的時間初步實現工業化；第二步，再用幾十年的時間接近或趕上世界最發達資本主義國家。八大期間，毛澤東曾表示：這次大會反映了人民的希望，建設工業。中國那麼一塊大地方，資源那麼豐富，又搞了社會主義，

如果不能趕超發達資本主義國家，就要從地球上開除你的球籍。中國的前途是好的，但有艱苦的任務。要使中國變成富強的國家，需要五十年到一百年的時光。十五年建立一個基本上完整的工業體系，五十年到一百年建成一個富強的社會主義工業化國家。這就是八大為人民展示的社會主義發展的宏偉藍圖。

九月二十八日，中共八屆一中全會產生了新的中央領導機構。新產生的中央政治局常委，除七屆一中全會選出的五大書記中的毛澤東、劉少奇、周恩來、朱德四人外，增加了陳雲、鄧小平兩人。毛澤東任中共中央委員會主席，劉少奇、周恩來、朱德、陳雲任副主席，鄧小平任總書記。這個新的中央領導機構，既承續了七大選出的中共中央領導集體，又有新的成分加入，為以後的新老交替作了重要準備。毛澤東在七屆七中全會上說：

> 黨章上現在準備修改，叫作「設副主席若干人」。首先倡議設四位副主席的是少奇同志。一個主席、一個副主席，少奇感到孤單，我也感到孤單。一個主席，又有四個副主席，還有一個總書記，我這個「防風林」就有好幾道。「天有不測風雲，人有旦夕禍福」，這樣就比較好辦。除非一個原子彈下來，我們幾個恰恰在一堆，那就要另外選舉了。如果只是個別受損害，或者因病，或者因故，要提前見馬克思，那末總還有人頂著，我們這個國家也不會受影響。

毛澤東還評價鄧小平和陳雲說：鄧小平這個人比較公道和厚道，比較有才幹，能辦事，比較顧全大局，處理問題比較公正。他是在黨內經過鬥爭的。陳雲是工人階級出身。他比較公道、能幹，比較穩當，他看問題有眼光。不要看他平和得很，但他看問題尖銳，能抓住要點。

八大的召開，使剛剛進入社會主義的中國人民無比振奮。各民主黨派和無黨派民主人士的代表獻給八大的禮物是象牙雕刻的工藝品，刻畫的是在兩萬五千里長征途中紅軍勝利渡過大渡河的情景。中國國民黨革命委員會主席李濟深在致辭中說：我們用這件禮品來象徵我們各民主黨派在中國共產黨領導下，「同舟共濟」，勝利地過渡到繁榮幸福的社會主義和共產主義社會。

中共八大不僅為人民關注，而且備受國際社會矚目。在八大召開的第一天，與共產主義勢不兩立、美國頗有影響的《基督教科學箴言報》刊載文章指出：「中國共產黨是世界上最大的全國性共產主義組織，這個黨在三十五年中走過了很長的路程。目前舉行的第八次代表大會反映了巨大的權力和極大的信心。」「這個黨正在緩慢地但卻是相當有把握地領導著把農業的中國推向工業化。」「不管承認與否，中國共產黨已經使中國成為世界一大強國。」八大勝利結束後，又有西方國家的報紙評論說：中共八大「是充滿了信心、喜悅、樂觀和團結的」，「任何不抱偏見的觀察家都將承認這一點」。

二、「中國會變成一個大強國而又使人可親」

一九五七年三月十七日，毛澤東乘專列離開北京，前往杭州。在途中的天津、濟南、南京、上海，他在四天內接連發表了四場演講，主題都是「如何處理人民內部的矛盾」。在毛澤東看來，這個問題已

中共八大閉幕式主席台

是「提起一切工作的綱」，必須喚起全黨的高度重視。為此，他戲稱自己變成了一個「遊說先生」，「到處講一點」，特別是形勢與任務的轉變、人民鬧事如何處理、「雙百」方針、中國共產黨的整風等存在爭議或誤區的問題。

在南京、上海的演講提綱中，毛澤東將需要重點闡述的問題及對策一一列出，並在收筆處寫道：「採取現在的方針，文學藝術、科學技術會繁榮發達，黨會經常保持活力，人民事業會欣欣向榮，中國會變成一個大強國而又使人可親。」這段結語，尤其是最後一句，可以說是毛澤東全部演講的點睛之筆，表達了他對正確處理人民內部矛盾出發點和落腳點的思考，反映出他對中國社會主義建設的戰略構想，寄託著他對人人嚮往的社會主義社會的期待。

建設一個強大的中國，實現中華民族的復興，是鴉片戰爭後幾代中國人前赴後繼的追求，也是以毛澤東為代表的中國共產黨人早已明確的奮鬥目標。在新民主主義革命時期，毛澤東就描述了新中國的光明前景：「我們不但要把一個政治上受壓迫、經濟上受剝削的中國，變為一個政治上自由和經濟上繁榮的中國，而且要把一個被舊文化統治因而愚昧落後的中國，變為一個被新文化統治因而文明先進的中國。」在革命勝利前夕，他告誡自己的戰友，進城是「趕考」，唯有繼續艱苦奮鬥，並學會搞建設的新本領，才能交上一份合格的答卷。

新中國成立後，在國民黨遺留下來的爛攤子上，中國共產黨領導各族人民勵精圖治，迅速恢復了國民經濟，進而又卓有成效地領導了社會主義三大改造。短短幾年時間裡，千瘡百孔的中國呈現出一派萬象更新、欣欣向榮的局面。一項項大型農田水利工程的投入使用，一批批工礦企業的建成投產，一條條交通大動脈的竣工通車，奠定了現代化建設的初步基礎，結束了我們只「能造桌子椅子，能造茶碗茶壺，能種糧食」的歷史。象徵著國家力量的汽車、飛機、坦克、拖拉機，紛紛有了中國製造，讓人民群眾對「強大」越來越有信心。

一九五六年九月，中共八大宣告中國邁進社會主義社會的門檻，舉國上下一片歡騰。「社會主義，樓上樓下，電燈電話。」這句當時流行的口頭禪，講出了老百姓的質樸願望，也表達了人們對社會主義的認識和嚮往。毛澤東則一如既往地指出：「我國人民應該有一個遠大的規劃」，「努力改變我國在經濟上和科學文化上的落後狀況」，「把我國建設成為一個具有現代農業、現代工業、現代國防和現代科學技術的社會主義強國，趕上和超過世界先進水平。」習慣於以詩言志的毛澤東，將自己對國家繁榮富強的渴望，化成了這樣的詩句：「多少事，從來急；天地轉，光陰迫。一萬年太久，只爭朝夕。」這種只爭朝夕的理想與激情，成為中國人民在民族復興道路上的強大動力。

然而，理想與現實之間，往往會存在差距。從一九五六年冬到一九五七年春，一些看似與社會主義格格不入的現象，在如火如荼的經濟建設中層出不窮，日益突出：一些農村發生農民鬧社、退社風潮；一些學生、工人、復員轉業軍人在升學、就業和安置等方面遇到困難，發生了少數人鬧事的現象；社會上對政府的批評意見、對現實不滿的言論也多了起來。據不完全統計，一九五六年一年中，僅全國總工會收到的報告和直接處理的罷工、請願事件就有八十六起，其中第一季度六起，第二季度十九起，第三季度二十起，第四季度猛增至四十一起；從

一九五七年二月二十七日，毛澤東在最高國務會議上作《關於正確處理人民內部矛盾的問題》的報告

一九五六年八月底到次年一月近半年時間內，全國高等學校和中專學校學生罷課、請願事件有三十起，共有一萬多人。

國內發生的種種鬧事風潮，給沉浸在歡喜之中的幹部群眾澆了一盆涼水，使他們不禁發出疑問：進入社會主義了，怎麼還會有如此多的矛盾呢？出現了這些矛盾，還算不算社會主義？社會主義社會，到底應該是什麼樣子？

經過一個較長時間的深思熟慮，毛澤東給出了這些疑問的答案。一九五七年二月二十七日，他在有一千八百多位各方面人士出席的最高國務會議第十一次（擴大）會議上，以「如何處理人民內部的矛盾」為題發表講話，系統地闡明了關於嚴格區分社會主義社會的敵我和人民內部兩類矛盾以及正確處理人民內部矛盾的問題。

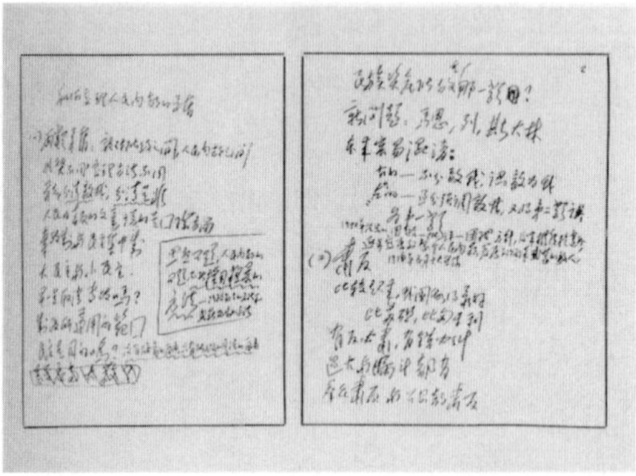
《關於正確處理人民內部矛盾的問題》講話提綱的手稿

講話分為十二個小題目：(1)兩類矛盾——敵對階級之間、人民內部之間；(2)肅反；(3)社會主義改造——合作化；(4)資本主義改造；(5)知識分子和青年學生；(6)增產節約，反對鋪張浪費；(7)統籌兼顧，適當安排；(8)百花齊放、百家爭鳴，長期共存、互相監督；(9)如何處理罷工，罷課，遊行示威，請願；(10)鬧事，出亂子，都不好嗎？(11)少數民族與大漢族民族問題，西藏問題；(12)中國可能在三四個五年計劃內，初步地改變面貌。

經過詳盡而深入地闡述，毛澤東明確指出，進入社會主義社會後，仍然存在著矛盾，正是這些矛盾推動著我們的社會向前發展。但是，我們要分清兩類不同性質的矛盾。群眾鬧事不同於水火不容的敵我矛盾，而是在根本利益一致的基礎上非對抗性的人民內部矛盾，可以通過民主的方法加以解決。他還指出，人民內部矛盾得不到解決，問題在於中國共產黨和政府的幹部思想上缺乏準備，要麼不知所措，陷於被動，要麼用老眼光看待新問題，企圖採用對待階級鬥爭的粗暴方法來進行壓服。

毛澤東關於正確處理人民內部矛盾的學說，總結了國際共產主義運動的歷史經驗，研究了中國社會主義改造完成後的新問題，肯定並分析了社會主義社會的矛盾，指明了社會主義社會的基本矛盾及其特點，從而在馬克思主義發展史上第一次創立了關於社會主義社會矛盾的學說。他不僅把社會主義社會的矛盾區分為敵我矛盾和人民內部矛盾，把正確處理人民內部矛盾作為國家政治生活的主題，而且系統地論述了社會主義社會人民內部矛盾的表現、根源、性質和解決的方針、方法。

三月六日至十三日，中共中央在北京召開全國宣傳工作會議，傳達貫徹毛澤東《關於正確處理人民內部矛盾的問題》的講話，研究思想動向和認真貫徹「雙百」方針等問題。這次會議還破例邀請了約一百六十位黨外文化人士參加，請他們對如何處理人民內部矛盾問題發表意見。其間，毛澤東抽出五天時間，分別與宣傳、教育、文藝、新聞、出版、高等院校和自然科學等方面的人士舉行了六次座談，徵求他們的意見。

三月十二日，毛澤東在會上發表講話時指出，社會大變動時期，幾億人口進入社會主義改造運動，各種不同意見在思想上有所反映，這種情況是完全可以理解的。制度的變化，是一個大變化。現在思想這樣混亂，就是社會基礎變動而來的反映。但是怎樣解決思想問題，有兩種截然不同的方法。毛澤東主張：「不能用專制、武斷、壓制的辦法，要人服，就要說服，而不能壓服。」

著名作家、翻譯家傅雷聽到毛澤東的講話後，在一封家書中動情地寫道：

毛主席的講話，那種口吻、音調，特別親切平易，極富於幽默感；而且沒有教訓口氣，速度恰當，間以適當的 pause（停頓），筆記無法傳達。他的馬克思主義是到了化境的，隨手拈來，都成妙諦，出之以極自然的態度，無形中滲透聽眾的心。講話的邏輯都是隱而不露，真是藝術高手。

他再三說人民內部矛盾如何處理對黨也是一個新問題，需要與黨外人士共同研究；黨內黨外合在一起談，有好處；今後三五年內，每年要舉行一次。他又囑咐各省市委也要召集黨外人士共同商量黨內的事。他的胸襟博大，思想自由，當然國家大事掌握得好了。毛主席是真正把古今中外的哲理融會貫通了的人。

四月三十日，中國科學院邀請一百多名著名科學家舉行座談會，討論正確處理人民內部矛盾的問題。圖為中國科學院院長郭沫若在發言

六月十九日，《關於正確處理人民內部矛盾的問題》經過補充整理後，在《人民日報》上公開發表。同一天，蘇聯《真理報》全文刊載，其他社會主義國家也相繼翻譯發表。美國和歐洲許多主流報紙如《紐約時報》、《紐約先驅論壇報》、《紐約世界電訊與太陽報》、《華盛頓郵報》、《觀察家報》等，都刊載了關於這篇講演的消息。一九五八年三月十日，毛澤東在成都會議上說，《關於正確處理人民內部矛盾的問題》發表後，《紐約時報》全文登載，杜勒斯說要看一看。六月二十一日至二十三日他就看到了，並在二十三日作出結論，說「中國要自由化」。當時蘇聯給了我們一個「備忘錄」，怕我們向右轉。

毛澤東把正確處理人民內部矛盾提升到國家政治生活主題的位置，強調社會主義建設既要使國家強大，又要使人感到可親。那麼，毛澤東所說的「可親」，具體表現在哪裡呢？換言之，社會主義怎樣才能使人感到可親呢？翻閱毛澤東的著述，以下幾個他在南下演講中重點闡述的問題，是經常提到並一以貫之的。

首要一點是，必須認識到革命和建設的不同。革命是打天下，建設是治天下。二者任務不同，方法也就不同。對此，古人已有分析。《史記・酈生陸賈列傳》記載：「陸生時時前說稱《詩》《書》。高帝罵之曰：『乃公居馬上而得之，安事《詩》《書》！』陸生曰：『居馬上得之，寧可以馬上治之乎？且湯武逆取而以順守之，文武並用，長久之術也。』」大概意思是說，陸賈時常勸告漢高祖劉邦，不能用打天下的方法來治天下，對老百姓要採取柔和之策。熟讀史書的毛澤東，自然深諳此理。

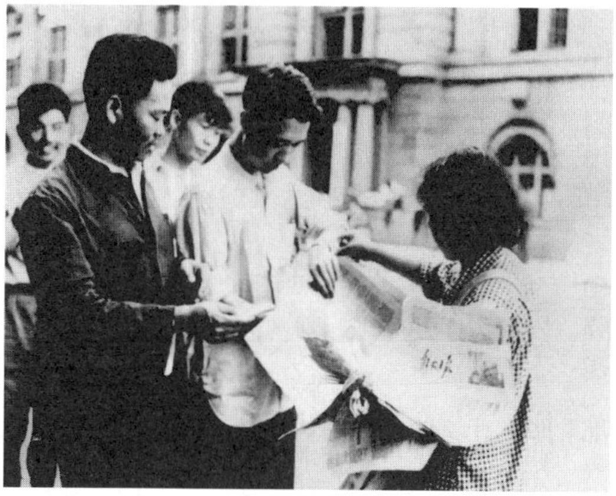

上海市民在購買刊有《關於正確處理人民內部矛盾的問題》全文的報紙

在沿途演講中，毛澤東反覆強調：「現在是處在這麼一個變革的時期：由階級鬥爭到向自然界作鬥爭，由革命到建設，由過去反帝反封建的革命和後頭的社會主義革命到技術革命，到文化革命。」但是，「現在黨內有一種情緒，就是繼續過去那種簡單的方法，你不聽話，就『軍法從事』。那是對付敵人的，那個辦法不行了」。有個同志跟他講：「搞那麼多道理，老子就搞不慣。老子就是一衝。」毛澤東立即批評說：「你一衝呀，不能解決問題，要加以分析，要研究，寫出有說服力的文章才行。」「要以理服人，不能以力服人。理不足，不能服人，勢力大也不能解決問題。以力只能服敵。敵人是不和你講理的，你跟他講理他不聽，他只講力。對人民只有說理，只要沒理，不管勢力多大，資格多老，也輸了。」

所謂以理服人，就是要發揚社會主義民主，切實保障人民當家作主的各項權利，堅持用「團結－批評－團結」這個總方針來解決人民內部矛盾。毛澤東多次強調：「我們的目標，是想造成一個又有集中又有民主，又有紀律又有自由，又有統一意志、又有個人心情舒暢、生動活潑，那樣一種政治局面。」這種局面是社會主義制度優越性的應有之義，也是社會主義使人可親的寫照，更是有利於社會主義建設，「較易於克服困難，較快地建設中國的現代工業和現代農業，黨和國家較為鞏固，較為能夠經受風險」的前提條件。

其次一點是，要朝著「使人可親」的設想，把通過民主方法解決人民內部矛盾這一總方針在各領域具體化。毛澤東多次說，在思想領域，「不能採取粗暴的強制的方法，只能用細緻的講理的方法」，「真正發展正確的意見，克服錯誤的意見」；在經濟工作中，要實行「統籌兼顧、適當安排」的方針，「作計劃、辦事、想問題，都要從我國有六億人口這一點出發」，兼顧國家、集體和個人三方面的利益；在科學文化領域，要實行「百花齊放、百家爭鳴」的方針，通過自由討論和科學實踐、藝術實踐去解決問題，做到古為今用、洋為中用、推陳出新；在共產黨和各民主黨派的關係上，要實行「長期共存、互相監督」的方針，鞏固和擴大愛國統一戰線；在民族問題上，要實行民族平等、團結互助的方針，著重反對大漢族主義，也要反對地方民族主義；等等。所有這些原則和方法，都是具體問題具體分析而得出的有針對性的方針政策，為建設一個可親的社會主義社會指明了方向。

最後一點，也是最關鍵的一點，就是要永保中國共產黨的政治本色，全心全意為人民服務。在演講中，毛澤東把工人罷工、學生罷課的根源，歸結為官僚主義，並認為官僚主義「是反動統治階級對待人民的反動作風的殘餘在我們黨和政府內的反映的問題」。對此，劉少奇也明確表示：「人民群眾起來鬧事的主要原因是我們領導機關的官僚主義。」他在中共八屆二中全會的報告中談到波匈事件時，指出匈牙利共產黨在執政後沒有「充分地發動群眾去進行階級鬥爭，反對地主階級，反對資產階級」，在「經濟建設中過多地建設重工業」，「犧牲輕工業，犧牲農業，一直到現在人民生活沒有改善」。在這次講話中，劉少奇還提出了一個引人深思的問題：

> 在工人階級執政的國家裡面，就是說在我們社會主義國家裡面是不是也有一種可能，也有一種條件，產生工人貴族這種階層？如果我們不注意，讓其自流的話，在我們這些國家，也可能產生一種新的「貴族階層」。在工人階級裡可以產生，在共產黨裡面也可以產生。我想是有這種可能性的。但是如果我們注意了的話，如果我們採取一些辦法的話也不一定產生，是可以避免的。
>
> 我們要採取一些辦法，採取一些措施，要提起注意，在黨內、在人民中間進行教育。此外，還要規定一些必要的制度，使我們這個國家發展下去將來不至於產生一種特殊階層，站在人民頭上，脫離人民。

一九五七年四月二十四日，周恩來在杭州出席中共浙江省委第四次全會和全省宣傳工作會議時，分析指出：「正確地對待人民內部（矛盾）的問題，首先要把共產黨搞通，因為你是先鋒隊，你是領導的黨，如果共產黨對這個問題還有牴觸，那一切問題都解決不好。因此，要解決人民內部的矛盾，使我剛才所說的那些問題解決得好，保證生產力永遠前進，上層建築永遠適應經濟基礎，領導者永遠依靠廣大人民群眾，不犯官僚主義、主觀主義、宗派主義的錯誤，那就必須首先使共產黨本身能夠認識這個問題，能夠掌握這個問題，能夠解決這個問題。要有不怕麻煩、不怕困難的精神。在這一點上，需要拿過去革命時的那種不怕艱難困苦的精神來執行新的方針，採取新的態度，實行新的方法。」

顯然，不掃除在中國為害數千年的官僚主義，社會主義社會也難以使人可親。為此，毛澤東要求中共黨員幹部要樹立一切為了人民的觀點，不僅要以正確的路線方針政策體現群眾的意願，為群眾謀利益，而且要把這種群眾觀點內化為工作方法和思想方法，從群眾中來，到群眾中去，以保證中國共產黨的領導的正確。他語重心長地說：「縣委以上的幹部有幾十萬，國家的命運就掌握在他們手裡。如果搞不好，脫離群眾，不是艱苦奮鬥，那末，工人、農民、學生就有理由不贊成他們。我們一定要警惕，不要滋長官僚主義作風，不要形成一個脫離人民的貴族階層。誰犯了官僚主義，不去解決群眾的問題，罵群眾，壓群眾，總是不改，群眾就有理由把他革掉。」所以，「以後凡是人民內部的事情，黨內的事情，都要用整風的方法，用批評和自我批評的方法來解決，而不是用武力來解決」。

不難發現，毛澤東關於正確處理人民內部矛盾，以及「可親」與「強大」辯證關係的認識，與他對中國社會主義建設道路的探索是內在統一、緊密聯繫的。比如，在一九五六年四月的《論十大關係》講話中，他就提出社會主義建設的基本方針，是要把國內外一切積極因素調動起來，為社會主義事業服務。毛澤東在這裡已經說得很清楚，為了「強大」，就必須團結全體人民；為了團結全體人民，就必須正確的處理人民內部矛盾；為了正確處理人民內部矛盾，就必須採取治天下之方法，讓社會主義使人可親。

一九五七年四月二十七日，中共中央發出《關於整風運動的指示》，主要是批評中國共產黨黨內主觀主義、官僚主義、宗派主義的錯誤作風，以貫徹落實正確處理人民內部矛盾的方針。三天後，毛澤東又特意在天安門城樓的大廳裡，召集各民主黨派的主要領導人參加最高國務會議。時任《人民日報》社社長兼新華社社長吳冷西回憶說：「毛主席講得又很誠懇又很大度，請大家來，就是拜託大家一件事，就是有關國家前途和命運的大事，是什麼呢？請你們，各位老先生，給共產黨提意見，幫著共產黨整風，上至我毛澤東，下至支部書記，有什麼意見，你們就提，想怎麼提就怎麼提，要講什麼就講什麼，講到言無不盡為止。」

隨後，中共各級黨組織紛紛召開各種形式的座談會和小組會，聽取黨內外群眾的意見。應該說，儘管不少人提出了相當尖銳的意見，但絕大部分意見是正確的、有益的，也是善意的、中肯的。不過，也出現了一些偏激的和錯誤的言論。有人把共產黨在國家政治生活中的領導地位，攻擊為「黨天下」，公然提出共產黨退出機關、學校，公方代表退出合營企業，要求「輪流坐莊」。還有人極力抹煞社會主義改造和建設的成績，從根本上否定社會主義制度，把人民民主專政的制度說成是產生官僚主義、宗派主義和主觀主義的根源。這些言論在當時造成了緊張的政治氣氛，引起中共領導人的高度警覺，並將之看成是一個危險的政治信號。

時任中央統戰部部長的李維漢，後來在他的回憶錄中寫道：

在民主黨派、無黨派民主人士座談會開始時，毛澤東同志並沒有提出要反右，我也不是為了反右而開這個會，不是「引蛇出洞」。兩個座談會反映出來的意見，我都及時向中央黨委匯報。

及至聽到座談會的匯報和羅隆基說現在是馬列主義的小知識分子領導小資產階級的大知識分子、外行領導內行之後，（毛澤東）就在五月十五日寫出〈事情正在起變化〉的文章，發給黨內高級幹部閱讀。文章提出：「最近這個時期，在民主黨派和高等學校中，右派表現得最堅決，最猖狂……我們還要讓他們猖狂一個時期，讓他們走到頂點。」對於為什麼要把「大量的反動的烏煙瘴氣的言論」登在報上，回答說：「這是為了讓人民見識這些毒草、毒氣，以便鋤掉它，滅掉它。」這篇文章，表明毛澤東同志已經下定反擊右派的決心。

不久，周恩來在中國國務院全體會議上也感歎道：「我們用整風鳴放、和風細雨、團結批評團結的方法，是為了發展我們的國家，建設我們的國家。」「有些朋友竟然看成漆黑一團，覺得波匈事件以後，中國也差不多了。」「有的人認為船要沉了，天要黑了，另有打算，那就出了軌了。我們料到會發生一些錯覺，但沒有料到這樣多，這樣激烈，原則性問題都出來了。」

六月八日，《人民日報》發表社論〈這是為什麼？〉，提出「國內大規模的階級鬥爭雖然已經過去了，但是階級鬥爭並沒有熄滅，在思想戰線上尤其是如此」。並引用歷來主張愛國民主的國民黨革命委員會元老何香凝的話：「有極少數人對社會主義是口是心非，心裡嚮往的其實是資本主義，腦子裡憧憬的是歐美式的政治，這些人就是今天的右派。」同一天，中共中央發出《關於組織力量準備反擊右派分子進攻的指示》，強調「這是一場大戰（戰場既在黨內，又在黨外），不打勝這一仗，社會主義是建不成的，並且有出匈牙利事件的某些危險」。此後，反右派鬥爭迅即展開。

由於對階級鬥爭形勢作出過於嚴重的錯誤估計，這場歷時一年的反右派鬥爭嚴重地擴大化了，一大批知識分子、愛國人士和中國共產黨黨內幹部被錯劃為「右派分子」，造成了不幸的後果。更嚴重的後果是，毛澤東和中共中央改變了中共八大關於社會主要矛盾的論斷和社會階級關係狀況的分析，使中國共產黨的指導思想又開始出現「左」的偏差。十月九日，毛澤東在八屆三中全會上重新提出：「無產階級和資產階級的矛盾，社會主義道路和資本主義道路的矛盾，毫無疑問，這是當前我國社會的主要矛盾。」

可見，在中國如何建設社會主義，是一個十分艱難的探索過程。中國共產黨黨史專家龔育之分析指出：「八大對形勢的分析和經濟建設方針的規定是正確的、穩妥的。但是，一方面八大的方針當時由於缺乏經驗還不可能充分具體化而臻於成熟，另一方面全黨當時還缺乏思想準備來防止在任何情況下對這一方針的動搖。結果遇到一些未曾料及的形勢變化，我們就輕易地偏離甚至最後拋開了八大的正確方針，以至又發生錯誤和挫折。『大躍進』是一次，『文化大革命』是更大的一次。」

第七章

道路曲折，成就輝煌

中共八大召開後的十年，是全面建設社會主義的十年，是正確與錯誤、成就與挫折錯綜交織的十年，是既犯了嚴重錯誤又取得偉大成就的十年。中國共產黨領導各族人民，在這種曲折中努力前進，為新生的社會主義中國進一步奠定了物質的和精神的基礎，為在中國堅持和發展社會主義積累了正反兩方面的經驗。

為了更快地推動經濟建設，中共中央、毛澤東醞釀並制定了「鼓足幹勁，力爭上游，多快好省地建設社會主義」的社會主義建設總路線，並在這個過程中相繼發動了「大躍進」和人民公社化運動。它們的提出和推行，反映了中國人民在站立起來之後求強求富的強烈願望，但對社會主義建設的長期性、艱巨性及其客觀規律認識不足，以為「大躍進」運動是迅速改變中國貧窮落後面貌的最好途徑，以為人民公社是通往共產主義理想社會的最好組織形式，這無疑是不正確的。

以高指標、瞎指揮、浮誇風和「共產風」為主要標誌的「左」傾錯誤，使整個國民經濟遭受嚴重困難。從一九六〇年冬起，中國共產黨和政府開始對國民經濟實行「調整、鞏固、充實、提高」的方針，使社會主義建設逐步地重新呈現出欣欣向榮的景象。一九六四年底到一九六五年初召開的三屆全國人大一次會議宣佈：調整國民經濟的任務已經基本完成，整個國民經濟將進入一個新的發展時期，要努力把中國逐步建設成為一個具有現代農業、現代工業、現代國防和現代科學技術的社會主義強國。

第一節　「三面紅旗」

社會主義建設總路線、「大躍進」和人民公社，在當時被稱作「三面紅旗」。歷史證明，儘管它們反映了廣大人民群眾高度的政治熱情和革命幹勁，及其迫切要求改變經濟、文化落後面貌的普遍願望，但是社會主義建設總路線有其忽視客觀經濟規律的一面，「大躍進」和農村人民公社化運動的發動則都缺乏從客觀實際出發的充分依據。其結果是，經濟建設和社會發展不僅沒有達到預期的目標，反而遭受到重大的挫折。

一、社會主義建設總路線

毛澤東在探索適合中國國情的建設社會主義道路時，希望能找到一條比蘇聯、東歐更好更快一些的道路。早在一九五六年元旦，《人民日報》發表社論〈為全面地提早完成和超額完成五年計劃而奮鬥〉，就根據毛澤東的相關講話精神明確提出「又多、又快、又好、又省」的要求。不過，從這年六月開始，在周恩來主持下，經濟建設形成了「既反對保守，也反對冒進」的指導思想，並取得明顯成效，「又多、又快、又好、又省」的口號不再被提及。

一九五七年十月，毛澤東在中共八屆三中全會上批評反冒進，提議恢復「多快好省」的口號，得到與會者的響應。儘管他

慶祝新中國成立十週年時，北京郊區農民舉著總路線、「大躍進」、人民公社「三面紅旗」標語遊行

也要求處理好多、快、好、省之間的辯證關係，但在當時的形勢下，在實際工作中很難保證把多、快與好、省辯證地統一起來。十二月十二日，《人民日報》發表毛澤東主持起草的〈必須堅持多快好省的建設方針〉的社論，指出：「在去年秋天以後的一段時間裡，在某些部門、某些單位、某些幹部中間颳起了一股風，居然把多快好省的方針颳掉了。」「於是，本來應該和可以多辦、快辦的事情，也少辦、慢辦，甚至不辦了。這種做法，對社會主義建設事業當然不能起積極的促進的作用，相反地起了消極的『促退』的作用。」一九五八年元旦，《人民日報》又發表社論〈乘風破浪〉，再次批評了右傾保守思想，提出要調動一切積極因素，多快好省地進行各項工作，同時提出了「鼓足幹勁，力爭上游」的口號。

中共八大二次會議正式通過了「鼓足幹勁，力爭上游，多快好省地建設社會主義」的總路線

中共八大二次會議主席台

然而，毛澤東對反冒進很不贊成。一九五八年三月，中共中央在成都召開工作會議，毛澤東在會上的講話和插話中，多次談到社會主義建設總路線的問題，指出：社會主義建設有兩條路線：一條多、快、好、省，一條少、慢、差、費。社會主義建設有兩種辦法，一種是幹勁十足，轟轟烈烈，堅持群眾路線；另一種是「尋尋覓覓，冷冷清清，淒淒慘慘慼慼」，

這也是一條路線。他明確把「多快好省，鼓足幹勁，力爭上游」並提，稱之為「總路線」。在「快」字當頭的思想指導下，貫徹這條「總路線」難免導致新的更大規模的冒進——一九五八年「大躍進」運動。

兩個月後召開的八大二次會議，正式制定了「鼓足幹勁，力爭上游，多快好省地建設社會主義」的總路線。劉少奇代表中央委員會向會議所作的工作報告，著重闡述了建設社會主義的總路線及其基本點：調動一切積極因素，正確處理人民內部矛盾；鞏固和發展社會主義的全民所有制和集體所有制，鞏固無產階級專政和無產階級的國際團結；在繼續完成經濟戰線、政治戰線和思想戰線上的社會主義革命的同時，逐步實現技術革命和文化革命；在重工業優先發展的條件下，工業和農業同時並舉；在集中領導、全面規劃、分工協作的條件下，中央工業和地方工業同時並舉，大型企業和中小型企業同時並舉。通過這些，盡快地把中國建設成為一個具有現代工業、現代農業和現代科學文化的偉大的社會主義國家。

中共八大二次會議還肯定了當時已經出現的「大躍進」，認為這標誌著中國正在經歷「一天等於二十年」的偉大時期

劉少奇還對中國為什麼必須加快建設速度作了說明，指出：「建設速度問題，是社會主義革命勝利後擺在我們面前的最重要的問題。」他強調，由於帝國主義的威脅和中國經濟的落後，只有盡可能地加快建設，才能盡快地鞏固國家政權，提高人民生活水準。劉少奇在報告中還指出：雖然社會主義建設總路線需要在今後的實踐中繼續考驗，並且使它繼續發展和完備起來，但是它的基本方向和主要原則是可

以確定下來了。

五月二十九日，《人民日報》發表社論〈把總路線的旗幟插遍全國〉，強調中共八大二次會議確定的總路線，集中反映了中國人民的最大利益和迫切要求，只要依靠群眾，鼓足六億多人民的幹勁，動員六億多人民力爭上游，我們就一定能夠高速度地進行建設，一定能夠在一個比較短的時間內趕上資本主義國家，成為世界上最先進最富強的國家之一。

六月二十一日，《人民日報》又發表社論〈力爭高速度〉，指出：「用最高的速度來發展我國的社會生產力，實現國家工業化和農業現代化，是總路線的基本精神。它像一根紅線，貫穿在總路線的各個方面。如果不要求高速度，當然沒有什麼多快好省的問題；那樣，也就不需要鼓足幹勁，也就無所謂力爭上游了。因此可以說，速度是總路線的靈魂。」

客觀而言，在社會主義建設中，保持鼓足幹勁、力爭上游這樣一種精神狀態，把多、快、好、省特別是多、快與好、省統一起來，理順其中的各種關係，是可以促進或加快社會主義建設事業的。然而，這條總路線是在急躁冒進的思想指導下制定的，難免導致走向片面追求發展速度的誤區。對此，一九八一年六月中共十一屆六中全會通過的《關於建國以來黨的若干歷史問題的決議》，指出：

八大二次會議通過的社會主義建設總路線及其基本點，其正確的一面是反映了廣大人民群眾迫切要求改變我國經濟文化落後狀況的普遍願望，其缺點是忽視了客觀的經濟規律。在這次會議前後，全黨同志和全國各族人民在生產建設中發揮了高度的社會主義積極性和創造精神，並取得了一定的成果。但是，由於對社會主義建設經驗不足，對經濟發展規律和中國經濟基本情況認識不足，更由於毛澤東同志、中央和地方不少領導同志在勝利面前滋長了驕傲自滿情緒，急於求成，誇大了主觀意志和主觀努力的作用，沒有經過認真的調查研究和試點，就在總路線提出後輕率地發動了「大躍進」運動和農村人民公社化運動，使得以高指標、瞎指揮、浮誇風和「共產風」為主要標誌的「左」傾錯誤嚴重地氾濫開來。

二、「大躍進」運動

一九五七年十一月，毛澤東率領中國代表團赴蘇聯參加十月革命勝利四十週年慶典，並參加在莫斯科召開的十二個社會主義國家共產黨、工人黨代表會議和六十八個共產黨、工人黨代表會議，即第一次莫斯科會議。這次會議對國際形勢作出了「社會主義在向上發展，而帝國主義卻在衰退」的樂觀估計，強調要在經濟實力方面趕上和超過資本主義陣營。

當赫魯曉夫提出，蘇聯要在十五年時間，在工農業最重要產品的產量、某幾項工業產量方面趕上和超過美國時，毛澤東也提出，中國在十五年後可能趕上或者超過英國。他說，中國從政治上、人口上說是個大國，從經濟上說，現在還是個小國。要把中國變成一個真正的大國。十五年後，蘇聯超過美國，中國超過英國，到那個時候，我們就無敵於天下了，沒有人敢同我們打了，世界也就可以得到持久和平了。

胡喬木後來回憶：「毛主席對這個會議非常滿意。加上蘇聯的人造衛星上天，毛主席這時確實感到勝利在我們一邊，提出東風壓倒西風、超英趕美。」「毛主席覺得可以探索一種更高的發展速度，把群眾發動起來，而且是全國發動起來，生產一定會大躍進。」

「趕超英國」的設想公佈後，立即成為動員全國人民積極投身社會主義建設熱潮、以求迅速改變中國落後面貌的一個響亮的行動口號。但是，後來的實踐證明，單純在鋼產量上做文章，並採用群眾性大煉鋼鐵的方法，違背了經濟建設的客觀規律，必然會帶來國民經濟的比例失調和嚴重損失。

幾乎是在「趕超英國」目標提出的同時，「躍進」的口號也出現在中共中央機關報上。一九五七年十月二十七日，《人民日報》發表社論〈建設社會主義農村的偉大綱領〉，要求「有關農業和農村的各方面的工作在十二年內都按照必要和可能，實現一個巨大的躍進」。十一月十三日，《人民日報》發表的社論〈發動全民，討論四十條綱要，掀起農業生產的新高潮〉，進一步批評「有些人害了右傾保守的毛病，像蝸牛一樣爬行得很慢，他們不瞭解在農業合作化以後，我們就有條件也有必要在生產戰線上來一個大的躍進」。

在「趕超英國」和「躍進」口號的引導下，從中央到地方普遍修改原訂的發展計劃，制訂各自的「躍進」計劃，提出了新的高指標。一九五七年冬至一九五八年春掀起的農業生產高潮，拉開了「大躍進」運動的序幕。中共中央、國務院作出的《關於今冬明春大規模地開展興修農田水利和積肥運動的決定》，指出：「積極廣泛地興修農田水利，是擴大農業生產，提高單位產量，防治旱澇災害最有效的一項根本措施。」「為了更好地迎接第二個五年計劃的到來，實現進一步發展農業生產的需要，我們一定要在今年冬季，集中大力開展一個大規模的農田水利建設運動和積肥工作。這個運動，應該成為隨著目前農村社會主義教育高潮而來的生產高潮的主要組成部分。」

據統計，在這場農田基本建設和積肥運動中，一九五七年十月投入的勞動力為三千萬人，十一月為六七千萬人，十二月為八千萬人，一九五八年一月達一億人。規模之大、人數之多是空前的。中肯地說，運動取得了很大的成績，為農業生產的發展提供了十分有利的條件，但由於缺乏科學的設計、合理的組織，也浪費了不少人力物力，搞了不少無效工程。

一九五八年一月，毛澤東在南寧會議上嚴厲批評了一九五六年的反冒進。他說，反冒進給群眾洩了氣，潑了一瓢冷水，搞得群眾灰溜溜的，使我們的工作受到很大的損失。六億人一洩了氣不得了。反冒進沒有擺對一個指頭和九個指頭的關係，不弄清楚這個比例關係，就是資產階級的方法，是一個方針性的錯誤。他還說，反冒進使右派鑽了我們的空子。右派的進攻，把一些同志拋到和右派差不多的邊緣，只剩了五十公尺。以後不要提「反冒進」這個名詞，這是政治問題。

關於一九五六年「反冒進」和一九五八年批「反冒進」的情況，胡喬木在回憶中說：「一九五六年各條戰線、各省市根據毛主席一九五五年冬寫的《中國農村的社會主義高潮》序言的精神，加快速度，擴大了預定計劃的規模，增加了預算指標。四月下旬，毛主席在頤年堂政治局會議上提出追加一九五六年的基建預算，受到與會同志的反對。」「會上尤以恩來同志發言最多，認為追加預算將造成物資供應緊張，增加城市人口，更會帶來一系列困難等等。毛澤東最後仍堅持自己的意見，就宣佈散會。會後，恩來同志又親自去找毛主席，說我作為總理，從良心上不能同意這個決定。這句話使毛主席非常生氣。不久，毛主席就離開了北京。」

薄一波在他的《若干重大決策與事件的回顧》也寫道：「由於黨中央、國務院從年初開始，大力壓縮基建指標，從防止冒進到明確提出反對冒進，一股來勢很猛的盲目冒進勢頭總算被遏制住了。一九五六年的經濟發展，總的說來還算是健康的。據統計，一九五六年實際完成的工業總產值比上年增長百分之二十八．一，基本建設投資比上年增長百分之六十二，是『一五』期間我國經濟增長速度最高的一年。」「如果不是黨中央、國務院及時採取正確的方針，遏止來勢很猛的冒進傾向，而是一個勁地反對『右傾保守』，只講多和快，不講好和省，那麼，一九五八年『大躍進』那樣的大災難，就有可能會提前到來。但是，正因為來勢很猛，冒進勢頭還只能說是基本遏止住，並沒有完全遏止住。」

可見，毛澤東對「反冒進」始終是有不同意見的。南寧會議期間，毛澤東起草的《工作方法六十條（草案）》，除了講工作方法問題外，有很大部分內容涉及推動農業和整個國民經濟「大躍進」。其中，關於經濟計劃三本賬的問題，即「生產計劃三本賬。中央兩本賬，一本是必成的計劃，這一本公佈；第二本是期成的計劃，這一本不公佈。地方也有兩本賬。地方的第一本就是中央的第二本，這在地方是必成的；第二本在地方是期成的。評比以中央的第二本賬為標準」。這個辦法影響十分嚴重，實踐中出現中央有兩本賬，省、地、縣等都有兩本賬，並且層層提高計劃指標，於是高指標、浮誇風等應運而生。

南寧會議是發動「大躍進」過程中的一次重要會議。經過這次會議，中共中央領導層一致接受了毛澤東的主張。一九五八年二月十八日，中共中央政治局召開擴大會議，通報南寧會議精神。毛澤東在講話中對正在出現的生產高潮表示讚賞，並在承認一九五六年有點「冒」的同時，再次批評了「反冒進」。他說，處在這個大的群眾高潮面前，中共中央、共產黨要採取態度。以後「反冒進」的口號不要提，反右傾保守的口號要提。群眾中間有一個很大的革命熱情。所以，我們中央委員會、政治局要適應這種情況。工作方法要改變，不改變就不能繼續前進。

南寧會議之後，一九五八年三月召開的成都會議，繼續批評「反冒進」，重點強調建設速度問題。毛澤東說：「一種是馬克思主義的『冒進』，一種是非馬克思主義的『反冒進』，究竟採取哪一種？我看應採取『冒進』，很多問題都可以這樣提。」他在聽取各省、市負責人發言時的插話中提出，要在十五年趕超英國的基礎上，二十年趕上美國。雖然這不是作為正式口號提出的，但努力的方向是明確的。按照這一精神，會議批准根據各地區、各部門在南寧會議後提出的高指標所制訂的一九五八年計劃和預算的第二本賬，大幅度提高了一屆全國人大五次會議通過的第一本賬的各項主要指標。其中，工業總產值比一九五七年增長百分之三十三；農業總產值增長百分之十六・二；財政收入增長百分之

二十．七；基本建設投資增長百分之四十一．五；鋼七百萬噸，增長百分之三十三．五；生鐵八百萬噸，增長百分之三十五．五；糧食四千三百一十六億斤，增長百分之十六．六；棉花四千零九十三萬擔，增長百分之二十四．八。以上指標，大大超過正常發展所能達到的增長幅度。這表明中共中央已從批評「反冒進」為主轉到以發動「大躍進」為主的軌道上來。

儘管毛澤東在成都會議上也提醒各地頭腦要冷靜，做事要留有餘地，把空氣壓縮一下，但在「大躍進」不斷高漲的形勢下，這種提醒已經起不到多大作用了。會議結束後，各地紛紛提出各自的躍進計劃和生產高指標，迅速颳起了超越實際可能的盲目蠻幹、攀比趕超的「大躍進」之風，導致國民經濟的比例失調和全面緊張。

一九五八年五月召開的中共八大二次會議，充分肯定已經出現的「大躍進」形勢，並把中國共產黨黨內在社會主義改造和建設中的意見分歧和爭論，錯誤地歸結為「快些好些」和「慢些差些」兩種不同指導思想、不同領導方法的鬥爭，批評許多比較實事求是，對「大躍進」、高指標持懷疑態度的人是「觀潮派」和「秋後算賬派」，說他們舉的不是紅旗而是「白旗」。

毛澤東在修改大會工作報告時，特意加了一段：「一個馬鞍形，兩頭高、中間低。一九五六年—一九五七年—一九五八年，在生產戰線上所表現出來的高潮—低潮—更大的高潮，亦即躍進—保守—大躍進，不是大家都看得很清楚了嗎？馬鞍形教訓了黨，教訓了群眾。」他還在會上指出，不要被名家權威所嚇倒，要敢想、敢說、敢做，要從束手束腳的現象中解放出來。「卑賤者最聰明，高貴者最愚蠢」。要剝奪那些翹尾巴的高級知識分子的資本，鼓舞工人、農民、老幹部、小知識分子打掉自卑感。

中共八大二次會議通過了「鼓足幹勁，力爭上游，多快好省地建設社會主義的總路線」，通過了十五年趕上和超過英國的目標，通過了提前五年完成全國農業發展綱要的目標，通過了「苦幹三年，基本改變面貌」等口號。這表明它是一次全面發動「大躍進」的會議。會後，各地普遍開展「拔白旗」和批判「觀潮派」、「算賬派」的鬥爭，「大躍進」運動在全國從各方面開展起來。

「大躍進」在農業方面的集中表現，是農作物產量指標的嚴重浮誇，各地競放高產「衛星」。一九五八年六月八日，河南省遂平縣衛星農業社放出小麥畝產兩千一百零五斤的「衛星」；七月二十三日，《人民日報》報導河南省西平縣和平農業社小麥畝產達到七千三百二十斤；八月十三日，《人民日報》報導湖北省麻城縣麻溪河鄉早稻畝產達到三萬六千九百斤，福建省南安縣勝利鄉花生畝產一萬多斤；廣西壯族自治區環江縣紅旗農業社「發射」的最大一顆水稻高產「衛星」，竟然宣稱畝產高達十三萬多斤；八月二十二日，糧食部黨組向中共中央報送《關於一九五八—一九五九年度糧食購銷問題的報告》預測，一九五八年中國糧食總產量將超過八千億斤，比一九五七年的三千七百億斤增長四千多億斤，比原定一九五八年計劃三千九百二十億斤增長一倍以上。一時間，報刊上響徹「人有多大膽，地有多大產」、「只怕想不到，不怕做不到」等口號，宣稱「只要我們需要，要生產多少就可以生產多少糧食出來」，甚至產生了「糧食多了怎麼辦」的憂慮，並為此展開了「熱烈討論」。這些不切實際的估計，反過來又助長了「左」的指導思想和決策的進一步發展。

「大躍進」在工業方面的集中表現，是「以鋼為綱」，不切實際地提高鋼產量指標。一九五七年十一月，毛澤東提出中國用十五年左右時間在鋼產量方面趕上英國的設想，就是他極其重視

「大躍進」運動中的壁畫

鋼鐵生產的表現。他當時設想：十五年後的中國鋼產量可達到四千萬噸，而英國可能在三千萬噸上下，所以中國超過英國是完全可能的。一九五七年十二月，劉少奇在中國工會第八次全國代表大會上也根據這個設想提出：「在十五年後，蘇聯的工農業在最重要的產品的產量方面可能趕上和超過美國，我們應在爭取同一時間，在鋼鐵和其它重要工業產品產量方面趕上或者超過英國。」

在短時間內，毛澤東的設想不斷變化，一再提高鋼產量指標，一再提前趕超英國的時間。比如，關於一九六二年的鋼產量，八大確定為一千零五十萬至一千兩百萬噸；八大二次會議通過的第二個五年計劃，提高到兩千五百萬—三千萬噸；一九五八年六月七日，毛澤東提出可產六千萬噸；六月二十一日，冶金部黨組的一份報告認為，可能達到八九千萬噸以上。關於一九五八年的鋼產量，成都會議已經提高到七百萬噸；一九五八年五月召開的中共中央政治局擴大會議，又提高到八百萬—八百五十萬噸；六月中旬，國家計委向中央提出新的《第二個五年計劃要點》，認為可達到八百五十萬噸到九百萬噸；六月十八日，上升到一千萬噸；六月十九日，毛澤東提出要在一九五七年五百三十五萬噸的基礎上翻一番，達到一千零七十萬噸。

「大躍進」時期進行土法煉鋼的土高爐

一九五八年八月，中共中央政治局擴大會議在北戴河召開。這次會議對實際生活中已經相當嚴重的浮誇和混亂現象，不但沒有作任何努力來糾正，反而加以支持，正式確定一九五八年鋼產量翻一番，達到一千零七十萬噸，從而將以大煉鋼鐵為中心的「大躍進」運動推向高潮。由於當年前八個月鋼的生產只有四百萬噸，所以北戴河會議提出由第一書記掛帥，大搞群眾運動，全黨全民辦鋼鐵工業的方針。九月一日和五日，《人民日報》分別發表〈立即行動起來，完成把鋼產量翻一番的偉大任務〉和〈全力保證鋼鐵生產〉的社論，指出這是全黨全民當前最重要的政治任務，要求各地區、各部門把鋼鐵生產放在首位，其他工作「停車讓路，首先為鋼」。

一場全民大煉鋼鐵運動，在中國迅速興起。在「以鋼為綱，全面躍進」、「一馬當先，萬馬奔騰」的口號下，不但工廠、公社，而且機關、學校和部隊，到處建起土高爐，辦起煉鐵場。據統計，一九五八年共建設採用土法生產的小型企業一百二十一萬五千個，共有「工人」兩千四百八十九萬人，所謂土法生產是指採用手工生產，其「工人」主要是農民；建設採用洋法生產的小型工業企業七萬五千個，工人八百四十萬人，所謂洋法生產是指採用機械化現代化生產技術。兩項合計共建設小型企業一百二十九萬個，工人三千三百二十九萬人。投入各類「小土群」的農村勞動力，最多時達到六千萬人以上。

與大煉鋼鐵密切相關的煤炭工業，是當時受到衝擊比較嚴重的部門。煤炭工業部主管基建工作的鍾子雲後來回憶說：「在『大躍進』期間，許多同志只憑革命熱情和盲目的樂觀情緒辦事，使國民經濟遭受巨大損失。煤炭工業也和其他行業一樣，到處颳起浮誇風和高指標。那時要大辦鋼鐵，就必須大辦煤礦。各省、市領導對大辦煤礦都很重視，這是好的現象。但是辦煤礦首先要有比較可靠的地質資源，一些煤田地質工作者和煤炭基本建設部門，按照領導意圖，採用主觀臆測的辦法、不可靠的地質資料和群眾的反映，謊報某某地區有煤炭資源，可以開礦建井，並要求列入國家計劃。而我們一些專業領導部門，明知這些地區沒有可供開採的煤炭資源，毫無開採價值，卻不敢直言，在當時那種高壓浪潮下違心地列入了國家計劃。」

經過幾個月的盲目蠻幹，加上相當程度的虛報浮誇，一九五八年中國鋼產量達到一千一百零八萬噸，生鐵產量達到一千三百六十九萬噸。但用小高爐和土高爐煉鐵，不僅成本高，而且質量差，合格的鋼只有八百萬噸，合格的鐵也只有九百多萬噸，極大地浪費了人力、物力和財力。而且，為了支援大煉鋼鐵，農村勞動力被大量抽走，使秋收秋種受到嚴重影響，當年有百分之十左右的農作物沒有收回，爛在地裡。輕工業生產也大幅度下降，直接導致了人民群眾日常生活用品供應的緊張。

在「大躍進」中，廣大群眾為了改變祖國落後面貌所迸發出來的生產積極性，使很多人認為只要充分調動了群眾的積極性，中國也許真的可以打破常規，創造出經濟發展的奇蹟。就像鄧小平後來所說：「『大躍進』，毛澤東同志頭腦發熱，我們不發熱？劉少奇同志、周恩來同志和我都沒有反對，陳雲同志沒有說話。」然而，以高指標、浮誇風為特點的農業「大躍進」，以大煉鋼鐵為中心的工業「大躍進」，導致事與願違的局面：中國的工農業生產遭到嚴重破壞，國民經濟的發展陷入困境之中。時任國家經委第一副主任的谷牧在回憶錄中寫道：

> 我們黨自遵義會議起，一直在勝利前進，奪取了解放全國的勝利，奪取了實現「一五」計劃的勝利。這一系列歷史性的勝利，是燦爛輝煌的，但也使我們黨背上了「包袱」，滋長了一種戰無不勝、攻無不取、只要想幹什麼都能辦成的盲目性，自覺不自覺地片面誇大主觀能動性，忽視客觀可能性。
>
> 由勝利產生驕傲情緒，頭腦發熱，以革命激情代替審時度勢，以主觀願望代替科學論證，丟掉了具體地分析具體事物這個馬克思主義活的靈魂。這就是「大躍進」錯誤產生的重要思想來源。

三、人民公社化運動

在農業合作化的高潮中，毛澤東就明確表示支持小社併大社。他認為，「小社人少、地少、資金少，不能進行大規模的經營，不能使用機器。這種小社仍然束縛生產力的發展，不能停留太久，應當逐步合併。有些地方可以一鄉為一個社，少數地方可以幾鄉為一個社，當然會有很多地方一鄉有幾個社的。不但平原地區可以辦大社，山區也可以辦大社」。在這個思想的引導下，各地都紛紛合併形成了一些規模很大的高級社。

在一九五七年冬和一九五八年春的農田水利建設的過程中，許多地方出於統一規劃和集中勞力、物資、資金等方面的需要，又開始了小社併大社的行動。一九五八年春，四川省瀘縣把全縣三千多個中小型農業社合併成七百多個大社，農業社規模由平均六十多戶上升為兩百五十戶左右。

時任河北省徐水縣戶木鄉黨委書記的鄭德恆，後來接受中央電視台採訪時說：

當時農田水利建設規模很大，集中力量打殲滅戰，搞人海戰術。當時一個村兩個村三個村，根本搞不了工程，我深有體驗。在這種情況下，很自然地原來那個小社不適應，工程搞不了，糾紛也多。你這兒想挖渠，他那個村不同意，這個村同意，那個村又不同意，勞力不好調配，工程不好規劃，所以規模一天比一天大了，經過研究，後來變成集體農莊。

在一九五八年三月的成都會議上，毛澤東肯定了併社的做法。根據他的意見，會議通過的《中共中央關於把小型的農業合作社適當地合併為大社的意見》，指出：「我國農業正在迅速地實現農田水利化，並將在幾年內逐步實現耕作機械化，在這種情況下，農業生產合作社如果規模過小，在生產的組織和發展方面勢將發生許多不便。為了適應農業生產和文化革命的需要，在有條件的地方，把小型的農業合作社有計劃地適當地合併為大型的合作社是必要的。」

成都會議一結束，各地在較短時間內廣泛開展了併社工作。遼寧省在一個多月的時間內，就將全省九千六百個農業合作社合併成一千四百六十一個大社，平均每社兩千戶左右。一些地方為了騰出勞動力到生產第一線，不顧客觀條件，辦起了公共食堂、托兒所、幼兒園、敬老院等。有的地方還辦起「農業大學」，讓青年農民學習農業技術。這樣一來，農業生產合作社的經營範圍就逐漸超出了農業領域，進入了工業和其他非農業領域。

一九五八年七月，陳伯達在《紅旗》雜誌接連發表〈全新的社會，全新的人〉和〈在毛澤東同志的旗幟下〉兩篇文章，公開披露了毛澤東關於辦人民公社的思想，指出：「毛澤東同志說，我們的方向，應該逐步地有次序地把『工（工業）、農（農業）、商（交換）、學（文化教育）、兵（民兵，即全民武裝）』組成為一個大公社，從而構成為我國社會的基本單位。」「把一個合作社變成為一個既有農業合作又有工業合作的基層組織單位，實際上是農業和工業相結合的人民公社。」

八月六日，毛澤東視察河南省新鄉縣剛成立不久的七里營人民公社，稱讚「人民公社名字好」。八月七日，他在聽取河南省委負責人匯報時，又說，看來人民公社是個好名字，包括工農兵學商，管理生產，管理生活，管理政權。人民公社前面加上個地名，或者加上群眾喜歡的名字。同時指出人民公社的

衛星人民公社試行簡章

一九五八年四月，河南遂平縣建立全國第一個人民公社——衛星人民公社。它所制定的公社試行簡章，成為全國各地農村公社化的樣板

特點，一曰大，二曰公。八月九日，他在山東視察時進一步明確表示：「還是辦人民公社好，它的好處是，可以把工、農、商、學、兵結合在一起，便於領導。」

毛澤東關於「還是辦人民公社好」的談話傳開後，中國大辦人民公社的高潮迅速形成。「近水樓台先得月」的河南省，到八月底，就在原有三萬八千四百七十三個農業合作社、平均每社兩百六十戶的基礎上，建成人民公社一千三百七十八個，平均每社七千兩百多戶，入社農戶佔到全省農戶總數的百分之九十九．九八，在中國率先實現了農村人民公社化。

一九五八年八月召開的北戴河會議，通過了《中共中央關於在農村建立人民公社問題的決議》，強調把規模較小的農業生產合作社合併和改變成為規模較大的、工農商學兵合一的、政社合一的、集體化程度更高的人民公社，是目前農村生產飛躍發展、農民覺悟迅速提高的必然趨勢，「是指導農民加速社會主義建設，提前建成社會主義並逐步過渡到共產主義所必須採取的基本方針」。決議提出，人民公社的組織規模，一般以一鄉一社、兩千戶左右較為合適，進一步發展的趨勢，有可能以縣為單位組成聯社。在併社過程中，應該以共產主義的精神去教育幹部和群眾，不要算細賬，自留地可能在併社中變為集體經營，零星果樹、股份基金也將在一兩年後自然地變為公有。決議還闡述了人民公社的發展遠景，強調建立人民公社是為了加快社會主義建設的速度，而建設社會主義是

一九五八年毛澤東在河南農村視察

為過渡到共產主義積極地做好準備。共產主義在中國的實現已經不是什麼遙遠的將來的事情了，我們應該積極運用人民公社這種形式，探索出一條過渡到共產主義的具體途徑。

從當時的國情來看，這個決議嚴重脫離了農村生產力的實際水準。比如在合作社之間、生產隊之間實行窮富拉平，窮隊、窮社共富隊、富社的產；又如認為集體所有制向全民所有制過渡，快的三四年、慢的五六年等。這些無疑成為此後颳「共產風」的根源。

決議公佈後，各地一哄而起，形成大辦人民公社的熱潮。到九月底，中國共建成人民公社兩萬三千三百八十四個，加入人民公社的農戶達一億一千兩百一十七萬四千六百五十一戶，佔農戶總數的百分之九十．四，每社平均四千七百九十七戶。中國有十二個省、市、自治區入社農戶為百分之百。河南、吉林等十三個省中，有九十四個縣建立縣人民公社或縣聯社。這意味著，在不到兩個月的時間內，中國農村就實現了人民公社化。

幾乎在農村人民公社化達到高潮的同時，一些省、市在城市裡也建立了人民公社。從一九五八年九月開始，北京在椿樹、二龍路、北新橋、石景山、體育館路等五個街道進行建立人民公社的試點，並進行了合併街道辦事處的工作。到十月，僅東城區就將原有的二十六個街道辦事處合併為十個。

人民公社的基本特點是「一大二公」。「大」是指規模大：中國

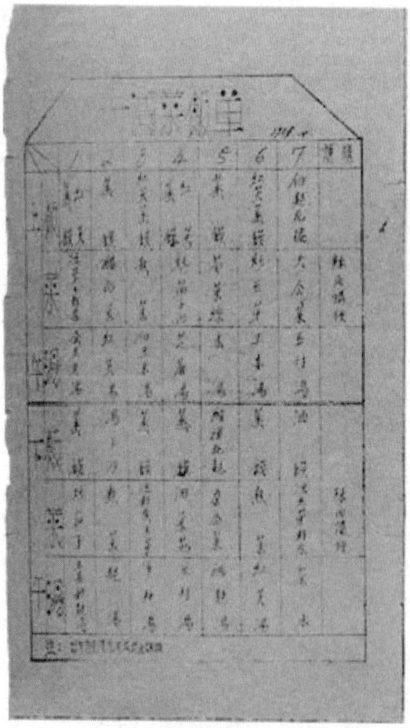

初期的人民公社實行單一的公社所有制，原有合作社財產全部上交公社，由公社統一核算和分配。為培植人民公社中的「共產主義因素」，有人提出了「吃飯不要錢」的口號，各地公共食堂紛紛倣傚推行。圖為河南農村一家公共食堂的「一周菜飯單」

原有七十四萬多個農業生產合作社，每社約有一兩百個農戶，基本上是一村一社；人民公社則平均每社由二十八個合作社組成，有農戶四五千個到一兩萬個，基本上是一鄉一社，甚至數鄉一社、一縣一社。「公」是指生產資料公有化程度高，不僅土地、耕畜、農具等生產資料以及其他公共財產全部轉歸公社，由公社統一核算和分配，而且將社員的自留地、自養牲畜、林木、生產工具等，也收歸集體所有。河北省徐水縣等地為了消滅私有制，還將農民的傢俱等財產收歸公有，以至於農民說：「除了一雙筷子、一隻碗是個人的，其他都歸公了。」

人民公社化運動，不單是將農業生產合作社改變為人民公社的名稱變化，也不僅僅是規模大小的變化，而是一次農村生產關係、農村基層組織的重大變革。人民公社實行政社合一的體制，並大力推行「組織軍事化、行動戰鬥化、生活集體化」的勞動組織方式和生活方式，將所有勞動力按軍隊建制組織起來，實行統一指揮，在各種「大辦」中用參加戰鬥的辦法進行部署和調動。同時，大辦公共食堂、托兒所、敬老院、縫紉組等公共福利事業，以便解放婦女，節省勞動力，並培養社員的集體主義、共產主義精神。到十月底，中國農村建立公共食堂兩百六十五萬多個，在食堂吃飯的人佔農村總人口的百分之七十至九十。

北京玉淵潭人民公社的公共食堂

「人民公社是枝花，男女老少都愛他，衣食住行有保障，花開十里香滿家，制度優越方向好，人人都把公社誇。公社的青籐連萬家，社員都是籐上的花，花兒連著籐，籐兒牽著花，籐兒越肥瓜越甜，籐兒越壯花越大。」當時傳唱的這首歌，反映了人們對人民公社的美好願望。人們把人民公社看成是「將來共產主義的雛形」，「是現階段建設社會主義的最好的一種組織形式，也將是未來的共產主義社會的基層單位」。但事實卻是，農民的利益受到損害，積極性受到打擊，加上自然災害，農業生產遭到極大的破壞。農產品的匱乏，造成了市場供應緊張，城鄉人民的生活都遇到了很大困難。

第二節 自我糾錯與經濟調整

「大躍進」和人民公社化運動，違反了經濟和社會發展的客觀規律，背離了實事求是的思想路線，對社會生產力造成了極大破壞，給國家和人民帶來了災難性的損失。這是中國共產黨在領導全面社會主義建設過程中的一次嚴重失誤。發現「大躍進」和人民公社化運動的問題後，中共中央、毛澤東領導全黨努力糾正覺察到的「左」傾錯誤。這些努力雖然由於對「左」傾錯誤認識上的局限性而表現出糾「左」的不徹底，並於中途發生逆轉，但在當時對抑制「左」傾錯誤的危害，還是起了重要的作用。

一、努力糾「左」

毛澤東是「大躍進」和人民公社化運動的倡導者和推動者，也是較早看到問題並努力加以糾正的領導人。一九五八年十月，他不僅親自前往河北、河南調查，還分別派陳伯達到較早建立人民公社的河南省遂平縣碴岈山、吳冷西到河南新鄉地區以「一縣一社」聞名的修武縣、田家英到率先在全國掛起「人民公社」牌子的新鄉縣七里營，深入調查人民公社的情況。

據吳冷西回憶，毛澤東在同他和田家英的談話中，著重指出：「大躍進和公社化，搞得好可以互

一九五八年十一月，毛澤東在河南鄭州召開有部分中央領導人、大區負責人和部分省、市委書記參加的工作會議，開始糾正公社化運動中發生的一些錯誤

相促進，使中國的落後面貌大為改觀；搞得不好，也可能變成災難。你們這次下去，主要是瞭解人民公社化後的情況。北戴河會議時我說過公社的優點是『一大二公』。現在看來，人們的頭腦發熱，似乎越大越好，越公越好。」

通過調查研究，毛澤東不僅發現各地「急急忙忙往前闖」，急於向共產主義過渡，還發現「大煉鋼鐵」、放「衛星」、公共食堂等方面的弊病，意識到問題的嚴重性。一九五八年十一月二日至十日，他在鄭州主持召開有中央和地方部分領導人參加的工作會議，即第一次鄭州會議。在這次會議上，毛澤東就當時「左」傾錯誤中的一些重大問題，對中國共產黨的各級領導人做「降溫」工作。他明確否定統一調撥產品、資金、勞力的行為，認為這是剝奪農民；批評廢除貨幣、取消商品的主張，認為這是不承認客觀法則的表現；批評急於由集體所有制向全民所有制過渡、由社會主義向共產主義過渡的傾向，強調現階段仍然處在社會主義社會，現階段的人民公社是社會主義的集體所有制；指出城市人民公社是可以搞的，問題是要有步驟，基本原則是不降低現有的工資標準，要有優越性。

第一次鄭州會議初步解決了兩個重要問題：一是肯定中國現階段仍然是社會主義，人民公社仍然是集體所有制；二是肯定社會主義社會必須發展商品生產和商品交換。以此為起點，中共中央、毛澤東開始糾正「大躍進」和人民公社化運動中的「左」傾錯誤。

據劉少奇的秘書劉振德回憶，劉少奇於一九五八年九月至十一月視察了河北、山東、安徽等地，在一次他和身邊工作人員參加的支部生活會上，劉少奇指出：「我在山東、河北視察時說過要潑點冷水，現在我也要給你們潑點冷水，讓大家的頭腦都清醒清醒。對群眾的積極性要愛護，不能潑冷水。問題的關鍵在於領導。有些事，我們沒有經驗，調查研究不夠，受點挫折是難免的。但當前的許多不實事求是的做法、不科學的口號，特別是這股浮誇風、吹牛風，並不完全是由經驗不足和調查不夠所造成的，我們絕不能任其發展了。有時，我的頭腦也有點熱，說過些過頭話，我向支部作檢查。」

第一次鄭州會議期間，毛澤東還給中央、省、地、縣四級黨委委員寫了一封〈關於讀書的建議〉的信，要求聯繫中國社會主義經濟革命和經濟建設，去讀《蘇聯社會主義經濟問題》和《馬克思恩格斯列寧斯大林論共產主義社會》這兩本書，有時間再讀蘇聯科學院經濟研究所編寫的《政治經濟學教科書》，使自己獲得一個清醒的頭腦。他在信中指出：「現在很多人有一大堆混亂思想，讀這兩本書就有可能給以澄清。有些號稱馬克思主義經濟學家的同志，在最近幾個月內，就是如此。他們在讀馬克思主義政治經濟學的時候是馬克思主義者，一臨到目前經濟實踐中某些具體問題，他們的馬克思主義就打了折扣了。現在需要讀書和辯論，以期對一切同志有益。」

十一月二十一日至二十七日，中共中央在武昌召開政治局擴大會議，繼續糾「左」。這次會議主要討論第一次鄭州會議起草的《關於人民公社若干問題的決議（草案）》、《十五年社會主義建設綱要四十條（一九五八－一九七二年）（草案）》，以及一九五九年國民經濟計劃草案，重點是討論高指標和浮誇風問題。

在會議上，毛澤東再次批判急於向共產主義過渡的傾向，並作了自我批評。他指出，蘇聯在準備向共產主義過渡的問題上很謹慎，搞了那麼多年，想過渡，但沒有講過渡，還說是準備條件。我們中國人，包括我在內，大概是個冒失鬼。只有九年，就起野心。中國人就這麼厲害？整個中國進入共產主義要多少時間，現在誰也不知道，難以設想。

武昌會議的一個重要成果，是調整了一些過高的指標。按原定計劃，一九五九年鋼產量為兩千七百萬至三千萬噸。經過反覆探討，會議決定將內定數下降為兩千萬噸，對外公佈數下降為一千八百萬噸。鑑於「放衛星」帶來的慘痛教訓，會議強調要反對弄虛作假之風，反對把科學當迷信來破除。毛澤東在會上指出：「現在的嚴重問題是，不僅下面作假，而且我們相信，從中央、省、地到縣都相信，主要是前三級相信，這就危險。」他還說：「破除迷信，不要把科學當迷信破除了。」「凡迷信一定要破除，凡真理一定要保護。」

經過第一次鄭州會議和武昌會議的準備，中共八屆六中全會於十一月二十八日至十二月十日在武昌召開，修改並正式通過了《關於人民公社若干問題的決議》和《關於一九五九年國民經濟計劃的決議》。這兩個文件是中共中央、毛澤東努力糾正「左」傾錯誤的重要成果。尤其是《關於人民公社若干問題的決議》，闡述了幾個重大的政策和理論問題。

必須劃清集體所有制和全民所有制、社會主義和共產主義的兩種界限，強調集體所有制對於現階段的農村人民公社的生產發展仍然有著積極的作用。集體所有制向全民所有制過渡的遲早，取決於生產發展的水準和人民覺悟的水準這些客觀存在的形勢，而不能聽憑人們的主觀願望。

繼續發展商品生產和商品交換，保持按勞分配的原則，指出有些人在企圖過早地「進入共產主義」的同時，企圖過早地取消商品生產和商品交換，過早地否定商品、價值、貨幣、價格的積極作用，這種想法是對發展社會主義建設不利的，因而是不正確的。

規定人民公社總的分配原則有二：一是適當提高積累的比例，以便迅速地發展生產，同時使消費基金逐年有所增加，使人民生活逐年有所改善。二是分配給社員個人消費的部分，實行工資制和供給制相結合的分配製度。強調這種分配製度的基本性質是實行社會主義的各盡所能、按勞分配。

不過，這個決議以高度肯定「大躍進」和人民公社化運動為前提，未能觸及人民公社最本質的管理體制和分配問題，所以不可能從根本上糾正分配上的平均主義和「一平二調」的「共產風」。同樣，儘管全會通過的一九五九年計劃指標壓縮了鋼產量的高指標，但繼續要求一九五九年實現比一九五八年「更大的躍進」，糧食產量和其他方面的高指標並未改變。這些指標仍然是脫離實際的，在實踐中是很難實現的。

一九五九年二月，毛澤東再次南下，到河北、山東、河南等省進行調查研究，進一步瞭解到農村中「一平二調」、瞞產私分等現象，從而提出了人民公社所有制問題，特別是公社內部所有制分級的問題。二月二十七日至三月五日，中共中央在鄭州召開政治局擴大會議，即第二次鄭州會議。毛澤東明確指出，一九五八年人民公社成立後，颳起了一股「共產風」，內容主要有三條，一是貧富拉平，二是積累太多、義務勞動太多，三是「共」了各種產。

一九五九年三月，毛澤東在鄭州主持召開中共中央政治局擴大會議，繼續糾正已經覺察到的失誤

毛澤東認為，很多人存在思想誤區，「誤認人民公社一成立，各生產隊的生產資料、人力、產品，就都可以由公社領導機關直接支配」；「誤認社會主義為共產主義，誤認按勞分配為按需分配，誤認集體所有制為全民所有制」。這導致他們「在公社範圍內，實行貧富拉平，平均分配，對生產隊的某些財產無代價地上調，銀行方面也把許多農村中的貸款一律收回。一平、二調、三收款，引起廣大農民的很

大恐慌。這就是我們目前同農民關係中的一個最根本的問題」。毛澤東提出，要反對「共產風」，首先應該糾正平均主義和過分集中兩種傾向。平均主義的傾向否認各個生產隊和各個個人的收入應當有所差別，即否認按勞分配、多勞多得的社會主義原則；過分集中的傾向否認生產隊的所有制，否認生產隊應有的權利，任意把生產隊的財產上調到公社來。

毛澤東的這些觀點，在一定程度上否定了「一大二公」，是糾正「左」傾錯誤的重要進展。正因為如此，這些觀點在與會者中產生很大衝擊。在三月四日的日記中，王任重寫道：

二十八日下午到了鄭州，晚上主席找我們七個人去談話，柯慶施、陶鑄、曾希聖、江渭清、周小舟和我，還有李井泉。主席的談話像丟了一個炸彈，使人一驚，思想一時轉不過彎來。一日上午繼續開會，由小平同志主持討論。看來大家還有相當大的牴觸情緒，怕變來變去影響生產。當天下午主席又找大家一起去談，從下午四時談到晚上九點多鐘。就在這一天的午飯後，我睡了一覺起來，思想就開朗了，覺悟到主席抓住了根本問題、關鍵問題，而我們是直線，抓的是枝節問題，是改良主義的修修補補的辦法，不能徹底解決問題。

第二次鄭州會議根據毛澤東的講話精神，制定了《關於人民公社管理體制的若干規定（草案）》，提出了整頓和建設人民公社、遏制「共產風」的基本政策：「統一領導，隊為基礎；分級管理，權力下放；三級核算，各計盈虧；分配計劃，由社決定；適當積累，合理調劑；物資勞動，等價交換；按勞分配，承認差別。」當時正在農村進行調查研究的毛澤東的秘書田家英深有感觸地說，這幾句話，「在當時的歷史條件下，對於糾正極左政策，調整人民公社內部體制（涉及所有制），進一步煞『共產風』，不能不說是一套積極的高明的政策」。也因為如此，這次會議的精神一傳達，飽受「一大二公」之苦的廣大基層幹部和社員群眾，立即給予熱烈擁護。

三月二十五日至四月一日，中共中央在上海召開政治局擴大會議，對所有制問題又取得進一步的認識。會議不但肯定了以生產隊作為基本核算單位，而且承認了生產隊下面的生產小隊的部分所有制和一定的管理權限。這就意味著原來「一大二公」的人民公社，實際上退回到原來高級社和初級社的規模和所有制水準。

基本解決人民公社中的問題後，進一步落實鋼鐵生產指標，成為中共中央和毛澤東思考的關鍵問題。四月二日至五日召開的八屆七中全會，通過了一九五九年國民經濟計劃草案，將鋼產量指標從兩千萬噸調至一千八百萬噸（好鋼一千六百五十萬噸）。對此，楊尚昆在四月三日的日記中記載道：

> 這幾天因常委提倡計劃必須落實，鋼已減為一千六百千四十，生鐵為兩千三百七十。計劃定的確實可靠一些，讓大家心情舒暢地去超過，當然也引起了其他一

一九五九年四月二日，中共八屆七中全會在上海舉行，通過了《關於人民公社的十八個問題》

些問題。東北、華東各同志還不大死心，還想多搞一些。中央各部，除冶金部心已虛了之外，其餘各部均有意見，均紛紛議論，情緒不安；而事實上如果不採取堅決步驟，實現全國一盤棋，集中力量，保證重點，則武漢會議訂的一千八百萬噸計劃，肯定是無法實現的。今年計劃已經搞了第四次了，看來今後還會有相當的調整。

會後，毛澤東對鋼產量指標仍存疑慮，又委託陳雲進行深入研究。最後，中共中央採納了陳雲經過認真計算和綜合分析的指標：鋼一千三百萬噸、鐵一千九百萬噸、鋼材九百萬噸。針對中共黨內關於降低指標會使人洩氣的議論，陳雲明確回答說：「把鋼材的產量定為九百萬噸，以此作為可靠的出發點，是有根據的，可能是比較適當的。當然我們不應該滿足這個指標而停止不前。站穩的目的，是為了前進。我們在這個基點上站穩了，就可以扎扎實實地前進，也才有可能超過這個指標。」

鋼鐵生產指標的調整，在當時帶有全局性的意義。五月二十八日，鄧小平在中央書記處會議上指出：「思想上應從一千八百萬噸鋼中解放出來，注意力放在全局上，不僅要搞工業，而且要注意整個國民經濟」，「原來那種做法，只會上不去，最後還得下來。」「全面安排，解決工農、輕重關係，眼睛只看到一千八百萬噸，就會把全面丟掉，包括丟掉人心。」

二、風雲變幻的廬山會議

第一次鄭州會議後，經過八九個月的緊張努力，「共產風」、浮誇風、高指標和瞎指揮等「左」的錯誤，都得到了初步遏制，形勢開始向好的方面轉變。為了統一中國共產黨對形勢的認識，調整部分計劃指標，以實現一九五九年的任務指標，中共中央政治局擴大會議於七月二日至八月一日在江西廬山召開。

根據毛澤東的提議，這次會議討論的題目有十八個：(1)讀書；(2)形勢；(3)一九五九年的任務；(4)一九六〇年的任務；(5)四年的任務；(6)宣傳問題；(7)綜合平衡問題；(8)群眾路線問題；(9)工業問題；(10)體制問題；(11)協作區關係；(12)公社食堂；(13)學會過日子；(14)三定政策；(15)恢復農村初級市場；(16)使生產小隊成為半基本核算單位；(17)農村黨團基層組織的領導作用問題；(18)團結問題。後來，根據周恩來的提議，又增加了第十九個問題——國際問題。

在開始的討論中，會議氣氛是輕鬆愉快的，大家暢所欲言，「擺情況，談看法，提意見」。每天上午九時、下午三時開始學習討論，晚上聽戲、跳舞或看電影。所以薄一波後來回憶道：「會議開得輕鬆愉快，人們稱之為『神仙會』。」儘管不少人對「大躍進」以來的問題提出了尖銳的批評，但大多數同意毛澤東關於「大躍進」「成績偉大，問題不少，前途光明」的評價。劉少奇在發言中提出：「一九五八年我們取得了『大躍進』的偉大成績，同時也出現了些亂子，得到了極有益的教訓。碰了釘子，知道轉彎，這是真正的聰明人。不碰釘子而知道轉彎的『聰明人』是沒有的。」但「大家注意，在轉彎的時候，千萬不要洩氣，而要更好地鼓氣」。

廬山會議會址

在七月十日的組長會上，毛澤東進一步強調指出：「對形勢的認識不一致，就不能團結。要黨內團結，首先要思想統一。」「對去年的一些缺點錯誤要承認。從一個局部、一個問題來講，可能是一個指頭或七個、九個指頭的問題；但從全局來講，是一個指頭與九個指頭，或三個指頭與七個指頭，最多是三個指頭的問題。成績還是主要的，無甚了不起。一年來有好的經驗與壞的經驗，不能說光有壞的、錯誤的經驗。」

廬山會議原來準備在七月十五日結束。七月十四日，會議根據毛澤東的意見，印發了《廬山會議諸問題的議定記錄（草稿）》，一方面肯定總路線、「大躍進」和人民公社化運動的成績，另一方面指出一九五八年以來工作中存在的問題，並提出了解決問題和改進工作的原則意見。這說明會議的基本精神是糾「左」，是第一次鄭州會議以來糾「左」的一個新的發展和進步。

然而，也就在七月十四日這一天，對「大躍進」深感憂慮的彭德懷，將前一天寫成的三千字長信交給毛澤東。這使廬山會議風雲突變，由糾「左」轉向批判彭德懷——「反右傾」，已經印發的《廬山會議諸問題的議定記錄（草稿）》也沒有得到實施。

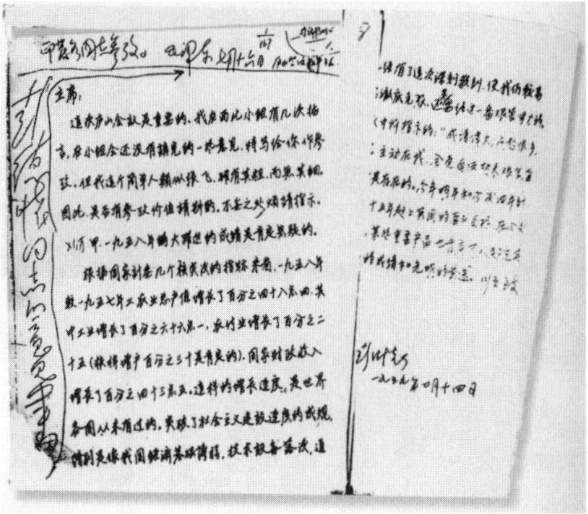

廬山會議期間，彭德懷在調查研究的基礎上，給毛澤東寫信，對一九五八年以來的「左」傾錯誤及其經驗教訓提出了中肯的意見。毛澤東加上「彭德懷同志的意見書」的題目，印發與會者要求討論這封信的性質。圖為彭德懷給毛澤東的信

彭德懷的信，在肯定成績的前提下，著重指出一九五八年以來工作中的問題，特別是全民煉鋼浪費了一些人、財、物力，「有失有得」，「由於比例失調而引起各方面的緊張」，要求總結發生這些問題的經驗教訓。他還在結尾處寫道：「我覺得，系統地總結一下我們去年下半年以來工作中的成績和教訓，進一步教育全黨同志，甚有益處。其目的是要達到明辨是非，提高思想，一般的不去追究個人責任。」後

來，彭德懷在自述中，這樣描述自己寫信的背景：

> 我當時對那些「左」的現象是非常憂慮的。我認為當時那些問題如果得不到糾正，計劃工作迎頭趕不上去，勢必要影響到國民經濟的發展速度。我想，這些問題如果由我在會議上提出來，會引起某些人的思想混亂，如果是由主席再重新提一提兩條腿走路的方針，這些問題就可以輕而易舉地得到糾正。

彭德懷還說，只有他來寫這封信最合適，因為「中央常委之間，少奇同志當了國家主席之後更不便說話，恩來、陳雲同志犯過錯誤不能說話，朱德同志意見較少，林彪同志身體不好，瞭解情況不多，不甚說話，小平同志亦不便多說」。出乎彭德懷意料的是，這封信引起了毛澤東的強烈不滿。在他看來，總路線、「大躍進」和人民公社的方向是正確的；一九五八年的成績是主要的，缺點錯誤屬於工作中的問題，只是十個指頭中的一個指頭；廬山會議只需要在這個基礎上統一認識，通過一個調整指標的決定，大家照此去努力工作，形勢就會繼續好轉。

一九五九年春，彭德懷和湖南平江第一中學的孩子們

七月十六日，毛澤東批示將這封信印發給與會者討論，並加了「彭德懷同志的意見書」這個標題。在小組會上，張聞天、黃克誠、周小舟等人讚成彭德懷的基本觀點；也有一些人說信中的總體估計是錯誤的，缺點講得太多，成績講得太少。

七月二十三日，毛澤東在大會上發表長篇講話，對彭德懷等人的不同意見進行了批駁，認為是右傾的表現。他指出，現在出現了一股黨內外夾攻我們的逆流，有黨外的右派，也有黨內那麼一批人，他們把形勢說得一塌糊塗。他勸告堅持多講成績的那部分人，不能只願人家講好話，不願聽壞話，對於壞話要硬著頭皮頂住，腰桿子要硬起來，神州不會陸沉，天不會塌下來，因為我們做了一些好事，腰桿子硬。對另一部分他認為有右的傾向的人則警告說，講話的方向問題要注意，在緊急關頭不要動搖。

毛澤東講話後，會議氛圍陡然變化，主題也由糾「左」變為反右。據胡喬木回憶：「廬山會議在毛澤東講話以後，少奇同志主張批彭只在小範圍進行，另外發一個反『左』的文件。他要我起草，我感到不好寫。我對他說，是不是同毛主席談一下。少奇同志生氣了，說你寫出來，我自然會去談。後來我請彭真同志找少奇同志談，決定不寫了。」

作為當事人之一，黃克誠回憶說：「主席的講話對我們是當頭一棒，大家都十分震驚。……我對主席的講話，思想不通，心情沉重；彭德懷負擔更重，我們兩人都吃不下晚飯；雖然住在同一棟房子裡，但卻避免交談。我不明白主席為什麼忽然來一個大轉彎，把糾『左』的會議，變成了反『右』；反覆思索，不得其解。」

七月三十一日和八月一日，中共中央政治局常委召開兩整天會議，對彭德懷進行批判。剛剛上山的林彪在發言中措辭激烈，說彭德懷有「野心」，並指責他的那封信是有準備、有組織、有目的的活動，是反黨中央、反總路線、反毛澤東的活動，是一個綱領性的東西。林彪的「這個發言很厲害，以後成了定性的基調」。

八月二日至十六日，中共八屆八中全會繼續在廬山舉行，主要是揭發批判以彭德懷為首的，包括張聞天、黃克誠、周小舟等在內的所謂「軍事俱樂部」。時任湖北省委第一書記的王任重，在日記中記述了當時的會議情景：「自八中全會開始以後，對彭德懷的鬥爭進入了緊張階段，晚會都停止了。小組並成大組。共分三個大組，李井泉小組對彭德懷，張德生小組對黃克誠，柯慶施小組對張聞天、周小舟。大組會採取了批評質問的方法，沒有長篇大論，但都很尖銳。這樣尖銳的鬥爭終於迫使彭、黃、張不得不承認一些錯誤。特別是八號以後張聞天說出了『斯大林晚年』的話以後，形勢急轉直下。周惠、李銳交待出他們私下攻擊主席的一些言論，彭德懷和周小舟也不得不承認了。」

中共八屆八中全會通過決議，認定彭、黃、張、周結成「右傾機會主義反黨集團」，向黨發起「有目的、有準備、有計劃、有組織的」進攻。他們的錯誤是實質上否定總路線的勝利，否定「大躍進」的成績，反對國民經濟的高速度發展，反對農業戰線上的高額豐產運動，反對群眾大辦鋼鐵運動，反對人民公社運動，反對經濟建設中的群眾運動，反對中國共產黨對於社會主義建設事業的領導即「政治掛帥」，犯了「具有反黨、反人民、反社

一九五九年八月，中共八屆八中全會通過《關於以彭德懷同志為首的反黨集團錯誤的決議》和《為保衛黨的總路線，反對右傾機會主義而鬥爭》的文件，認定彭德懷、黃克誠、張聞天、周小舟組成「右傾機會主義反黨集團」，決定把他們調離現任領導崗位。圖為八屆八中全會會址

會主義性質的右傾機會主義路線的錯誤」。

八屆八中全會還提出：「右傾機會主義已經成為當前黨內的主要危險，團結全黨和全國人民，保衛總路線，擊退右傾機會主義的進攻，已經成為黨在當前的主要戰鬥任務。」會後，在繼續揭發批判彭德懷等人的同時，一場大規模的「反右傾」鬥爭在中國共產黨全面展開。這場歷時半年的「反右傾」鬥爭，在政治、經濟和組織等方面造成了嚴重的後果，不僅使中國共產黨黨內從中央到基層的民主生活遭到嚴重損害，而且中斷了糾正「左」的進程，使「大躍進」運動中的錯誤不但沒有得到及時糾正，反而進一步膨脹開來，從而給實際經濟工作，給中國共產黨和國家的政治生活帶來了嚴重危害。

三、大興調查研究之風

廬山會議後，國民經濟建設掀起了新的「大躍進」，高指標、瞎指揮、浮誇風、「共產風」等「左」的錯誤愈演愈烈，破壞了國民經濟的正常秩序，使尚未恢復元氣的生產力再度遭到極大破壞，加上連續三年的自然災害，導致新中國在一九六〇年前後遇到了前所未有的經濟困難。

在中國遇到嚴峻困難時，蘇聯政府不僅沒有伸出援手，而且背信棄義地撕毀合同，逼債逼得很厲害。這種情景，周恩來的經濟秘書顧明在幾十年後依然記憶猶新。他說：「有一次，蘇聯的一個外貿部副部長在人民大會堂和總理談判，要我們還錢。總理說，我們現在暫時有困難。談完後，總理送他出來，他看見門口有一塊三百多公斤重的大石英石，就對總理說，你們如果沒有別的東西，這個就很好。總理頂他說，你要你就拿走。」在蘇聯的逼迫下，中共中央決定，自力更生，咬緊牙關來還債。這又給中國人民增添了很多苦頭。

當時，最大的問題是農業生產急劇下降，糧食極度缺乏。一九五九年中國糧食產量三千三百九十三億六千萬斤，僅相當於一九五四年的水準。一九六〇年又下降至兩千八百七十六億九千萬斤，降幅達百分之十五・二。然而，這期間的城鎮人口不斷增加，導致國家向農村下達的徵購指標，一九五八年至一九六〇年連續三年都高達一千億斤以上，幾乎佔當年總產量的百分之三十至四十。

為了克服糧食危機，周恩來親自指揮調運糧食，被稱為「糧食調度的總指揮」。他的秘書李岩回憶：「各省市天天向中央告急，搞得總理吃不下飯，睡不好覺。」時任糧食部黨組書記的陳國棟也回憶說：「去總理處，主要是談糧食問題。他一般都是晚上找我們去，地點經常是他的辦公室。有時是晚上九十點鐘或深夜十一二點去，談到第二天凌晨三四點鐘；有時是凌晨二三點才去。」

陳雲還提出了進口糧食這個應急之策，得到毛澤東、周恩來的贊成。據當時在糧食部工作的楊少橋回憶：「進口糧食這個措施是我們當時不敢設想的，當時一些人認為吃進口糧是修正主義。決定進口糧食是由陳雲同志提出、總理同意的，可能總理也跟主席講了，並且很快就決定了。從決定進口到第一船進口糧運到天津只用了一個月的時間，可見事情辦得是很果斷、很迅速的。」

「巧婦難為無米之炊。」省與省之間的糧食調撥，從外國進口糧食，以及採取「瓜代菜」等措施，雖然極大地緩解了危機，但糧食缺乏的危害十分嚴重。城市普遍出現了營養不足的浮腫病。中國相當一部分農村地區出現了非正常死亡的嚴重情況。據統計，一九六〇年中國總人口比上年減少一千萬。

在艱難的歲月中，毛澤東、周恩來等中共中央領導人與廣大群眾同甘共苦。毛澤東看到反映農村嚴重情況的報告時，心情極為沉重，常常睡不著覺。從一九六〇年十月開始，他開始吃素，不吃肉了。他對護士長吳旭君說：「國家有困難了，我應該以身作則，帶頭節約，跟老百姓共同渡過難關，不要給肉吃，省下來換外匯。吃素不要緊。」護士長怕他營養不夠，影響健康，每天都給他計算攝入食物的熱量。身材高大的毛澤東的體重這時下降到七十五公斤。

據周恩來秘書何謙回憶，一九六〇年二月，周恩來在廣東從化組織讀書小組學習《政治經濟學教科書》期間，他為周恩來的健康考慮，把周恩來從來沒有裝修過的住所修繕了一下。這次裝修只是在潮濕的磚地上鋪了木板，從廚房到飯廳打了個帶棚通道，為了改善室內光線，把頂燈改了一下，窗簾換成白色的。因為走廊立柱的油漆全掉了，太破舊，也漆了一下。周恩來回到北京，一進門就愣住了，發了脾氣：國家正面臨著經濟上的嚴重困難，怎麼能帶頭為自己修房呢？他感到十分不安，當晚沒有在那裡住，住到了釣魚台。周恩來對何謙說：「你跟我這麼多年了，早就知道我這個人的脾氣，我的心思。房子不是不能修，可是不能修得太好嘛！現在要我去住，我心裡不好受，要是我總不回去住，你們心裡又不好受。這樣吧，你們把屋內陳設全換回原來的東西，我回去住。」

為了解決營養不良患浮腫病的問題，陳雲還多次召集有關營養專家座談，提議給城市居民每人每月供應三斤黃豆。當時在陳雲身邊工作的楊乃智回憶道：「在經濟困難期間，不少人得了浮腫病。陳雲同志對此非常重視，曾多次召集有關營養專家座談，提出解決辦法。經過調查研究，他認為黃豆是當時解決浮腫的最佳營養品，一百克黃豆中蛋白質有三十六點三克，脂肪十八點四克，碳水化合物二十五點三克，含熱量一千七百二十五千卡，鈣、磷、鐵等元素都比較豐富。而且，東北又是盛產黃豆的地方，可以調撥給全國各省、市。後來，中國國務院發了文件，決定給全國幹部每人每月增加三斤黃豆的供應，以增加人體必需的最低營養，維護健康，渡過難關。」

嚴峻的經濟困難，也讓毛澤東將注意力重新轉到糾正「左」的錯誤上來。一九六〇年十一月三日，中共中央發出《關於農村人民公社當前政策問題的緊急指示信》，要求用最大的努力來堅決糾正各種「左」的偏差，主要內容包括：宣佈以生產隊為基礎的三級所有制是現階段人民公社的根本制度，反對和徹底糾正「一平二調」；在分配製度上堅持兩條原則：一是少扣多分，二是對供給比例加以控制；從各方面節約勞動力，加強農業生產第一線；安排社員生活，辦好公共食堂，實行勞逸結合；放手發動群眾，整風整社，反貪污，反浪費，反官僚主義，徹底糾正「共產風」、浮誇風、強迫命令風、幹部特殊化風和營私舞弊欺壓群眾的國民黨作風。

按照中共中央的要求，各地立即召開省、地、縣三級或省、地兩級幹部會議，使各級領導幹部迅速瞭解《緊急指示信》的精神，然後組織數萬名幹部下到農村，向基層幹部和農民群眾原原本本、逐條逐段地宣讀和講解《緊急指示信》。

一九六〇年十二月二十四日至一九六一年一月十三日，中共中央在北京召開工作會議，主要討論一九六一年國民經濟計劃，同時總結農村整風整社試點經驗和糾正「五風」問題。毛澤東要求全黨一定要恢復實事求是和調查研究的優良傳統。他說，中國共產黨是有實事求是傳統的，就是把馬列主義的普遍真理同中國的實際相結合。抗日戰爭時期、國共內戰時期，我們做調查研究比較認真一些。但是建國以來，特別是最近幾年，我們對實際情況不大摸底了，大概是官做大了。我這個人就

一九六一年一月，在中共八屆九中全會上，毛澤東號召全黨大興調查研究之風

是官做大了，我從前在江西那樣的調查研究，現在就做得很少了。他表揚了湖北省委和中央農村工作部對農村人民公社所作的典型調查，並號召全黨大興調查研究之風，一切從實際出發，要求一九六一年成為實事求是年、調查研究年。

一月十四日至十八日，中共八屆九中全會在會議公報中正式宣佈，從一九六一年起對國民經濟實行「調整、鞏固、充實、提高」的八字方針。這個方針的基本內容是：調整國民經濟各部門的比例關係，主要是農輕重、工業內部、生產與基建、積累與消費等比例關係；鞏固已經取得的經濟建設成果；充實那些以工業品為原料的輕工業和手工業品的生產，發展塑料、化纖等新興工業；提高產品質量，改善企業管理，提高勞動生產率。「八字方針」的中心是調整。通過調整，提高整個國民經濟的發展速度，適當控制重工業的發展速度，特別是鋼鐵工業的發展速度。同時適當縮小基本建設規模，使工業和農業之間、重工業和輕工業之間、積累與消費之間的比例趨於協調，使國家建設和人民生活得到統籌兼顧、全面安排。

會後，毛澤東、劉少奇、周恩來、朱德、陳雲、鄧小平等中共中央領導人帶頭深入基層調查研究。

一九三〇年五月，毛澤東寫下了《調查工作》。這是當年的版本

一九六一年三月，毛澤東將三十年前寫的《調查工作》，作了少量修改，印發參加廣州會議的同志。此文公開發表時改名為《反對本本主義》

這是繼一九五六年中共中央聽取各部委匯報之後，又一次大規模的調查研究活動。調查的主題主要是農村問題，後來又擴展到工業、商業和科學教育問題，並形成了幾個重要的工作條例。

毛澤東不僅離開北京南下，沿途同河北、山東、江蘇、浙江、江西、湖南和廣東等省委的負責人進行交談，作了一個月的調查研究，還派他的秘書田家英、胡喬木、陳伯達分別率領調查組，前往浙江、湖南、廣東農村進行調查。

從四月一日開始，劉少奇回到家鄉湖南寧鄉縣和長沙天華大隊生活了四十四天，進行了深入細緻的調查研究。對公共食堂、供給制、糧食、房屋、山林、社員家庭副業、自留地、商業、集市貿易等情況的瞭解，讓劉少奇感到造成困難的主要原因並不是天災，而是如農民所說「三分天災，七分人禍」。在同湖南省委第一書記張平化談話時，他一針見血地指出：「寧鄉縣問題這樣嚴重，如果說天災是主要的，恐怕說服不了人。沒有調查研究，這個教訓很大。餓了一年肚子，應該教育過來了吧！」

一九六一年四月一日至五月十五日，劉少奇帶領調查組到湖南長沙市、寧鄉縣進行調查，就公共食堂、供給制、糧食、房屋、山林、社員家庭副業、自留地、商業、集市貿易等問題，同基層幹部和社員廣泛座談，聽取意見。圖為劉少奇在召開座談會

在河北邯鄲地區、武安縣和天津等地，周恩來深入瞭解人民公社的基本情況和社員對農村政策的反映。五月七日凌晨三時，他就幾天的調查情況，向毛澤東作電話匯報，提出人民公社存在的四個主要問題：第一，食堂問題。絕大多數甚至全體社員，包括婦女和單身漢在內，都願意回家做飯。第二，社員

不贊成供給制，只贊成把「五保戶」包下來和照顧困難戶的辦法。第三，社員群眾迫切要求恢復到高級社時評工記分的辦法，並發展為包產到生產隊，以產定分，包活到組。這樣才能真正實現多勞多得的原則，提高群眾的生產積極性。這個辦法勢在必行。第四，邯鄲專區旱災嚴重，看來麥子產量很低，甚至有的顆粒無收。目前最主要的問題是恢復社員的體力和恢復畜力問題。

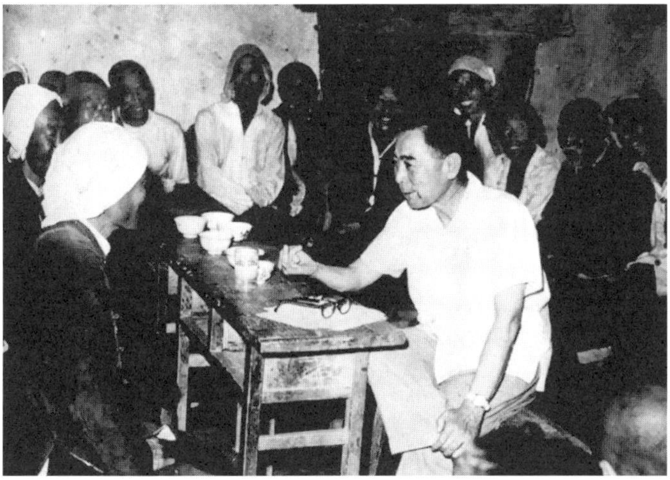

一九六一年四月二十八日至五月十四日，周恩來深入到河北邯鄲地區進行調查。在武安縣一個公社重點調查、研究了食堂、供給制、評工記分等問題。圖為周恩來同公社各級幹部和社員群眾在座談

陳雲帶領一個調查組先到上海青浦農村調查，後又到浙江嘉興、嘉善、蕭山，江蘇吳江、昆山、吳縣、無錫調查，對調整農村政策提出了許多切實可行的辦法。隨陳雲在青浦調查了一個月的薛暮橋，後來回憶道：「目睹上級的瞎指揮，深感這是造成三年困難的根本原因。青浦農民的生活確實很苦。其他許多地方已開始取消公共食堂，青浦農民還被迫在公共食堂吃飯，一個農民一日三餐，每餐一大碗稀粥，實在吃不飽。農民聽到陳雲同志來了，很高興，以為一定能夠增加口糧。陳雲經過一個時期調查後，召集幾個他熟悉的老農談話，告訴他們：全國糧食歉收，許多地方還不如你們，現在國家還沒有力量增加口糧，只能自己想辦法，如少種一點雙季稻，增加一點自留地（養豬戶給飼料地），多養豬，多打魚等。這樣明年每天吃一頓乾飯，後年吃兩頓，大後年吃三頓。老農點點頭說，只能如此，不能一步登天。」

在調查研究的基礎上，毛澤東認為《緊急指示信》還沒有完全解決生產大隊內部生產隊與生產隊之間的平均主義、生產隊內部社員與社員之間的平均主義這兩個重大問題。為系統解決包括這兩個平均主義在內的農村人民公社的各種問題，毛澤東主持起草了「農業六十條」，規定：人民公社各級的規模都不宜過大，特別是生產大隊的規模不宜過大，以避免在分配上把經濟水準相差過大的生產隊拉平，避免隊和隊之間的平均主義。以生產大隊所有制為基礎的三級所有制，是現階段人民公社的根本制度。生產大隊和生產隊的經濟關係實行「三包一獎四固定」，生產大隊把勞動力、土地、耕畜、農具固定給生產隊使用，並對生產隊實行包產、包工、包成本、超產獎勵。「農業六十條」還根據基層幹部和農民群眾的意見，取消了供給制，並規定：「在生產隊辦不辦食堂，完全由社員討論決定。」

一九六一年三月二十六日至五月五日，朱德到四川、河南、陝西等省進行調查研究，瞭解工廠、氣井、鹽井的情況。圖為朱德在自貢鹽井瞭解情況

同樣，在廣泛調查研究的基礎上，鄧小平主持制定了「工業七十條」，規定：國營工業企業實行黨委領導下的廠長負責制，黨委負責貫徹執行黨的路線、方針、政策，討論和決定企業中各項重大問題；在黨委領導下建立以廠長為首的統一的生產行政指揮系統；車間、工段不實行黨總支、黨支部領導下的車間主任、工段長負責制，黨總支、黨支部對本單位生產行政工作起保證和監督作用。「工業七十條」

還規定企業實行職工代表大會制度，建立各級、各方面和各個環節的嚴格的責任制度，實行全面的經濟核算制，講究經濟效益，體現多快好省的要求。

同經濟工作的調整相配合，中共中央先後批發「科學十四條」、「高教六十條」、「文藝八條」，切實調整黨和知識分子的關係，貫徹落實「百花齊放、百家爭鳴」的方針。一九五七年反右派鬥爭擴大化以後，在批判「白專道路」、拔「白旗」、破「資產階級學術權威」等運動中，許多知識分子被扣上「資產階級」、「右傾保守」等政治帽子，受到批判、鬥爭。這就嚴重損害了黨與知識分子的關係，挫傷了他們為社會主義服務的積極性。針對這些問題，「科學十四條」規定：要「正確地劃分政治問題、思想問題和學術問題之間的界線，區別對待，防止混淆」，「不要給自然科學技術的不同學派、不同主張，貼上什麼『資產階級的』、『無產階級的』、『資本主義的』、『社會主義的』之類的階級標籤」。「高教六十條」指出：「把在業務上比較努力，但是在政治上進步較慢，或在政治上處於中間狀態的人，指為走『白專道路』，是不對的。」而且，「不許用對敵鬥爭的方法來解決人民內部的政治問題、世界觀問題和學術問題，也不許用行政命令的辦法、少數服從多數的方法來解決世界觀問題和學術問題」。

一九六二年二三月間，全國科學工作會議，全國話劇、歌劇、兒童劇創作座談會在廣州同時舉行。周恩來在會上作了《論知識分子問題》的重要講話。他重申在一九五六年提出的知識分子的絕大部分已經是工人階級的一部分的結論，以及當時提出的對知識分子的正確政策，並提出要解決好六個問題：第一，信任他們。第二，幫助他們。第三，改善關係。第四，要解決問題。第五，一定要承認有錯誤。第六，承認了錯誤還要改。三月五日和六日，陳毅相繼在這兩個會議上講話，宣佈給廣大知識分子「脫帽加冕」，即脫掉「資產階級知識分子」之帽，加上「人民的科學家」、「社會主義的科學家」、「無產階級的科學家」、「革命的知識分子」之冕，並鄭重地向與會人員行了「脫帽禮」。他動情地說：「十二年的改造，十二年的考驗，尤其是這幾年嚴重的自然災害帶來的考驗，還是不抱怨，還是願意跟著我們走，還是對共產黨不喪失信心，這至少可以看出一個人的心。十年八年還不能考驗一個人，十年八年十二年還不能鑑別一個人，共產黨也太沒有眼光了。」

周恩來和陳毅的講話和態度，使到會的人深受感動和鼓舞。歷史學家周谷城聽到為知識分子「脫帽加冕」的消息後說：「知識分子過去認為自己是資產階級知識分子，覺得自己是被改造的，始終是做客的思想，積極性還沒有發揮出來。」如今，「得到一個光榮稱號，是勞動人民了，對這一點特別高興。我對這一點也很興奮。我覺得只要有這些感覺，精神就活躍起來了」。這是他的肺腑之言，也說出了廣大知識分子的心聲。

知識分子政策的貫徹落實，使中國共產黨和知識分子的緊張關係得到緩解，工作秩序得到恢復，對科學、教育、文化事業的發展起了重要作用。這幾年也是廣大知識分子心情舒暢、積極性很高的時期之一，因而在科技等領域取得了一系列的成績。對此，聶榮臻回憶說：那時候「中國科學院、國防部五院、二機部九院等許多科研單位，晚上燈火通明，圖書館通宵開放，一片熱氣騰騰，我國真正出現了科學的春天。至今我還認為，如果沒有那幾年的實幹，『兩彈』也就不會那麼快地上天。我們常說，中國人民是很聰明的，並不比別的民族笨。事實證明了這一點。我們有些科學家的確很有才能，關鍵是怎樣發揮他們的才幹，要有正確的政策，要關心他們的生活」。

四、七千人大會

一九六二年一月十一日至二月七日，中共中央在北京召開擴大的工作會議，中央和省、地、縣委四級主要負責人以及部分大廠礦和軍隊的負責人共七千一百一十八人參加，所以通常稱這次會議為七千人大會。

這次中國共產黨歷史上規模空前的大會，是在國民經濟調整進入關鍵時刻召開的。會議分為兩個階段，第一階段主要是討論和修改劉少奇代表中央向大會作的書面報告，第二階段根據毛澤東的建議，「開出氣會」，主要是給中共中央、中央局、省委和中央各部門提意見，開展批評和自我批評。

劉少奇代表中共中央向大會提出的書面報告草稿，在堅持三面紅旗的前提下，肯定「大躍進」取得了偉大成就，特別是提前兩年在一九六〇年完成了第二個五年計劃的主要工業產品的產量指標。他同時指出，這幾年中國共產黨的工作雖然成績是第一位的，缺點、錯誤是第二位的，但不能說成績和錯誤是九個指頭和一個指頭的關係。就全國來說是三七開，即七個指頭和三個指頭的關係。

報告將工作中出現的缺點錯誤概括為四個方面：第一，工農業生產的計劃指標過高，基本建設戰線過長，使國民經濟各部門的比例關係、消費和積累的比例

毛澤東、劉少奇、周恩來、朱德、陳雲、鄧小平在七千人大會上

毛澤東、劉少奇等接見參加七千人大會的代表

關係嚴重不協調；第二，混淆集體所有制和全民所有制的界線，對集體所有制的內部關係進行不適當的、過多過急的變動，這樣就違反了按勞分配和等價交換的原則，犯了颳「共產風」和其他平均主義的錯誤；第三，不適當地要在全國建立許多完整的工業體系，權力下放過多，分散主義的影響有了嚴重的滋長，使得經濟生活中的集中統一的領導受到了破壞；第四，對農業增產的速度估計過高，對建設事業的發展要求過急，因而使城市人口不適當地大量增加，造成了城鄉人口的比例同當前農業生產水準極不適應的狀況，加重了城市供應的困難。

報告指出這些缺點錯誤的原因，有兩個方面：一方面是由於在建設工作中經驗不夠，另一方面是幾年來中國共產黨黨內不少領導同志不夠謙虛謹慎，違反中國共產黨的實事求是和群眾路線的傳統作風，削弱了民主集中制原則，妨礙了中國共產黨及時地盡早地發現問題和糾正錯誤。劉少奇指出，這幾年發生的問題，主要原因不是天災，而是工作中的缺點和錯誤，他借用湖南農民的一句話：「三分天災，七分人禍。」

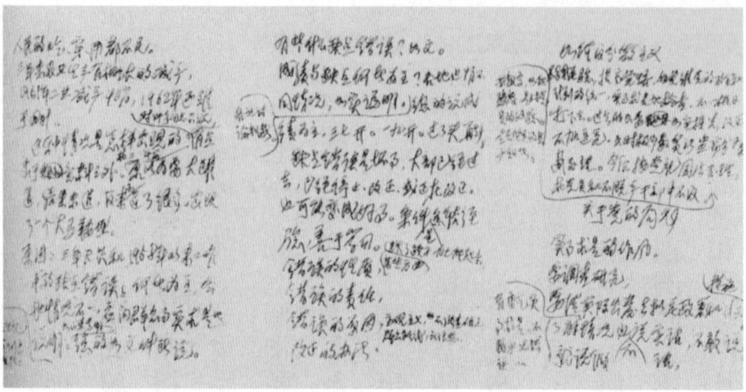

劉少奇在七千人大會上的講話提綱手稿

關於缺點錯誤的責任問題，大會認為首先要負責的是中共中央，其次是省一級的領導，再次是省以下各級黨組織。一月三十日，毛澤東在大會上發表講話，帶頭承擔了犯錯誤的責任，指出：「去年六月十二號，在中央北京工作會議的最後一天，我講了自己的缺點和錯誤。我說，請同志們傳達到各省、各地方去。事後知道，許多地方沒有傳達。似乎我的錯誤就可以隱瞞，而且應當隱瞞。同志們，不能隱瞞。凡是中央犯的錯誤，直接的歸我負責，間接的我也有份，因為我是中央主席。我不是要別人推卸責任，其他一些同志也有責任，但是第一個負責的應當是我。」

在這次會上，毛澤東重點講了民主集中制的問題，強調不論黨內黨外都要有充分的民主生活。他指出：「這次用這麼個方式，在北京開這麼個會，要解決問題。現在，要解決的一個中心問題是：有些同志的一些話沒有講出來，覺得不大好講，這就不那麼好了。」「我建議讓人家出氣。不出氣，統一不起來。沒有民主，就不可能有集中，因為氣都沒有出來嘛！積極性怎麼調動起來？到中央開會，還不敢講話，到地方就更不敢講話。」

毛澤東在七千人大會上講話

毛澤東還聯繫三年「大躍進」的教訓，闡明人類認識客觀世界規律的重要性，承認建設強大的社會主義中國需要一百年時間，並進一步提出：「我們必須把馬克思列寧主義的普遍真理同中國社會主義建設的具體實際，並且同今後世界革命的具體實際，盡可能好一些地結合起來，從實踐中一步一步地認識鬥爭的客觀規律。」

七千人大會的勝利召開，使廣大的中國共產黨黨員心情比較舒暢，在動員全黨為戰勝困難而團結奮鬥方面起了積極作用。當年參加會議的陳丕顯，多年後回憶起周恩來在會上主動承擔缺點和錯誤的責任，感慨地說：「他那情詞懇切的自我批評，實際上減輕了中央各部門和地方的壓力，同時也做了表率，希望各部門、各地能作自我批評，汲取經驗教訓。周總理的這種實事求是、光明磊落，對黨和人民的利益高度負責的高尚品格和思想作風，給了我們極為深刻的教育。」

七千人大會結束後，中共中央政治局又在中南海西樓召開常委擴大會議，集中討論經濟形勢，即「西樓會議」。陳雲在會上系統地分析了當時面臨的各種困難和克服困難的具體措施，認為有了各個部門的具體條例還不夠，還必須處理好它們之間的綜合平衡關係，形成總體的全局性的工作路線。薄一波回憶說：「在陳雲同志發言時，大家還三言兩語地插話，為他的講話內容作補充。少奇同志在插話和會議的結論中，講了一些極為深刻的話。他說：『中央工作會議（即七千人大會）對困難情況透底不夠，有問題不願揭，怕說漆黑一團！還它個本來面目，怕什麼？說漆黑一團，可以讓人悲觀，也可以激發人們向困難作鬥爭的勇氣！』『現在處於恢復時期，但與一九四九年後的三年情況不一樣，是個不正常的時期，帶有非常時期的性質，不能用平常的方法，要用非常的辦法，把調整經濟的措施貫徹下去。』」

當時，國民經濟進行了大刀闊斧的調整，包括：大力精簡職工，減少城市人口；壓縮基本建設規模，停建緩建大批基本建設項目；縮短工業戰線，實行必要的關、停、併、轉；進一步從人力、物力、財力各方面加強和支援農業戰線，加強農村基層的領導力量。到一九六二年底，國民經濟形勢開始好轉，各項建設事業有了明顯的健康發展勢頭。農業生產開始回升，國家財政實現收支平衡，市場商品供應的緊張狀況有所緩和，城鄉人民生活水準也開始略有上升。中共中央從實際情況出發，認為在今後三年內，仍需繼續貫徹「調整、鞏固、充實、提高」的八字方針。一九六四年十二月，周恩來在三屆全國人大一次會議上作政府工作報告，宣佈國民經濟調整的任務基本完成，總結指出：

在這四年中間，我們集中了主要力量，從人力、物力、財力上加強了農業戰線，努力增加人民生活必需品的生產。我們壓縮了基本建設規模，縮小合併了一部分工業企業，緊縮了一部分文教事業，精減了大量職工和城鎮人口，使工業和其它部門的發展同農業生產水平相適應。我們整頓和提高了工業生產建設和其它部門的工作，對有些部門來說，著重提高質量而暫時減少數量。我們強調了工業部門之間的關係，加強了薄弱環節，發展了新興工業，並且使工業交通等部門的工作轉移到以農業為基礎的軌道上來。我們根據實事求是的精神，在應當後退的方面作必要的後退，在應當繼續前進的方面積極地前進。這樣，我們國民經濟各部門之間的關係就比較協調了，我們的經濟力量也比過去增強了。

第三節 社會主義建設凱歌行進

從一九五六年到一九六五年，是中國共產黨領導社會主義建設在探索中曲折發展的十年。儘管遭受了嚴重挫折，但中國賴以進行現代化建設的物質技術基礎，很大一部分是這個時期建設起來的；全國經濟文化建設等方面的骨幹力量和他們的工作經驗，大部分是在這個時期培養和積累起來的。這是十年工作的主導方面，是不可抹殺的重大成就。

一、各項事業的大發展

在中國共產黨和人民的努力下，國民經濟調整的任務在一九六五年底全面完成，工農業生產得到全面恢復和發展，且大幅度地超額完成了計劃規定的指標，整個社會呈現出欣欣向榮的景象。

一九六五年，農業生產總值增長百分之八・三，完成計劃產值的百分之一百零七・二，是新中國成立後增長最快的年份。工業產值增長百分之二十六・四，完成計劃產值的百分之一百一十七・六，發展速度之快和經濟效益之好，也是新中國成立以來所罕見的。這一年，中國工農業總產值達兩千兩百三十五億元，超過了一九五七年的水準。其中，農業總產值八百三十三億元，工業總產值一千四百零二億元。按可比價格計算，同一九五七年相比，工農業總產值增長百分之五十九・九，其中農業總產值增長百分之九・九，工業總產值增長百分之九十八。

在主要工業產品的產量上，一九六五年同一九五七年相比，鋼增長一・二九倍，達到一千兩百二十三萬噸；原煤增長百分之七十七・一，達到兩億三千兩百萬噸；發電量增長二・五倍，達到六百七十六億度；原油增長六・七五倍，達到一千一百三十一萬噸；天然氣增長十四・七一倍，達到十一億立方公尺；水泥增長一・三八倍，達到一千六百三十四萬噸。

更重要的是，這十年新建和擴建了一大批重要工業企業，中國工業生產能力大幅度提高，具有相當規模和一定技術水準的工業體系初步建成。電力、煤炭、冶金、機械等傳統工業都有很大發展：電力供應已在全國大部分地區連接成網；煤炭工業逐步向現代化方向發展；鋼品種在一九六四年達到九百個，鋼材品種達到九千個，都比一九五七年增加一倍多，以前不能煉製的高溫合金鋼、精密合金鋼、高純金屬、有色稀有金屬，這時都能煉製了；形成了門類比較齊全的機械製造體系，主要機械設備自給率由一九五七年的百分之六十提高到百分之九十以上。電子、原子能、航天等新興工業從無到有，也逐步發展起來，已經能夠生產雷達、廣播電視發射設備、電視中心設備、無線電通訊設備、原子射線儀、各種氣象儀、水聲設備、電話交換機、電子計算機、電視機等。

農業基本建設取得了很大成績。一九五八年至一九六五年，大中型水利建設施工項目達到兩百九十多項，建成的有一百五十多項，淮河、黃河、海河等幾大水系都得到不同程度的治理。水利建設的大發展，使耕地灌溉面積的比重從一九五七年的百分之二十四・四上升到一九六五年的百分之三十二。農業機械化、化學化也有所進展，農業機械總動力由一百二十一萬千瓦增加到逼千零九十九萬千瓦，機耕

建設者們奮戰在北京郊區的十三陵水庫工地上

毛澤東等中央領導人親臨十三陵水庫工地參加勞動

面積在耕地總面積中的比重由百分之二・四上升到百分之十五，化肥施用量由三十七萬三千噸增加到一百九十四萬兩千噸，每畝耕地的化肥施用量由〇・五斤上升到二・五斤。

工農輕重的比例關係實現了協調發展，國民經濟結構趨於合理。在一九六五年工農業生產總值中，農業、輕工業、重工業的比重分別是百分之三十七・三、百分之三十二・三、百分之三十・四，與一九五七年的百分之四十三・三、百分之三十一・二、百分之二十五・五大體接近，基本實現了綜合平衡的目標，符合當時中國經濟發展的客觀需要。同時，在工業內部，間接和直接支援農業的工業部門的投資比重增加，重工業的投資比重減少，在很大程度上扭轉了「以鋼為綱」所造成的比例失調狀況。

積累與消費的比例關係基本恢復正常。經過三年繼續調整，一九六五年積累率回升到百分之二十七・一，與一九五七年的百分之二十四・九大體相當。在調整時期，始終明確堅持處理好積累和消費，個人、集體和國家之間多種利益關係，在發展經濟的基礎上，更注重改善人民的生活。儘管一九六五年人均糧食、食油、棉布的消費量仍略低於一九五七年，但一九六二年以後，市場穩定，物價下降，人民生活逐步有所改善，全國城鄉居民平均消費水準，一九六五年比一九五七年提高百分之八・七，達到了一百三十三元。其中，農民達到一百零四元，比一九五七年增加二十二元；城鎮居民達到兩百五十九元，比一九五七年增加三十七元。

縱觀中國共產黨領導各族人民開始全面建設社會主義的十年，儘管是在探索中曲折發展，但所取得的建設成就是值得充分肯定的。除了上面所述的工農業建設情況，其他方面也都取得了長足的發展。

交通運輸業又有了大跨越。從一九五八年到一九六五年，中國新增鐵路營運里程九千七百多公里，有十二條幹線建成或部分建成。其中，包蘭（包頭至蘭州）、蘭青（蘭州至青海）、蘭新（蘭州至新疆）等鐵路建成通車，不僅把西北五省區聯結起來，而且把西北地區同華北和沿海地區聯結起來。川黔（四川至貴州）、桂黔（廣西至貴州）鐵路也建成通車，將廣西、四川、貴州三省區聯結起來。成昆（成都至昆明）、貴昆（貴陽至昆明）、湘黔（湖南至貴州）、湘桂（湖南至廣西）等鐵路先後開工，並部分通車。除西藏自治區以外，各省、自治區、直轄市都有了鐵路，福建、寧夏、青海、新疆等省區第一次通了火車。鐵路貨運量一九六五年比一九五七年增加百分之七十九・〇六，客運量增加百分之三十一・九三。公路、水運、航空等事業也有較大的發展，全國大部分縣、鎮通了汽車，沿海港口新增十多萬噸深水泊位，遠洋航運開闢了通往東南亞、歐洲和非洲的三條航線。

文化、教育、科技、衛生事業的成就也相當可觀。文化方面，一九六五年，中國圖書總印數為二十一億七千萬冊，刊物總印數為四億四千萬冊，報紙總印數為四十七億四千萬份，分別比一九五六年增長百分之二十一・七、百分之二十五和百分之八十一・五。電影事業有了很大發展，中國電影製片廠達到十六個，十年間累計生產故事片四百九十五部、美術片一百零九部、科教片七百八十六部、新聞紀錄片兩千兩百五十部。到一九六六年，中國擁有電台七十八座、電視台十三座、市縣廣播台站兩千一百八十一座，百分之九十六的縣通了有線廣播。

教育方面，確立了社會主義教育方針「是教育為無產階級政治服務，教育與生產勞動相結合，為實現這個方針，教育工作必須由黨來領導」。到一九六五年，全國小學已達到一百六十八萬一千九百所，在校小學生一億一千六百二十萬九千人，學齡兒童入學率百分之八十四．七；全國普通中學一萬八千一百零二所，在校學生九百三十三萬七千九百人；高等學校四百三十四所，比一九五七年增長一．八九倍，在校學生達到六十七萬四千人，比一九五七年增長百分之五十三。

科技方面，努力執行《一九五六─一九六七年科學技術發展遠景規劃綱要》，並在此基礎上制定了《一九六三─一九七二年科學技術發展規劃》。到一九六五年底，全國的科研工作系統已初步形成，初步形成了一支具有較高素質的科學技術研究工作隊伍。全國自然科學技術人員已達到兩百四十五萬八千人，其中有研究生學歷的一萬六千人，大學畢業學歷的一百一十三萬人。全國專門的科學研究機構達到一千七百一十四個，專門從事科學研究的人員達十二萬人。一九六五年，中國科學家成功實現人工合成牛胰島素。這是世界上第一個人工合成的蛋白質，是一項具有世界一流水準的科技成果。

衛生方面，由於愛國衛生運動的全面開展，全國城鄉的衛生面貌大為改觀，在防治流行性疾病和保護母嬰健康方面取得了顯著成績。城鄉衛生醫療網基本形成，醫療技術隊伍不斷發展壯大。一九五七年至一九六五年，全國的醫療衛生機構由十二萬兩千九百五十四個增加到二十二萬四千兩百六十六個，每千人擁有的醫院床位由〇．四六張增加到一．〇六張，每千人擁有的醫生由〇．八五人增加到一．〇五人。

作為社會主義建設的領導力量，中國共產黨的自身建設也得到進一步發展。中共八大召開時，全國共有黨員一千零七十三萬人，到一九六五年底發展到一千八百九十五萬人，黨員人數增加了百分之七十六．六一。

瀋陽軍區工程兵某部運輸連班長雷鋒，用實際行動實踐了「把有限的生命投入到無限的為人民服務之中去」的誓言。他以甘當「螺絲釘」的精神，幹一行、愛一行、鑽一行，在平凡的崗位上做出了不平凡的事跡。他樂於助人，把自己省吃儉用積存起來的錢，寄給受災人民，送給家庭困難的戰友。他無私奉獻，從不驕傲自滿，做了好事不留姓名。一九六二年八月十五日，雷鋒在執行運輸任務時不幸殉職，年僅二十二歲。一九六三年三月五日，毛澤東發表了「向雷鋒同志學習」的題詞，在全國掀起轟轟烈烈的學雷鋒運動。雷鋒精神的傳播，使得在全國各條戰線上湧現出大批雷鋒式的英雄模範人物，極大地改變了社會風貌，教育影響了幾代人。

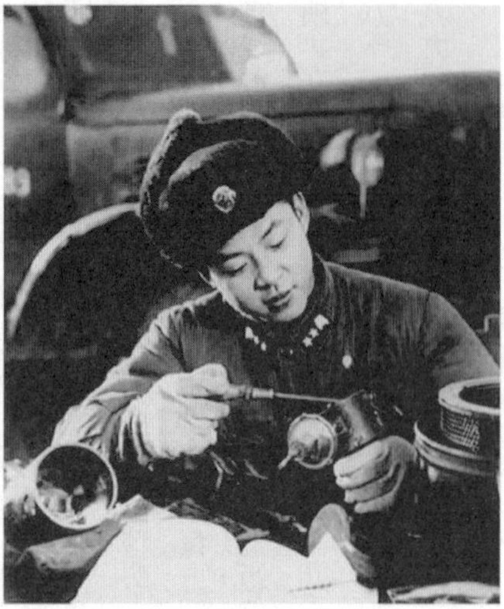

雷鋒在維修保養汽車

一九六二年冬是河南蘭考遭受內澇、風沙、鹽鹼三害最嚴重的時候，此時出任蘭考縣委書記的焦裕祿，不顧自己身患肝病，帶領全縣人民治理鹽鹼地，種植泡桐樹控制風沙，被譽為「縣委書記的好榜樣」。圖為焦裕祿在泡桐樹旁留影

河南省蘭考縣縣委書記焦裕祿，捨己為民，帶領群眾與自然災害作鬥爭，受到人們的廣泛讚揚，成為全國各級領導幹部特別是基層領導幹部的楷模。一九六六年二月七日，《人民日報》發表長篇通訊〈縣委書記的榜樣——焦裕祿〉，並發表社論〈向毛澤東同志的好學生——焦裕祿同志學習〉，強調「共產黨人要具有無產階級的徹底革命精神，不為名，不為利，不怕苦，不怕死，一心為革命、一心為人民，完全、徹底地為中國人民和世界人民服務，對革命無限忠誠，為人民鞠躬盡瘁。學習毛澤東思想，首先要學習這一點」。此後在全國興起的學習焦裕祿運動中，湧現出許多焦裕祿式的優秀幹部，生動地展現了中國共產黨人的政治本色。

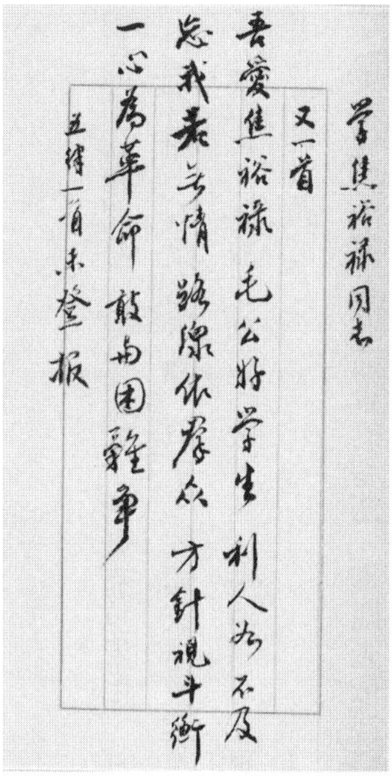

一九六六年二月九日，董必武作〈學焦裕祿同志〉二首，這是其中一首

二、「我為祖國獻石油」

錦繡河山美如畫，祖國建設跨駿馬，
我當個石油工人多榮耀，頭戴鋁盔走天涯。
頭頂天山鵝毛雪，面對戈壁大風沙，
嘉陵江邊迎朝陽，崑崙山下送晚霞。
天不怕，地不怕，風雪雷電任隨它，
我為祖國獻石油，哪裡有石油，哪裡就是我的家。

紅旗飄飄映彩霞，英雄揚鞭催戰馬，
我當個石油工人多榮耀，頭戴鋁盔走天涯。
茫茫草原立井架，雲霧深處把井打，
地下原油見青天，祖國盛開石油花。
天不怕，地不怕，放眼世界雄心大，
我為祖國獻石油，祖國有石油，我的心裡樂開了花。

在十年社會主義建設中，石油工業的發展尤其突出，到一九六五年已經實現原油的全部自給。這首創作於一九六四年，熱情歌唱石油工人的《我為祖國獻石油》，把石油工人氣壯山河的豪邁氣概表達得淋漓盡致。

在近代歷史上，中國一直被認為是一個貧油國家，石油工業極端落後。從二十世紀初起，科技人員歷經近四十年的努力，僅建成甘肅老君廟、新疆獨山子和陝西延長三個小規模油田，四川聖燈山、石油溝兩個氣田，以及遼寧兩個頁岩油廠，年產不足十二萬噸。當時，中國的化工產業和生活用油，基本依賴於「洋油」的進口。

新中國成立後，國家投入大量人力物力進行石油勘探和開發。很快建成了新疆克拉瑪依、甘肅玉門和青海冷湖三個石油工業基地，使原油產量增加到一百四十五萬七千噸。但是，同國家經濟建設的快速發展相比，這個產量仍離需要相去甚遠。當時，大量汽車因為缺少油料而改燒木炭、酒精，北京的公共汽車上都背上煤氣包，甚至連部隊飛機、坦克的用油都難以滿足。

一九五三年底，毛澤東、周恩來約請李四光，徵求他對中國石油前景的看法。李四光依據自己的大

一九五九年，在東北松遼盆地陸相沉積岩中找到了工業性油流。經過三年艱苦卓絕的努力，建成了大慶油田，使中國實現了石油自給。圖為參加會戰的科學技術人員和職工在大慶安營紮寨

地構造理論和油氣形成移聚條件的理論，反駁了「中國貧油論」、「東北貧油論」的觀點，認為中國油氣資源的蘊藏量應當是豐富的，關鍵問題是要打破偏西北一隅找油的局面，抓緊做好地質勘查工作。毛澤東非常讚賞李四光的觀點，重新部署石油戰線的工作。經過石油部和地質部的共同勘探，松遼盆地石油普查有了較大進展，發現了可能生油層。

從一九五五年開始，中國開始對東北松遼盆地進行地質勘察。一九五九年九月，鑽探人員在位於松遼盆地中央凹陷區北部的大同鎮找到工業性油流，並進而發現了高檯子油田。經過擴大勘探試採，查明該地區有兩千平方公里的含油面積，能夠長期穩產。這是中國石油地質勘探工作取得的一個重大成果。因國慶十週年臨近，人們將油田命名為「大慶油田」。

一九六〇年二月二十日，中共中央批准石油部黨組關於「集中石油系統一切可以集中的力量，用打殲滅戰的辦法，來一個聲勢浩大的大會戰」的建議，決定集中力量在大慶地區進行石油勘探開發大會戰。會戰以石油部、地質部為主，同時農墾、機械、冶金、電力、建工、鐵道、林業、商業等部提供大力支援。中共中央還決定從中國人民解放軍當年退伍的軍人中，動員三萬人參加石油會戰。全國各石油管理局和三十餘個石油廠礦、院校，共抽調幾十支優秀鑽井隊、幾千名科技人員、上萬名工人和七萬餘噸器材、設備參加會戰。

在極其艱苦的條件下，以王進喜為代表的大慶石油工人、科學技術人員和幹部，住在臨時搭起的棚屋裡，每天依靠五兩糧食加野菜，戰天鬥地，進行石油會戰。他們以「三要」、「十不」的精神激勵和要求自己，為拿下新中國第一個大油田奮力拚搏。「三要」是：要甩掉中國石油落後帽子；要高速度、高水準地拿下大油田；要趕超世界水準，為國爭光。「十不」是：不怕苦，不怕死，不為名，不為利，不講工作條件好壞，不講工作時間長短，不講報酬多少，不分職務高低，不分分內分外，不分前線後方，一心為了石油會戰的勝利。

大慶油田鑽井隊二大隊隊長王進喜和工人用身體攪拌水泥，制服井噴

大慶人吃大苦，耐大勞，為公而忘私，奮勇拚搏，表現了二十世紀六〇年代中國工人階級的時代風貌。他們「寧肯少活二十年，拚命也要拿下大油田」的犧牲精神，他們「有條件要上，沒有條件創造條件也要上」的奮鬥決心，感動和教育了幾代人。時任中國石油工業部部長的余秋里，在回憶錄中濃墨重彩地記述了王進喜的事跡：

一九六〇年初，決定調他領導的鑽井隊參加會戰。他把自己省吃儉用攢錢買的一輛摩托車帶到大慶來。有一次我同王進喜談話時，問他買這個幹啥？他說：到大慶會戰，人多，交通也不便，大草原，幹啥都要跑遠路。我聽到有材料了，或者別的隊打井有好辦法了，就可以騎著摩托去，不用等車。

王進喜帶領一二六二（即後來的一二〇五）全隊職工乘火車到達薩爾圖站。下了火車，他一不問住，二不問吃，找到調度室先問了三句話：「我們的鑽機到了沒有？」、「我們的井位在哪裡？」、「這裡的鑽井最高紀錄是多少？」當他得知薩五五井井位在馬家窯附近的楊樹林子以後，領著全隊職工步行二十里地來到井場。當晚就住在一棟廢棄的馬廄裡。王進喜沒地方住，就裹著老羊皮，露宿在井台旁。

他和大家吃在井場，睡在井場，日夜不離井場，連續苦幹。只用五天零四個小時，就打完了一口井，創造了當時的最高紀錄。王進喜的英雄事跡，教育了全隊，也感動了附近的老鄉。有個老大娘看到他們白天黑夜拚命大幹，提了一籃子雞蛋去慰問他們。她見到鑽工們就說：「你們的王隊長，真是個鐵人！快勸他回來，休息休息呀！」

一九六二年六月二十一日，周恩來在大慶油田視察時，深深為大慶人艱苦創業的精神所感動。當年陪同視察的康世恩回憶說：「周總理健步登上鑽台，和工人們一一握手問候。當班工人見自己手上滿是油污和泥漿，不好意思地在衣服上猛擦。總理主動上前緊握鑽工的手，和藹地說：『沒關係，我也當過工人。』接著他又親切地和圍在身邊的同志拉家常：『多大年紀了』，『當了幾年鑽井工人』，『老家在哪裡』，『冬天野外鑽井冷不冷，穿的工服暖不暖，愛人接來沒有……』他一面細心詢問，一面耐心傾聽大家的回答，不時深情地點頭，發出爽朗的笑聲。」周恩來到職工食堂嘗了工人們的菜湯。他還到工人住的地窩子裡，因為裡面又黑又髒，大家勸他不要進去，周恩來說：「你們能住，我就能進。」

一九六二年六月二十一日，周恩來視察大慶油田

經過三年多的奮戰，中國高速度、高水準地建成了

大慶油田，形成了年產六百萬噸原油的生產能力。一九六三年當年，大慶油田產原油四百三十九萬三千噸，佔中國原油產量的百分之六十七．三。一九六三年，全國原油、汽油、柴油、煤油和潤滑油等主要產品產量全面超額完成計劃；中國自己設計和新建成的大型煉油廠，建設時間縮短了一年。十二月二日，周恩來在二屆全國人大四次會議上莊嚴宣佈：「我國需要的石油，現在可以基本自給了。」十二月二十六日，《人民日報》發表消息說，「中國人民使用『洋油』的時代，即將一去不復返了」。

大慶油田開發成功後，石油地質科學家和廣大職工又相繼發現和建設了勝利油田、大港油田、遼河油田和冀中油田等。至一九六五年，中國原油產量達到一千一百三十一萬五千噸，實現了國內消費原油和石油產品的全部自給，實現了中國石油工業發展史上的一次飛躍。

大慶油田的開發，不僅創造出了輝煌的業績，為中國經濟建設奠定了重要的物質基礎，而且表現出了偉大的精神，為中國人民戰勝困難、奮發圖強建設祖國提供了寶貴的思想激勵，留下了一份豐厚的精神財富。大慶人創造的「當老實人、說老實話、做老實事」，「嚴格的要求、嚴密的組織、嚴肅的態度、嚴明的紀律」，以及「黑夜和白天幹工作一個樣、壞天氣和好天氣幹工作一個樣、領導不在場和領導在場幹工作一個樣、沒人檢查和有人檢查幹工作一個樣」等「三老」、「四嚴」、「四個一樣」的工作作風，表現了中國工人階級的崇高品質。

一九六四年初，毛澤東發出「工業學大慶」的號召。二月五日，中共中央發出《關於傳達石油工業部關於大慶石油會戰情況報告的通知》，強調大慶油田的開發，是一個多快好省的典型。他們系統地學習和運用解放軍政治工作經驗，把政治思想、革命幹勁和科學管理緊密結合起來，把工作做活了，把事情做活了。它的一些經驗，不僅在工業部門中適用，在交通、財貿、文教各部門，在黨、政、軍、群眾團體的各級機關中也都適用。一九六四年十二月，周恩來在三屆全國人大一次會議的政府工作報告中號召進一步學習大慶。他高度評價大慶經驗：大慶是學習和運用毛澤東思想的典範；是大學解放軍，具體運用解放軍政治工作經驗的典範；大慶自始至終地堅持了集中領導同群眾運動相結合的原則，堅持了高度革命精神同嚴格科學態度相結合的原則，堅持了技術革命和勤儉建國的原則。

從二十世紀六〇年代前期開始的「工業學大慶」運動，在整個工業戰線湧現出一批先進單位和先進個人，產生了許多大慶式的企業。這對完成國民經濟調整任務，建立起現代化工業基礎，起到了重要的推動作用。

三、重新安排山河的壯舉

如果說大慶是工業戰線上的一面旗幟，大寨無疑是農業戰線上的一面旗幟。

位於山西省晉中太行山麓的大寨，是海拔一千多公尺的山區。這裡自然條件惡劣，土地貧瘠，全村耕地被溝壑切割成無數小塊，分散在七溝、八梁、一面坡上。四千七百多塊土地，合計只有八百零二畝，而且一畝地好年景也產不了七十公斤糧食。從一九五三年開始，大寨人在黨支部書記陳永貴等人的帶動和組織下，開始了戰天鬥地的壯舉。

五年時間裡，大寨人在風裡、雨裡、雪地裡，一塊一塊地壘石頭，一擔一擔地挑泥土，硬是憑藉自己的雙手，改造了全村七條大溝，把深溝變成了良田。在浩大的治溝工程中，大寨人沒向國家要一分錢，壘起了長十五里的

一九六三年，山西昔陽縣大寨大隊遭到特大洪水災害，大寨人不畏困難，自力更生，重建家園。圖為大寨人填溝造梯田

一九六四年十二月，毛澤東接見陳永貴

一百八十多條大壩，修了兩條盤山渠，兩個水庫，三千多個魚鱗坑、蓄水池；將三百畝坡地壘成了水平梯田，將四千七百多個分散地塊修整成了兩千九百塊，還增加了八十多畝好地。

經過治理，大寨的糧食畝產量由新中國成立前的五十多公斤增加到三百五十公斤。從一九五三年到一九六四年春，大寨共向國家交售商品糧八十七萬九千公斤，平均每戶交售一萬一千公斤。其中，在一九六二年全國大災和嚴重困難的年景下，大寨糧食畝產竟達到七百七十四斤，高出同縣平均產量五百三十斤，一畝地等於別人的三畝半。

時為大寨大隊婦女主任的宋立英，不無驕傲地回憶說：「白天治坡，晚上治窩。我們就提出『三不要』：不要國家的糧，不要國家的錢，不要國家的物資。後來呢莊稼又扶起來了，咱們又豐收了，我們又提出『三不少』：賣國家餘糧不少，咱們社員的口糧不少，社員收入還不少。」

大寨農民創造的奇蹟，得到中共各級黨和政府的高度重視。一九六三年，山西省首先興起了學大寨運動。一九六四年一月二十八日至二月九日召開的全國農業工作會議，交流了各地農業生產經驗，著重討論了建設旱澇保收、穩產高產田的問題，突出介紹了大寨人自力更生建設穩產高產農田、戰勝特大洪災的事跡和經驗。

三月二十八日到二十九日，毛澤東在河北省邯鄲市聽取中共山西省委第一書記陶魯笳的介紹時，讚賞和肯定了大寨人的艱苦奮鬥精神。不久，周恩來派農業部長廖魯言率調查組到大寨作全面考察，他們在調查報告中認為大寨確是自力更生建設旱澇保收、穩產高產農田的典型。一九六四年十二月，周恩來在三屆全國人大一次會議的政府工作報告中，發出了「工業學大慶，農業學大寨，全國學人民解放軍」的號召，並把大寨精神概括為：「政治掛帥、思想領先的原則，自力更生、艱苦奮鬥的精神，愛國家、愛集體的共產主義風格。」

農業學大寨運動在全國開展起來後，各地加大了農田基本建設投入，對不利自然環境加以根本改造。特別是大寨人精神和風格，對廣大農民產生了強烈的思想影響。一九六五年九月，「全國大寨式農業典型展覽」在北京舉行，展出了五十多個大寨式的農業先進單位。它們的共同點是以整體利益為重，敢於藐視困難，敢於同困難作鬥爭，同時也能從當地的群眾要求和具體條件出發，開展農田基本建設，迅速發展了本地區的農業生產。

同在二十世紀六七〇年代，同是位於太行山麓的河南林縣人民，也發揚自力更生、艱苦奮鬥的優良傳統，用最普通的工具，劈開太行山的重巒疊嶂，引漳河水入林縣，建成了「人造天河」紅旗渠，其事跡在全國產生廣泛影響。

紅旗渠引入的漳河水盤回在太行山脈

自古以來，林縣就是嚴重乾旱缺水的地區，極度貧困。一九五九年夏季，林縣縣委擴大會議提出了跨越太行山到山西斬斷濁漳河，然後逼水上山，把水引進林縣，徹底改變缺水狀況的大膽設想。這個計劃得到了河南省委的支持。山西省委也同意了林縣人民的請求。

一九六〇年二月十一日，農曆正月十五這一天，三萬七千名林縣民工，向著太行山開戰了。經過不到八個月的奮戰，林縣人民斬斷了四十五道山崖，搬掉了十三座山塪，填平了五十八道溝壑，穿鑿了總長度六百餘公尺的七個隧洞，建渡槽、路橋和防洪橋五十六座，完成土石方四百四十五萬六千五百立方公尺，砌石四十二萬八千六百立方公尺，終於攔住了奔騰不羈的濁漳河。

時為排險突擊隊隊長的任羊成回憶說：「因為這個山高，排險是很危險的，到工地去排險以後，中午回來不回來，那就很難說了。我早晨就把被子抱著了，指揮長他認為我這樣是開小差了。我說我給你說實話，這麼蕩起來，我要粉身碎骨以後，犧牲了，別人掂開我的被子，擱在棺材裡面一放，那不就回老家去了嗎。我不是開小差，你放心。」

林縣人民熱烈慶祝紅旗渠竣工通水

正是憑著這種艱苦的創業精神，林縣人民又經過四年苦戰，於一九六五年四月五日實現了總幹渠的通水。千百年來，林縣人民渴望水的夢想，終於得以實現。據統計，紅旗渠建成四十年以來，總引水量達到八十五億立方公尺，歷年來灌溉面積達八千萬畝次，共增產糧食三十一億八千萬斤、發電四億七千萬度，創效益十七億元，相當於總投資的二十三倍。正如周恩來總理所說，這條盤繞在太行山千嶂絕壁上的藍色飄帶，是新中國創造的兩大奇蹟之一。

四、導彈與原子彈的研製

在調整國民經濟的同時，中國以研製原子彈、導彈、氫彈和人造地球衛星為核心的國防尖端科學技術，取得長足的進步和舉世矚目的成就，對中國安全和發展具有極其重要的戰略意義。

在新中國剛成立時，經濟基礎很薄弱，科學技術非常落後，高精尖的科學技術基本屬於空白。即便如此，中共中央、毛澤東很早就決定向科學進軍，並把經濟建設和國防建設、常規武器和尖端武器的關係作了合理安排，將國防尖端技術作為突破重點。一九五三年三月，毛澤東在中國共產黨全國代表會議上指出：「我們進入了這樣一個時期，就是我們現在所從事的、所思考的、所鑽研的，是鑽社會主義工業化、鑽社會主義改造、鑽現代化的國防，並且開始要鑽原子能這樣的歷史的新時期。」實踐證明，這是一項有遠見、有膽略的戰略決策，對於中國國防科技發展和國防現代化建設具有重大意義和深遠影響。

一九五五年一月，毛澤東主持召開中共中央書記處擴大會議，專門研究發展原子能的問題，作出了研製核武器的戰略決策。毛澤東說：「我們要不要搞原子彈啊，我的意見是中國也要搞，但是我們不先進攻別人。別人要欺負我們，進攻我們，我們要防禦，我們要反擊。因為我們一向的方針是積極防禦的戰略方針，不是消極防禦的。」會議特別邀請了科學家錢三強、李四光到會，兩位科學家介紹了幾個主要國家原子能發展的概況、中國鈾礦資源及原子能工業情況，最後毛澤東總結道：「我們的國家，現在已經知道有鈾礦，進一步勘探，一定會找到更多的鈾礦來。我們也訓練了一些人，科學研究也有了一定的基礎，創造了一定條件。過去幾年，其他事情很多，還來不及抓這件事，這件事總是要抓的。現在到時候了，該抓了。只要排上日程，認真抓一下，一定可以搞起來。」這次會議給錢三強留下了深刻的印象，他生動地回憶道：

我和李四光等按時到達中南海的一間會議室，裡邊已經圍坐許多熟悉的領導人，有毛澤東、劉少奇、周恩來、朱德、陳雲、鄧小平、彭德懷、彭真、李富春、陳毅、聶榮臻、薄一波等。

毛澤東主席主持會議，開宗明義：「今天，我們這些人當小學生，就原子能有關問題，請你們來上一課。」李四光拿出一小塊黃黑色的鈾礦標本，說明鈾礦資源與發展原子能的密切關係。一九五四年下半年，我國第一次在廣西發現了鈾礦資源。領導人一個一個傳看著鈾礦標本，對它那神話般的巨大能量感到新奇。我匯報了幾個主要國家原子能發展的概況和我國近幾年做的工作。

到了吃飯時間，大家從會議室來到餐廳，擺有三桌飯菜，六樣普通的菜，多帶辣味。我同毛澤東在一桌，坐在他的對面；他左邊是彭真，右邊是李四光。李四光改用湖北話同毛澤東交談，無拘無束，十分開心。……最後，毛澤東舉起酒杯站起來，大聲說：「為我國原子能事業的發展，大家共同乾杯！」

一九五六年，國家制定了科學技術發展的第一個遠景規劃，把原子能的和平利用列為十二項帶有關鍵意義的重點任務的第一項，同時部署了兩個更大的項目：原子彈和導彈。這年四月，毛澤東在《論十大關係》中明確提出：「我們現在還沒有原子彈。但是，過去我們也沒有飛機和大炮，我們是用小米加步槍打敗了日本帝國主義和蔣介石的。我們現在已經比過去強，以後還要比現在強，不但要有更多的飛機和大炮，而且還要有原子彈。在今天的世界上，我們要不受人家欺負，就不能沒有這個東西。」這是毛澤東洞察世界新科技革命的大趨勢，為帶動和促進中國整個科技事業的發展而作出的歷史性選擇。

也就是在一九五六年四月，周恩來主持中共中央軍委會議，聽取錢學森關於發展導彈技術的規劃設想。會後，成立了以聶榮臻為主任的國防部航空工業委員會，負責導彈的研製工作和航空工業的發展工作。十一月，成立了第三機械工業部，具體負責組織、領導核工業的建設和發展工作。一九五七年，中國開始研製發展包括導彈、原子彈在內的尖端武器。

一九五八年六月，毛澤東在中共中央軍委擴大會議上再次強調指出：「原子彈，聽說就是這麼大一個東西，沒有那個東西，人家就說你不算數。那麼好，我們就搞一點。搞一點原子彈、氫彈、洲際導彈，我看有十年工夫是完全可能的。一年不是抓一次，也不是抓兩次，也不是抓四次，而是抓它七、八次。」這一年正式成立的原子能研究所，在核物理、反應爐物理、鈽化學、同位素分離等二十個學科、六十個學科分支開展了工作，逐步建成為一個比較完整的綜合性核科學技術研究中心。

在研製尖端武器的起步階段，蘇聯對中國提供了有條件和有限度的技術援助，起到了重要的作用。但隨著中蘇兩黨、兩國分歧的加深和關係的惡化，這種援助在二十世紀五〇年代末期便中斷了。一九五九年六月，蘇聯借口自己正在與西方國家談判關於禁止試驗核武器協議，宣佈中

一九五八年六月，毛澤東在中共軍委擴大會議上又提出要「搞一點原子彈、氫彈、洲際導彈」。圖為毛澤東與出席八大二次會議的彭德懷、陳毅等交談

斷向中國提供原子彈樣品的有關技術資料等項目。這意味著蘇聯政府單方面撕毀了中蘇兩國一九五七年簽訂的國防新技術協定。一九六〇年七月十六日，蘇聯政府照會中國政府，要求撤回其在中國的專家。在還沒有得到中國政府答覆的情況下，蘇聯自七月二十八日至九月一日撤走了在華的全部專家，並帶走了許多重要設計圖紙和有關資料。當時，中國的國民經濟正處於前所未有的困難之中，蘇聯的背信棄義使新中國剛剛起步的國防尖端技術工作雪上加霜。有些外國人幸災樂禍地斷言：中國的核工業已遭到「毀滅性打擊」，中國核工業已「處於技術真空狀態」，中國「二十年也搞不出原子彈來」。

但是，中國建立戰略核力量的決心，絲毫沒有動搖。時任二機部九局局長的李覺，在接受採訪時說，蘇聯人不給了，宋任窮、劉傑「他們就到廬山去匯報，周總理就說話，中央研究過，不給，我們自己動手，從頭摸起，下決心全面自力更生，由我們國家自己來做實驗，兩年規劃，要做試驗啊。人家問你這個產品叫什麼代號，叫什麼啊？我說就叫五九六吧，是不是啊，忘記了過去就意味著背叛啊，我說這不是很清楚嗎，人家一九五九年六月蘇聯人來信不給了嘛。我說我們永遠記得，自己不搞是不行的」。

一九六〇年七月十八日，毛澤東在北戴河會議上明確指出：「要下決心搞尖端技術。赫魯曉夫不給我們尖端技術，極好！如果給了，這個賬是很難還的。」對此，陳毅多次對聶榮臻說：「我這個外交部長的腰桿現在還不太硬，你們把導彈、原子彈搞出來了，我的腰桿就硬了。」聶榮臻也表示，為了擺脫中國一個世紀以來經常受帝國主義欺凌壓迫的局面，我們必須搞出以原子彈為標誌的尖端武器，同時還可以帶動中國許多現代化科學技術向前發展。

中共中央、毛澤東關於決心發展國防尖端技術的決策，得到國防科技戰線的擁護和支持。為了集中各方面的力量，中共中央組織全國大協作，全國、全軍「一盤棋」，扭成密切配合的「一股繩」，統一安排，分工負責，破解了一道道難題。一九六二年十一月三日，二機部提出在一九六四年，最遲在一九六五年上半年爆炸中國第一顆原子彈的規劃的報告。毛澤東指示：「要大力協同做好這件工作。」十一月十七日，中共中央成立以周恩來為主任的專門委員會，主要任務是加強對原子能工業建設和加速核武器研製、試驗工作以及核科學技術工作的領導。錢學森對這場全國大協作，有著深刻記憶和高度評價：

> 中國過去沒有搞過大規模科學技術研究，「兩彈」才是大規模的科學技術研究，那要幾千人、上萬人的協作，中國過去沒有。組織是十分龐大的，形象地說，那時候我們每次搞試驗，全國的通訊線路將近一半要由我們佔用，可見規模之大。
>
> 我們體會，中國在那樣一個工業、技

一九六四年十月，中國第一顆原子彈試爆成功

人民日報 号外

1964年10月16日

加强国防建設的重大成就，对保卫世界和平的重大貢献

我国第一顆原子弹爆炸成功

我国政府发表声明，郑重建议召开世界各国首脑会议，讨论全面禁止和彻底销毁核武器问题

《人民日報》為原子彈爆炸成功特發了號外

術都很薄弱的情況下搞「兩彈」，沒有社會主義制度是不行的，那就是黨中央、毛主席一聲號令，沒二話，我們就幹，而直接領導者、組織者就是周恩來總理和聶帥。

一九六四年秋，中國的第一顆原子彈終於研製出來了，在發展技術暫不試驗和不怕威脅盡早試驗兩套方案面前，毛澤東一錘定音：「要盡早試驗。」十月十六日，中國第一顆原子彈成功爆炸。張愛萍從試驗基地立即打電話向周恩來報告：「原子彈已按時爆炸，蘑菇雲已經升起，根據爆炸景象判斷是核爆炸，試驗成功了。」周恩來勉勵說：「國家為你們驕傲，人民感謝你們。」

現場指揮人員為原子彈爆炸成功興奮不已

原子彈爆炸的當天傍晚，毛澤東、劉少奇、周恩來、朱德、鄧小平、董必武等黨和國家領導人在人民大會堂觀看大型音樂舞蹈史詩《東方紅》。演出結束後，周恩來向全體人員宣佈原子彈爆炸成功的消息。頓時，人們歡呼雀躍起來。周恩來高舉並揮動著雙手，示意大家靜一靜，詼諧地說，大家可不要把地板震塌了呀！

「東方巨響」震驚了世界。幾個小時後，日本傳出消息，說中國可能在西部地區爆炸了一顆原子彈。不久，又收到了美國的廣播。當晚十一時，中央人民廣播電台播發了新華社關於中國在西部地區成功地進行了第一次核試驗的《新聞公報》，同時播發闡明中國政府對於核武器立場的《中華人民共和國政府聲明》，鄭重宣佈：中國一貫主張全面禁止和徹底銷毀核武器；中國進行核試驗、發展核武器是被迫的，是為了防禦，為了保衛中國人民免受核威脅；中國發展核武器，是為了打破核大國的核壟斷，要消滅核武器；在任何時候，任何情況下，中國都不會首先使用核武器。

原子彈爆炸後，中共中央決定集中力量研製氫彈。一九六五年一月二十三日，毛澤東在聽取匯報時提出：「敵人有的，我們要有，敵人沒有的，我們也要有。原子彈要有，氫彈也要快。」一九六七年六月十七日，第一顆氫彈爆炸成功，中國成為第四個掌握氫彈技術的國家。

「兩彈」中的導彈研製工作，開始於一九五五年。這一年，錢學森衝破美國政府的重重阻撓回到祖國，提出了中國火箭和導彈事業發展的建議。經過仿製、改進到自行研製三個階段的飛躍，中國第一枚探空火箭和近程導彈在一九六〇年發射成功，成為中國軍事裝備史上一個重要的轉折點。一九六四年六月二十九日，中國自行研製的「東風二號」中近程地對地導彈發射成功。

原子彈研製成功後，為實現導彈與原子彈結合，由錢學森領導的「兩彈結合」方案論證小組成立。一九六六年十月二十七日九時，首次用改進型的中近程地對地導彈運載真實的核彈頭，成功地進行了「兩彈」結合的發射試驗，核彈頭與彈體分離後，按預定軌道飛向彈著區，在靶心上空爆炸，一舉解決了核武器既有「彈」又有「槍」的問題。十二月二十八日，氫彈原理爆炸試驗也取得完全成功，標誌著中國氫彈技術的突破。

從原子彈試驗成功到突破氫彈技術，中國只用了兩年零兩個月，比美國、蘇聯都快得多。一九六七年六月十七日，中國進行了首次全當量氫彈空爆試驗，採用經改裝的轟—六型飛機投擲方式，爆炸威力為

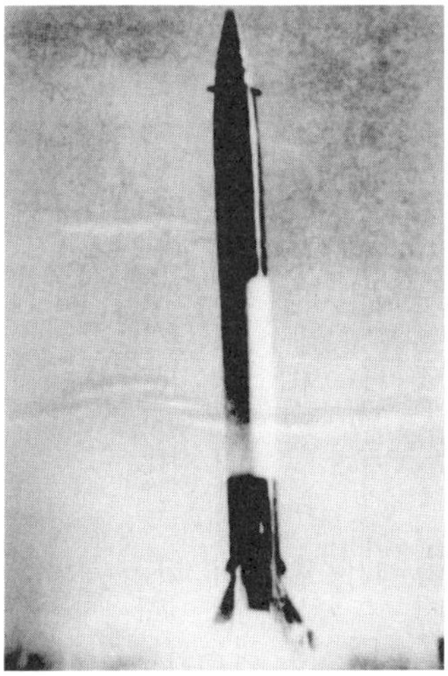

一九六六年十月二十七日，中國第一枚裝有核彈頭的地對地導彈飛行爆炸成功

三百三十萬噸TNT當量，取得了圓滿成功，使中國成為世界上第四個掌握氫彈製造技術的國家，標誌著中國核武器發展進程有了一個質的飛躍。

原子彈與氫彈的成功研製，不僅代表了中國科學技術當時所能達到的新水準，為今後國防科技工業發展奠定了堅實的基礎，而且有力地打破了超級大國的核壟斷和核訛詐，提高了中國的國際地位，激發了中華民族的自信心和自豪感。對此，鄧小平後來強調指出：「如果六十年代以來中國沒有原子彈、氫彈，沒有發射衛星，中國就不能叫有重要影響的大國，就沒有現在這樣的國際地位。這些東西反映一個民族的能力，也是一個民族、一個國家興旺發達的標誌。」

五、「四個現代化」目標的提出

實現現代化，是近代中國所有仁人志士的共同心願。

在中共七屆二中全會上，毛澤東就提出：「在革命勝利以後，迅速地恢復和發展生產，對付國外的帝國主義，使中國穩步地由農業國轉變為工業國，把中國建設成一個偉大的社會主義國家。」可見，這個工業強國的目標，是中國共產黨人作為建國方略提出來的。儘管強大的工業不等同於現代化，但在當時的條件下，工業化對中國具有特殊的重要性。正如周恩來在一九五三年九月十七日參加中央人民政府委員會會議時所說，如果不能變農業國為工業國，中國如果不能工業化，農民的生活有什麼辦法能夠進一步改善，乃至走上社會主義徹底改善呢？

一九五四年九月十五日，毛澤東在一屆全國人大一次會議開幕詞中說：「準備在幾個五年計劃之內，將我們現在這樣一個經濟上文化上落後的國家，建設成為一個工業化的具有高度現代文化程度的偉大的國家。」周恩來在政府工作報告中也明確指出：「我國的經濟原來是很落後的。如果我們不建設起強大的現代化的工業、現代化的農業、現代化的交通運輸業和現代化的國防，我們就不能擺脫落後和貧困，我們的革命就不能達到目的。」這是周恩來代表中共中央第一次提出的關於「四個現代化」的構想。

隨著實踐的深入和對社會主義建設規律的認識，中國共產黨人對現代化的認識逐漸清晰和成熟起來。中共八大在正確分析國內主要矛盾和主要任務的基礎上，確定了社會主義建設的戰略目標，即「盡可能迅速地實現國家工業化，有系統、有步驟地進行國民經濟的技術改造，使中國具有強大的現代化的工業、現代化的農業、現代化的交通運輸業和現代化的國防」。

一九五七年，毛澤東在《關於正確處理人民內部矛盾的問題》和《在中國共產黨全國宣傳工作會議上的講話》中，兩次提及要將中國建設成為「一個具有現代工業、現代農業和現代科學文化的社會主義國家」。在閱讀蘇聯《政治經濟學教科書》的過程中，他又提出：「建設社會主義，原來要求是工業現代化，農業現代化，科學文化現代化，現在要加上國防現代化。」

一九六三年八月，周恩來在參加中共中央《關於工業發展問題》起草委員會會議時，反思過去只講工業化的局限，指出：「國民經濟體系不僅包括工業，而且包括農業、商業、科學技術、文化教育、國防各個方面。工業國的提法不完全，提建立獨立的國民經濟體系比只提建立獨立的工業體系更完整。」

在一九六四年底到一九六五年初召開的第三屆全國人民代表大會第一次會議上，周恩來闡述了國民經濟的長期發展規劃，第一次完整地提出了實現「四個現代化」的奮鬥目標。他指出：

今後發展國民經濟的主要任務，總的來說，就是要在不太長的歷史時期內，把我國建設成為一個具有現代農業、現代工業、現代國防和現代科學技術的社會主義強國，趕上和超過世界先進水平。

關於「四個現代化」的實現步驟，周恩來在報告中提出可以分為兩步走，即從第三個五年計劃開始，第一步，經過三個五年計劃時期，建立一個獨立的、比較完整的工業體系和國民經濟體系；第二步，全面實現農業、工業、國防和科學技術的現代化，使中國經濟走在世界前列。

到一九六四年底，國民經濟的調整工作基本完成。周恩來根據毛澤東的提議，在一九六四年十二月至一九六五年一月召開的第三屆全國人民代表大會第一次會議上，提出了實現四個現代化的宏偉目標

毛澤東等中國共產黨和國家領導人接見出席第三屆全國人民代表大會第一次會議的全體代表

周恩來還提出了實現「四個現代化」的基本方針：一是堅持農業為基礎、工業為主導的發展國民經濟總方針，正確處理農業、輕工業、重工業的關係，按照農輕重的次序安排國民經濟的發展計劃；二是堅持自力更生的方針，正確處理自力更生和國際合作的關係，依靠自己的力量，建設一個獨立的、完整的、現代化的國民經濟體系；

三是堅持實行技術革命，並採用先進技術，且必須發揮人民的聰明才智，大搞科學實驗；四是堅持實行集中領導與大搞群眾運動相結合，領導幹部、專家、群眾三者結合，調動各種積極因素為社會主義建設服務。

「四個現代化」戰略目標的提出，不僅具有鼓舞全國人民奮發圖強的精神力量，更說明了中國人民在可預見到的將來，通過艱苦奮鬥可以達到的目標。實現了「四個現代化」，中華民族便當之無愧地自立於世界民族之林。因此，毛澤東在修改政府工作報告時，特意加寫了如下一段話：「我們不能走世界各國技術發展的老路，跟在別人後面一步一步地爬行。我們必須打破常規，盡量採用先進技術，在一個不太長的歷史時期內，把我國建設成為一個社會主義的現代化的強國。」他強調指出，如果不在今後幾十年內，爭取徹底改變中國經濟和技術遠遠落後於帝國主義國家的狀態，挨打是不可避免的。我們應當以可能挨打為出發點來部署我們的工作，否則我們就要犯錯誤。毛澤東增寫的這兩段文字，深刻地說明了實現「四個現代化」的迫切性和重要性。

歷史證明，在相當長的歷史時期中，實現「四個現代化」始終是凝聚和團結全國各族人民奮鬥的一個強大精神力量。即使國家經歷嚴重困難甚至在後來發生「文化大革命」那樣的動亂，因為有了這個偉大理想，中國各族人民也從未停止過自己的辛勤勞動，國家根本制度的根基也從未動搖。

第八章 十年內亂，歷史轉折

一九六六年，正當國民經濟的調整基本完成，中國開始執行第三個五年計劃的時候，意識形態領域的批判運動逐漸發展成矛頭指向中國共產黨的領導層的政治運動。一場長達十年、給中國共產黨和人民造成嚴重災難的「文化大革命」爆發了。

在中共黨史上，「文化大革命」是「左」傾錯誤指導思想在中共中央佔主導地位持續時間最長的時期，它不是任何意義上的革命或者社會進步，而是一場由領導者錯誤發動，被反革命集團利用，有億萬群眾投身其中的極為錯誤的政治運動。它是給中國共產黨、國家和各族人民帶來嚴重災難的內亂，使中國的發展遭受巨大挫折，留下了極其慘痛的教訓。

在這場十年浩劫中，毛澤東對極左思潮的一定限制，中國共產黨和人民對「文化大革命」及林彪、江青兩個反革命集團的抵制和抗爭，使「文化大革命」的破壞受到了一定程度的限制。在十分困難的條件下，中國基本完成了「三五」、「四五」兩個五年計劃，國民經濟仍然在一些方面取得了進展，特別是在國防科技和外交工作方面取得了新的突破性進展。因此，我們不能把「文化大革命」的錯誤同這十年的整個歷史完全等同起來。

粉碎「四人幫」後，在中國面臨向何處去的重大歷史關頭，一九七八年底召開的中共十一屆三中全會，從根本上糾正了指導思想上的「左」傾錯誤，確定了解放思想、開動腦筋、實事求是、團結一致向前看的指導方針，果斷停止使用「以階級鬥爭為綱」的口號，作出了把中國共產黨和國家工作重心轉移到經濟建設上來、實行改革開放的歷史性決策，實現了新中國成立以來中國共產黨和國家歷史上具有深遠意義的偉大轉折，開啟了中國改革開放歷史新時期。

第一節 「文化大革命」的發生

「文化大革命」的發生，是二十世紀六〇年代以來毛澤東和中共黨內「左」傾錯誤積累滋長並急劇發展的結果。對於毛澤東為什麼發動「文化大革命」以及「文化大革命」錯在哪裡，鄧小平有一個明確的回答：「搞『文化大革命』，就毛主席本身的願望來說，是出於避免資本主義復辟的考慮，但對中國本身的實際情況作了錯誤的估計。首先把革命的對象搞錯了，導致了抓所謂『黨內走資本主義道路的當權派』。這樣打擊了原來在革命中有建樹的、有實際經驗的各級領導幹部，其中包括劉少奇同志在內。」

一、「左」的錯誤再度發展

在調整國民經濟的形勢下，中國共產黨黨內關於形勢和政策的分歧暫時被掩蓋起來，指導思想上的「左」傾錯誤並沒有從根本上糾正。隨著調整的深入，以及國際局勢的影響，「左」的錯誤再度發展起來，中國共產黨黨內分歧也越發嚴重。

一九六二年七月二十五日至八月二十四日，中共中央工作會議在北戴河召開。原計劃主要是討論農業、糧食、財貿和城市等問題，但毛澤東八月六日在大會上發表了「階級、形勢、矛盾」的講話，提出三個問題要與會者討論：社會主義國家究竟存在不存在階級？國內形勢這兩年來究竟是「一片光明」，還是「一片黑暗」？社會主義社會是否存在矛盾？

九月二十四日至二十七日召開的八屆十中全會，肯定了中國共產黨和全國人民在嚴重困難形勢下表現出來的團結一致、奮發圖強的奮鬥精神，指出中國共產黨的迫切任務是要繼續對國民經濟進行切實的調整、鞏固、充實、提高。但是，這次全會的中心議題已經轉為階級鬥爭。會議聯繫對蘇聯赫魯曉夫觀點的批評和對國內形勢的觀察，提出階級、形勢、矛盾問題，強調資產階級復辟的危險性，階級鬥爭必須年年講、月月講、天天講，「千萬不要忘記階級鬥爭」，不要忘記中國共產黨黨內產生修正主義的危險。這樣，就把社會主義社會一定範圍內存在的階級鬥爭進一步擴大化和絕對化。它標誌著中國共產黨在這個問題上「左」的錯誤再度發展起來。

這次全會還錯誤地開展了對所謂「黑暗風」、「單幹風」和「翻案風」的批判，對中國共產黨的工作產生了重要的消極影響。所謂「黑暗風」，是指對形勢的估計。毛澤東認為中國共產黨黨內，特別是中央領導層的一些同志把困難估計得過分嚴重，對此他很不滿意，批評說，現在有些人把形勢說成一片黑暗了，他們思想混亂，喪失信心，看不見光明。

所謂「單幹風」，是指當時各地出現的包產到戶和中國共產黨黨內一些同志對包產到戶及分田到戶的支持。據王光美回憶，一九六二年七月，田家英從湖南農村調查回京後，向劉少奇匯報了他贊成包產到戶的意見，得到劉少奇的支持。但是，幾天後，毛澤東聽了田家英的匯報後，在一次小型會議上批評田家英：回到北京後不修改「農業六十條」，卻搞什麼包產到戶、分田單幹。毛澤東並在同田家英談話時問他：是你個人意見，還是有其他人的意見？田家英為了不在中共中央領導層中造成裂隙，回答是個人意見。儘管如此，毛澤東在同劉少奇談話時，仍對劉少奇前一階段在京主持工作表示不滿，指責他在包產到戶問題上為什麼沒有頂住。

一九六二年九月二十四日至二十七日，中共八屆十中全會在北京舉行。毛澤東在會上作了關於階級、形勢、矛盾和黨內團結問題的講話

毛澤東認為，關於包產到戶爭論的實質，就是究竟搞資本主義還是搞社會主義。也因為如此，他在北戴河會議上比較激烈地批判說：「你們贊成社會主義，還是贊成資本主義？當然不會主張搞資本主義，但有人搞包產到戶。現在有人主張在全國搞包產到戶，甚至分田到戶。共產黨來分田？對農民，要讓他自願，如果有的人非要包產到戶不可，也不要採取粗暴態度。問題要分析農民的基本要求是什麼，我們如何領導。」

在《若干重大決策與事件的回顧》一書中，薄一波記錄了毛澤東在北戴河會議上的一段插話：

> 單幹從何而來？在我們黨內有相當數量的小資產階級成分，包括許多農民，其中大部分是貧農和下中農，有一部分富裕中農家庭出身的，或者本人就是富裕中農，也有地富家庭出身的，也有些知識分子家庭，是城市小資產階級出身，或者是資產階級子弟。另外，還有封建官僚反動階級出身的。黨內有些人變壞了，貪污腐化，討小老婆，搞單幹，招牌還是共產黨，而且是支部書記。這些人很明顯，把群眾當奴隸。有些同志馬克思主義化了，化的程度不一樣，有的化得不夠。我們黨內有相當多的同志，對社會主義革命缺乏精神準備。

所謂「翻案風」，是指對歷史問題的看法，當時主要針對彭德懷的「八萬言書」。六月十六日，彭德懷給中央、毛澤東寫了長篇申訴信，說明「組織反黨小集團」「裡通外國」等均屬強加於他的罪名。毛澤東認為這是彭德懷為自己「翻案」，批評說，近來有股平反之風，無論什麼都要平反，那也是不對的。我們的方針應當是：真正搞錯了的要平反；部分搞錯的，部分平反；沒有搞錯，搞對了的，不能平反。他認為彭德懷不能平反，他寫「八萬言書」就是要翻案。由於康生的誣告，會議還指責小說《劉志丹》是「為高崗翻案」，把習仲勳、賈拓夫、劉景範等人打成了反黨集團，而且將他們和彭德懷、高崗聯繫在一起，說成是「彭、高、習」反黨集團。直到中共十一屆三中全會後，這一冤案才得到徹底平反。

八屆十中全會對所謂「三風」的批判，並重提階級鬥爭問題，對後來中國政治的走向產生了重要影響。毛澤東把中國共產黨黨內在社會主義建設道路上的分歧，認作階級鬥爭，定性為兩條道路的鬥爭，是不符合實際的。更糟糕的是，這個認識偏差愈來愈嚴重，使「左」的錯誤繼續發展，最終導致「文化大革命」的發生。

二、「四清」運動

在對階級鬥爭形勢估計越來越嚴重的情況下，中共中央決定在全國城鄉發動一次普遍的社會主義教育運動，開展大規模的階級鬥爭。這次運動最初稱「四清」運動，重點是在農村進行「清賬目、清財務、清倉庫、清工分」的「經濟四清」工作，以解決農村幹部中存在的多吃多佔、賬目不清、貪污盜竊等問題。不久，又在城市開展反對貪污盜竊、反對投機倒把、反對鋪張浪費、反對分散主義、反對官僚主義的「五反」運動。

中蘇兩黨爭論的日趨激烈，使毛澤東和中共中央認為蘇聯已經出現修正主義，正在實現資本主義復

一九六三年五月，毛澤東在杭州召集有部分中央政治局委員和大區書記參加的小型會議，討論制定《中共中央關於目前農村工作中若干問題的決定（草案）》，即「前十條」，決定在全國農村開展社會主義教育運動。圖為毛澤東和與會人員在杭州劉莊丁家山

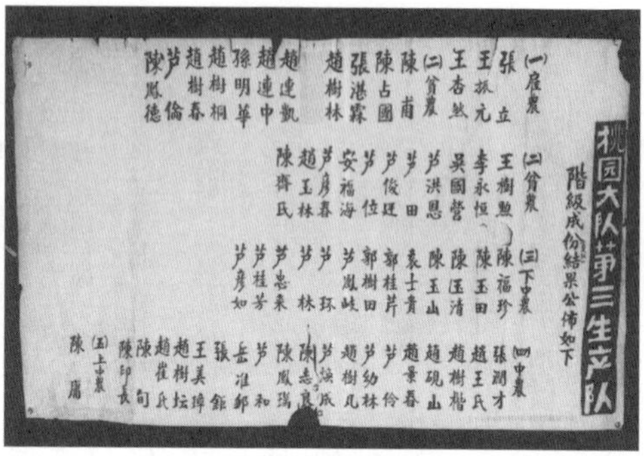

一九六三年冬，中共河北省委組織社教工作隊到撫寧縣盧王莊公社桃園大隊進行試點。一九六四年九月一日，中共中央轉發了《關於一個大隊的社會主義教育運動的經驗總結》，即「桃園經驗」。圖為桃園大隊第三生產隊社教運動中劃分的階級成分榜

一九六四年一月，天津南郊區小站公社開展社教運動，製造了三個所謂的「反革命集團」，並向中共中央寫了關於小站地區奪權的報告。圖為小站公社召開的社教運動宣判處理大會

辟，從而把國內的階級鬥爭的形勢看得越來越嚴重。一九六三年五月，毛澤東在杭州主持會議，專門討論農村社教問題。他指出農村搞「四清」、發動貧下中農，就是挖修正主義的社會基礎，並提出社教運動主要抓五個問題，即階級鬥爭、社會主義教育、依靠貧下中農、「四清」和幹部參加集體生產勞動，其中階級鬥爭是最基本的。會議通過的《中共中央關於目前農村工作中若干問題的決定（草案）》，對國內政治形勢作了過分嚴重的估計，認為如果不抓階級鬥爭，「讓地、富、反、壞、牛鬼蛇神一齊跑了出來，而我們的幹部則不聞不問，有許多人甚至敵我不分，互相勾結，被敵人腐蝕侵襲，分化瓦解，拉出去，打進來，許多工人、農民和知識分子也被敵人軟硬兼施，照此辦理，那就不要很多時間，少則幾年、十幾年，多則幾十年，就不可避免地要出現全國性的反革命復辟，馬列主義的黨就一定會變成修正主義的黨，變成法西斯黨，整個中國就要改變顏色了」。這次運動就是「重新組織革命的階級隊伍，向著正在對我們猖狂進攻的資本主義勢力和封建勢力作尖銳的針鋒相對的鬥爭，把他們的反革命氣焰壓下去，把這些勢力中間的絕大多數人改造成為新人的偉大的運動」。

僅僅過了四個月，中共中央再次召開工作會議，研究和討論社教問題。在這次會議紀要基礎上形成的《中共中央關於農村社會主義教育運動中一些具體政策的規定（草案）》，繼續強調階級鬥爭，防止修正主義，並明確提出「以階級鬥爭為綱」的口號，強調「放手發動群眾，有步驟、有領導地開展群眾運動，團結百分之九十五以上的幹部和群眾，打退資本主義勢力和封建勢力的進攻，提高幹部和群眾的社會主義覺悟和階級覺悟，整頓農村的基層組織，健全和鞏固集體經濟，發展農業生產——這就是這次社會主義教育運動的基本方針」。

經過試點，社會主義教育運動從一九六四年三月開始在全國較大的發動起來。不可否認，運動對解決幹部作風和經濟管理等方面的問題，起到了一定作用，但由於把各種不同性質的問題都認為是階級鬥爭或者是階級鬥爭在中國共產黨黨內的反映，使不少幹部受到不應有的衝擊。特別是在所謂「農村社會主義革命的新高潮」中，把原來經濟方面的「小四清」，擴展為政治方面的「大四清」，「清政治、清經濟、清組織、清思想」，並以扎根串聯、發動群眾搞奪權鬥爭為主要內容，以中國共產黨的幹部為主要鬥爭對象，造成了許多冤、假、錯案，在農村中出現了相當混亂、動盪和緊張的局面。這個過程中，很多地方黨委將農村的階級鬥爭看得越來越嚴重，紛紛向中共中央寫報告反映農村階級鬥爭的嚴重情況，對中共中央認識和估計階級鬥爭形勢產生負面影響。

一九六四年底至一九六五年初，中共中央政治局在北京召開全國工作會議，總結社教工作的經驗教訓。在毛澤東的親自主持下，會議制定了《農村社會主義教育運動中目前提出的一些問題》，對搞好運動的標準、運動中的有關政策和工作方法等作出了全面的規定，部分地糾正了「四清」運動中的一些過「左」做法，但它強調這次運動的性質是解決社會主義和資本主義的矛盾，在工作中要「抓住階級鬥爭這個綱，抓住社會主義和資本主義兩條道路鬥爭這個綱」。毛澤東還用唐代詩人杜甫的一首詩說：「挽弓當挽強，用箭當用長。射人先射馬，擒賊先擒王。」明確提出運動的重點「是整黨內那些走資本主義道路的當權派」，甚至認為在省和中央部門存在反對社會主義的人。這就為後來的「文化大革命」把鬥爭矛頭集中指向所謂「黨內走資派」提供了理論依據。

在這次會議期間的十二月二十六日，是毛澤東七十一歲生日。當晚，毛澤東用自己的稿費，在人民大會堂宴請部分中共中央領導、各大區主要負責同志及少數部長、勞模、科學家。據參加這次宴請的薄一波回憶說：「毛主席讓幾位科學家和勞動模範跟他坐在一桌，其他中央常委和政治局同志坐在別的桌子上。他一開始就講：今天我沒有叫我的子女們來，因為他們對革命沒有做什麼工作。隨後就陸續批評社教運動中的一些錯誤認識和提法，說什麼四清四不清，黨內外矛盾交叉，這是非馬克思主義的；指責中央有的機關搞『獨立王國』；還談到黨內產生修正主義的危險。席間鴉雀無聲。」

三、「文化大革命」的導火線

在社會主義教育運動過程中，意識形態領域也開展了錯誤的批判和鬥爭。一九六二年十月出版的《文藝報》，發表社論〈反映當前的火熱鬥爭〉，指責文藝界思想跟不上形勢發展，作品蒼白無力，脫離了群眾生活和實際鬥爭，並把此前文壇活躍、學術爭鳴的新氣象視為「階級鬥爭的新動向」。文藝界在整風中，對一大批文藝作品及其作者進行了批判。電影《北國江南》、《早春二月》，崑劇《李慧娘》，京劇《謝瑤環》，小說《三家巷》等作品，均被打成「資產階級」、「修正主義」的「大毒草」。

一九六三年十一月，毛澤東批評文化部是「帝王將相部」、「才子佳人部」、「外國死人部」。十二月十二日，他在一個內部刊物上寫的批示中提出：「社會主義改造在許多部門中，至今收效甚微。

許多部門至今還是『死人』統治著。不能低估電影、新詩、民歌、美術、小說的成績，但其中的問題也不少。至於戲劇等部門，問題就更大了。社會經濟基礎已經改變了，為這個基礎服務的上層建築之一的藝術部門，至今還是大問題。這需要從調查研究著手，認真地抓起來。」「許多共產黨人熱心提倡封建主義和資本主義的藝術，卻不熱心提倡社會主義的藝術，豈非咄咄怪事。」一九六四年六月二十七日，毛澤東又嚴厲批評全國文聯和所屬各協會「基本上（不是一切人）不執行黨的政策，做官、當老爺，不去接近工農兵，不去反映社會主義的革命和建設，最近幾年，竟然跌到了修正主義的邊緣。如不認真改造，勢必在將來的某一天，要變成像匈牙利裴多菲俱樂部那樣的團體」。

毛澤東對文藝工作的批評，在文藝界引起很大震動，形勢驟然緊張。一九六四年七月，根據毛澤東的指示，成立了由彭真、陸定一、康生、周揚、吳冷西組成的中央文化革命五人小組；文聯所屬各協會、文化部及其直屬的文藝單位再次進行整風，對齊燕銘、夏衍、陽翰笙、田漢等人進行了錯誤的政治批判，製造了一系列冤假錯案。

一九六五年十一月十日，上海《文匯報》發表了江青秘密策劃、姚文元奉命寫作的〈評新編歷史劇《海瑞罷官》〉一文，點燃了「文化大革命」的導火線。這篇文章點名批判北京市副市長、明史專家吳晗，毫無根據地把《海瑞罷官》一劇中描述明朝歷史上海瑞所進行的「退田」、「平

田漢追悼會在北京舉行

评新编历史剧《海瑞罢官》

一九六五年十一月十日，上海《文匯報》發表由江青和張春橋共同策劃、姚文元撰寫的〈評新編歷史劇《海瑞罷官》〉一文，把吳晗創作的《海瑞罷官》誣為「反黨、反社會主義的大毒草」。毛澤東批准發表這篇文章，揭開了「文化大革命」的序幕

歷史學家、原北京市副市長吳晗六〇年代初在北京。吳晗因新編歷史劇《海瑞罷官》受到錯誤批判，一九六九年十月十一日，因所謂「三家村」案被迫害致死

冤獄」等情節，同八屆十中全會批判的「單幹風」、「翻案風」聯繫起來，說「『退田』、『平冤獄』就是當時資產階級反對無產階級專政和社會主義革命的鬥爭焦點」，認為《海瑞罷官》就是這種階級鬥爭的一種反映，「是一株毒草」。顯然，文章表面是對吳晗和《海瑞罷官》的批判，實際是反映中國共產黨和國家主要領導人在當時國內階級鬥爭形勢的估計和重大問題的決策上存在著分歧。

對江青組織批判《海瑞罷官》這件事，毛澤東是知道的。江青後來說：「因為主席允許，我才敢於去組織這篇文章，對外保密，保密了七、八個月」，「因為一叫他們知道，他們就要扼殺這篇文章了。」這說明，江青秘密組織這篇文章，就是要以突然襲擊的方式向中共中央第一線領導發難。

姚文元的文章寫好後，毛澤東看了三遍，並讓江青拿回上海發表，但他一直沒有向中共中央其他領導人通報。後來，他解釋說：「文章寫好了交給我看，說這篇文章只給你一個人看，周恩來、康生這些人也不能看，因為要給他們看，就得給劉少奇、鄧小平、彭真、陸定一這些人看，而劉、鄧這些人是反對發表這篇文章的。」由此可見，當時中共黨內生活已經十分不正常。

〈評新編歷史劇《海瑞罷官》〉發表後，在學術界引起普遍反感，《人民日報》和北京各報在十

京劇表演藝術家周信芳因演京劇《海瑞罷官》被迫害致死

多天內沒有轉載。十一月三十日，《人民日報》奉命轉載時，只把它登在「學術研究」欄內，並發表「編者按」，強調「百花齊放、百家爭鳴」的方針，指出：「我們希望，通過這次辯論，能夠進一步發展各種意見之間的相互爭論和相互批評。我們的方針是：既容許批評的自由，也容許反批評的自由；對於錯誤的意見，我們也採取說理的方法，實事求是，以理服人。」這期間，毛澤東還提出由上海出《評新編歷史劇〈海瑞罷官〉》的小冊子，但在徵求訂數時，北京新華書店訂購數很少。

上述情況，使毛澤東加深了對北京市委和中央一些主要領導的懷疑和不滿，認為彭真是吳晗的後台，北京市委是一個「針插不進，水潑不進」的「獨立王國」。十二月二十一日，毛澤東在杭州同陳伯達等人談話時說，《海瑞罷官》的「要害是『罷官』。嘉靖皇帝罷了海瑞的官，一九五九年我們罷了彭德懷的官。彭德懷也是『海瑞』」。這使對《海瑞罷官》的批判帶上更為嚴重的政治色彩。此後，批判涉及的範圍迅速擴大。

為了將愈演愈烈的政治批判活動限制在學術範圍，由彭真任組長的中央文化革命五人小組，在一九六六年二月討論形成了「關於當前學術討論的匯報提綱」，即「二月提綱」，強調「要堅持實事求是，在真理面前人人平等的原則，要以理服人」，要「團結一切革命的知識分子，孤立極少數頑固不化、堅持不改的人」。經毛澤東閱後，中共中央將「二月提綱」下發全黨，指導當時的學術批判活動。

然而，「二月提綱」下發不到兩個月，中共中央又將《林彪同志委託江青同志召開的部隊文藝工作座談會紀要》下發全黨。這次會議二月二日在上海舉行，主要內容是江青妄談和污蔑文藝方面「有一條與毛主席思想相對立的反黨反社會主義的黑線專了我們的政，建國十七年來，他們一直在專我們的政」。不同於「二月提綱」，毛澤東對這份真正體現他意圖的紀要，先後修改了三次，並定名批發。他還在補充的文字中寫道：「搞掉這條黑線之後，還會有將來的黑線，還得再鬥爭」，「過去十幾年的教訓是：我們抓遲了」，「只抓過一些個別問題，沒有全盤的系統的抓起來，而只要我們不抓，很多陣地就只好聽任黑線去佔領，這是一條嚴重的教訓」。

四月二日，《人民日報》發表了戚本禹的文章〈《海瑞罵皇帝》和《海瑞罷官》的反動實質〉，公開點明這兩個劇的要害是為彭德懷翻案，「真正主題是號召被人民『罷官』而去的右傾機會主義分子東山再起」。這篇文章曾經被彭真和中央宣傳部扣壓了兩個半月，但在毛澤東決定發動「文化大革命」的情況下，「二月提綱」和彭真也已成為批判對象了。

第二節 只見「天下大亂」，不見「天下大治」

一九六六年七月八日，在武漢的毛澤東給江青寫了一封長信，提出一個重要的設想：「天下大亂，達到天下大治。」他還說：「中國如發生反共的右派政變，我斷定他們也是不得安寧的，很可能是短命的，因為代表百分之九十以上人民利益的一切革命者是不會容忍的。」「這次文化大革命，就是一次認真的演習。」「現在的任務是要在全黨全國基本上（不可能全部）打倒右派，而且在七八年以後還要有一次橫掃牛鬼蛇神的運動，爾後還要有多次掃除。」然而，結果與毛澤東的設想恰恰相反。

一、從「五一六通知」到《炮打司令部》

為了發動「文化大革命」，一九六六年五月四日至二十六日，中共中央政治局在北京召開了擴大會議，主要內容是揭發批判彭真、羅瑞卿、陸定一、楊尚昆的所謂「反黨錯誤」，討論通過中共中央通知稿。

五月十六日通過的《中國共產黨中央委員會通知》，後來簡稱「五一六通知」。它經過毛澤東七次修改，一些重要的段落均由他親筆加寫，反映了他對當時中國共產黨和國家政治形勢的錯誤估計。通知要求全黨：「高舉無產階級文化革命的大旗，徹底揭露那批反黨反社會主義的所謂『學術權威』的資產階級反動立場，徹底批判學術界、教育界、新聞界、文藝界、出版界的資產階級反動思想，奪取在這些文化領域中的領導權。」「批判混進黨裡、政府裡、軍隊裡和文化領域的各界裡的資產階級代表人物，清洗這些人，有些則要調動他們的職務。」

通知還指出：「混進黨裡、政府裡、軍隊裡和各種文化界的資產階級代表人物，是一批反革命的修正主義分子，一旦時機成熟，他們就會要奪取政權，由無產階級專政變為資產階級專政。這些人物，有些已被我們識破了，有些則還沒有被識破，有些正在受到我們信用，被培養為我們的接班人，例如赫魯曉夫那樣的人物，他們現正睡在我們的身旁。」

人民日報

通知

中国共产党中央委员会

（一九六六年五月十六日）

一九六六年五月十六日，中共中央政治局擴大會議通過毛澤東主持起草的《中國共產黨中央委員會通知》成為發動「文化大革命」的綱領性文件

「五一六通知」反映了毛澤東對中國共產黨和國家發展前途的深深憂慮。而類似這樣的話語，毛澤東在不同場合多次談及。五月五日，他同阿爾巴尼亞黨政代表團談話時說：「有的時候我也憂慮。說不想，不憂慮，那是假的。」「我們是黃昏時候了，所以，現在趁著還有一口氣的時候，整一整這些資產階級復辟。」六月十日，在同越南勞動黨中央主席胡志明的談話中，他再次表示：「我們都是七十以上的人了，總有一天被馬克思請去。接班人究竟是誰，是伯恩斯坦、考茨基，還是赫魯曉夫，不得而知。要準備，還來得及。」

據毛澤東的護士長吳旭君回憶，毛澤東對她說過：「我多次提出主要問題，他們接受不了，阻力很大。我的話他們可以不聽，這不是為我個人，是為將來這個國家、這個黨，將來改變不改變顏色、走不走社會主義道路的問題。我很擔心，這個班交給誰我能放心。我現在還活著呢，他們就這樣！要是按照他們的做法，我以及許多先烈們畢生付出的精力就付諸東流了。」

然而，這種極端的、完全不符合實際的看法和主張，是把階級鬥爭錯誤地擴大到中國共產黨的最高領導層，甚至人為地製造階級鬥爭的重要根據。因此，中國共產黨內絕大多數高級幹部很難接受。時任江西省委書記處書記兼省長方志純回憶道：「我從南昌坐火車到上海，參加中共中央華東局會議。出席這次會議的都是華東局委員、華東地區各省市的負責同志。會議的內容是傳達貫徹五月中共中央政治局擴大會議的精神。憑著多年的政治經驗，大家事先已感覺到政治氣候的嚴峻。在討論會上，發言的同志不像以前開會那樣踴躍，而且話語顯得有些謹小慎微。許多同志雖然根據自己的認識水平，發表了一通講話，但是對於文件中這樣一些文字——『混進黨裡、政府裡、軍隊裡和各種文化界的資產階級代表人物，是一批反革命的修正主義分子』，是很不理解的。『資產階級代表人物』不是一個，也不是幾個，而是『一批』。大家琢磨來琢磨去，越琢磨越覺得不可理解，越覺得不對勁兒。結果，華東局會議開了幾天，氣氛總是不那麼活躍、熱烈、和諧。」

當時，對毛澤東的具體意圖，周恩來、劉少奇、鄧小平等人仍全然沒有覺察。用周恩來後來的話說，他當時雖然已有些猜測，卻未曾想到是指劉少奇。通知通過後的第三天，劉少奇、周恩來、鄧小平在北京玉泉山會見胡志明時，都認為「中國黨內的赫魯曉夫、修正主義者」已經挖出來了。

這次政治局擴大會議決定撤銷以彭真為首的文化革命小組，成立陳伯達任組長，康生為顧問，江青、張春橋等任副組長的中央文化革命小組。後來，這個小組在江青等人控制下，實際上成為不受中共中央政治局約束的、領導「文化大革命」的指揮機構，並在很大程度上控制了中央各重要媒體，乃至全國的輿論工具。

「五一六通知」集中反映了發動「文化大革命」的主要錯誤論點，是發動「文化大革命」的綱領性文件。通知發出後，「文化大革命」異常迅猛地發動起來。六月一日，由陳伯達帶領工作組接管的《人民日報》，發表社論〈橫掃一切牛鬼蛇神〉，鼓動群眾起來「橫掃盤踞在思想文化陣地上的大量牛鬼蛇神」，「把所謂資產階級的『專家』、『學者』、『權威』、『祖師爺』打得落花流水」，號召「徹底破除幾千年來一切剝削階級所造成的毒害人民的舊思想、舊文化、舊風俗、舊習慣」。

六月二日，《人民日報》又在「北京大學七同志一張大字報揭穿了一個大陰謀——『三家村』黑幫分子宋碩陸平彭珮雲負隅頑抗妄想堅守反動堡壘」的通欄大標題下，全文登出了北京大學聶元梓等人歪曲事實的大字報〈宋碩、陸平、彭珮雲在文化革命中究竟幹些什麼？〉。大字報無端責難中共北京大學黨委和北京市委說：「你們是些什麼人，搞的什麼鬼，不是很清楚嗎？直到今天你們還要負隅頑抗，你們還想『堅守崗位』來破壞文化革命。」同時配發的評論員文章〈歡呼北大的一張大字報〉，更是號召人們向「反革命黑幫」作鬥爭，「不論他們打著什麼旗號，不管他們有多高的職位、多老的資格，他們實際上是代表被打倒了的剝削階級的利益，全國人民都會起來反對他們，把他們打倒」。

《人民日報》的狂熱鼓動，在全國引起了極大的震動。隨後的幾天時間裡，全國幾乎所有的大、中學校都出現了學生造反的「革命行動」。六月二十四日，清華大學附屬中學貼出〈無產階級革命造反精神萬歲〉的大字報，寫道：「革命就是造反，毛澤東思想的靈魂就是造反。」「不造反就是百分之一百的修正主義！」「我們既然要造反，就由不得你們了！我們就是要把火藥味搞得濃濃的。爆破筒、手榴彈一起投過去，來一場大搏鬥、大廝殺。」

造反派蜂擁而起，到處揪鬥學校領導和教師，使校內出現無政府狀態，正常的教學秩序難以維持。對於這樣的混亂局勢，毛澤東給予充分肯定，並在詩中寫道：「青松怒向蒼天發，敗葉紛隨碧水馳。一陣風雷驚世界，滿街紅綠走旌旗。」在毛澤東看來，中國正處在堅持走社會主義道路還是走資本主義道路的重要關頭，只有下最大的決心，花極大的力量，甚至以不惜打亂中國共產黨和國家的正常秩序為代價，才能摧毀中國出修正主義的社會基礎，建立起一種新的社會秩序。

與毛澤東的設想不同，主持中共中央工作的劉少奇、鄧小平等人，為了防止混亂局面不斷擴大，按照中國共產黨領導歷次群眾運動的做法和毛澤東批准向人民日報社、北京大學派出工作組的先例，同意北京市委向大、中學校派出工作組，力圖使運動在中國共產黨的領導下有序進行。但是，中央文革小組反對派工作組，並挑動造反派轟趕工作組。聽信他們一面之詞的毛澤東，也指責工作組「一不會鬥，二不會改，起壞作用，阻礙運動」，認為規定「不准包圍報館，不准包圍省委，不准包圍國務院，不准到中央來」，都是「阻礙群眾革命」。

七月二十八日，北京市委正式發出《關於撤銷各大專院校工作組的決定》，並說明「這一決定也適用於中等學校」。在第二天召開的北京市大中學校「文化大革命積極分子大會」上，劉少奇無奈地說：

「怎樣進行無產階級文化大革命，你們不大清楚、不大知道，你們問我們；我老實回答你們，我也不曉得。」鄧小平也說：我們是老革命遇到新問題。

「天下大亂」的局面，已經難以避免。

八月一日至十二日，中共八屆十一中全會召開。會議原定議程是總結八屆十中全會以來的工作，但毛澤東的想法是採取斷然措施改變中央最高層領導的結構和思想狀況。八月五日，毛澤東寫出了使全體與會者震驚的〈炮打司令部——我的一張大字報〉，提出中央有一個資產階級司令部，矛頭直指劉少奇、鄧小平：某些領導同志「站在反動的資產階級立場上，實行資產階級專政，將無產階級轟轟烈烈的文化大革命運動打下去，顛倒是非，混淆黑白，圍剿革命派，壓制不同意見，實行白色恐怖，自以為得意，長資產階級的威風，滅無產階級的志氣，又何其毒也！」他還寫道：「聯繫到一九六二年的右傾和一九六四年形『左』實右的錯誤傾向，豈不是可以發人深省的嗎？」

毛澤東這篇極不尋常的「大字報」，第一次在中國共產黨黨內高層中公開了他長期以來對中央「一線」工作的不滿。據參加這次全會的廖漢生回憶：「一天晚上十二點，周總理在人民大會堂東大廳旁邊的一個廳裡召集軍隊各總部負責人，海、空軍負責人開會，北京軍區楊勇和我也出席了。我當時是八屆候補中央委員，這次會是打招呼會。周總理說：毛主席下了決心，寫了〈我的一張大字報〉，晚上把我叫去，交給我，讓我向大會傳達，後又收回去了。第二天晚上又把我找去，再把〈我的一張大字報〉交給我。現在毛主席已下了決心，要改組政治局常委。」「打招呼會散了，周總理又向各省、市第一把手打招呼。」到這個時候，周恩來和劉少奇、鄧小平方才明白毛澤東在「五一六通知」中所稱「資產階級代表人物」指的是誰。

〈我的一張大字報〉印發後，全會轉為對劉少奇、鄧小平「黨內資產階級司令部」的「揭發批判」，氣氛非常緊張。八月八日，會議通過關於「文化大革命」的十六條，對於運動的對象、依靠力量、方法等根本性問題作了有嚴重錯誤的規定，強調這次運動的目的是「鬥垮走資本主義道路的當權派，批判資產階級的反動學術『權威』，批判資產階級和一切剝削階級的意識形態，改革教育，改革文藝，改革一切不適應社會主義經濟基礎的上層建築，以利於鞏固和發展社會主義制度」。「這次運動的重點，是整黨內那些走資本主義道路的當權派。」

一九六六年八月，毛澤東主持在北京召開中共八屆十一中全會，通過了關於無產階級文化大革命的決定

中共八屆十一中全會還指出，在運動中「一大批本來不出名的革命青少年成了勇敢的闖將」，「他們的革命大方向始終是正確的」，「黨的領導要善於發現左派，發展和壯大左派隊伍，堅決依靠革命的左派」，「充分運用大字報、大辯論這些形式，進行大鳴大放」，「不要怕出亂子」。會後，紅衛兵組織迅猛發展，形成席捲全國的紅衛兵運動。

從一九六六年十一月十日起，歷史文化古城曲阜遭到北京師範大學「井岡山」戰鬥團兩百多名紅衛兵一個多月的「破四舊」。圖為曲阜孔廟「萬世師表」匾及其他文物被付之一炬

八月十八日，在北京天安門廣場舉行的百萬群眾大會上，毛澤

東身著軍裝，接見了來自全國的師生和紅衛兵。當一名紅衛兵給毛澤東佩戴紅衛兵袖章時，毛澤東欣然接受，表示他對紅衛兵的支持。林彪代表毛澤東講話，號召「要打倒走資本主義道路的當權派，要打倒資產階級反動權威，要打倒一切資產階級保皇派，要反對形形色色的壓制革命的行為，要打倒一切牛鬼蛇神」，並要求紅衛兵「大破一切剝削階級的舊思想、舊文化、舊風俗、舊習慣」。

在「破舊立新」的口號下，各地紅衛兵全面掃蕩他們眼中的「封、資、修」。在北京，紅衛兵倡議把天安門前的長安街改名「東方紅大道」，並砸爛「全聚德」招牌，搗毀「榮寶齋」「黑店」；在上海，紅衛兵衝上南京路，衝擊「大世界」；在天津，紅衛兵把「勸業場」更名為「人民商場」。由於輿論宣傳的大力鼓動，短短幾天內，「破四舊」的風潮便席捲中國大地。

更可怕的是，紅衛兵運動的「破四舊」行動日益狂熱，很快發展為抄家、打人、砸物。無數優秀的文化典籍被付之一炬，大量國家文物遭到洗劫，許多黨政領導幹部、專家學者、民主人士被當作「黑幫分子」、「反動學術權威」、「資產階級代表人物」，遭受批鬥、抄家和種種侮辱迫害。不少人因此選擇了絕路。許多被稱為「黑五類」的人員或被打致死，或被強迫遣送回鄉。

九月五日，中共中央、國務院發出關於組織外地師生來京參觀「文化大革命」的通知，並規定來京參觀師生一律免費乘車，生活補貼由國家財政開支。各

從一九六六年八月至十一月，毛澤東先後八次在天安門廣場檢閱來自全國各地的紅衛兵及群眾達一千一百多萬人

地紅衛兵紛紛湧入北京「取經」，北京紅衛兵也分赴各地「點火」，號稱「大串聯」。至十一月二十六日，毛澤東共計八次接見來自各地的紅衛兵，人數達一千一百多萬。

二、「全面奪權」導致的全國性內亂

一九六六年十月，毛澤東在北京主持召開中共中央工作會議，批判「資產階級反動路線」。會上，林彪、陳伯達將黨內不同意見升級為路線鬥爭，點名批判劉少奇和鄧小平是「資產階級反動路線」的提出者和代表人，並鼓吹群眾運動「天然是合理的」，強調要「讓群眾自己教育自己，自己解放自己」。此後，中央文革小組極力煽動無政府主義思潮，在全國掀起了聲勢浩大的批判「資產階級反動路線」風暴。

造反派把攻擊的矛頭集中轉向各級黨政領導機關，導致中央和地方的許多領導幹部受到批鬥，社會上出現「打倒劉少奇」的標語和攻擊鄧小平的大字報。在「踢開黨委鬧革命」的口號下，造反狂潮從文化、教育領域全面擴展到工礦、企業、農村各領域。國家陷入空前的混亂之中，機關工作普遍陷於癱瘓、半癱瘓狀態。

時任《光明日報》總編輯的穆欣，後來在接受採訪時說：「中央文革小組成立後，就有要亂和怕亂的矛盾，一方唯恐天下不亂，另一方就要力求保持國家的穩定，江青一夥壓制不同意見，經常發生爭吵。在一次會議上，中央文革小組的副組長、全軍文革小組組長劉志堅，反映軍隊院校衝擊國防部大樓的情況，話還沒有說完，坐在旁邊的戚本禹就粗暴地打斷他，拍著桌子罵他，說你胡說八道。江青不但不制止戚本禹，反而指著劉志堅說：你是老傢伙，怎麼跟年輕人吵，他是我們中央文革的造反派，他可以造你的反。結果，劉志堅、陶鑄、王任重和謝鏜忠、尹達，我們幾個成員都被打倒或受迫害。」

一九六七年元旦，《人民日報》、《紅旗》雜誌發表社論〈把無產階級文化大革命進行到底〉。社論提出：一九六七年「將是全國全面展開階級鬥爭的一年」，「將是無產階級聯合其他革命群眾，向黨內一小撮走資本主義道路的當權派和社會上的牛鬼蛇神，展開總攻擊的一年」。這些充滿濃重火藥味的詞句，預示著一場更大的政治風暴將要到來。

果不其然，在張春橋、姚文元的策劃下，上海市造反派組織聯合召開「徹底打倒」中共上海市委大會，強行奪取原上海市的所有黨政大權。由於上海這種做法符合毛澤東「一個階級推翻一個階級」的主張，所以他給予肯定和支持。一月十日，毛澤東批示中央文革小組，要求以中共中央、國務院、中央軍委名義「起草一個致上海各革命造反團體的賀電，指出他們的方針、行動是正確的，號召全國黨、政、軍、民學習上海的經驗，一致行動起來」。

一月十六日，《紅旗》雜誌發表評論員文章，指出：「無產階級文化大革命的中心任務，歸根結底，就是無產階級從黨內一小撮走資本主義道路當權派手中奪權的鬥爭。」並引述毛澤東的「最新指示」：「從黨內一小撮走資本主義道路當權派手裡奪權，是在無產階級專政條件下，一個階級推翻一個階級的革命，即無產階級消滅資產階級的革命。」文章發表後，各地迅即效仿上海進行奪權，掀起了由造反派奪取中國共產黨和政府各級領導權的「一月革命」風暴，很快發展成「打倒一

一九六七年二月，在周恩來主持的懷仁堂碰頭會和稍前召開的中共中央軍委會議上，譚震林、陳毅、葉劍英、李富春、李先念、徐向前、聶榮臻等老一輩無產階級革命家，對林彪、江青一夥的倒行逆施進行大義凜然的抗爭。這次抗爭被誣稱為「二月逆流」。圖為中南海懷仁堂外景

切」、「全面奪權」的全面內亂。

面對一發不可收拾的奪權狂潮，老一輩革命家爆發了正義的抗爭。當時擔任國家建委主任的谷牧回憶說：「對於『文化大革命』，在運動初期，黨內絕大多數高級領導幹部都處於一種『很不理解』、『很不得力』的狀態，我們這些人都是如此。我體會，包括周總理和少奇同志等幾位中央主要領導同志，他們也是在一種很不自覺的情況下被捲入這場政治風暴中去的，他們也是在憑著自己的認識看問題，憑著自己的經驗幹事情，憑著自己的責任感做工作。」但是，愈來愈亂的局面讓老同志們再也無法努力「跟上形勢」了。在一九六七年一月十九日和二十日召開的中共中央軍委碰頭會上，葉劍英、徐向前、聶榮臻堅決反對江青、康生、陳伯達鼓吹軍隊應和地方一樣搞運動的主張，強調軍隊是無產階級專政的柱石，軍隊一亂，將無法擔負保衛國家、抵禦外敵入侵的重任。在激烈的辯論中，徐向前摔了茶杯，葉劍英猛拍桌子致手掌骨折。這就是後來所謂的「大鬧京西賓館」事件。

二月間，在周恩來主持的懷仁堂碰頭會上，老一輩革命家再次和中央文革小組一班人發生激烈鬥爭。譚震林、陳毅、葉劍英、李富春、李先念、徐向前、聶榮臻等老同志，圍繞要不要中國共產黨的領導、要不要廣大老幹部、要不要穩定軍隊等「文化大革命」以來的一些根本性問題，紛紛怒斥江青、陳伯達、康生、張春橋等人亂黨亂軍的做法。這便是「大鬧懷仁堂」事件。然而，這些老同志的正義抗爭，卻被江青等人誣為「二月逆流」。江青甚至攻擊說：「保護老幹部，就是保護一小撮叛徒、特務。」毛澤東出於繼續進行「文化大革命」的需要，也嚴厲指責在碰頭會上提意見的老同志，說他們是搞翻案。

無法無天的造反、奪權，使一大批久經考驗的高級領導幹部及其他各級領導幹部受到殘酷迫害。中共雲南省委第一書記閻紅彥、海軍東海艦隊司令員陶勇、煤炭工業部部長張霖之、中共山西省委第一書記衛恆等人，竟然相繼「非正常死亡」。江青、康生等人還無中生有，先後製造了「六十一人叛徒集團」、「東北幫叛徒集團」、「新疆叛徒集團」、「冀東地下黨叛徒集團」、「廣東地下黨叛徒集團」、「雲南特務集團」、「新內人黨」等重大冤案。

一九六八年十月，中共八屆十二中全會在黨內生活極不正常的狀況下，批准了在江青、康生、謝富治把持下炮製的關於劉少奇問題的「審查報告」，給劉少奇加上「叛徒、內奸、工賊」的罪名，宣佈「把劉少奇永遠開除出黨，撤銷其黨內外的一切職務」。在關押中被剝奪了申辯權利的劉少奇，用拒不回答一切問題的方式表示自己的憤怒和抗議。一九六九年十月十七日，劉少奇在重病中被疏散到河南開封，十一月十二日含冤逝世。這是「文化大革命」中最大的一起冤案。

後來，最高人民檢察院特別檢察廳在對林彪、江青反革命集團的起訴書中寫道：「為了誣陷劉少奇是『叛徒』，他們對一九二七年在武漢同劉少奇一起搞工人運動的丁覺群和一九二九年同劉少奇在瀋陽同時被捕的孟用潛，進行逼供。一九六七年九月二十五日，丁覺群在獄中就申明，他被逼寫的材料『是打破事實的框框寫的』。孟用潛從一九六七年六月十五日至一九六九年三月十八日，在獄中先後二十次書面聲明，他在逼供下寫的關於劉少奇的材料，是『虛構編造的』，應該撤銷。但丁覺群、孟用潛的更正、申辯材料，均被扣壓，不許上報。」

從一九六七年一月到一九六八年秋季的近兩年時間，是「文化大革命」十年中最為混亂也是損失最為嚴重的時期。各地群眾組織搶奪槍支，互相武鬥，有的地方和單位釀成傷亡慘重的流血事件。就連國家的外交工作，也受到嚴重干擾和破壞。特別是「三砸一燒」，即沖砸印度、緬甸、印度尼西亞三國駐華機構，衝擊並焚燒英國駐華代辦處，使中國的國際聲譽受到巨大損害。當時擔任中國外交部副部長的羅貴波回憶說：「『文化大革命』中外交工作一般地說沒有中斷，但是干擾很大，談不上開展，甚至就是維持也很困難。周總理早有指示，駐外使領館不許搞奪權、貼大字報等。開始還能控制住，後來就控制不住了。一些駐外使領館也搞起『造反』、『奪權』，大字報鋪天蓋地，大喇叭成天廣播，把使館搞得一塌糊塗。」

嚴酷的現實一次次證明，無論打著多麼「革命」的旗號，「全面奪權」的結果勢必導致無政府主義氾濫，造成不顧國家和人民利益的派性發作，武鬥迭起，派仗不息。一些野心家和陰謀家也必然會利用這種情況進一步從中作亂，以圖渾水摸魚。「天下大亂」不會達到「天下大治」，只會使人民的苦難日益深重，局面難以收拾。

幾近失控的混亂局面，是毛澤東也沒有料想到的。他期望的「團結勝利」求之不得，不禁感慨地引用古人詩句說：「時來天地皆同力，運去英雄不自由。」在不得已的情況下，毛澤東決定派軍隊全面介入地方工作，維持地方的工農業生產和社會秩序，支持「左派」實現有秩序的奪權活動。一九六七年三月十九日，中共中央軍委發出《關於集中力量執行支左、支農、支工、軍管、軍訓任務的決定》，就是派軍隊支援工業、支援農業、支持「左派」，軍事管制以及對大中學生的軍政訓練。

到一九七二年八月結束時，參加「三支兩軍」的部隊和指戰員先後達兩百八十多萬人次。總的來說，他們在「文化大革命」最混亂、最複雜的情況下，做了大量的工作，緩和了緊張局面，維護了必要的社會穩定，減少了工農業生產和人民生命財產的損失，保護了一批幹部，在可能的範圍內減輕了「文化大革命」造成的破壞。但是，在「文化大革命」這樣全局性的錯誤中，執行「三支兩軍」任務的指戰員既缺乏思想準備，又缺乏地方工作經驗，特別是受到林彪、江青集團的干擾、破壞，使得這項工作特別是「支左」過程中，不能不發生許多錯誤，給部隊的思想、作風和組織建設以及軍隊和地方的關係帶來一些消極的後果，損害了解放軍在群眾中的聲譽。

第三節 「文化大革命」的終結

一九六九年召開的中共九大，將林彪「是毛澤東同志的親密戰友和接班人」寫入黨章總綱。然而，僅僅過了兩年，就發生了九一三事件。這一具有極大尖銳性的事件，促使更多的幹部和群眾從個人崇拜的狂熱中覺醒，對「無產階級專政下繼續革命的理論」及其實踐產生了懷疑，客觀上宣告了「文化大革命」理論和實踐的失敗。

林彪機毀人亡後，江青、張春橋、姚文元、王洪文又結成了誤國殃民的「四人幫」，陰謀奪取黨和國家最高領導權。一九七六年十月六日，當時主持中央工作的華國鋒，與葉劍英、李先念、汪東興等一舉粉碎「四人幫」，結束了「文化大革命」這場災難。

一、九一三事件

隨著全國各省、市、自治區建立革命委員會和工人、解放軍宣傳隊進駐學校、機關，「文化大革命」進入了相對有序的階段。在這種形勢下，中共九大於一九六九年四月在北京召開。當時，與會代表當中的許多人都不是通過正常選舉程序產生的，他們或由革命委員會與各造反派組織負責人協商決定，或直接由上級部門指定，造成九大代表成分嚴重不純，不少造反派頭頭、賣身投靠分子混入其中。

九大開幕式上，有一個現象十分引人注目，就是主席台前在毛澤東左右兩側就座的執行主席成員，可謂涇渭分明。在毛澤東左側的是：林彪、陳伯達、康生、江青、張春橋、姚文元、謝富治、黃永勝、吳法憲、葉群等；在毛澤東右側的是：周恩來、董必武、劉伯承、朱德、陳雲、李富春、陳毅、李先念、徐向前、聶榮臻、葉劍英等。這個排列方案，耐人尋味。

林彪代表中共中央作的政治報告，認為這次「文化大革命」是社會主義社會中的兩個階級、兩條道路、兩條路線長期尖銳鬥爭的必然結果，是「公開地、全面地、由下而上地發動廣大群眾來揭發我們的黑暗面」的形式。他還極力鼓吹「無產階級專政下繼續革命的理論」是照耀著中國社會主義革命和社會主義建設航向的「光芒萬丈的燈塔」，是對「馬克思列寧主義的理論和實踐的一個偉大的新貢獻」。實際上，這個理論是毛澤東關於社會主義階段階級鬥爭的「左」傾錯誤觀點發展到「文化大革命」時期的總概括，核心在於認為在無產階級奪取政權之後，還要進行一個階級推翻另一個階級的「大革命」。

中共九大通過的黨章，將黨員權利一節全部刪掉，破壞了黨內的民主生活，還完全違背了中國共產黨民主選舉的組織原則，把林彪「是毛澤東同志的親密戰友和接班人」寫入總綱。這些做法在中共黨史上都是從未有過的。時任中央警衛團團長的張耀祠在回憶中寫道：「一九六八年十月十七日中共八屆十二中全會討論黨章時，江青提出，『林彪同志很有無產階級革命家的風度』。『他那樣謙虛，就應該寫在黨章上』，『作為接班人寫進黨章』。她進一步強調說：『一定要寫！』一九六八年十月二十七日討論黨章時，江青『堅持要把林彪作為毛主席接班人這一條寫入黨章』。一九六九年四月中央討論修改黨章的會議上，江青說：『林彪的名字還是要寫上，我們寫上了，可以使別人沒有覬覦之心，全國人民放心。』

毛澤東在中共九大全體會議上

張春橋第一個贊成。」「關於林彪的名字是否寫進黨章的問題，主席考慮了一個晚上，最後對『寫作班子』說：『既然大多數同志都同意，那就把林彪寫進去吧。』」

中共九大選出新的中央委員會，在中央政治局委員中，林彪、江青幫派中的骨幹和親信佔半數以上，八屆中央委員和候補中央委員繼續當選的只有五十三人，不到上屆的三分之一，許多功勳卓著的革命家被排斥在外。

以上情況說明，九大使「文化大革命」的理論和實踐合法化，加強了林彪、江青等人在中共中央的地位，因而在思想上、政治上、組織上的指導方針都是錯誤的。九大的召開，不僅沒有像毛澤東所希望的那樣，使「文化大革命」以勝利的姿態趨向結束，而且埋下了更深的危機種子。

中共九大之後，「文化大革命」進入全面開展「鬥、批、改」階段。圖為某地部署開展鬥、批、改

中共九大以後，毛澤東試圖進一步通過「鬥、批、改」，在各個領域有組織地開展政治運動，落實政策，穩定局面，「鞏固勝利成果」，達到「天下大治」的設想。所謂「鬥、批、改」，包括建立革命委員會、大批判、清理階級隊伍、整黨建黨、精簡機構、改革不合理的規章制度、幹部下放勞動等階段。在實際工作中還包含「教育革命」、醫療衛生革命、知識青年上山下鄉等內容。但事與願違，「鬥、批、改」雖然在恢復正常秩序上做了一些努力，實際上卻把「文化大革命」的「左」傾錯誤在各個領域具體化，結果使黨內矛盾和社會矛盾繼續緊張，傷害了大批幹部群眾。

原來勾結在一起的林彪、江青集團，九大後在權力分配上的矛盾日益尖銳，走向相互傾軋和爭鬥。特別是在設國家主席問題上，林彪與毛澤東也產生了爭執。毛澤東表示不設國家主席，自己堅決不當國家主席，但林彪一反常態，始終固執己見，建議設國家主席。究其原因，在於如果設國家主席，而毛澤東又不當，極有可能由林彪來擔任；毛澤東不同意設國家主席，便暗含著不贊成林彪當國家主席的意思。

一九七〇年八月，林彪集團在九屆二中全會上搞宗派活動，繼續堅持設國家主席。這使毛澤東感到事態已經十分嚴重。他在陳伯達所編《恩格斯、列寧、毛主席關於稱天才的幾段語錄》的材料上，寫下〈我的一點意見〉，嚴厲批評陳伯達：「我跟陳伯達這位天才理論家之間，共事三十多年，在一些重大問題上就從來沒有配合過，更不去說很好的配合。」「這一次，他可配合得很好了，採取突然襲擊，煽風點火，唯恐天下不亂，大有炸平廬山、停止地球轉動之勢。」毛澤東還提出，「我們只能站在馬列主義的立場上，而決不能跟陳伯達的謠言和詭辯混在一起」，大家「不要上號稱懂得馬克思，而實際上根本不懂馬克思那樣一些人的當」。以此為標誌，會議實際上轉變為在毛澤東領導下反對林彪集團陰謀的鬥爭。

出席廬山會議的吳德，對九月十九日毛澤東從廬山回到北京時的一次談話，有這樣一段回憶：「我被通知同紀登奎、陳先瑞、吳忠到豐台車站去，等候毛主席與我們談話。我們到豐台時，毛主席的專列已經到達。毛主席在火車上與我們談了話，汪東興也參加了。整個談話內容，總的意思基本上是〈我的一點意見〉上的內容。我記得最清楚的有兩點：一點是說共產黨要搞唯物論，不能搞唯心論；另一點是說陳伯達是船上的老鼠，看見這條船要沉了，就跑到那條船上去了。毛主席這麼說，使我意識到了陳伯達後邊還有人，不僅是吳法憲、李作鵬、邱會作這些軍委辦事組的人，而是地位更高的人。我想到了林彪。」

九屆二中全會後，毛澤東在中共黨內開展了「批陳整風」運動，並採取「甩石頭」、「摻沙子」、

「挖牆腳」等措施，進一步削弱林彪集團的權勢。其中，「甩石頭」，指毛澤東這一時期批發的一些文件和指示；「摻沙子」，指派人進入林彪控制的中共中央軍委辦事組；「挖牆腳」，指改組北京軍區。

儘管毛澤東對林彪仍然留有餘地，但林彪對毛澤東的批評，不僅拒絕接受，反而認為危機來臨，決心鋌而走險。一九七一年三月，林彪授意林立果說：「南唐李後主有兩句詩，『幾曾識干戈』，『垂淚對宮娥』。他就是因為不懂得武裝鬥爭的重要性，所以才亡了國。這是前車之鑑，我們不能束手待斃。」此後，林立果等人在上海秘密起草了準備進行武裝政變的《「五七一」工程紀要》，「五七一」是「武裝起義」的諧音。他們已準備像賭徒那樣孤注一擲，圖通過爆破、謀殺、車禍等方式謀害毛澤東，「奪取全國政權」或製造「割據局面」。時任空軍司令部副參謀長的王飛，在一九七一年九月二十八日的親筆供詞中說：

一九七一年九月八日晚，林立果、周宇馳要我去空軍學院，林立果說，現在情況緊張，有人要害林副主席，火藥味已經很濃了。我說，我們堅決保衛林副主席，然後林立果拿出一張紙給我看，上面寫著：「希望按照立果、周宇馳傳達的命令辦事。林彪九月×日」（具體話記不準了）。林立果說，要堅決把反林副主席的人除掉。有一坨在南方，有一坨在北京，要同時幹掉。南邊的由江騰蛟負責，北京的由你和周宇馳負責。他們都在釣魚台，好搞。估計南邊江騰蛟那裡沒有什麼問題，就看你們這裡了。

十一日下午，林立果、周宇馳找江騰蛟和我，中間又加關光烈，在西郊機場進一步策劃謀害毛主席和中央首長。林立果說，林副主席的決心已定，提出「南線」先搞，北京接著搞，並提出了通信聯絡的方法和密語。

在謀害毛澤東的計劃落空後，林彪、葉群、林立果等人九月十三日凌晨乘「三叉戟」飛機倉皇出逃，在蒙古溫都爾汗機毀人亡。得知林彪強行乘機飛走時，周恩來通過無線電反覆呼叫，勸他們回來，並說：不論飛機在何處降落，我周恩來都到機場去接。但飛機上一直沒有答覆。汪東興向毛澤東請示要不要攔截，毛澤東考慮到全國人民還不知道林彪的真相，只說：「林彪還是我們黨中央的副主席呀。天要下雨，娘要嫁人，不要阻攔，讓他飛吧！」

九月十八日，經毛澤東批准，中共中央發出通知說：「林彪於一九七一年九月十三日倉皇出逃，狼狽投敵，叛黨叛國，自取滅亡。」這一驚心動魄的事件，讓人們驚訝地看到，鼓吹個人崇拜最力的林彪竟然陰謀殺害黨的主席，由黨章規定的接班人竟然出國叛逃，從而對「文化大革命」產生了更深的懷疑，要求結束這場災難的呼聲逐漸高漲。

九一三事件林彪座機殘骸

為了揭發、批判林彪集團的罪行，全國開展了「批林整風」運動。在毛澤東支持下，周恩來主持中央日常工作，開始比較系統地糾正極左思潮，落實幹部政策，恢復正常秩序，使各方面的工作有了轉機。毛澤東還親自為「二月逆流」平反，提出要給被打倒的賀龍、羅瑞卿和一九六八年因受林彪、江青誣陷而被撤銷領導職務的楊成武、余立金、傅崇碧恢復名譽，承認自己聽了林彪的一面之詞，要做自我批評。

一九七二年一月十日，毛澤東臨時決定，抱病趕往八寶山參加陳毅追悼會。他對陳毅夫人張茜說：「陳毅同志是一個好人，是一個好同志」，「他為中國革命和世界革命是作出貢獻、立了大功勞的。」第二天，各大報紙都在第一版刊登通欄標題：「首都隆重舉行追悼陳毅同志大會，偉大領袖毛主席參加了追悼會」。這種「文化大革命」以來從未有過的追悼儀式暗示著：在「文化大革命」中受到錯誤批判的老幹部是應該平反的。這給全社會傳遞出積極的信號，是廣大老幹部企盼已久的一種慰藉。半年後，周恩來還感慨地說：「毛主席參加陳毅同志追悼會，使我們這些老幹部，使我們忠於主席的人，都很感動。」

經過近兩年的調整和整頓，各方面工作都有明顯起色。但毛澤東仍然繼續堅持「文化大革命」的錯誤指導思想，認為當時的任務是反對「極右」，而不是批判極左。一九七三年八月召開的中共十大，繼續肯定九大路線，肯定無產階級「文化大革命」，肯定「無產階級專政下繼續革命」的理論，強調「黨內路線鬥爭」和「文化大革命」今後還要進行多次，並把批判林彪的「極右實質」列為首要任務。這樣的「左」傾錯誤指導方針，只能使「文化大革命」繼續發展。不過，鄧小平、王稼祥、烏蘭夫、譚震林等在「文化大革命」中受迫害和排擠的老幹部，重新被選進了中共中央委員會，增強了黨內同江青集團鬥爭、糾正「左」傾錯誤的力量。

二、粉碎「四人幫」

中共十大以後，江青、張春橋、姚文元、王洪文在中央政治局內結成「四人幫」，受到毛澤東的信任和重用。「四人幫」為了篡奪權力，利用毛澤東批准開展「批林批孔」運動，把矛頭指向周恩來等老一輩革命家。他們指使在上海、北京的「羅思鼎」、「梁效」等寫作班子，發表大量所謂「批孔」文章，影射周恩來是「現在的儒」，對周恩來前一階段的調整和整頓工作進行攻擊，繼續製造動亂，使得剛剛趨向穩定的政治局勢和有所發展的國民經濟重新遭到嚴重破壞。

這時的毛澤東，雖然同意「批林批孔」，但又力求局勢穩定，不願意再出現「打倒一切」、「全面內戰」的局面。時任中共中央政治局委員吳德在《十年風雨紀事》中回憶道：「『批林批孔』實際搞成『批周公』，即批周總理。政治局對『批林批孔』運動的方針、步驟都沒有討論過。事後證明，毛主席對他們的具體活動也不完全清楚。」

當毛澤東察覺到「四人幫」的圖謀後，對「批林批孔」運動作出限制性規定。中共中央先後發出通知，規定「批林批孔運動在黨委統一領導下進行，不要成立戰鬥隊一類群眾組織，也不要搞跨行業、跨地區一類的串聯」，「清查的範圍應限制在同林彪反黨集團陰謀活動有關的問題，不要擴大化」。

一九七四年七月十七日，毛澤東在中共中央政治局會議上，點名批評江青：「江青同志，你要注意呢！別人對你有意見，又不好當面對你講，你也不知道。不要設兩個工廠，一個叫鋼鐵工廠，一個叫帽子工廠，動不動就給人戴大帽子，不好呢，要注意呢。」並兩次在會上宣佈：「她並不代表我，她代

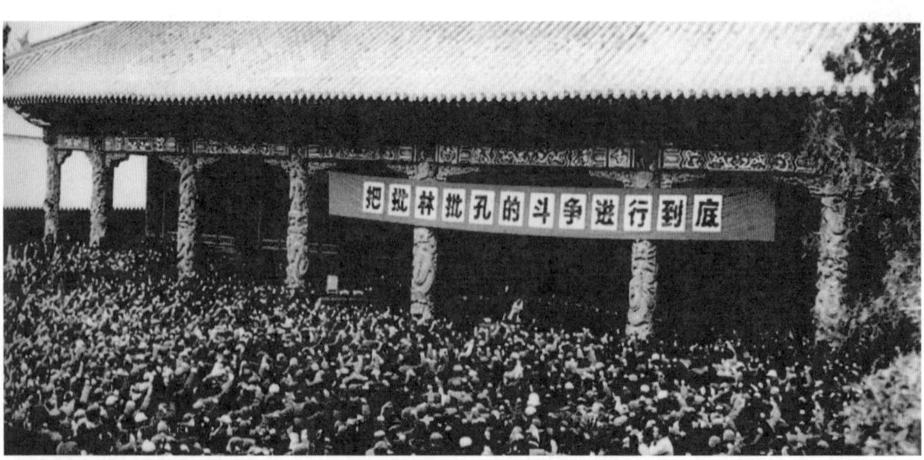

在山東曲阜孔廟內召開的「批林批孔」現場會

表她自己。」「總而言之，她代表她自己。」毛澤東還要江青、王洪文、張春橋、姚文元注意，「不要搞成四人小宗派」。

儘管毛澤東對江青等人還是批評為主，希望維護政治局內的團結，但他們四人並沒有改弦易轍，反而變本加厲。十月十一日，中共中央發出近期召開四屆全國人大的通知。「四人幫」認為這是他們篡奪更多權力的機會，加緊陰謀活動，企圖由他們出面「組閣」。當毛澤東提議由已在一九七三年恢復副總理職務，並增補為中共中央政治局委員、中央軍委委員的鄧小平，出任中國國務院排名第一的副總理，「四人幫」極為不滿，在中共中央政治局會議上借「風慶輪」事件對鄧小平發動突然襲擊，要他當場表態，承認這事是「崇洋媚外」、「洋奴哲學」。鄧小平堅決抵制，嚴詞反駁道：「對這件事我還要調查，不能搞強加於人，一定要贊成你們的意見！」在「四人幫」大肆攻擊和無理謾罵的情況下，鄧小平忍無可忍，憤然退場。

一九七四年底，毛澤東稱讚鄧小平「政治思想強，人才難得」。一九七五年一月，鄧小平任中共中央副主席、中國國務院副總理、中央軍委副主席兼人民解放軍總參謀長

事後，王洪文背著中共中央政治局多數成員，飛抵長沙向毛澤東作誣陷周恩來、鄧小平的匯報。毛澤東當即批評了王洪文：有意見當面談，這麼搞不好！要跟小平同志搞好團結。又說，你回去要多找總理和劍英同志談，不要跟江青搞在一起。此後，毛澤東又多次批評江青等人不要搞「四人幫」，「不要搞宗派，搞宗派要摔跤的」。十一月十二日，江青給毛澤東寫信，提出人事安排建議名單。毛澤東當天在信上批道：「不要多露面，不要批文件，不要由你組閣（當

後台老闆），你積怨甚多，要團結多數。至囑。」「人貴有自知之明。又及。」他還反覆強調「總理還是總理」，稱讚鄧小平政治思想強，人才難得，要擔任第一副總理、軍委副主席兼總參謀長三個職務。毛澤東在關鍵時刻信任周恩來、倚重鄧小平的決策，使江青的「組閣」企圖最終落空。

一九七五年一月，四屆全國人大一次會議在北京舉行。周恩來在政府工作報告中，重申「四個現代化」的宏偉目標，提出國民經濟發展按兩步走的藍圖：「第一步，用十五年時間，即在一九八〇年以前，建成一個獨立的比較完整的工業體系和國民經濟體系；第二步，在本世紀內，全面實現農業、工業、國防和科學技術的現代化，使我國國民經濟走在世界的前列。」這是飽受「文化大革命」內亂之苦的中華民族最強烈的願望，也成為一九七五年進行整頓、爭取經濟轉機的巨大動力。

中華人民共和國第四屆全國人民代表大會第一次會議於一九七五年一月十三日至十七日在北京人民大會堂隆重舉行。圖為大會主席台

參加起草政府工作報告的顧明回憶說：「一九七四年冬，小平同志受毛主席委託代恩來同志起草政府工作報告，並傳達了毛主席的指示。毛主席考慮照顧恩來同志病體的承受能力，要求我們草擬一個三千字左右的報告稿。小平同志與『四人幫』堅決鬥爭，排除種種干擾，確定了總綱和方針。最後定稿約五千字，經濟部分不到兩千字。經過大家反覆思考，把恩來同志四個現代化建設的一貫思想作為重點

來寫，與三屆人大的政府工作報告相銜接。一九七五年一月十三日，在四屆人大一次會議上，恩來同志以無比頑強的意志，戰勝病痛，激昂有力地向大會作報告，全場振奮，掌聲雷動，經久不息。我激動得熱淚盈眶。恩來同志又一次為中國人民鼓起了建設社會主義現代化強國的鬥志。」

四屆人大確定了以周恩來、鄧小平為核心的中國國務院領導人員。會後，已患重病的周恩來病情更加嚴重。在毛澤東支持下，鄧小平相繼主持國務院和中共中央的日常工作，對軍隊、鐵路、煤炭、鋼鐵、財政、國防科技等各領域進行了大刀闊斧的整頓，扭轉了這些部門的混亂狀況，使行之有效的制度和措施得以恢復，生產和經濟出現了良好發展勢頭。經過整頓，大部分地區的社會秩序趨於穩定，國民經濟由停滯、下降轉向回升，工農業產品產量均有較大幅度增長。一九七五年是「文化大革命」以來國民經濟發展最好的一年。

整頓工作的深入展開，不可避免觸及「文化大革命」的「左」傾錯誤，逐漸發展成為對「文化大革命」的比較系統的糾正。這種發展趨勢，既遭到「四人幫」的猖狂反對，也為毛澤東所不能容忍。毛澤東支持鄧小平主持中國共產黨和國家的日常工作，但他仍然認為「文化大革命」是正確的，希望鄧小平在肯定「文化大革命」的前提下實現安定團結，把國民經濟搞上去。

一九七五年十一月，毛澤東提出由鄧小平主持作一個肯定「文化大革命」的決議，總的評價是「三七開，七分成績，三分錯誤」。鄧小平引用毛澤東將重新工作的老幹部比作「桃花源中人」的話，回答道：「由我主持寫這個決議不適宜，我是桃花源中人，『不知有漢，無論魏晉』。」對此，毛澤東很不滿意，發動了「反擊右傾翻案風」的運動，再度造成社會混亂。

鄧小平的女兒鄧榕在《我的父親鄧小平（文革歲月）》一書中寫道：「鄧小平這種完全不讓步的態度，使毛澤東下決心進行『批鄧』。在毛澤東政治生命的最後關頭，他要堅定不移地捍衛『文化大革命』，他不容許任何人對此存有非議，更不容許任何人翻『文革』的案。這是他所堅持的最後原則。」

鄧小平主持的全面整頓雖然被迫中斷，但它對當時中國的政治生活產生的影響卻是巨大而深遠的，越來越多的人迫切希望早日結束「文化大革命」。鄧小平也因領導整頓給動亂的中國帶來安定、生機和希望而贏得了全國各族人民的信任、擁護和愛戴。

一九七六年一月八日，中國共產黨和國家主要領導人之一、總理周恩來逝世，在人民群眾中引起巨大的悲痛。「四人幫」不僅發出種種禁令壓制悼念活動，而且加緊展開了對鄧小平的「大批判」。他們把鄧小平主持的各條戰線的整頓誣蔑為「右傾翻案風」，把鄧小平主持制定的文件、條例誣蔑為「復辟綱領」，還從「批鄧」概括出所謂「從民主派到走資派」的公式，為「層層揪」走資派、從上到下打倒老幹部製造理論根據。

一九七六年三月下旬，南京市學生和市民舉行集會，沉痛悼念周恩來，貼出「不揪出文匯報的後台誓不罷休」，「打倒大野心家、大陰謀家張春橋」等大幅標語，揭開了「四五運動」的序幕

「四人幫」的倒行逆施使廣大群眾的悲痛心情迅速轉化成憤怒的情緒，並進而轉變為強烈的反抗行動。江蘇南京最熱鬧的新街口和鼓樓廣場，貼滿了標語、口號：「誰反對周總理就打倒誰！」、「揪出《文匯報》的黑後台！」、「警惕赫魯曉夫式的人物上台！」三月二十九日，南京大學的學生組成二十多個小組，跑遍全市主要街道，刷上了「文匯報的反黨文章是篡黨奪權的信號彈」等大標語。三月三十日晨，他們在鐵路工人支持下，用柏油和白漆把「警惕赫魯曉夫式的野心家、陰謀家篡黨奪權」、「誰

反對周總理全黨共誅之！」等大標語刷在列車車廂上，讓奔馳的列車把戰鬥的號召帶到全國各地。

北京天安門廣場人民英雄紀念碑周圍，放滿了花圈、花籃，張貼著數不清的詩詞、悼文和傳單。「欲悲聞鬼叫，我哭豺狼笑。灑淚祭雄傑，揚眉劍出鞘。」這首有代表性的詩，表達了人民群眾繼承總理遺志，誓與「四人幫」鬥爭到底的決心。成千上萬的人從四面八方湧向天安門廣場，舉行聲勢浩大的悼念活動。

四月四日清明節這一天，聚集了兩百多萬京內外群眾的天安門廣場，悼念周恩來的活動達到高潮。紀念碑上，周恩來的巨幅畫像，安放在「人民英雄永垂不朽」這行耀眼的大字之下。畫像下面，用大朵白花鑲邊的黑布上，橫排「民族英魂」四個大字。人們在共和國歷史上罕見的「花山詩海」中慷慨陳詞，深切懷念周恩來：「人民的總理人民愛，人民的總理愛人民。總理和人民同甘苦，人民和總理心連心。」「清明每到淚紛紛，天下幾家哭斷魂。唯有今年不同處，舉國都是心酸人。」還有人怒斥「四人幫」迫害周恩來、陰謀篡黨奪權的滔天罪行：「中國已不是過去的中國，人民也不是愚不可及」，「我們信仰馬列主義。讓那些閹割馬列主義的秀才們，見鬼去吧！」「總理遺志我們繼承，『四個現代化』實現日，我們一定要設酒重祭。」

儘管這場抗議運動被壓了下去，但它在全國人民心中燃起的火焰是撲不滅的。這一時期在全國各地發生的人民群眾悼念周恩來、反對「四人幫」、支持鄧小平的活動，被統稱為「四五運動」。對此，中共中央《關於建國以來黨的若干歷史問題的決議》指出：「四月間，在全國掀起了以天安門事件為代表的悼念周總理、反對『四人幫』的強大抗議運動。這個運動實際上是擁護以鄧小平同志為代表的黨的正確領導，它為後來粉碎江青反革命集團奠定了偉大的群眾基礎。」

一九七六年，新中國和人民承受了太多的危難和悲痛。

七月六日，中國共產黨和國家主要領導人及中國人民解放軍創始人之一的朱德逝世。

七月二十八日，河北唐山一帶發生強烈地震，人民生命財產受到巨大損失。一座百萬人口、方圓百里、有著近百年歷史的重工業城市，瞬間化為一片廢墟。

九月九日，哀樂聲中傳出不幸的消息：中國共產黨的創建人之一，共和國的主要締造者、中國共產黨和國家的主要領導人毛澤東逝世。全國人民沉浸在巨大的悲痛之中。

毛澤東逝世後，「四人幫」加緊了奪取中國共產黨和國家最高領導權的陰謀活動。他們暗地佈置上海的親信突擊發放武器；撇開中央辦公廳值班室，在中南海另設值班室，企圖由他們指揮全國；還在報上公開誣蔑和威脅華國鋒等中共中央領導人。「四人幫」還明目張膽地操縱清華大學、北京大學、新華社等單位的一些人，競相給江青寫「效忠信」、「勸進信」，甚至公然提出要江青「擔任中共中央主席和軍委主席」，「挑起這副重擔」。

當時主持中共中央工作的華國鋒，覺察到「四人幫」篡黨奪權的嚴重危險，認為必須急謀對策。他同葉劍英、李先念以及汪東興等反覆研究，認為同「四人幫」的鬥爭是勢不兩立、你死我活的，已超出正常的黨內矛盾和黨內鬥爭的範圍，必須採取果斷措施加以解決，同時還要避免引起大的社會動亂。

十月六日晚八時，決定同「四人幫」鬥爭勝負的關鍵時刻到來了。華國鋒、葉劍英在中南海懷仁堂召集中共中央政治局常委會議，通知姚文元列席。在張春橋、王洪文、姚文元先後到達會議室時，分別宣佈對他們實行隔離審查；同時，派人到中南海江青的住所宣佈執行同樣的決定。當晚十時，中共中央在北京西郊玉泉山召開政治局緊急會議，一致通過由華國鋒任中共中央主席、中央軍委主席的決議，將來提請中央全會追認。

兩個多月後，葉劍英回顧這場鬥爭時說：「『四人幫』在政治局中是個少數。但是，我們要看到

『四人幫』裡頭，一個是黨的副主席，一個是中央政治局常委，一個是假借主席名義作威作福、野心勃勃的陰謀家，一個是掌握全部宣傳工具的吹鼓手。他們人數雖少，能量頗大。但是，這並不要緊，在政治局會議上，大多數同志的正確意見，還是能夠通過推行。自從毛主席病重以後，來了一個所謂聯絡員毛遠新，政治局會議的情況由他上傳，毛主席的指示由他下達。當時，政治局的同志，為了顧全大局，為了毛主席的健康，在堅持原則的條件下，對這種不正常的情況採取了克制的態度，一直拖延到偉大的領袖毛主席逝世。」

毛澤東逝世以後，「『四人幫』認為篡黨奪權的時機已到，瘋狂地開始了篡奪黨和國家最高領導權的罪惡勾當」。「因此，政治局同『四人幫』的鬥爭，趨於白熱化。政治局全體同志除了『四人幫』之外，同『四人幫』作鬥爭，思想是統一的，認識是一致的，決心是大家下的。毛主席逝世了，客觀形勢出現了一個投鼠不要忌器的有利條件。」「但是，要做起來，人不能過多，越少越好。」「這是一著很險的險棋。」「結果，不露一點聲色，不走漏一點消息，不放一槍，不流一滴血，就把這一很重大的任務完成了。」

粉碎「四人幫」的勝利，結束了「文化大革命」這場災難，從危難中挽救了中國的社會主義事業，為中國共產黨和國家進入新的歷史時期創造了前提。十月二十一日，中共中央通過廣播和報紙，把粉碎「四人幫」的喜訊公之於世。頓時，舉國上下一片歡騰。當天，首都一百五十萬軍民歡欣鼓舞，舉行聲勢浩大的慶祝遊行。郭沫若填寫的《水調歌頭》詞，在全國傳唱開來：「大快人心事，揪出『四人幫』。政治流氓文痞，狗頭軍師張，還有精生白骨，自比則天武後，鐵帚一掃光。篡黨奪權者，一枕夢黃粱。」

當年參加慶祝遊行的〈祝酒詞〉作者韓偉，多年後仍然保持著清晰的記憶：「那天我和劇院的同志們一起參加了遊行，等到回來的時候發現食堂已經準備好了飯菜，還備了酒。那天後來才知道，好多單位都準備了酒。我這個人平時不喝酒，可那一天很多和我一樣不喝酒的人，也都舉起了酒杯，心裡高興啊。那一天，我就即興藉著酒勁說了幾句詩，大家聽了都說好，這詩寫得好，把它編成歌詞吧。於是呢，我就連夜整理了一下，把它寫成了歌詞寄給了施光南，請他譜曲。」

對於「文化大革命」這一全局性的、長時間的「左」傾嚴重錯誤，毛澤東負有主要責任。「但是就他的一生來看，他對中國革命的功績是第一位的，錯誤是第二位的。他為我們黨和中國人民解放軍的創立和發展，為中國各族人民解放事業的勝利，為中華人民共和國的締造和我國社會主義事業的發展，建立了永遠不可磨滅的功勳。他為世界被壓迫民族的解放和人類進步事業作出了重大的貢獻。」對此，鄧小平精闢地指出：「因為他的功績而諱言他的錯誤，這不是唯物主義的態度。因為他的錯誤而否定他的功績，同樣不是唯物主義的態度。」

第四節 苦難時期的成績

「文化大革命」發動後，在中國共產黨黨內和廣大群眾中，對「左」傾錯誤和極左思潮不同程度、不同形式的抵制和抗爭始終存在，並不斷發展。這種抵制和抗爭，一個重要表現就是對批判、造反持消極態度，在各自的崗位上堅持工作和生產。許多企業領導幹部和基層工作幹部雖然在動亂中遭到「批鬥」，仍忠於職守、頑強工作，有的人剛從「牛棚」被釋放，即刻奔赴工作崗位。正因為他們在極端困難的條件下，克服頻繁的政治運動的重重干擾而艱苦奮鬥，中國各項建設仍取得一定進展。

一、取得科學技術的新突破

「文化大革命」爆發後，許多科學家和技術人員受到打擊迫害，失去了正常的工作條件，但他們仍盡可能地奮力工作，千方百計地克服派性在科技人員中造成的分裂和混亂，夜以繼日地工作，將國防尖端武器研製事業不斷向前推進。

一九五七年十月四日，蘇聯把人類第一顆人造地球衛星送上天，引起中共中央的高度重視。時任中國科學院黨組書記、副院長的張勁夫，後來在〈我國第一顆人造衛星是怎樣上天的〉一文中回憶說，「分管科學技術的聶榮臻副總理向我交代，要科學院密切注意有關情況。中國科學院副院長竺可楨、力學所所長錢學森、地球物理所所長趙九章等建議開展中國的衛星研究工作。院黨組研究認為：這是關乎國防和人民和平安寧的頭等大事」，決定「把衛星研製列為中國科學院一九五八年第一項重大任務，為了保密，代號叫『五八一』任務」。

一九五八年一月，美國成功發射第一顆人造地球衛星「探索者一號」。五月十七日，毛澤東在八大二次會議上明確提出：「我們也要搞人造衛星。」隨後，中共中央決定以中國科學院為主組建專門的研究、設計機構，撥出專款，研製人造地球衛星。一九六〇年五月二十八日，毛澤東來到上海新技術展覽會，躬身仔細察看 T-7M 探空火箭模型，得知飛行高度為八公里時，他興奮地說：「八公里也了不起呀！」「應該是八公里、二十公里、兩百公里搞上去。」

到一九六五年，中國火箭技術有了進一步發展，衛星研製發射的技術基礎基本具備。中央專門委員會原則批准中國科學院《關於發展我國人造衛星工作規劃方案建議》，該報告計劃在一九七〇年至一九七一年發射中國第一顆人造衛星，命名為「東方紅一號」。人造衛星進入工程研製階段，代號為

「六五一」任務。

一九六八年二月，中國空間技術研究院正式成立，錢學森任院長，集中力量領導研製人造衛星。經過兩年的辛勤探索，一九七〇年一月，「長征一號」運載火箭飛行試驗成功。三月，「東方紅一號」衛星和「長征一號」運載火箭總裝完畢。四月一日，裝載著兩顆「東方紅一號」衛星和一枚「長征一號」運載火箭的專列抵達酒泉衛星發射場。四月二十四日凌晨，毛澤東批准實施發射。當晚九點三十五分，隨著一聲「點火」的號令，「長征一號」火箭在酒泉衛星發射基地將「東方紅一號」人造地球衛星送入太空。衛星重一百七十三公斤，超過了美國、蘇聯的第一顆衛星的重量，「東方紅一號」的發射成為中國航天技術的一個重要里程碑。「東方紅一號」衛星用二〇．〇〇九兆周的頻率播送《東方紅》樂曲，一時間響遍全球。

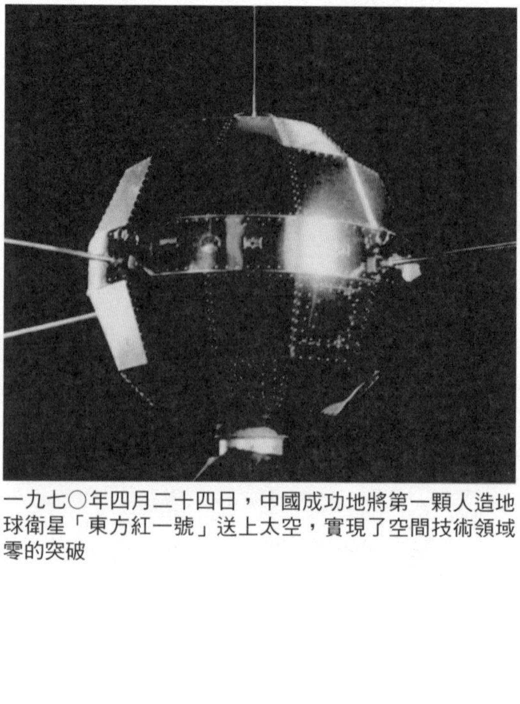

一九七〇年四月二十四日，中國成功地將第一顆人造地球衛星「東方紅一號」送上太空，實現了空間技術領域零的突破

四月二十五日，周恩來在廣州參加由北越、越南南方民族解放陣線、老撾、柬埔寨領導人召開的「三國四方」會議。他高興地在會上宣佈：「為了慶祝這次會議成功，我給你們帶來了中國人民的一個禮物，這就是昨天中國成功地發射了第一顆人造地球衛星。」

第一顆人造地球衛星發射成功後，國防科技人員的新目標是發射返回式衛星。當時世界上只有蘇聯和美國掌握了這項高難度的衛星回收技術。一九七五年八月，第二顆返回式衛星和「長征二號」運載火箭裝配、測試完成，運往發射基地。十一月二十六日，中國返回式衛星在甘肅酒泉基地發射成功，準確入軌。衛星繞地球運行四十七圈後，於二十九日十一時安全返回地面。中國衛星發射技術實現了第二個飛躍，中國成為世界上第三個掌握衛星回收技術的國家。

國防科技尖端技術的另一個重大突破，是導彈核潛艇的研製成功。它分研製魚雷核潛艇和導彈核潛艇兩步走。一九七〇年四月，研製核動力裝置的關鍵設備——陸上模式反應爐建成；七月，進行提升功率試驗成功，證明核動力裝置可以裝艇。一九七一年八月和一九七四年四月，中國第一艘魚雷核潛艇的泊系試驗和航行試驗相繼完成，結果證明性能良好，一九七四年八月一日正式編入海軍序列。導彈核潛艇研製同步推進，一九七〇年九月開工建造，一九八三年八月交付海軍使用。

袁隆平在田間研究雜交水稻

同樣是在艱難的環境中，後來被譽為「雜交水稻之父」的袁隆平，經過長期攻關，在世界上首次培育成功強優勢的秈型雜交水稻。「文化大革命」開始時，袁隆平的科研事業剛剛起步。他頑強克服造反派對試驗的幾次嚴重破壞，在近乎保密的情況下頑強地進行科研工作，終於在秈型雜交水稻的研究上連「過五關」，提高雄性不育率關、三系配套關、育性穩定關、雜交優勢關、繁殖制種關，在一九七四年配製種子成功，並組織了優勢鑑定。第二年，在湖南省委、省政府的支持下，雜交水稻獲大面積制種成功，為大面積推廣做好了種子準備。

一九七五年冬，中國國務院決定迅速擴大試種和大量推廣雜交水稻。到一九八八年，全國雜交水稻面積一億九千四百萬畝，佔水稻面積的百分之三十九・六。十年間，全國累計種植雜交水稻面積十二億五千六百萬畝，累計增產稻穀一千億公斤以上，增加總產值兩百八十億元，取得了巨大的經濟效益和社會效益。

「我夢見我們種的水稻，長得跟高粱一樣高，穗子像掃把那麼長，顆粒像花生米那麼大，我和助手們就坐在稻穗下面乘涼……」當袁隆平這個夢想成為現實的時候，中國人的吃飯問題終於有了可靠的保證。中國農民說，吃飯問題的解決主要靠兩個「平」，一靠鄧小平的好政策，二靠袁隆平的雜交稻。樸實的語言，說出了億萬農民的心裡話。

二、打開對外關係的新局面

當時間進入二十世紀六七〇年代，國際關係在冷戰背景下進一步分化組合。中共中央、毛澤東適應國際形勢的發展變化，審時度勢，及時對外交工作作出富有遠見卓識的重大戰略調整，使中國的外交工作打開了新局面。

中國是一九四五年成立的聯合國的創始會員國，也是聯合國安全理事會五個常任理事國之一。根據國際公認的原則，中華人民共和國成立後，應由中國新政府指派代表參加聯合國大會及其有關機構的工作，把已經不能代表中國人民的所謂「中華民國」代表驅逐出聯合國。但是，由於美國政府的反對，中國在聯合國的席位一直被台灣國民黨當局佔據。

隨著國際形勢的發展、中國國際地位的提高和聯合國內亞非拉成員國的增加，恢復中華人民共和國在聯合國合法權利的條件越來越成熟。一九七〇年，在第二十五屆聯合國大會上，阿爾巴尼亞、阿爾及利亞等十八國提出恢復中華人民共和國在聯合國的一切合法權利並驅逐蔣介石集團的提案，表決時獲過半數票，表明美國阻撓中華人民共和國行使在聯合國合法權利的行為實際已告失敗。

一九七一年十月二十五日，第二十六屆聯大表決阿爾巴尼亞、阿爾及利亞等二十三國提出的要求恢復中華人民共和國在聯合國的一切合法權利，並立即把台灣國民黨當局的「代表」從聯合國及其所屬一切機構中驅逐出去的提案，以七十六票贊成、三十五票反對、十七票棄權的壓倒多數通過。表決剛一結束，紐約聯合國會議廳裡一片歡騰，支持中國的代表們起立，高舉雙手用不同的語言歡呼：「我們勝利了！」新聞媒介評論道：「中國是在自己不在場的情況下，受到聯大三分之二以上的國家的祝福，被賦予揮動巨手進入聯合國的權利，使聯合國發生根本變化。」這是一個具有歷史意義的時刻，是一個永遠值得紀念、值得中國人民以及全世界熱愛和平、主持正義的國家和人民感到自豪的時刻。

一九七一年十月二十五日，第二十六屆聯合國大會通過決議，恢復中華人民共和國在聯合國的一切合法權利。圖為五星紅旗在紐約聯合國總部前升起

一九七一年十一月十五日，以喬冠華為團長、黃華為副團長的中華人民共和國代表團出席了聯合國大會第二十六屆會議全體會議。圖為喬冠華在會上發表講話

中華人民共和國在聯合國合法權利的恢復，是中國外交工作取得突破性進展的一個重要方面。它反映了新中國國際地位的提高，反映了世界各國要求同中國發展

友好關係的大勢，對世界和平進步事業的發展產生了極為重要的影響。

中國國際政治地位的不斷提高，以及聯合抗衡蘇聯的共同國家安全利益，也使中美關係出現了轉機。一九六九年二月一日，美國新任總統尼克森寫給總統國家安全事務助理季辛吉一個備忘錄，「主張我們竭力鼓勵政府探索同中國人改善關係的可能性」。三月，美國國務卿羅傑斯在參議院外交委員會發表講話，期待與中國緩和緊張關係，歡迎恢復同中國之間的會談，這個講話被視為尼克森政府對中華人民共和國的「第一項政策聲明」。

尼克森在回憶錄中這樣寫道：「我認為美國和共產黨中國建立關係非常重要這一想法，是我在一九六七年為《外交季刊》寫的文章中第一次提出的。」「對華主動行動的第一個認真的公開步驟是在一九七〇年二月採取的，那時我向國會提出了第一個外交報告。關於中國問題的那一段是這樣開始的：『中國人民是偉大的、富有生命力的人民，他們不應該繼續孤立於國際大家庭之外。』」

一九七〇年十月，尼克森接見美國《時代》週刊記者時，再次公開發出了美國希望同中國緩和的信號，說：「如果說我在死前有什麼事情想做的話，那就是到中國去。如果我去不了，我要我的孩子們去。」兩個月後，毛澤東在會見美國作家斯諾時，非常明確地回應說，「如果尼克森願意來，我願意和他談，談得成也行，談不成也行」，「總而言之都行」。這是中國最高領導人二十多年來第一次表明歡迎美國總統訪華的立場，標誌著中國對美政策的重大轉變。十二月二十六日，《人民日報》頭版刊出毛主席在天安門城樓上和斯諾合影的照片，以含蓄的方式向美國發出贊成中美實現高層對話的訊息。

經過多次試探和接觸，特別是一九七一年四月間「小球推動地球」的中美「乒乓外交」，加快了實現中美高級接觸的進程。七月九日至十一日，美國總統尼克森的特使季辛吉秘密訪問北京，與周恩來在台灣這個關鍵問題上進行了商談，並確定尼克森訪華時間。兩天前還對此行「不摸底、心中惶惶不安」

的季辛吉，到這時終於鬆了一口氣，認為此次訪華成果「超過了原來的期望，圓滿地完成了所承擔的秘密使命」。

七月十五日，中美雙方同時發表公告宣佈，周恩來總理和尼克森總統的國家安全事務助理季辛吉博士在北京進行了會談，尼克森將於一九七二年五月以前的適當時間訪問中國；中美兩國領導人的會晤，是為了謀求兩國關係的正常化，並就雙方關心的問題交換意見。中美公告的發表成為二十世紀最出人意料的外交新聞之一，給全世界帶來巨大震動。

一九七二年二月二十一日，尼克森抵達北京，對中國進行訪問，周恩來親往機場迎接。尼克森走下舷梯，將手伸向周恩來。當兩隻手握在一起時，全世界都看到了這一歷史性的時刻：「一個時代結束了，另一個時代開始了。」周恩來對尼克森說：「你的手伸過世界最遼闊的海洋來和我握手——二十五年沒有交往了啊！」下午，周恩來陪同毛澤東會見尼克森、季辛吉。毛澤東指出，中美之間現在沒有根本的利害衝突，因此應當以努力尋求改善兩國關係途徑為首要目的，並明確了中美合作抗衡蘇聯霸權主義的意圖。

這次會談給季辛吉留下了深刻的印象，他在回憶錄《白宮歲月》中寫道：毛澤東「微笑著注視來客，眼光銳利而微帶嘲諷，他的整個神態似乎在發出警告說，他是識透人的弱點和虛偽的專家，想要欺騙他未免是徒勞的。或許除了戴高樂以外，我從來沒有遇見過一個人像他具有如此高度集中的、不加掩飾的意志力」。「他成了凌駕整個房間的中心，而這不是靠大多數國家裡那種用排場使領導人顯出幾分威嚴的辦法，而是因為他身上發出一種幾乎可以感覺得到的壓倒一切的魄力。」

季辛吉不知道的是，就在尼克森來華九天前，毛澤東突然休克，健康狀況很不穩定，隨時都有發生危險的可能。但毛澤東極其重視中美關係的改善，堅持要會見尼克森。他的護士長吳旭君回憶說：「我們要做好一切搶救準備，以防萬一在接見過程中發生什麼意外。所以在當時，我們就在這個地方，所有工作人員都在這個門後頭，都在這兒等著」，「甚至於我們把給他用的強心劑都抽在了針管裡頭」，「因為要分秒必爭啦，是處於臨戰狀態」。

此後幾天時間裡，周恩來與尼克森本著求同存異的精神，就兩國關係正常化以及雙方所共同關心的國際事務進行了廣泛、認真和坦率的討論，並最終促使美方同意了《聯合公報》的主要內容，基本實現了中國方面的預想。

二月二十八日，中美兩國在上海正式發表《聯合公報》，鄭重聲明：中美兩國關係走上正常化是符合所有國家的利益的；雙方都希望減少國際軍事衝突的危險；任何一方都不應該在亞洲太平洋地區謀求霸權，每一方都反對任何其他國家或國家集團建立這種霸權的努力。關於台灣問題，中方重申自己的立場，並指出台灣問題是阻礙中美兩國關係正常化的關鍵問題。美方則表示：美國認識到，台灣海峽兩岸的所有中國人都認為只有一個中國，台灣是中國的一部分，美國政府對這一立場不提出異議。美國重申它對由中國人自己和平解決台灣問題的關心，並確認從台灣撤出全部美國武裝力量和軍事設施的最終目標。

尼克森成功訪華，是中美關係史上的里程碑，標誌著中美關係正常化的進程正式開始，並對世界戰略格局產生重要影響。三年後的

周恩來陪同毛澤東會見尼克森和季辛吉

一九七五年十二月三十一日深夜，毛澤東在中南海游泳池住處會見尼克森女兒朱莉和她的丈夫戴維，朱莉說：「我帶來了我父親對你的問候，還帶來了他特意寫的一封信。」尼克森在這封信中寫道：

使我感到高興的是，我們於一九七二年在中華人民共和國和美國之間建立的新關係仍在持續。正如你所十分瞭解的，在其他國家，甚至在美國，都有一些人曾竭力反對我去北京，他們甚至在今天還在繼續盡一切可能來破壞我們在一九七二年開創的新關係。但正如當我們在你家裡會晤時你所說的，歷史使我們走到一起來了……如果要使世界得到和平，中美友誼和合作是不可缺少的，儘管我們在一些問題上可能存在分歧。如果我們變成了敵人，或者允許一堵曾經把我們分開了那麼多年的牆重新建造起來，那將是歷史的大悲劇之一。

尼克森訪華的一周，有人稱之為「改變世界的一周」。同中國一衣帶水的日本，首先受到衝擊，政壇出現動盪。一九七二年七月七日，田中角榮組閣，並在就職當天發表聲明，表示願意為加速日中邦交正常化而努力。七月二十五日，日本公明黨中央執行委員長竹入義勝受田中角榮委託，帶著田中決心訪華的訊息和準備與中國談判的二十項內容抵達北京。經過多次交換意見，雙方對田中首相訪華時將要簽署的聯合聲明的內容基本達成了共識。

九月二十五日，田中角榮率領了一個包括外相和官房長官在內的兩百三十餘人的龐大代表團來華訪問。四天後，中日兩國政府首腦在北京簽訂了《中日聯合聲明》，兩國宣告邦交正常化，中日關係由此揭開了新的篇章。聲明指出，「日本方面痛感日本國過去由於戰爭給中國人民造成的重大損害的責任，表示深刻的反省」。日本政府承認中華人民共和國政府是中國的唯一合法政府，並對中國政府關於台灣

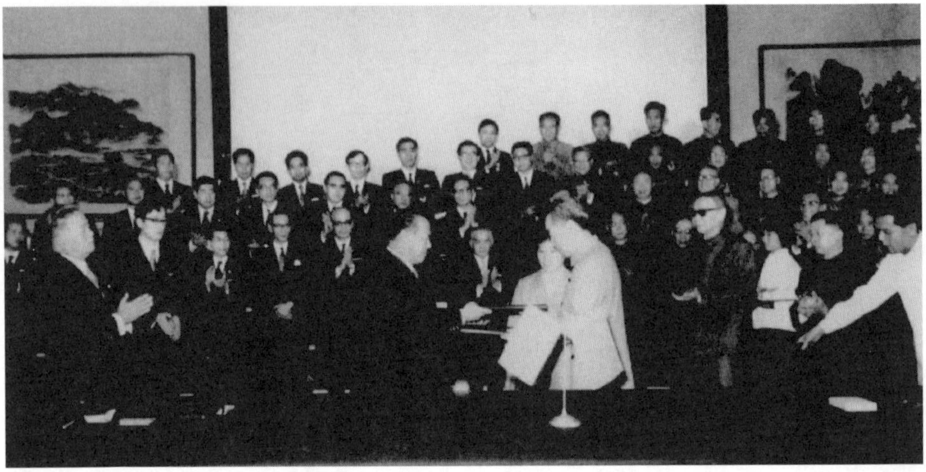

周恩來同田中角榮簽署《中日聯合聲明》後互換文本

是中華人民共和國領土不可分割的一部分的立場，表示理解和尊重。中國政府宣佈：為了中日兩國人民的友好，放棄對日本的戰爭賠償要求。

在《中日聯合聲明》簽署後，日本同台灣當局斷絕了「外交關係」。後來，田中角榮充滿感情地回憶說：「日中復交這個具有歷史意義的大業並不是事務性地就能解決的。為揭開日中永遠和平的帷幕作出決斷的，是新中國的八億人民的領袖——毛澤東。我認為這是為日本、為中國，也是為全人類作出的偉大決斷。」

隨著中美、中日關係的相繼正常化，中國又迎來了新的一輪建交高潮。僅一九七二年一年，中國就先後同十八個國家建立外交關係或實現外交機構升格，成為新中國成立以來同外國建交最多的一年，中國獨立自主的外交獲得了更大的發展。

根據國際關係的新格局，毛澤東適時提出了「三個世界」的理論，對中國的外交戰略作出了重大調整。他的這一論斷萌芽於二十世紀四〇年代的「中間地帶論」思想，雛形於二十世紀六〇年代的「中間地帶論」的外交戰略，最終在二十世紀七〇年代形成。

一九七〇年六月，毛澤東在會見非洲外賓時說，我們願跟你們非洲站在一個行列。就是亞非拉，第三世界嘛。我們把自己算作第三世界的。第一次明確表示中國屬於第三世界。此後，他又多次對第一、二、三世界和「超級大國」概念進行了闡釋，並在一九七四年二月二十二日會見贊比亞共和國總統卡翁達時，明確、完整地提出了「三個世界」劃分的戰略思想。他指出：「我看美國、蘇聯是第一世界。中間派，日本、歐洲、澳大利亞、加拿大是第二世界。咱們是第三世界。美國、蘇聯原子彈多，也比較富。第二世界，歐洲、日本、澳大利亞、加拿大，原子彈沒有那麼多，也沒有那麼富，但是比較第三世界要富。第三世界人口很多。亞洲除了日本，都是第三世界。整個非洲都是第三世界。拉丁美洲也是第三世界。」

一九七四年四月十日，鄧小平在聯合國大會第六屆特別會議上發言，第一次向全世界闡述了毛澤東關於三個世界劃分的理論，並說明了中國的對外政策。他指出：「從國際關係的變化看，現在的世界實際上存在著互相聯繫又互相矛盾著的三個方面、三個世界。美國、蘇聯是第一世界。亞非拉發展中國家和其他地區的發展中國家，是第三世界。處於這兩者之間的發達國家是第二世界。」第三世界國家和人民加強團結，並聯合一切可以聯合的力量，就一定能取得反對殖民主義、帝國主義、霸權主義鬥爭的新勝利。中國是一個社會主義國家，也是一個發展中國家，中國屬於第三世界。「中國現在不是，將來也不做超級大國。」

參加起草鄧小平這次聯大特別會議發言稿的凌青，後來回憶說：「初稿寫成後，小平同志和大家一起，花了一整天時間，在人民大會堂，一段一段地討論。中午，就在討論場所用餐，小平同志和大家一樣，每人各分得一份菜飯。」「會議討論到最後一段結束語時，小平同志說，應該講這樣幾句話，就是：『中國現在不是，將來也不做超級大國。如果中國有朝一日，變了顏色，變成一個超級大國，也在世界上稱王稱霸，到處欺負人家、侵略人家、剝削人家，那麼，世界人民就應當給中國戴上一頂社會帝國主義的帽子，就應當揭露它、反對它，並且同中國人民一道，打倒它。』當我記下這幾句話後，小平同志說：『你就這樣寫，不必改。』這是中國國家領導人第一次在聯合國講壇上對國際社會表達中國永不稱霸的決心，特別是最後一句『全世界人民同中國人民一道，打倒它』，是在其他場合都沒有提過的，更顯示出中國人民同世界人民利益的一致性。這篇講話在當時確實博得了第三世界國家的普遍讚揚。」

中國同大多數第三世界國家具有相似的苦難經歷，面臨共同的問題和任務。毛澤東提出的「三個世界」劃分的戰略思想，提出中國屬於第三世界，不做超級大國，不稱霸，把與第三世界國家的團結合作作為中國發展對外關係的基本立足點，很大程度上團結了亞、非、拉的發展中國家，奠定了中國在世界政治格局中的國際地位，對於爭取第三世界國家共同反霸，開創獨立自主的和平外交的新局面，也具有重要的指導意義。由此，中國擺脫了一度在國際上比較孤立的處境，國際地位不斷提高。作為遏制霸權主義、強權政治的一支重要力量，中國在國際事務中發揮越來越大的作用，這也為中國進行四個現代化建設，創造了有利的國際條件。

三、三線建設的持續開展

一九六四年五六月間，中共中央為了應對不利的國際形勢，改變不合理的國內產業佈局，下決心開展三線建設，進行工業交通產業的大規模結構調整，從而建立後方工業基地，增強對付國外敵人發動大規模侵略戰爭的能力。

時任中國國家計委三線建設調整辦公室主任的王春才，談到三線建設的歷史背景，指出：「當時除了藉鑑蘇聯二戰初期大多數軍工業位於大城市而遭受德軍重創，進而搬遷軍工廠到烏拉爾山區的經驗教訓，毛主席還有平衡調整沿海和內地發展佈局的考慮。因為當時絕大部分資源在內地，而加工產業卻大部分在沿海，十分不合理。三線建設的決策是有雙重原因的。」

毛澤東提出的一、二、三線，主要是按中國的地理區域劃分的：一線是指沿海地區。二線是指中部地區。三線分兩塊，一塊是西南三線，包括雲、貴、川三省的全部或大部以及湘西、鄂西；另一塊是西北三線，包括陝、甘、寧、青四省區全部或大部以及豫西、晉西地區。

三線建設又分為大三線、小三線兩個部分。大三線的基本建設方針是：(1)一切新建項目均應擺在三線地區，並按分散、靠山、隱蔽的原則佈點，不能集中在少數幾個大城市裡；(2)一線的重要工廠、重點高等院校、重要科研機構，有計劃地全部或部分遷移到三線地區；(3)不再新建大中型水庫；(4)恢復人民防空委員會，積極準備在北京、上海、瀋陽等大城市興建地下鐵道。小三線指一線（即沿海地區）和二線地區（主要指中部地區）的腹地，基本建設方針是：各省在後方部署一批新建遷建項目，包括軍工、民用、農用工業、交通、通訊、電力、文教、衛生等事業的建設項目。

在「文化大革命」動盪的政治環境中，參加三線建設的廣大工人、幹部、科技人員、解放軍官兵及民工隊伍，發揚「一不怕苦，二不怕死」的艱苦奮鬥精神，戰勝了種種難以想像的困難和惡劣的自然條件。

連接成都和昆明的成昆鐵路，總長一千零八十五公里，是一條重要的鐵路幹線。但其建設條件之艱苦惡劣，為中國鐵路史上所罕見。它途經四川西南和雲南北部的崇山峻嶺，百分之七十的地段地勢險惡，地質結構複雜，既有鋼鐵般堅硬的岩層，也有一炸即塌方的鬆軟泥石，特別是跨越的大渡河、金沙江等河流，兩岸分佈著高達幾百公尺的懸崖峭壁，人都難以立足。

成昆鐵路橋隧相連，列車穿行於崇山峻嶺之中。圖為成昆鐵路一線天

承擔成昆鐵路修建任務的解放軍鐵道兵部隊，憑藉鋼釬、大錘、炸藥等普通工具，用自己的汗水和生命，創造了世界鐵路史上的奇蹟。戰士徐文科在隧道發生大塌方、巨石壓爛下半身的情況下，臨終前堅毅地表示：「我為修成昆鐵路而死，死得光榮。」

時為鐵道兵十師四十六團戰士的孫維林回憶說：「趕上『文化大革命』，我們心裡也很不踏實，因為不斷有造反派來衝擊、來搶劫。說老實話，那時候我當新兵的時候，晚上站崗都很害怕，保衛炸藥庫、彈藥庫，每天晚上站崗。那時候四川很複雜，經常不斷有信號彈上天，可是你搜查又搜查不到。吃得不好，社會環境不安定，再加上當時的地質情況複雜，所以成昆鐵路的修建困難是非常大的，也是想像不到的。修成昆線是在我的一生當中最艱苦的一段經歷，付出的代價也是最多的，每一個工班要保證一公尺二到一公尺三的進度，這個是鐵打不動的。否則的話，成昆線（在當時）也通不了。」

一九七〇年七月一日，成昆鐵路全線通車，帶動了沿線少數民族地區經濟、文化的發展。據統計，成昆鐵路共修建橋樑九百九十一座，總延長九十二・七公里，相當於五十六座武漢長江大橋；修鑿隧道、明峒四百二十七座，總延長三百四十一公里；橋樑和隧道相加的總長度，佔全線總長度的百分之三十九・四。其中，金沙江大橋主跨一百九十二公尺，是當時中國鐵路上跨度最大的鋼樑橋；沙木拉打隧道長六千三百七十九公尺，是當時中國鐵路上最長的隧道。

從西北的荒原沙漠到西南的深山僻谷，三線建設工地上的動人事跡到處可見。離成昆鐵路不遠的攀枝花鋼鐵工業基地，屬於三線建設的重中之重項目。攀枝花位於四川和雲南交界處，有著豐富的水利資源和礦產資源，並且靠近林區，距離成昆鐵路和貴州六盤水大型煤炭基地較近，地點也很隱蔽，是建設戰略後方鋼鐵基地的理想地區。

在攀枝花建設鋼鐵廠的設想，源於一九五八年三月召開的成都會議。當時，地質部部長李四光向毛澤東匯報說，在四川金沙江畔發現了一個大鐵礦。毛澤東高興地問他，具體在哪個地方。李四光說：那裡過去荒無人煙，因為長著幾棵大攀枝花樹，所以地質勘查隊就把它標注為「攀枝花」。毛澤東認為「攀枝花」這個名字很好，當即指示冶金工業部部長王鶴壽考慮一下在攀枝花建設鋼鐵廠的可能性。一個月後，王鶴壽向中共中央提交題為《鋼鐵工業的發展速度能否設想更快一些》的報告，建議在第二個五年計劃的中後期，開始新建三個較大的鋼鐵基地——甘肅酒泉鋼鐵廠、四川攀枝花鋼鐵廠、湖北長陽鋼鐵廠，得到中央的同意。但是，在「大躍進」中倉促上馬的攀枝花鋼鐵廠，在國民經濟嚴重困難的形勢下又不得不下馬。

毛澤東心中始終牽掛著攀枝花。一九六四年六月六日，他在中央工作會議上動情地說：「三線建設的開展，首先要把攀枝花鋼鐵工業基地以及相聯繫的交通、煤、電建設起來。建設要快，但不要毛糙。攀枝花搞不起來，我

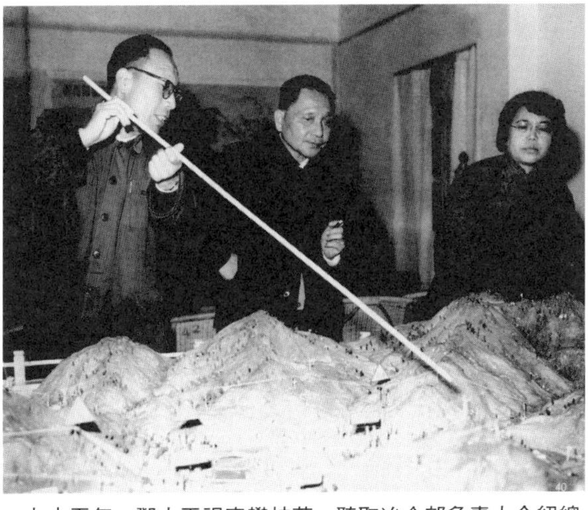

一九六五年，鄧小平視察攀枝花，聽取冶金部負責人介紹總體規劃

睡不著覺。」

八月十七日，中央書記處召開會議研究三線建設問題時，毛澤東進一步指出：「攀枝花是戰略問題，不是鋼鐵廠問題。現在抓是抓了，但要抓緊，要估計到困難的情況，有備無患。現在再不建設三線，就如同大革命時期不下鄉一樣，是革命不革命的問題。」

攀枝花鋼鐵工業基地坐落在四川橫斷山脈的渡口，交通十分閉塞，建設條件非常艱苦。但是，來自全國各地的工人、幹部、專家，經過十餘年的艱辛創業，硬是建起了一個現代化的大型鋼鐵聯合企業。按照國際慣例，建設年產一百五十萬噸的鋼鐵廠，至少需要五平方公里的平地，但這裡只有二・五平方公里、高差八十公尺的荒涼山坡。設計人員因地制宜，大膽提出了台階式設計方案，通過大規模爆炸，將叫「弄弄坪」的山坡平整成四個大台階、二十三個小台階的各級台階平地，進而以先進的多種運輸方式和相適應的工藝流程，濃縮安排下鋼鐵廠的佈局，從而開創了世界鋼鐵基地建設史上的先例，被譽為「象牙微雕」式立體大型企業。

從一九六五年破土動工，到一九七〇年六月煉出了第一爐鐵水，再到一九七五年一期工程基本建成投產，攀枝花年產鐵一百六十萬至一百七十萬噸、鋼錠一百五十萬噸、鋼材九十萬至一百一十萬噸、釩渣七萬四千五百噸、線材二十萬噸，成為西南最大的鋼鐵工業基地。隨著攀枝花鋼鐵工業的發展，一座以工業為主體，具有較強輻射能力的嶄新城市，出現在川滇交界的貧困山區，對帶動周邊地區特別是少數民族地區的經濟社會發展，鞏固西南邊疆，起到了重要作用。

據統計，從一九六五年到一九八〇年，在十三個省、自治區開展的三線建設，共投入兩千零五十二億元資金、幾百萬人力，安排幾千個建設項目。規模之大，時間之長，動員之廣，行動之快，在中國建設史上是空前的。儘管三線建設存在規模鋪得過大、戰線拉得過長、進程過快過急等偏差，但它所取得的重大成就，是不能抹殺的。它初步改變了中國內地基礎工業薄弱、交通落後、資源開發水準低下的狀況；初步建立起具有相當規模、門類齊全、科研和生產結合的戰略大後方現代工業交通體系；有力促進了內地省區的經濟繁榮和科技文化進步，給內地建設帶來了發展機遇。

第五節　偉大的歷史轉折

一九七八年底召開的中共中央工作會議和中共十一屆三中全會，在中國共產黨和國家面臨向何處去的重大歷史關頭，就關係中國共產黨和國家前途命運的大政方針作出了正確的政治決斷和戰略抉擇，實現了新中國成立以來具有深遠意義的偉大轉折。從此，中國共產黨領導人民在新的歷史條件下開始了新的偉大革命。

一、在徘徊中前進

粉碎「四人幫」集團，結束「文化大革命」災難，使中國獲得了有利的發展契機。但是，十年浩劫留下的後果十分嚴重，要在短期內消除這場內亂造成的政治上思想上的混亂並不容易。中共中央首先著手清查「四人幫」的幫派體系，部署開展揭發批判「四人幫」的運動，恢復中國共產黨和國家的正常秩序，促進社會安定團結，並積極開展國民經濟建設，取得了一定成績。但讓人們感到失望的是，大家所期待的平反冤假錯案，特別是為天安門事件平反、讓鄧小平重新出來工作的強烈要求，遲遲未能實現。

其實，在一九七六年十月十二日，胡耀邦就託人給葉劍英和華國鋒帶去口信：現在我們的事業面臨著中興，中興偉業，人心為上。什麼是人心？停止批鄧，人心大順；冤案一理，人心大喜；生產狠狠抓，人心樂開花。十月十八日，陳雲也通過李先念向中共中央轉達了他的幾點意見，其中就包括：「查一查今年四月天安門事件的真相；當時絕大多數人是為悼念總理，尤其擔心接班人是誰，混在人群中的壞人是極少數；『四人幫』對這件事有沒有詭計？」

然而，《人民日報》、《紅旗》雜誌、《解放軍報》卻在一九七七年二月七日同時發表社論〈學好文件抓住綱〉，提出了「兩個凡是」的指導方針：「凡是毛主席作出的決策，我們都堅決維護，凡是毛主席的指示，我們都始終不渝地遵循。」這種對毛澤東生前的決策和指示拒絕作任何分析的觀點的出現，說明長期以來「左」的指導思想還未從根本上改變。

学好文件抓住纲

《人民日报》、《红旗》杂志、《解放军报》社论

一九七七年二月七日，《人民日報》、《紅旗》雜誌、《解放軍報》發表了《學好文件抓住綱》的社論，公開提出了「兩個凡是」的錯誤方針

在一九七七年三月召開的中央工作會議上，華國鋒一方面強調「批鄧、反擊右傾翻案風，是偉大領袖毛主席決定的，批是必要的」，另一方面又指出「『四人幫』對鄧小平同志的一切誣蔑不實之詞，都應當推倒」，要「在適當的時機讓鄧小平同志出來工作」，「但是要有步驟，要有一個過程」，做到「瓜熟蒂落，水到渠成」。對天安門事件，他同樣是這樣一種矛盾態度，既強調它是「少數反革命分子製造的反革命事件」，又說「群眾在清明節到天安門去表示自己對周恩來總理的悼念之情，是合乎情理的」。對此，鄧小平一針見血地指出癥結所在，「『兩個凡是』不行」，這「不是馬克思主義，不是毛澤東思想」。「按照『兩個凡是』，就說不通為我平反的問題，也說不通肯定一九七六年廣大群眾在天

安門廣場的活動『合乎情理』的問題。」

在中國共產黨和人民的要求下，一九七七年七月中共召開的十屆三中全會終於決定恢復鄧小平在一九七六年被撤銷的全部職務，即中共中央委員、中央政治局委員、中央政治局常委、中共中央副主席、中共中央軍委副主席、國務院副總理、中國人民解放軍總參謀長。他在會上作了復出後的第一次正式講話，再一次強調：「要對毛澤東思想有一個完整的準確的認識，要善於學習、掌握和運用毛澤東思想的體系來指導我們各項工作。只有這樣，才不至於割裂、歪曲毛澤東思想，損害毛澤東思想。」

七月三十日，當鄧小平重新出現在首都工人體育場國際足球邀請賽的看台上，全場十萬觀眾起立，以熱烈的掌聲歡迎他重新出來工作。鄧小平復出，對「兩個凡是」是一個重大突破。

一九七七年七月，中共十屆三中全會通過了恢復鄧小平領導職務的決議。鄧小平在會上針對「兩個凡是」的錯誤觀點，指出必須完整地準確地理解毛澤東思想

一九七七年八月，中共十一大總結同江青反革命集團的鬥爭，宣告歷時十年的「文化大革命」已經結束，重申在二十世紀內把中國建設成為社會主義現代化強國的根本任務。但這次大會仍然肯定「文化大革命」的錯誤理論和實踐，仍然堅持「以階級鬥爭為綱」是中國共產黨在現階段的主要任務，因而沒有從根本上著手糾正「文化大革命」的錯誤。

人們急切地期待著中國迅速擺脫困境，但撥亂反正每前進一步，都十分艱難。揭批「四人幫」，受到「兩個凡是」方針的限制；平反冤假錯案，一遇到毛澤東批准的、定了的案子，便不准觸動；在科學、教育、文化領域進行撥亂反正，也有人拿出毛澤東批過的文件進行阻撓。在生產上，混亂狀況有所好轉，國民經濟得到比較快的恢復，人民生活水準也有所提高，但又發生急於求成的傾向，加劇了國民經濟的比例失調。

在「文化大革命」結束後的兩年間，中國共產黨和國家的工作雖然有所前進，但並沒有從指導思想上徹底清理「文化大革命」的錯誤，而是繼續肯定「文化大革命」的「左」傾理論，在「以階級鬥爭為綱」的框架內「抓綱治國」，結果導致在前進道路上出現徘徊局面。

二、真理標準問題大討論

歷史和現實的要求是，中國共產黨必須從指導思想上徹底清理「文化大革命」時期和多年來的「左」傾錯誤，在總結新中國成立以來歷史經驗的基礎上，按照中國的實際情況，探索出一條能使生產力得到更大發展、人民生活水準得到較快提高的新道路。而要做到這一點，就必須推倒「兩個凡是」的錯誤方針，恢復中國共產黨的正確思想路線，進行全面的、卓有成效的撥亂反正。

在中國共產黨黨內首先旗幟鮮明地批評「兩個凡是」、倡導實事求是的是鄧小平。早在一九七七年四月十日，他給華國鋒、葉劍英和中共中央寫信，就明確指出：「我們必須世世代代地用準確的完整的毛澤東思想來指導我們全黨、全軍和全國人民，把黨和社會主義的事業，把國際共產主義運動的事業，勝利地推向前進。」

九月二十八日，陳雲也在《人民日報》發表的〈堅持實事求是的

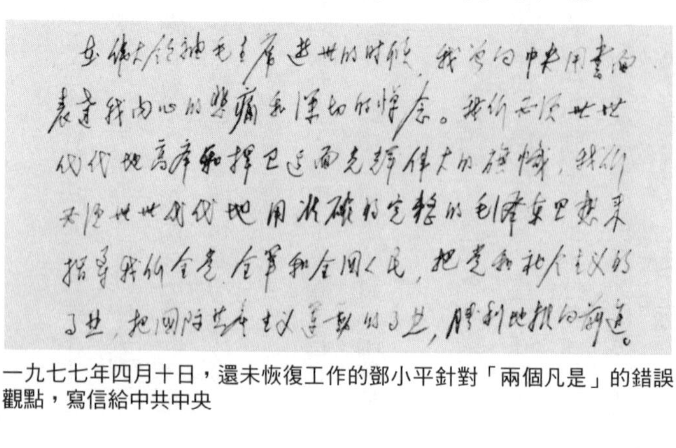
在伟大领袖毛主席逝世的时候，我曾向中央用书面表达我内心的悲痛和深切的悼念。我们必须世世代代地高举和捍卫这面光辉伟大的旗帜。我们必须世世代代地用准确的完整的毛泽东思想来指导我们全党、全军和全国人民，把党和社会主义的事业，把国际共产主义运动的事业，胜利地推向前进。

一九七七年四月十日，還未恢復工作的鄧小平針對「兩個凡是」的錯誤觀點，寫信給中共中央

革命作風〉一文中指出：「實事求是，這不是一個普通的作風問題，這是馬克思主義唯物主義的根本思想路線問題。我們要堅持馬克思列寧主義，堅持毛澤東思想，就必須堅持實事求是。」「是否堅持實事求是的革命作風，實際上是區別真假馬列主義、真假毛澤東思想的根本標誌之一。」

老一輩革命家對實事求是的論述和宣傳，引起人們對「兩個凡是」觀點的質疑，形成了一場真理標準問題的大討論。一九七八年五月十一日，《光明日報》以「本報特約評論員」名義，在頭版發表經中共中央黨校副校長胡耀邦審定的〈實踐是檢驗真理的唯一標準〉一文，新華社當天發了通稿。第二天，《人民日報》、《解放軍報》以及《解放日報》等全文轉載。

实践是检验真理的唯一标准

本报特约评论员

检验真理的标准只能是社会实践

理论与实践的统一，是马克思主义的一个最基本的原则

一九七八年五月十一日，《光明日報》以特約評論員名義公開發表了《實踐是檢驗真理的唯一標準》，引發了一場全國性的關於真理標準問題的大討論

時任《光明日報》總編輯的楊西光回憶說：「〈實踐是檢驗真理的唯一標準〉一文和後來關於真理標準問題的討論，是在鄧小平同志完整、準確地認識和運用毛澤東思想、反對『兩個凡是』的思想指導下，以及胡耀邦同志在中央黨校提倡解放思想、實事求是地評價黨的歷史問題的推動下，針對當時思想路線鬥爭實際展開的。」

〈實踐是檢驗真理的唯一標準〉鮮明地提出：社會實踐不僅是檢驗真理的標準，而且是唯一的標準。馬克思主義的理論寶庫並不是一堆僵死不變的教條，它要在實踐中不斷增加新的觀點、新的結論，拋棄那些不再適合新情況的個別舊觀點、舊結論。現在，無論在理論上或實際工作中，「四人幫」設置的不少禁錮人們思想的禁區，還沒有被完全打破。對於這些禁區，我們要敢於去觸及，敢於去弄清是非。

文章還指出，凡有超越於實踐並自奉為絕對禁區的地方，就沒有科學，就沒有真正的馬列主義、毛澤東思想，而只有蒙昧主義、唯心主義、文化專制主義。共產黨人不能拿現成的公式去限制、宰割、剪裁無限豐富的生動的實際生活，應該勇於研究新的實踐中提出的新問題。只有這樣，才是對待馬克思主義的正確態度。

這篇文章的主要作者、時任南京大學哲學系講師的胡福明回憶說：「按照這『兩個凡是』，我們什麼事也不能做，鄧小平也不能出來工作。所以我明顯地感覺到，『兩個凡是』是嚴重地阻撓了撥亂反正，應該批判。但是一開始批判『兩個凡是』不是那麼容易的，你不能公開把『兩個凡是』作為靶子。反覆分析以後，我認為『兩個凡是』致命的錯誤就是否認領袖提出的理論、路線、政策觀點必須經過實踐的檢驗。它的問題在這裡。因此這篇文章第一個觀點就是，實踐是檢驗真理的標準。只有實踐才是檢驗真理的標準。對於所有的人，對於所有的政黨團體來說，他們的思想、理論、觀點、決策是否準確，都必須經過實踐的檢驗。實踐檢驗證明符合客觀實際的就是正確的。實踐證明不符合客觀實際的，就是錯誤的，要改正的，沒有例外的。」

也因為如此，儘管這篇文章只是對馬克思主義的基本常識作正面闡述，實際上卻直截了當地批判了「兩個凡是」，因而立即引起「兩個凡是」同實事求是兩種觀點的激烈爭論。當討論遇到很大阻力時，鄧小平、葉劍英、李先念、陳雲、胡耀邦等人紛紛表態支持，並推動它成為一場規模宏大、內涵豐富、影響深遠的群眾性大討論。

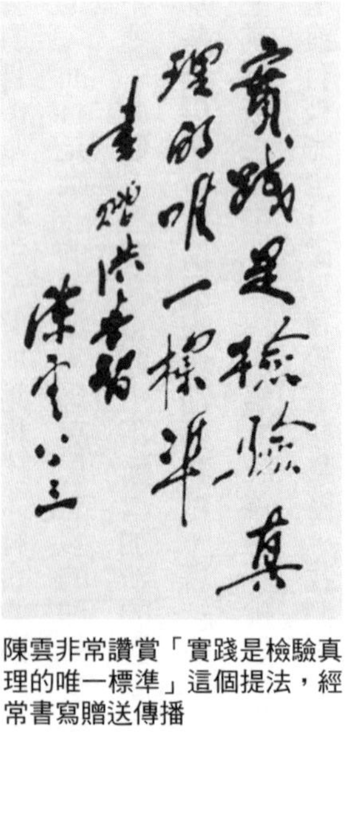

陳雲非常讚賞「實踐是檢驗真理的唯一標準」這個提法，經常書寫贈送傳播

五月三十日，鄧小平在一次談話中明確指出：「現在發生了一個問題，連實踐是檢驗真理的標準都成了問題，簡直是莫名其妙！現在我們的外貿、我們的管理、我們的經濟政策，都受到這些思想的影響，自己把自己的手腳束縛起來，很多事情都不敢搞。腦子裡還都是些老東西，不會研究現在的問題，不從現在的實際出發來提出問題，解決問題。這樣天天講四個現代化，講來講去都會是空的。」

六月二日，鄧小平在全軍政治工作會議上發表講話，著重闡述毛澤東關於實事求是的觀點，批評在對待毛澤東和毛澤東思想問題上「兩個凡是」的錯誤態度，指出：「馬列主義、毛澤東思想的基本原則，我們任何時候都不能違背，這是毫無疑義的。但是，一定要和實際相結合，要分析研究實際情況，解決實際問題。按照實際情況決定工作方針，這是一切共產黨員所必須牢牢記住的最基本的思想方法、工作方法。實事求是，是毛澤東思想的出發點、根本點。」他號召大家「一定要肅清林彪、『四人幫』的流毒，撥亂反正，打破精神枷鎖，使我們的思想來個大解放」。

在中共中央軍委秘書長羅瑞卿的大力支持下，《解放軍報》六月二十四日以「特約評論員」名義，在頭版發表〈馬克思主義的一個最基本的原則〉一文，《人民日報》、《光明日報》同日轉載，引起很大反響。這篇文章指出：馬列主義、毛澤東思想本身要由實踐來檢驗，其正確性要由實踐來證明。思想不能證明自身。理論是實踐的指南和實踐是檢驗真理的標準，這是兩個不同的問題，不能相互混淆。林彪、「四人幫」的唯心論和形而上學，非常突出地表現在他們的真理觀上。長期以來，他們把真理說成是依人們的主觀思想為轉移的東西；把理論本身或權威人士的言論，或文件上寫了的，作為判斷真理的標準，而獨獨諱言客觀實踐。其為害之烈，情節之惡劣，幾乎每個人都有切身的感受。

從七月底開始，各省、自治區、直轄市和中央的一些部門，以及各大軍區、各軍兵種、軍委直屬單位的主要負責人相繼發表講話或文章，公開表明支持實踐是檢驗真理的唯一標準的立場。各地宣傳部門和黨校也積極配合，紛紛舉辦討論會或培訓班，推動這場討論的開展。據不完全統計，一九七八年下半年，報刊上發表專文六百五十多篇，關於真理標準問題的討論會，不包括中央單位，僅地方上就召開了七十餘次。

這場討論受到社會各界的關注，表明真理標準問題已不僅是一個理論觀點問題，而是關係到中國共產黨和國家前途命運的重大政治問題。在多種力量的推動下，「打破僵化」「解放思想」的呼聲越來越高，開始打破「兩個凡是」和多年來盛行的個人崇拜的禁錮，為促進人們的思想解放，重新確立實事求是的思想路線，糾正長期以來的「左」傾錯誤，推動各條戰線的撥亂反正，實現歷史性轉折奠定了思想理論基礎。

三、開闢改革開放新道路

歷史總是在曲折中前進，不可能是一帆風順的。而且，歷史的損失往往會從歷史的進步中得到補償，如同鄧小平所說：「我們實行改革開放政策，大家意見都是一致的，這一點要歸『功』於十年『文化大革命』，這個災難的教訓太深刻了。」「沒有『文化大革命』的教訓，就不可能制定十一屆三中全會以來的思想、政治、組織路線和一系列政策。」

當「兩個凡是」的思想禁錮剛被衝破時，對中國發展的緊迫性和經濟、政治體制存在的弊端有著很深感受的鄧小平，在最高領導層內大聲疾呼：社會主義就是要加快發展生產力，要學習、引進國外先進技術和管理經驗，大膽改革經濟管理體制。

一九七八年九月，鄧小平在東北三省視察時，行程數千里，走一路講一路，用他自己的話說是到處點火。他語重心長地說：「我們現在要實現四個現代化，有好多條件，毛澤東同志在世的時候沒有，現在有了。中央如果不根據現在的條件思考問題、下決心，很多問題就提不出來、解決不了。」圍繞實現現代化，加快發展生產力，鄧小平提出了一系列重要觀點。

在視察大慶油田後，鄧小平直指管理體制改革問題，強調：「總的說來，我們的體制不適應現代化，上層建築不適應新的要求。過去講發揮兩個積極性，無非中央和省市，現在不夠了，現在要擴大到基層廠礦，要加強基層企業的權力。」

一九七八年秋，鄧小平視察東北三省，多次發表重要講話，支持真理標準問題大討論，號召要完整準確地掌握毛澤東思想，衝破「兩個凡是」的思想禁錮，集中精力發展生產力，一心一意搞現代化建設

在聽取吉林省委的工作匯報後，鄧小平強調生產力發展的重要性，指出：「我們是社會主義國家，社會主義制度優越性的根本表現，就是能夠允許社會生產力以舊社會所沒有的速度迅速發展，使人民不斷增長的物質文化生活需要能夠逐步得到滿足。按照歷史唯物主義的觀點來講，正確的政治領導的成果，歸根到底要表現在社會生產力的發展上，人民物質文化生活的改善上。」

在聽取遼寧省委的匯報後，鄧小平進一步批評「兩個凡是」，指出：「不恢復毛主席樹立的實事求是的優良傳統和作風，四個現代化沒有希望。我們要根據現在的國際國內條件，敢於思考問題，提出問題，解決問題。千萬不要搞『禁區』。『禁區』的害處是使人們思想僵化，不敢根據自己的條件考慮問題。」

在視察鞍鋼時，鄧小平更是情真意切地說：「社會主義要表現出它的優越性，哪能像現在這樣，搞了二十多年還這麼窮，那要社會主義幹什麼？我們要在技術上、管理上都來個革命，發展生產，增加職工收入。」

後來，鄧小平的這些談話被譽為「北方談話」，為中國共產黨在指導思想上實現歷史性轉變創造了條件。時任吉林省委書記的王恩茂回憶說：「小平同志在吉林對我們所作的指示，促進了我們思想的大解放。過去有些不敢想的問題，現在敢想了；過去不敢講的問題，現在敢講了。所以，在三中全會以前，小平同志還是做了很多思想發動工作的，這就為召開三中全會打下了一個很好的思想基礎。」

時任鞍鋼煉鐵廠廠長的夏雲志也回憶說：「小平同志再三講，怎麼樣把生產搞上去，我們生產搞不好，對不起我們工人嘛，『文化大革命』結束兩年了，不要一天鬥來鬥去，鬥來鬥去，我們太落後了，我們太窮了嘛！搞社會主義就是搞生產，生產上去了這才能體現我們的社會主義優越性。那時候，我們心裡還真沒有數，究竟將來怎麼辦？通過小平這一說，我們心裡就亮堂了。」

一九七八年十一月十日至十二月十五日，中共中央在北京召開工作會議。在開幕會上，華國鋒強調，這是一次很重要的會議。把中國共產黨的工作著重點轉移到社會主義現代化建設上來，動員全黨同心同德，鼓足幹勁，為加快社會主義現代化而奮鬥，這是關係全局的問題，是這次會議的中心思想。

然而，許多與會者希望首先解決思想路線是非和重大歷史是非。大家認為，如果大是大非問題不解決，是不可能真正實現工作重點轉移的。十一月十二日，陳雲在東北組發言，率先提出系統地解決歷史遺留問題的意見，引起大多數與會者的強烈反響，從而改變了會議議程。當時也在東北組參加討論的王平回憶說：「陳雲同志的發言剛一講完，小組裡便爆發出一陣熱烈的掌聲。」「待掌聲平息下來，陳雲同志用徵詢的口吻說：『我的發言，希望大會能給發個簡報，不知小組的同志是否同意。』大家一致舉手，『同意！』」「當天，大會簡報印發了陳雲同志的發言，他的發言在與會同志中產生了強烈的反響，使會議氣氛立刻變得熾熱起來。」

十一月二十五日，華國鋒代表中共中央政治局講話，提出「天安門事件完全是革命的群眾運動，應該為天安門事件公開徹底平反」，並為「二月逆流」、「薄一波等六十一人叛徒集團」案，彭德懷、陶鑄、楊尚昆問題等錯案平反，解決了一批重大的歷史遺留問題。

這次會議對在真理標準問題討論中暴露的意見分歧也進行了熱烈討論。經過尖銳的思想交鋒，一些對討論真理標準問題有疑慮的同志思想有了轉變，作了自我批評。大家還要求中共中央對這場討論明確表示態度，以徹底解決思想路線問題。十二月十三日，華國鋒就「兩個凡是」的問題作了自我批評，承認「這兩句話考慮得不夠周全」，「在不同程度上束縛了大家的思想，不利於實事求是地落實黨的政策」。

在十二月十三日的閉幕會上，鄧小平作題為《解放思想，實事求是，團結一致向前看》的講話。他突出強調「解放思想是當前的一個重大政治問題」，指出：

解放思想，開動腦筋，實事求是，團結一致向前看，首先是解放思想。只有思想解放了，我們才能正確地以馬列主義、毛澤東思想為指導，解決過去遺留的問題，解決新出現的一系列問題，正確地改革同生產力迅速發展不相適應的生產關係和上層建築，根據我國的實際情況，確定實現四個現代化的具體道路、方針、方法和措施。

鄧小平充分肯定了真理標準討論的實質和意義，指出：「目前進行的關於實踐是檢驗真理的唯一標準問題的討論，實際上也是要不要解放思想的爭論。大家認為進行這個爭論很有必要，意義很大。從爭論的情況來看，越看越重要。一個黨，一個國家，一個民族，如果一切從本本出發，思想僵化，迷信盛行，那它就不能前進，它的生機就停止了，就要亡黨、亡國。」「從這個意義上說，關於真理標準問題的爭論，的確是個思想路線問題，是個政治問題，是個關係到黨和國家的前途和命運的問題。」

鄧小平還提出改革經濟體制的任務，在管理方法上，要特別注意克服官僚主義；在管理制度上，要特別注意加強責任制；在經濟政策上，要允許一部分地區、一部分企業、一部分工人農民，由於辛勤努力成績大而收入先多一些，生活先好起來。他告誡全黨：「再不實行改革，我們的現代化事業和社會主義事業就會被葬送。」

在中國面臨向何處去的重大歷史關頭，為期三十六天的中央工作會議終於打破「兩個凡是」方針的束縛，把原本準備討論經濟工作的會議，開成了一次為全面撥亂反正和開創新局面作準備的會議。這次會議的發言簡報出了五百多期，可見討論之熱烈。胡耀邦後來說，簡報估計有一百五十多萬字，相當於兩部《紅樓夢》、近三部《三國演義》。特別重要的是，鄧小平《解放思想，實事求是，團結一致向前看》這篇講話實際上成為隨後召開的十一屆三中全會的主題報告，成為開闢新時期新道路的宣言書。

十二月十八日至二十二日，中共十一屆三中全會在北京召開。這是新中國成立以來中國共產黨的歷史上具有深遠意義的偉大轉折。會議徹底否定「兩個凡是」的方針，重新確立解放思想、實事求是的指導思想，實現了思想路線的撥亂反正；停止使用「以階級鬥爭為綱」的口號，作出工作重點轉移的決

在鄧小平的領導下，中共十一屆三中全會重新確立解放思想、實事求是的思想路線，確定把中國共產黨和國家工作的重心轉移到經濟建設上來，作出實行改革開放的決策。這次全會形成了以鄧小平為核心的中共第二代領導集體。圖為鄧小平和陳雲在十一屆三中全會上

策，實現了政治路線的撥亂反正；形成以鄧小平為核心的中共中央領導集體，取得了組織路線撥亂反正的最重要成果；恢復中國共產黨的民主集中制的優良傳統，提出使民主制度化、法律化的重要任務；審查和解決歷史上遺留的一批重大問題和一些重要領導人的功過是非問題，開始了系統清理重大歷史是非的撥亂反正。

十一屆三中全會作出實行改革開放的新決策，開始了中國從「以階級鬥爭為綱」到以經濟建設為中心、從僵化半僵化到全面改革、從封閉半封閉到對外開放的歷史性轉變。英國諾丁漢大學中國政策研究所顧問委員會主席芮立指出：「我相信大多數人會同意，這次會議是中國幾十年以來發生的最重要的變革之一，或許稱得上是最具勇氣的一次變革，因為它徹底改變了中國從一九七八年到八〇年代、九〇年代，一直到今天的經濟發展方式。」

二〇〇八年十二月十八日，胡錦濤在紀念十一屆三中全會召開三十週年的講話中，高度評價了這次全會的歷史意義：

十一屆三中全會標誌著我們黨重新確立了馬克思主義的思想路線、政治路線、組織路線，標誌著中國共產黨人在新的時代條件下的偉大覺醒，顯示了我們黨順應時代潮流和人民願望、勇敢開闢建設社會主義新路的堅強決心。在十一屆三中全會春風吹拂下，神州大地萬物復甦、生機勃發，撥亂反正全面展開，解決歷史遺留問題有步驟進行，社會主義民主法制建設走上正軌，黨和國家領導制度和領導體制得到健全，國家各項事業蓬勃發展。我們偉大的祖國迎來了思想的解放、經濟的發展、政治的昌明、教育的勃興、文藝的繁榮、科學的春天。黨和國家又充滿希望、充滿活力地踏上了實現社會主義現代化的偉大征程。

參考文獻

一、主要參考書籍

1. 中共中央文獻研究室編：《毛澤東傳（一九四九—一九七六）》（上、下），中央文獻出版社二〇〇三年版。
2. 中共中央文獻研究室編：《毛澤東年譜（一九四九—一九七六）》（六卷本），中央文獻出版社二〇一三年版。
3. 中共中央文獻研究室編：《周恩來傳（一八九八—一九七六）》（上、下），中央文獻出版社二〇〇八年版。
4. 中共中央文獻研究室編：《周恩來年譜（一九四九—一九七六）》（上、中、下），中央文獻出版社一九九七年版。
5. 中共中央文獻研究室編：《劉少奇傳（一八九八—一九六九）》（上、下），中央文獻出版社二〇〇八年版。
6. 中共中央文獻研究室編：《劉少奇年譜（一八九八—一九六九）》（上、下），中央文獻出版社一九九六年版。
7. 中共中央文獻研究室編：《朱德傳》（修訂本），中央文獻出版社二〇〇六年版。
8. 中共中央文獻研究室編：《朱德年譜（一八八六—一九七六）》（新編本）（上、中、下），中央文獻出版社二〇〇六年版。
9. 中共中央文獻研究室編：《任弼時年譜（一九〇四—一九五〇）》，中央文獻出版社二〇〇四年版。
10. 中共中央文獻研究室編：《任弼時傳》（修訂本），中央文獻出版社二〇〇四年版。
11. 中共中央文獻研究室編：《鄧小平傳（一九〇四—一九七四）》，中央文獻出版社二〇一四年版。
12. 中共中央文獻研究室編：《鄧小平年譜（一九〇四—一九七四）》（上、中、下），中央文獻出版社二〇〇九年版。
13. 中共中央文獻研究室編：《鄧小平年譜（一九七五—一九九七）》（上、下），中央文獻出版社二〇〇四年版。
14. 中共中央文獻研究室編：《陳雲傳》（上、下），中央文獻出版社二〇〇五年版。
15. 中共中央文獻研究室編：《陳雲年譜（一九〇五—一九九五）》（上、中、下），中央文獻出版社二〇〇〇年版。
16. 中央黨史研究室：《中國共產黨歷史》第二卷（上、下），中共黨史出版社二〇一一年版。
17. 中央黨史研究室：《中國共產黨簡史》，中共黨史出版社二〇一〇年版。
18. 中央黨史研究室：《執政中國》（五卷本），中共黨史出版社二〇〇九年版。
19. 當代中國研究所：《中華人民共和國史稿》（五卷本），人民出版社、當代中國出版社二〇一二年版。
20. 當代中國研究所：《中華人民共和國史長編》（九卷本），天津人民出版社二〇一〇年版。
21. 新華社總編室：《領航中國：偉大歷程》，中共黨史出版社二〇一二年版。
22. 新華社總編室：《領航中國：紅旗飄飄》，中共黨史出版社二〇一二年版。

23. 新華社總編室：《領航中國：紅色啟示》，中共黨史出版社二〇一二年版。
24. 薄一波：《若干重大決策與事件的回顧》（上、下），中共黨史出版社二〇〇八年版。
25. 胡繩主編：《中國共產黨的七十年》，中共黨史出版社一九九一年版。
26. 金沖及：《二十世紀中國史綱》（四卷本），社會科學文獻出版社二〇〇九年版。
27. 《中華人民共和國史》編寫組編：《中華人民共和國史》，高等教育出版社、人民出版社二〇一三年版。
28. 吳冷西：《十年論戰：一九五六—一九六六中蘇關係回憶錄》，中央文獻出版社二〇一四年版。
29. 吳冷西：《憶毛主席——我親身經歷的若干重大歷史事件片斷》，新華出版社一九九五年版。
30. 龔育之：《黨史札記》（三卷本），人民出版社二〇一四年版。
31. 沙建孫：《毛澤東與新中國建設》，中國社會科學出版社二〇〇九年版。
32. 李捷：《毛澤東對新中國的歷史貢獻》（修訂增補版），社會科學文獻出版社二〇一三年版。
33. 國家統計局編：《新中國六十年》，中國統計出版社二〇〇九年版。
34. 全國黨的建設研究會：《新中國六十年黨的執政成就與經驗》，黨建讀物出版社二〇一一年版。
35. 中共中央文獻研究室、新華通訊社編：《毛澤東》畫冊，中央文獻出版社一九九三年版。
36. 中共中央文獻研究室、新華通訊社編：《周恩來》畫冊，中央文獻出版社一九九三年版。
37. 中共中央文獻研究室、新華通訊社編：《劉少奇》畫冊，中央文獻出版社一九九八年版。
38. 中共中央文獻研究室、新華通訊社編：《朱德》畫冊，中央文獻出版社一九九六年版。
39. 中共中央文獻研究室、新華通訊社編：《任弼時》畫冊，中央文獻出版社一九九九年版。

40. 中共中央文獻研究室、新華通訊社編：《鄧小平》畫冊，中央文獻出版社二〇〇四年版。
41. 中共中央文獻研究室、新華通訊社編：《陳雲》畫冊，中央文獻出版社一九九五年版。
42. 中國革命博物館：《中國共產黨七十年圖集》（上、下），上海人民出版社一九九一年版。
43. 中國國家博物館編：《中華人民共和國六十年圖集》，上海人民出版社二〇〇九年版。
44. 中國國家博物館編：《復興之路》，文物出版社二〇一三年版。
45. 中共中央文獻研究室第二編研部編：《開國元勳畫傳》（四卷本），中央文獻出版社二〇〇一年版。
46. 中共中央文獻研究室第一編研部、中國人民解放軍軍事科學院戰爭理論和戰略研究部編著：《軍事統帥毛澤東》，貴州人民出版社二〇〇七年版。
47. 中共中央文獻研究室第二編研部編著：《人民總理周恩來》，貴州人民出版社二〇〇九年版。
48. 本書編寫組編著：《工運領袖劉少奇》，貴州人民出版社二〇一一年版。
49. 度平編著：《紅色司令朱德》，貴州人民出版社二〇一二年版。
50. 蔡慶新編著：《組織大家任弼時》，貴州人民出版社二〇一二年版。
51. 中共中央文獻研究室第三編研部編著：《總設計師鄧小平》，貴州人民出版社二〇〇八年版。
52. 劉金田、王敏玉編著：《財經掌門陳雲》，貴州人民出版社二〇一二年版。
53. 中央文獻研究室科研部圖書館編：《毛澤東人生紀實》（上、中、下），鳳凰出版社二〇一一年版。
54. 中央文獻研究室科研部圖書館編：《周恩來人生紀實》（上、下），鳳凰出版社二〇一一年版。
55. 中央文獻研究室科研部圖書館編：《劉少奇人生紀實》（上、下），鳳凰出版社二〇一一年版。
56. 中央文獻研究室科研部圖書館編：《朱德人生紀實》（上、下），鳳凰出版社二〇一一年版。

57. 中央文獻研究室科研部圖書館編：《鄧小平人生紀實》（上、中、下），鳳凰出版社二〇一一年版。
58. 中央文獻研究室科研部圖書館編：《陳雲人生紀實》（上、下），鳳凰出版社二〇一一年版。
59. 中共中央文獻研究室等編：《新中國》解說詞，中央文獻出版社一九九九年版。
60. 《偉大的歷程》撰稿組：《偉大的歷程》解說詞，中央文獻出版社二〇〇八年版。
61. 人民出版社編：《輝煌六十年》解說詞，人民出版社二〇〇九年版。
62. 《旗幟》撰稿組：《旗幟》解說詞，學習出版社二〇一一年版。
63. 中央電視台《復興之路》節目組編著：《復興之路》（上、中、下），中國民主法製出版社二〇〇八年版。
64. 中央電視台《復興之路》節目組、人民出版社《復興之路》編寫組編寫：《復興之路》，人民出版社、中國民主法製出版社二〇一三年版。
65. 中央文獻研究室本書編寫組：《中國一九七八—二〇〇八》，湖南人民出版社二〇〇九年版。
66. 本書編寫組：《中華人民共和國圖像日誌》（上、下），中央文獻出版社二〇一〇年版。
67. 〔美〕羅斯．特裡爾：《毛澤東傳》，何宇光，劉加英譯，中國人民大學出版社二〇一〇年版。
68. 〔美〕斯圖爾特．R．施拉姆：《毛澤東的思想》，田松年、楊德等譯，中國人民大學出版社二〇一三年版。
69. 〔美〕莫里斯．邁斯納：《毛澤東的中國及後毛澤東的中國》，杜蒲、李玉玲譯，四川人民出版社一九九二年版。
70. 〔英〕迪克．威爾遜：《周恩來傳》，封長虹譯，國際文化出版公司二〇一一年版
71. 〔英〕理查德．伊文思：《鄧小平傳》，田山譯，國際文化出版公司二〇一三年版。

72.〔美〕傅高義：《鄧小平時代》，馮克利譯，生活·讀書·新知三聯書店二〇一三年版。
73.〔美〕麥克法夸爾、費正清編：《劍橋中華人民共和國史（一九四九—一九六五年）》，俞金堯等譯，中國社會科學出版社二〇〇七年版。
74.〔美〕麥克法夸爾、費正清編：《劍橋中華人民共和國史（一九六六—一九八二年）》，俞金堯等譯，中國社會科學出版社二〇〇七年版。
75.〔美〕費正清：《美國與中國》，張理京譯，世界知識出版社一九九九年版。
76.〔美〕費正清：《偉大的中國革命（一八〇〇—一九八五）》，劉尊棋譯，世界知識出版社二〇一四年

國家圖書館出版品預行編目 (CIP) 資料

從貧弱到富強 : 中國復興之路 . 卷二 , 建設 / 毛勝編著 ; 盧潔總主編 . -- 第一版 . -- 臺北市 : 風格司藝術創作坊 , 2017.12
面 ; 公分
ISBN 978-957-8697-21-8(平裝)

1. 近代史 2. 現代史 3. 中國史

627.6　　　　106024527

從貧弱到富強——中國復興之路 ・ 卷二：建設

作　　者：盧潔 總主編；毛勝 編著
責任編輯：苗　龍
出　　版：風格司藝術創作坊
106 台北市大安區安居街 118 巷 17 號
Tel：（02）8732-0530　Fax：（02）8732-0531
http://www.clio.com.tw
總 經 銷：紅螞蟻圖書有限公司
Tel：（02）2795-3656　Fax：（02）2795-4100
地址：台北市內湖區舊宗路二段 121 巷 19 號
http://www.e-redant.com
出版日期：2018 年 6 月　第一版第一刷
定　　價：500 元